权威·前沿·原创

皮书系列为
"十二五"国家重点图书出版规划项目

两岸创意经济蓝皮书

BLUE BOOK OF
CROSS-STRAIT CREATIVE ECONOMY

两岸创意经济研究报告（2015）

ANNUAL RESEARCH REPORT ON CROSS-STRAIT CREATIVE ECONOMY (2015)

主　编／罗昌智　董泽平

社会科学文献出版社
SOCIAL SCIENCES ACADEMIC PRESS (CHINA)

图书在版编目(CIP)数据

两岸创意经济研究报告.2015/罗昌智，董泽平主编.
—北京：社会科学文献出版社，2015.10
（两岸创意经济蓝皮书）
ISBN 978-7-5097-8102-9

Ⅰ.①两… Ⅱ.①罗… ②董… Ⅲ.①海峡两岸-文化产业-研究报告-2015 Ⅳ.①G124

中国版本图书馆CIP数据核字（2015）第225596号

两岸创意经济蓝皮书

两岸创意经济研究报告（2015）

主　　编 / 罗昌智　董泽平

出 版 人 / 谢寿光
项目统筹 / 邓泳红　吴　敏
责任编辑 / 张　超　宋　静

出　　版 / 社会科学文献出版社·皮书出版分社（010）59367127
　　　　　 地址：北京市北三环中路甲29号院华龙大厦　邮编：100029
　　　　　 网址：www.ssap.com.cn
发　　行 / 市场营销中心（010）59367081　59367090
　　　　　 读者服务中心（010）59367028
印　　装 / 北京季蜂印刷有限公司

规　　格 / 开　本：787mm×1092mm　1/16
　　　　　 印　张：23.5　字　数：358千字
版　　次 / 2015年10月第1版　2015年10月第1次印刷
书　　号 / ISBN 978-7-5097-8102-9
定　　价 / 98.00元

皮书序列号 / B-2014-407

本书如有破损、缺页、装订错误，请与本社读者服务中心联系更换

▲ 版权所有 翻印必究

指导单位

  国家文化部文化产业司

  福建省教育厅

  中共厦门市委宣传部

编撰单位

  厦门理工学院文化产业学院

  台湾师范大学全球创新与创业研究中心

  福建省社科研究基地文化产业研究中心

顾问团队

  黄红武 福建省教育厅厅长，博士生导师

  孙若风 文化部文化科技司司长

  陈文哲 厦门理工学院校长，博士生导师

  张新仁 台北教育大学校长，博士生导师

  张国恩 台湾师范大学校长，博士生导师

  赵振祥 厦门理工学院副校长，博士生导师

  花　建 上海社科院文化产业研究中心主任，博士生导师

  陈少峰 北京大学文化产业研究院副院长，博士生导师

  顾　江 南京大学文化产业发展研究所所长，博士生导师

  管　宁 《福建论坛》主编，福建师范大学博士生导师

  戴志望 中共厦门市委宣传部副部长

《两岸创意经济研究报告（2015）》
编委会

主　编　罗昌智　董泽平

副主编　林咏能　宋西顺

编　委（按姓氏笔画为序）

丁智才　于国华　王洪涛　王　静　刘　枭
邢　峥　朱　敏　花　建　李世晖　李建中
杨晓华　吴彦浚　邱一峰　邱玉珠　何圣捷
余　博　宋西顺　张玉佩　张宏维　陈少峰
陈秋英　林小勇　林义斌　林咏能　林朝霞
罗昌智　罗　惠　金　星　郑荔鲤　胡　丹
侯杰耀　贺　莹　袁志宏　郭新茹　黄玉妹
傅　诗　董泽平　蓝燕玲　褚亚男　蔡清毅
颜莉冰　魏成元

摘　要

《两岸创意经济研究报告（2015）》由总报告、产业篇、热点篇、案例篇四大部分构成。整体分析两岸创意经济年度进展、热点问题、行业品牌，以宽广的视野和深入解读，生动展示两岸创意经济最新成就。产业篇重点关注两岸电影产业、会展产业、广告产业、新媒体产业、数字娱乐产业、演艺产业、设计产业、文化旅游产业、文化对外贸易。热点篇聚焦互联网文化产业创新发展、以生态文明为内涵的文创产业战略与特色园区建设、新常态下媒体融合、新型城镇化与传统村落保护、中国动画电影的发展模式与类型建构等热点问题。

报告指出，2014年，两岸创意经济进入快速发展的黄金时期。国家宏观经济良性运行，创意经济政策体系基本建成，两岸文化交流与创意经济协同发展走向新里程，都为打造创意经济"升级版"奠定了良好基础。尤其是"互联网＋"，力促创意产业融合发展与业态创新，大众创业、万众创新成为引领创意经济发展的新态势。

报告对2014年两岸创意经济领域热点进行了深度解读：资本跨界并购，强势入主文化创意产业；"粉丝"经济悄然成型，"粉丝"文化产品备受青睐；"社交化"创新旅游营销模式，"在线旅游"促进产业转型升级；阿里巴巴美国上市，新兴"电商物种"炼成国际化公司；"影一制作"成为台湾首家挂牌上市影视公司；台湾最大金光布袋戏集团"霹雳国际多媒体"也于10月挂牌上市。"热点"带动两岸创意经济整体发展。有关统计显示，2014年，大陆文化创意产业增加值为24017亿元，占GDP的比重为3.77%，增长速度为12.5%；而2013年台湾地区创意经济总营业额达到7950亿元新台币，较2012年增加2.8%，约占台湾地区GDP的5.2%。

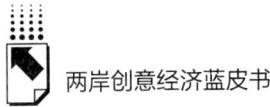

报告认为,未来几年,在两岸创意经济整体格局中,互联网产业、新兴"电商物种"、数字出版产业、粉丝经济、信息消费与智能产业等高度关联的产业集合体,以及特色文化产业、小微文化企业的迅猛发展,都将成为两岸经济重要增长极。

《两岸创意经济研究报告(2015)》由厦门理工学院与台湾师范大学联合编撰。

Abstract

The *Annual Research Report on Cross-Strait Creative Economy 2015* consists of four parts: General Report, Report on Industry, Report on Hot Issues, Report of Case Studies, which comprehensively analyzes the annual progress, hot topics and industry brands, and thoroughly presents the latest achievements of cross-strait creative economy. The Report on Industry focuses on cross-strait industries including film, exhibition, advertising, new media, digital entertainment, performing arts, design, cultural tourism and foreign trade. The Report on Hot Issues puts emphasis on innovative developments of Internet cultural industry, innovative strategies and characteristics of the construction of ecological civilization theme parks, media convergence under the new normalcy, protective interaction between new-type urbanization and traditional villages, development models and types of construction of Chinese animated films, and others.

The Report points out that the cross-strait creative economy entered its golden age in 2014 due to its rapid development. The healthy operation of national macro-economy, the completion of creative economy policy system and a new milestone of the cross-strait cultural exchange and cooperation have laid the foundation for the "upgrade version" of creative economy. in particular, Internet Plus stimulates the integration of development and innovation of creative industry, and public entrepreneurship and innovation have become a new normalcy to the leading development of creative economy.

The Report provides in-depth interpretations on the hot topics of the cross-strait creative economy in 2014, including the invasion of cultural and creative industries by cross-border mergers and acquisitions, the silent formation of "fan base" economy and popularity of "fan base" cultural products, the "social-oriented" innovative tourism marketing model and online travel promotion to industrial restructuring and upgrading, the US stock market listing of Alibaba and the rise of e-business products as international corporations, "1 Film Production" becoming the first listed company in Taiwan, and the listing of "Thunderbolt Multimedia International," Taiwan's largest puppet show group, in Taiwan Stock Exchange in October. "Hot Topics" drives the overall development of the cross-strait creative economy. According to the statistics in 2014, the growth of mainland cultural and creative industries was ￥2401.7 billion which accounted for 3.77% of China's GDP, with a growth rate of 12.5%. In 2013, the total turnover of creative industry in Taiwan was NT795 billion dollars and accounted for 5.2% of Taiwan's GDP, with a growth rate of 2.8% as compared to a year before.

The Report acknowledges that, in the overall pattern of the cross-strait creative economy in coming years, Internet industry, emerging e-business products, digital publishing industry, fan base economy, information consumption and intelligent industry and other highly related industrial aggregations, and rapidly development of unique cultural industries and small cultural enterprises will become the vital points of growth for the cross-strait economy.

The *Annual Research Report on Cross-Strait Creative Economy 2015* is compiled and edited by both Xiamen University of Technology and National Taiwan Normal University.

目 录

B Ⅰ 总报告

B.1 跨界融合催生创意产业新业态 多元发展凸显
　　创意经济新形态 …………………………… 罗昌智　董泽平 / 001
　　一　两岸创意经济新形态的背景支撑 ………………………… / 002
　　二　融合发展加速创意产业业态创新 ………………………… / 005
　　三　创意产业打造两岸经济新蓝海 …………………………… / 010
　　四　未来几年两岸创意经济新的增长点 ……………………… / 021

B Ⅱ 产业篇

B.2　2014会展产业发展报告 ……………………………… 蔡清毅 / 026
B.3　台湾会展产业推动政策与发展分析 ………… 林义斌　邱玉珠 / 047
B.4　2014文化旅游产业发展报告 ………………… 魏成元　李建中 / 059
B.5　2014电影产业发展报告 ……………………………… 宋西顺 / 078
B.6　台湾电影产业发展与两岸竞合分析 ………………… 董泽平 / 089

B.7　2014广告产业发展报告 ………………………………… 胡　丹 / 098

B.8　2014数字娱乐产业发展报告
　　　　……………………… 贺　莹　李世晖　吴彦浚　袁志宏 / 111

B.9　台湾新媒体的产业样态与发展现状 ……………………… 张玉佩 / 124

B.10　2014艺术品拍卖行情报告 ……………………………… 林朝霞 / 134

B.11　台湾设计产业发展现状与未来策略 ……………………… 林咏能 / 147

B.12　2014音乐与演艺产业发展报告 ……………… 朱　敏　郑荔鲤 / 162

B.13　台湾表演艺术产业的现状与愿景 ……………… 于国华　张宏维 / 178

B.14　2014创意经济对外贸易报告 ………………… 王洪涛　郭新茹 / 187

BⅢ　热点篇

B.15　互联网文化产业的创新发展 ………………… 陈少峰　侯杰耀 / 201

B.16　以生态文明为内涵的文创产业战略与特色园区建设
　　　　……………………………………………………… 花　建 / 217

B.17　新常态下广播电视的媒体融合发展 ………… 林小勇　罗　惠 / 228

B.18　新型城镇化与传统村落保护互动研究 …………………… 丁智才 / 239

B.19　中国动画电影的发展模式与类型建构 …………………… 褚亚男 / 252

B.20　新常态下创意产业发展的路径探索 ……………………… 宋西顺 / 265

B.21　媒介融合对传媒产业的转型与重构 ……………………… 蓝燕玲 / 272

BⅣ　案例篇

B.22　北京市级文创集聚区服务水平指标体系构建
　　　　………………………………………………… 余　博　何圣捷 / 282

B.23　无锡和昆明广告园区的产业集聚与辐射 …… 金　星　王　静 / 293

B.24　电子商务的阿里巴巴范式 …………………………… 陈秋英 / 302
B.25　小米模式的"后思考" ………………………………… 黄玉妹 / 315
B.26　《小时代》：大数据运用的极致 ……………………… 颜莉冰 / 323
B.27　《罗辑思维》的商业模式与想象空间 ………………… 杨晓华 / 330
B.28　两岸儿童绘本出版业观察 ……………………………… 邢　峥 / 338
B.29　厦门华亿传媒的全媒体融合发展之路 ………… 邱一峰　傅　诗 / 345
B.30　台湾文创的"OTOP"经验 …………………………… 刘　泉 / 352

皮书数据库阅读**使用指南**

CONTENTS

B I General Report

B.1 The Catalyst of New Formats of Creative Industry by Cross-Border Integration; The Highlights of Diverse Development on New Form of Creative Economy　　　　　　　　　*Luo Changzhi, Dong Zeping* / 001

  1. The Background Support of Cross-Strait Creative Economy under

   the New Form　　　　　　　　　　　　　　　　　　　　　/ 002

  2. The Acceleration of Innovative New Formats in Creative Industry by

   Integrative Development　　　　　　　　　　　　　　　　　/ 005

  3. Building the New Blue Sea for the Cross-Strait Economy by Creative Industry　/ 010

  4. The Points of Growth of Cross-Strait Creative Economy in Coming Years　/ 021

B II Reports on Industry

B.2 2014 Exhibition Industry Development Report　　　　　*Cai Qingyi* / 026

B.3 The Promotion Policies and Development Analysis of

  Taiwan Exhibition Industry　　　　　　　　　*Lin Yibin, Qiu Yuzhu* / 047

B.4 2014 Cultural Tourism Industry Development Report

　　　　　　　　　　　　　　　　　　　　Wei Chengyuan, Li Jianzhong / 059

CONTENTS

B. 5 2014 Film Industry Development Report *Song Xishun* / 078

B. 6 The Development of Taiwan Film Industry and Cross-Strait Competition and Cooperation Analysis *Dong Zeping* / 089

B. 7 2014 Advertising Industry Development Report *Hu Dan* / 098

B. 8 2014 Digital Entertainment Industry Development Report
He Ying, Li Shihui, Wu Yanjun and Yuan Zhihong / 111

B. 9 Current Developments and State of Taiwan New Media Industry
Zhang Yupei / 124

B. 10 2014 Artwork Auction Market Report *Lin Zhaoxia* / 134

B. 11 Current Developments and Future Strategies of Taiwan Design Industry *Lin Yongneng* / 147

B. 12 2014 Music and Entertainment Industry Development Report
Zhu Min, Zheng Lili / 162

B. 13 Current State and Vision of Taiwan Entertainment Industry
Yu Guohua, Zhang Hongwei / 178

B. 14 2014 Creative Economy Foreign Trade Report
Wang Hongtao, Guo Xinru / 187

B III Reports on Hot Issues

B. 15 Innovative Development of Internet Cultural Industry
Chen Shaofeng, Hou Jieyao / 201

B. 16 Innovative Strategies and Characteristics of the Construction of Ecological Civilization Theme Parks *Hua Jian* / 217

B. 17 Media Convergence and Development between Radio and Television under the New Normalcy *Lin Xiaoyong, Luo Hui* / 228

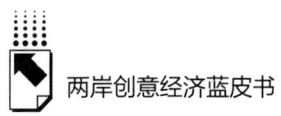

B.18 Protective Interaction Between New-type Urbanization and
　　　Traditional Villages　　　　　　　　　　　　*Ding Zhicai* / 239

B.19 Development Patterns and Types of Construction of Chinese
　　　Animated Films　　　　　　　　　　　　　　*Chu Yanan* / 252

B.20 The Exploration of Creative Industry Development Path under
　　　the New Normalcy　　　　　　　　　　　　*Song Xishun* / 265

B.21 Media Convergence on Media Transformation and Reconstruction
　　　　　　　　　　　　　　　　　　　　　　　　Lan Yanling / 272

BⅣ　Reports of Case Studies

B.22 The Construction of Service Level Index System for the
　　　Cultural and Creative Zone in Beijing　　*Yu Bo, He Shengjie* / 282

B.23 Industrial Agglomeration and Radiant of Advertising Parks in
　　　Wuxi and Kunming　　　　　　　　　　*Jing Xin, Wang Jing* / 293

B.24 Alibaba's Paradigm of E-commerce　　　　　*Chen Qiuying* / 302

B.25 The After Thought of the MIUI Model　　　*Huang Yumei* / 315

B.26 "Tiny Times": The Perfect Use of Big Data　　*Yan Libing* / 323

B.27 Business Model and Imagination Space of "Logical Thinking"
　　　　　　　　　　　　　　　　　　　　　　　Yang Xiaohua / 330

B.28 Observation of Publishing Industry of Cross-Strait
　　　Children's Picture Books　　　　　　　　　　*Xing Zheng* / 338

B.29 The Way of Integrated Development for HY International
　　　Media Group　　　　　　　　　　　　　*Qiu Yifeng, Fu Shi* / 345

B.30 The OTOP One Town One Product experience of
　　　Taiwan Creative Industries　　　　　　　　　　*Liu Xiao* / 352

总报告

General Report

B.1
跨界融合催生创意产业新业态 多元发展凸显创意经济新形态

罗昌智 董泽平*

摘 要: 2013~2014年,两岸创意经济发展的社会与经济环境更加成熟。融合发展、"抢红包"、文化企业并购、文化金融、众筹、大数据产业等成为聚焦热点。尤其是"互联网+"力促创意产业融合发展与业态创新,大众创业、万众创新成为引领创意经济发展的新态势。未来几年,在两岸创意经济整体格局中,互联网产业、新兴"电商物种"、数字出版产业、粉丝经济、信息消费与智慧产业等高度关联的产业集合体,

---

* 罗昌智,文学博士,教授,厦门理工学院文化产业学院院长、福建省社会科学研究基地文化产业研究中心副主任,主要研究方向为文化资源、创意经济;董泽平,商学博士,教授,博士生导师,台湾师范大学全球经营与策略研究所所长、全球创新与创业研究中心主任,主要研究方向为创新与创业投资、电影产业、智慧财产经营策略。

以及特色文化产业、小微文化企业迅猛发展成为两岸经济重要增长极。

关键词： 海峡两岸　创意经济　多元融合

2014年，两岸创意经济进入快速发展的黄金时期。尤其是"互联网+"，力促创意产业融合发展与业态创新，大众创业、万众创新成为引领创意经济发展的新态势，众多产业领域业绩骄人。有关统计显示，2014年，大陆文化创意产业增加值为24017亿元，占GDP的比重为3.77%，增长速度为12.5%；①而2013年台湾地区创意经济总营业额达到7950亿元新台币，较2012年增加2.8%，约占台湾地区GDP的5.2%。②未来几年，创意经济将成为两岸经济重要增长因素。

一　两岸创意经济新形态的背景支撑

2014年，我国创意经济政策密集出台，创意经济政策体系基本建成，创意经济迎来政策红利期。并且，良性运行的宏观经济环境，促使我国已然进入文化消费升级的"台风"区域。这些都为创意经济发展营造了良好的社会与经济环境。

（一）创意经济社会环境更加优化

2013~2014年，国家文化体制改革快速推进。一系列涉及支持经营性文化单位转企改制和文化企业发展、文化创意、文化贸易、电影发展、文化

---

① 张玉玲：《从统计数据看文化产业发展：文化产业的"新答卷"》，《光明日报》2015年6月3日。
② 《文化部2014台湾文化创意产业发展年报》统计资料。

金融、新闻出版数字化升级等方面的政策相继出台，为推进国有文艺院团体制及文化企事业单位改革，进一步转变文化行政管理部门职能，构建公共文化服务体系，建立文化市场体系，推动文化创意产业转型升级，加大改革工作的组织保障力度，提供了良好环境，注入了强劲动力。[①]

2014年，文化创意产业企业并购重组风起云涌。以资本为纽带，一批国有文化企业以整合资源、做大做强为重点，在并购重组中不断增强实力和控制力，涌现出一大批大型骨干文化企业。截至2014年12月，文化创意产业共发生并购事件159起，并购总规模达1000亿元人民币。[②]

同时，一批示范性文化企业进军资本市场，文化企业上市掀起新一波投资高潮。公开数据显示，2014年以来，共有18家上市公司发布公告涉足文化创意产业，涉及投资金额逾200亿元。[③]

2014年，民营资本焕发活力，1600亿元资本涌向文化创意产业。[④] 令人瞩目的是，金融资本积聚更为创意经济发展注入了强劲动力。2014年，全国新增51支文化创意产业投资基金，其中，40支募资总金额达1196.85亿元。[⑤]

2014年，国家着力实施文化金融扶持计划。据统计，首次文化金融合作债券融资项目库确定项目106个，获中央6.73亿元财政专项资金支持，比上年增长46%；年末全国文化创意产业本外币贷款余额1955亿元，同比增长30%以上。2014年，全国文化事业费583.44亿元，比上年增加52.95亿元，增长10.0%；全国人均文化事业费42.65元，比上年增加3.66元，增长9.4%。[⑥]

---

① 《文化部明确2014年文化系统体制改革实施方案》，中国经济网，2014年4月11日。
② 《2014年文化产业并购规模超千亿，影视传媒成上市公司救命稻草》，http://stock.laoqianzhuang.com/hangyedongtai/20141228/676653.shtml。
③ 《文化企业上市潮的"推手"》，中国文化产业信息网，2015年1月10日。
④ 《2014年1600亿资金涌向文化产业》，中国文化产业信息网，2015年1月13日。
⑤ 《2014新增文化产业基金51支》，《中国文化报》2015年1月7日。
⑥ 据《中华人民共和国文化部2014年文化发展统计公报》，《2014年中国文化发展统计分析》，中商情报网，2015年5月20日。

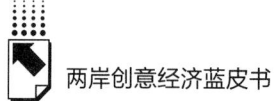

除此之外,财政部2014年下达文化创意产业发展专项资金总计50亿元,比上年增加4.2%,共计支持重点文化创意产业项目800个。截至2014年底,国家文化创意产业发展专项资金累计达到192亿元,共计支持的项目为3300多个,有力支持了文化创意产业发展,对推动全国文化创意产业结构调整、文化资源合理配置、产业转型升级发挥了重要作用。

网络时代,大众创业、万众创新成为引领经济发展的新态势。良好的创新创业生态环境,激发亿万民众的创造活力,一大批小微文化企业快速生长。为支持其良性发展,2014年8月19日,文化部、财政部、工信部联合发布《关于大力支持小微文化企业发展的实施意见》,明确指出,要进一步引导各类金融机构,增强产品和服务的针对性,尤其要注重创新金融服务,不断拓宽融资渠道,积极支持小微文化企业发展。

(二)宏观经济良性运行拉动文化消费

连续几年来,大陆经济运行总体平稳。2013年,大陆居民储蓄达到40万亿元,消费品零售总额达16万亿元。目前大陆富裕阶层的人数在1.2亿人左右,2020年将增至2.8亿人。[①] 国家统计局2015年1月20日发布的数据显示,2014年,大陆国内生产总值达636463亿元,首次突破60万亿元,按可比价格计算,比上年增长7.4%。GDP第三产业增加值达306739亿元,增长8.1%。居民人均可支配收入20167元,比上年名义增长10.1%,扣除价格因素实际增长8.0%。居民收入基尼系数为0.469,消费对GDP贡献率达到51.2%,比上年提高3.0个百分点。[②] 宏观经济的增长,城乡居民收入的提高,为创意经济发展及文化消费创造了良好环境。

2014年12月13日,中国人民大学文化产业研究院发布"2014:中国

---

① 《中国设计师行业分析报告》,转自中国电子商务研究中心,http://www.100ec.cn/detail--6215233.html,2014年12月3日。
② 国家统计局:《2014年国民经济和社会发展统计公报》,新华网,2015年2月26日。

文化消费指数",该指数显示,2014年大陆文化消费整体情况优于2013年。其中,社会文化消费环境与居民文化消费意愿明显改善,整体文化消费水平有较大提升。①

繁荣发展的文化市场,充满活力的创意经济,为大众提供了多样化的文化消费选择。综观2014年我国创意经济整体发展环境,尤其是与我国近年快速增长的经济指标相比较,尽管文化消费呈现出逐年递增趋势,但仍明显滞后。统计数据显示,2006~2014年,我国文化消费整体增速缓慢。截至2013年底,全国文化消费潜在市场规模为4.7万亿元,存在近3.7万亿元文化消费缺口。②

中国的消费文化很发达,但文化消费却远远不足,此二者实可转化。实现从消费文化到文化消费升级,提升创意经济发展整体水平,这是文化政策极力推动的方向,同时也是我国创意产业发展的空间与希望所在。

二 融合发展加速创意产业业态创新

2014年,推进文化创意产业与相关产业融合发展,已然上升为国家战略。在国家战略导引下,我国创意产业业态不断创新,产业链条日渐完善。

(一)融合发展打造创意经济升级版

2013年以来,我国创意产业已经形成融合发展的有利环境。创意产业与科技、旅游、设计、信息消费等产业和要素的融合,使创意产业融合发展呈现出领域广、平台多、程度深的态势。当下,我国创意产业正进入"升级版"的转型与融合发展新阶段。③

第一,"融合发展"促进媒体转型升级。

大数据时代来临,意味着媒体生态从"媒介"到"终端"的转换,

---

① 《今年我国文化消费整体情况优于去年》,《中国文化报》2014年12月15日。
② 《我国存3.7万亿元文化消费缺口,需加速对接市场》,《北京商报》2014年8月22日。
③ 《我国文化创意产业进入"升级版"》,中国经济网,2014年11月5日。

也意味着内容传播打破媒介形态限制,受众可以选择任何终端获取媒介内容。这种突破与转变的实现,倒逼传统媒体必须与新媒体融合发展。

2014年8月,国家《关于推动传统媒体和新兴媒体融合发展的指导意见》公布后,上海报业集团立即宣布与元禾、华映资本等联合发起成立"825新媒体产业基金",基金总规模超12亿元,主要投资互联网新媒体行业。几乎与此同时,内地A股市场传媒板块迅速被拉动,有关新兴媒体的投资和收购持续活跃。接着,人民网以1.83亿元收购微屏软件科技(上海)有限公司35%股权;上海百视通新媒体投资跨屏幕广告技术及平台公司艾德思奇近1亿美元。资本市场热烈反响的背后是国内传统媒体业态"向市场要技术""向融合要活力"的一种体现。①10月,国家新闻出版广电总局公布《深化新闻出版体制改革实施方案》。此外,多媒体印刷读物(MPR)、中国出版物在线信息交换(CNONIX)国内标准应用取得实质性进展。此后,更多的新媒体开始渗透到传统媒体领域,微博、微信、APP客户端一起发力,全媒体矩阵开始辐射。

面对信息化、数字化带来的挑战与机遇,传统出版业只有实现数字化转型升级,才能继续发展。2014年,我国出版产业媒体融合发展进程不断加快,数字教育出版迅猛发展,移动互联网数字产品日渐丰富。尤其是4G时代,高质量、个性化、集内容文字、图像、音视频于一体的移动富媒体阅读快速兴起,数字出版产业进入高速发展通道。据统计,2014年全年数字出版产业总收入突破3000亿元大关,达到3168.4亿元,与2013年相比增长24.7%。第十二次全国国民阅读调查报告结果显示,2014年我国国民数字化阅读方式的接触率已达到58.1%,较2013年上升了8个百分点。②

---

① 《"融合发展"成中国传媒改革新关键词》,http://www.chinesebk.com/Article/yanjiu/pinglun/201408/17978.html。
② 李婧璇、王坤宁:《2015数字出版:在跳跃式增长下趁势而为》,《中国新闻出版报》2015年5月21日。

跨界融合催生创意产业新业态　多元发展凸显创意经济新形态

随着移动互联趋势的不断加强以及智慧手机的广泛普及，数字出版的移动化趋势也愈发明显。截至2014年12月，大陆手机网民规模已达5.57亿人，① 而阅读类APP在手机网民下载APP类型中占比位居第二。在众多阅读类APP中，掌阅iReader占据最大市场份额。截止到2014年底，掌阅iReader用户已达4.8亿人，年发行数字图书10亿册，并能为用户从多角度挖掘和推荐新书，月活跃量极高。② 此外，塔读文学、天翼阅读也深得用户喜爱，QQ阅读、和阅读、起点阅读、读书巴士、多看阅读、安卓读书、开卷有益等阅读类APP均广受好评。大数据、互联网思维带来的浪潮，也为传统出版转型升级提供了广阔的思路；新媒介的不断发展，拓展了内容传播渠道和生产模式。

第二，"互联网+"力促创意产业业态创新。

在信息科技高度发达的当下，"互联网+"代表的是一种新的经济形态。在这种新的经济形态下，互联网在生产要素和资源分配中的优化与集成作用被发挥得淋漓尽致。互联网的创新成果深度融入经济社会之中，促使实体经济的创新力得以提升，形成更为广泛的以互联网为基础和实现工具的经济发展新态势。《第35次中国互联网络发展状况统计报告》显示，截至2014年12月，我国网民规模达6.49亿人，互联网普及率达47.9%。③ 互联网凭借如此高的普及率改变着人们的生活习惯，也为"互联网+"的经济构想提供了无限的想象空间。

"互联网+"的发展目标是在信息化、物联网、智慧化的环境中，实现科学技术、文化艺术、创意设计等产业的融合互通，再利用孵化器模式和创投模式融合新的业态，促进文化创意产业快速发展。以内容和软件推动硬件设备的升级和转型，这正是"互联网+"所呈现的趋势。未来，智慧家居、智慧穿戴设备、智慧手机、智慧汽车等，都将不断拓展更广阔的市场，而这些产业与创意产业的结合，将推动硬件和内容的结合，可以创造出许多新

---

① 中国互联网络信息中心（CNNIC）：《第35次中国互联网络发展状况统计报告》。
② 《2015图书订货会：解析数字出版的未来之路》，新华网，2015年1月8日。
③ 中国互联网络信息中心（CNNIC）：《第35次中国互联网络发展状况统计报告》。

业态。

而文化创意与农业、工业、旅游等产业的融合，则是发展创新型经济、促进经济结构调整和发展方式转变、加快实现由"中国制造"向"中国创造"转变的重要途径，必将加快文化产业与其他产业跨界融合发展的进程。"文化创意+农业""文化创意+工业制造""文化创意+旅游"等众多领域的融合发展，日益成为传统产业衍生出的新型产业形态。

第三，文化金融合作模式取得新突破。

近年来，以互联网为平台的众筹、股权投资等文化金融模式的出现，为打破文化创意产业发展的融资瓶颈提供了利器。2014年4月，阿里巴巴和云锋基金以12.2亿美元收购优酷土豆A股普通股；6月，迅雷赴美上市；7月，优酷土豆向国广东方投资5000万元，并持有国广东方16.67%股权；10月，搜狐收购人人旗下56网；11月，小米宣布千万美元投资优酷土豆，同时以3亿美元战略入股爱奇艺。

互联网金融产品的开发方兴未艾。2014年，向来备受各方关注，压根"不差钱"的影视行业引进了新的资本方——互联网众筹。11月18日，中国文化创意企业众筹平台——文筹网正式上线，提供股权众筹、债券众筹和回报众筹三种众筹方式，为创业者提供全方位立体融资服务，标志着"众筹"这一互联网金融模式下的投融资渠道开始进入细分市场阶段。

在2014年3月5日的政府工作报告中，李克强总理两次提到"互联网金融"，并表述为"异军突起"，要求促进"互联网金融健康发展"。这些都为创新金融担保制度、破解文化创意产业发展的资金瓶颈指出了新的方向。

（二）创意经济新业态百花竞秀

大数据时代，互联网最大限度地颠覆了创意产业，不断催生新的产业生态链。2013~2014年，文化与科技融合趋势下数字技术的发展使媒介生态环境不断产生新的裂变。除Facebook、威客、博客、微博、微信等新业态外，创意设计、动漫、现代会展业、现代广告业、电子商务、网络电视台以及移动新媒体产业、手机增值业务等业态层出不穷。诸如数字电影、数字电视、移动动漫、网络视听、可穿戴设备等升级形态和以不断创新的高新科技为支撑的新业态，成为创意经济增加值提升的主要业态。

2014年，我国动漫产业在移动媒体上的发展呈现出多样化的趋势。动漫产品的表达形式使其适合在非专注环境和碎片化的时间中灵活使用和消费，这使开发者有机会设计出丰富多样的表现形态。动漫表情内嵌于各类社交软件，微信、微博、QQ等均有免费和收费的动漫表情；动漫插画多以壁纸、彩信等形式存在，或借由微信、微博平台展开传播；漫画电子书可以在手机上展现完整的动漫故事；影视动画短片利用手机、平板电脑的便携性使用户可以随时随地观看；动漫手机游戏以单机游戏或联网游戏形态存在，用户可以随时随地开展娱乐；动漫应用程序将动漫元素与手机应用（APP）相结合，衍生出多样化的创意产品。

新媒体动漫成为我国动漫产业新的增长点。《2014年中国游戏产业报告》显示，2014年，我国移动游戏收入达274.9亿元。[1] 重度手游市场规模在100亿元以上。[2] 在全球影视与游戏融合渐成趋势的背景下，中国影游跨界合作也逐渐升温。

作为互联网上最精彩、最具成长性的业务之一，网络视听在国家政策的推动、信息网络业界的努力下，产业规模越来越大，呈现出蓬勃发展的良好局面。目前，大陆网络视频用户规模已达4.39亿人，占网民总数70%左右，用户数与市场规模持续增长。《中国网络视听产业报告》显示，2014年我国网络视听产业总产值已达378.4亿元，比2013年的254.2亿元增长48.8%。[3]

大数据带来智慧思维，智慧思维带来智慧生活。大数据不仅改变着大众

---

[1] 《GPC发布：2014年中国游戏产业报告》，http：//chanye.07073.com/shuju/1005552.html。
[2] 《GPC发布：2014年中国游戏产业报告》，http：//chanye.07073.com/shuju/1005552.html。
[3] 《今年我国网络视听总产值达378.4亿元》，《中国文化报》2014年12月19日。

的日常生活和工作方式,也改变着商业组织和社会组织的运行方式。比如,软硬结合的模式已经成为移动互联网时代的必需品。从苹果开创的手机加APP模式,到智能可穿戴设备与大数据的结合,软硬兼施让人们迈入更加具有开创性的社会生活。[1]

台湾创意经济自2010年以来也进入云端时代和Web3.0时代。随着云端运算成为主流趋势,IT产业因"云-端"运算彻底改变。未来将以"云端运算"、"行动网络"以及"行动装置与PC互动"三类服务为主,整个IT产业生态也因此出现巨变,进入Web3.0时代。[2] Web3.0包含了结合识别感应与互联网的物联网、云端运算以及行动网络。网络的发展也将由过去的Web1.0、Web2.0进入Web3.0时代,未来的Web3.0时代,将是技术与互联网紧密结合的时代。2011年与2014年,Google执行长先后提出了"行动优先"(mobile first)和"行动唯一"(mobile only)[3]的口号,以迎接4G高速行动网络时代的来临。台湾影视产业为因应此一改变,纷纷调整商业模式和加速产品创新,例如,得利影视投入数字云端发展,包含两大影音、创作数字平台"go movie 行动电影"及"in 微创影像创作网"。

三 创意产业打造两岸经济新蓝海

2014年,两岸创意经济持续向好发展。我国图书出版、广播电视、电影、会展、广告、演艺、动漫、游戏、艺术品拍卖、文化旅游等创意经济领域业绩喜人。数据显示,两岸创意经济一片新的蓝海已然出现。

---

[1] 马继华:《大数据与可穿戴,软硬兼施改变生活》,http://blog.cctime.com/?uid-71560-action-viewspace-itemid-338431。

[2] 张亚勤:《"云-端"运算改变产业生态 Web3.0将掀起"四大进化"新风潮》,台湾微软新闻,2010年10月20日。

[3] 2011年Google执行长Schmidt在MWC世界行动通信大会上提出了"行动优先"(mobile first)的概念。而2014年11月4日,在台举办的"Google行动视界"提出了"行动唯一"(mobile only)。

跨界融合催生创意产业新业态　多元发展凸显创意经济新形态

（一）两岸创意经济年度数据描述

1. 图书出版产业

数据显示，2014年，大陆图书零售市场总量较2013年略有提高，呈现出温和增长的态势。全年出版各类报纸465亿份，各类期刊32亿册，图书84亿册（张），人均图书拥有量6.12册（张）。大陆图书市场总规模约1144亿元人民币，在全球图书市场占比12%。出版品种世界第一，图书市场全球第二。①

台湾图书出版则连续两年衰退，从2012年的42305种持续下降到2014年的41598种，而2014年是最近三年来出版量最低的一年。三年来年出版量累计减少了707种，衰退率为1.7%。另外，根据台湾"财政部"数据中心统计数据显示：2014年，台湾书籍出版业共1721家，总营业额为226.92亿元新台币。

2. 广播电视产业

2014年，大陆直播卫星户户通用户超过1900万户，广播人口综合覆盖率98.08%，电视人口综合覆盖率98.72%。有线电视用户2.31亿户，有线数字电视用户1.87亿户，双向网络覆盖用户1.08亿户，实际开通双向业务用户超过3400万户，高清电视用户4000万户以上。全民数字机顶盒普及率近70%，数字化程度近75%。全年生产电视剧429部15983集，电视动画片138496分钟。初步统计，2014年广播电视行业收入达到4110亿元。②

台湾地区电视产业2013年总产值推估为1317.56亿元新台币，③ 增长率为4.18%，其中电视节目制作业产值为232.89亿元新台币，占电视产业的17.68%，较2012年增长1.58%；电视节目后制业产值为7.74亿元新台币，占电视产业的0.59%，较2012年衰退12.24%；电视节目发行业产值为

---

① 《2014年中国出版六大发展态势》，《中国出版传媒商报》2015年1月23日。
② 《2014年中国广电行业发展报告》，http://www.broadcast.hc360.com。
③ 台湾"文化部影视及流行音乐产业局"：《2014产业调查报告》。

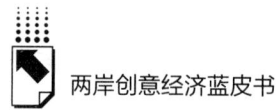

42.71亿元新台币，占电视产业的3.24%；电视频道业产值为569.40亿元新台币，占电视产业的43.22%，较2012年增长6.21%。电视平台业（含有线电视系统业者、直播卫星业者与IPTV）产值则为464.82亿元新台币，占电视产业35.28%，较2012年增长6.17%。①

3. 电影产业

2014年，大陆电影总票房296.39亿元，同比增长36.15%。其中国产片票房161.55亿元，占总票房的54.51%。相比2013年，增长幅度高达35.89%。全年城市影院观影人数达到8.3亿人次，同比增长34.52%。全年新增影院1015家，总数达4677家。新增银幕5397块，总数已达23600块。②

2014年，大陆故事影片产量618部，科教、纪录、动画和特种影片140部，国产动画电影制作完成并进入院线上映总共30部。③ 播出纪录片栏目总计110档，其中直播98档。纪录片行业年度生产总投入约19亿元，总收入约30亿元。与2013年相比，增长约33%。④

2013年，台湾电影产业总产值推估为201.74亿元新台币，⑤ 产值较2012年整体增长7.93%。其中，电影制作业产值为25.93亿元新台币，较上年衰退1.56%；电影后制业产值推估为6.43亿元新台币，较上年增长4.05%；电影发行业产值较2012年增长13.23%；电影映演业产值增长7.64%。整体电影产业出口值增长22.66%。⑥

4. 会展产业

2014年，大陆共举办各类展览8009场，展览面积达10276.511万平方米。按照同口径计算，分别增长8.6%和8.7%。全年会展经济产值达到4190亿元人民币，比起2013年的3870亿元，增长约8.3%，约占国内生产

---

① 台湾"文化部影视及流行音乐产业局"：《2014年影视广播产业趋势研究》。
② 《2014年中国电影总票房296亿，国产占比过半》，新华网，2015年1月12日。
③ 《今年国产动画电影票房过11亿元》，新华网，2014年11月11日。
④ 《〈中国纪录片发展研究报告2015〉发布》，中研网，2015年4月21日。
⑤ 台湾"文化部影视及流行音乐产业局"：《2014年影视广播产业趋势研究》。
⑥ 台湾"文化部影视及流行音乐产业局"：《2014年影视广播产业趋势研究》。

总值的0.66%。其中作为展览会功能集中标志的经贸类展览会共举办2423场，同比增长4.2%。2014年全国展览会总面积约7110万平方米，仅比2013年增长2.6%。①2014年，大陆102家组展单位共赴75个国家实施经贸展览会计划1447项，较2013年的1391项增加了4.0%。②共有36家组展单位出国举办单独贸易展览会，总数达84场，总面积达26.5万平方米。③

2014年，台湾会展产业总产值达368亿元新台币，④总就业人口为1863人。根据国际会议协会（ICCA）于2014年5月公布的统计报告，2013年台湾共举办122场协会型会议，全球排名第33位，在亚洲地区则排名第7位。依据国际展览业协会（UFI）委托香港BSG公司所研究的2013年《亚洲展览产业报告》，台湾共办理89项展览，展览总销售面积71.625万平方米，排名居亚洲第6位，销售面积增长14%。⑤

5. 广告产业

2014年，大陆广告经营单位为543690户，从业人员为2717939人，同比分别增长22.8%和11.67%。大陆广告经营额达5605.60亿元，较2013年增长11.67%。据艾媒咨询（iiMedia Research）的数据，2014年，大陆移动广告平台日均广告展现次数超18亿次。移动广告市场规模达275.6亿元，较2013年增长137.38%。⑥

2014年，台湾地区广告企业达13351家，广告总值1198.08亿元新台币，增长率为4%；⑦全年广告总体营业收入为1554亿元新台币。⑧

6. 演艺产业

2014年，大陆共有艺术表演团体8769个，从业人员26.29万人；全年

---

① 沈则瑾：《展览业进入"一位数增长"时代》，《经济日报》2015年1月19日。
② 参见中国贸促会展览管理办公室《2014年中国出国经贸展览市场报告》。
③ 另据贸促会统计，这些数据分别是：办展单位35家，展览数量79场，展出总面积13.6万平方米。
④ 《台湾会展环境》，http://www.meettaiwan.com/zh_TW/。
⑤ 《我国会展产业现况》，《会展产业》2015年1月15日。
⑥ 《现代广告》，www.admaimai.com，2015年4月23日。
⑦ 台湾《动脑》杂志，2015年第3期。
⑧ 周秩年、陈威珞：《产业分析：广告业（2015年）》，台湾趋势研究。

演出173.91万场，比上年增长5.3%；国内观众91020万人次，增长1.1%；赴农村演出114.04万场，增长8.5%。① 全年商业演出票房达到97.87亿元，实现了止跌反弹，同比增长10%。音乐节、儿童剧这两个演出细分领域票房增长24%，旅游演出票房增长20%，演唱会和大剧场话剧则分别增长4%；总收入达226.40亿元。②

2013年，台湾共有音乐及表演艺术产业企业2635家，整体营业额达到134.87亿元新台币。其中，内销金额达到133.70亿元新台币，外销金额达到1.17亿元新台币。③

7. 动漫产业

2014年，大陆动漫产业总值超过1000亿元，与2013年相比增长14.84%。据统计，大陆共有动漫企业4600余家，通过认证的动漫企业累计达到587家，重点企业43家，专业人员近22万人，从业人员50余万人。全年国产电视动画产量为411部（其中完结220部），较2013年下降13.4%。而国产动画电影总票房超过11亿元，年度总票房比上年翻一番。动漫玩具、动漫服装、动漫出版物等动漫衍生品经营额为316亿元左右。据调查，2014年手机动漫游戏的市场规模达到230亿元，较上一年度增长约1倍。新媒体动漫成为大陆动漫产业新的增长点，2013年全年收入为10亿元，2014年则超过30亿元。④

2014年，台湾动画产业产值达67.2亿元新台币，较2013年增长约15.3%；外销值达13亿元新台币，带动民间投资达27.32亿元新台币，衍生商品产值113亿元新台币。漫画产业产值约2000万元新台币。⑤

---

① 《中华人民共和国文化部2014年文化发展统计公报》，载《2014年中国文化发展统计分析》，中商情报网，2015年5月20日。
② 参见中国经济网，http://www.songcn.com/group/news/4049.shtml。
③ 中国演出行业协会：《2013中国演出市场年度报告》。
④ 王珏殷等：《中国动漫产业发展报告2014》，《北方传媒研究》，http://www.comicyu.com/html2012/145/2015/169903_3.html。
⑤ 台湾"经济部工业局"：《数字内容发展补助计划 – 补助动画影片成果发表》，2015年2月13日。

8. 游戏产业

2014年，大陆游戏市场实际销售收入1144.8亿元，同比增长37.7%；自主研发、民族自主游戏产值726.6亿元，同比增长52.5%；游戏全行业全年生产经营总收入约为1520亿元。其中客户端网络游戏市场销售收入608.9亿元，占有率达53.2%；网页游戏市场销售收入202.7亿元，市场占有率达17.7%；移动游戏市场销售收入274.9亿元，市场占有率为24.0%；社交游戏市场收入57.8亿元，市场占有率为5.05%；单机游戏市场销售收入为0.5亿元，市场占有率为0.044%。①

2014年，台湾游戏业产值达506亿元新台币，较2013年的453亿元新台币增长11.7%。其中移动游戏产值为88亿元新台币，较2013年增长2.26倍；在线游戏产值为200亿元新台币，较2013年下降4.8%。②

9. 艺术品拍卖业

2014年，大陆艺术品拍卖总成交额577.05亿元，同比减少5.0%，全年共举办文物艺术品拍卖会2736场，成交额307.6亿元，较2013年（313.83亿元）微降2%。③ 其中，纯艺术品拍卖总成交额为56.64亿美元，高出美国8亿美元，④ 稳坐全球艺术品市场头把交椅。艺术品单品拍卖成交价再创新高。玫茵堂珍藏明成化斗彩鸡缸杯4月8日在香港苏富比春拍中，以2.8124亿港元成交价刷新中国瓷器世界拍卖纪录。与之同属一个得主的刘益谦，11月26日，又以3.48亿港元拍下被誉为"唐卡之王"的十五世纪"明永乐御制红阎摩敌刺绣唐卡"。11月4日，跨界艺术品收藏大亨王中军则以约3.77亿元人民币拍得梵高油画《雏菊和罂粟花》。⑤

值得一提的是，网络拍卖异军突起，拍卖业电商门户时代即将到来。截至2014年底，在线艺术品交易网站已接近2000家。艺术品在线拍卖成交金

---

① 中国版协游戏工委（GPC）：《2014中国游戏产业报告》（Market Edition）。
② 中国版协游戏工委（GPC）：《2013中国游戏产业报告》（Market Edition）。
③ 朱凯：《2014年拍卖业蓝皮书发布去年艺术品拍卖成交额跌2%》，http://www.njdaily.cn/2015/0319/1079304.shtml。
④ 谢梦：《2014年艺术市场拍卖成交152亿美元，中国领先美国》，《南方日报》2015年3月9日。
⑤ 《明成化斗彩鸡缸杯拍出2.81亿港元刷新纪录》，《中国日报》2014年4月9日。

额约 150 亿元，网络拍卖场次和标的上拍量明显上升，较 2013 年分别增长 43% 和 54%。①

近年来台湾的各式艺术博览会已成为艺术品一级市场的重要销售渠道。而视觉艺术产业的通路平台除了艺廊以外，拍卖公司为视觉艺术作品的二次流通市场。以景熏楼、中诚、罗芙奥、金仕发、艺流国际等五大主要拍卖厂商为观察对象，2013 年的拍卖总成交金额约 18.36 亿元新台币。以春、秋两季拍卖情况来看，2013 年春拍成交金额较 2012 年上升，但秋拍成交金额则较 2012 年下滑。②

10. 文化旅游产业

2014 年，大陆文化旅游产业总收入 3.38 万亿元，增长 14.7%，其中国际旅游收入 569 亿美元，增长 10.16%。全年入境旅游人数 12849.83 万人次，同比下降 0.45%。其中外国人入境旅游市场出现回暖，达 2636 万人次，增长 0.27%；港澳台同胞入境旅游市场降幅明显收窄，达 1.02 亿人次，下降 0.63%；入境过夜游客 5562 万人次，下降 0.11%；出境旅游人次首次突破 1 亿人次大关，达 1.07 亿人次，增长 19.49%；国内旅游 36.11 亿人次，增长 10.67%。③

在线旅游市场交易规模达 3077.9 亿元，同比增长 38.9%，占旅游业总收入的比重为 9.1%。移动旅游市场规模达到 1247.3 亿元，通过移动端预订旅游产品的比例占到 46.5%，逼近 PC 端。④

2014 年，台湾入境游客累计 9910204 人次，较 2013 年增长 23.63%。全年观光总收入达 6389 亿新台币。观光外汇收入达 4376 亿元新台币，占台湾地区 GDP 比例为 2.74%。⑤

---

① 谢梦：《2014 年中国拍卖行业"蓝皮书"发布：成交额 5556 亿元下降 20.6%》，《南方日报》2015 年 3 月 30 日。
② 台湾"文化部"：《2014 台湾文化创意产业发展年报》。
③ 《2014 年中国国际旅游收入 569 亿美元》，新华网，2015 年 2 月 10 日。
④ 《2014 年中国旅游上市公司发展报告》，http://res.meadin.com/HotelData/116036_1.shtml。
⑤ 台湾"交通部观光局"：《2014 全年观光市场分析》。

（二）两岸创意经济年度热点聚焦

2014年，国家文化战略更加成熟，为创意经济发展创造了良好的社会环境与经济环境。文艺工作座谈会、文化体制改革快速推进、首届世界互联网大会、自贸区与"一带一路"广为世界关注。与此同时，融合发展、"抢红包"、文化企业并购、文化金融、众筹、大数据产业、"互联网+"……成为创意经济聚焦热点。

第一，资本跨界并购，强势入主文化创意产业。

2014年，大陆文化创意产业的并购整合涉及影视、游戏、广告、出版等多个方面。尤其是文化传媒行业，内外资本疯狂靠拢，强势入主影视行业，并购案平均每6天一起，成为A股市场一大亮点。据Wind资料统计，2014年国内共发生169起文化传媒行业并购，涉及资本约1605亿元，几乎每隔一天就发生一起文化传媒公司并购案。"现在投资电影就像十几年前投资房地产"，《微爱之渐入佳境》里的这句台词，生动反映出资本市场影视投资的火爆。[①]

各路资本跨界并购，入主文化创意产业。一是企业转型的需要。高金食品、中南重工、湘鄂情等传统企业，在新的经济与产业环境下，迫切需要转型升级，转向文化创意产业，寻找新的发展机遇。二是互联网企业线上、线下"全产业链"经营的需要。互联网企业实现从用户群向用户价值转变，开发文化创意产业的增值服务和衍生产业，是进一步放大效益，抢占未来市场"制高点"的智举。三是文化企业上市后有"做强做大"的需要。例如，华录百纳、华谊兄弟、华策影视等已上市文化企业，为了弥补"短板"，提高在传媒领域的集中度，扩大产业版图，捍卫龙头地位，纷纷并购。

第二，"粉丝"经济悄然成型，"粉丝"文化产品备受青睐。

2014年7月，韩寒编导的电影《后会无期》上映，与郭敬明执导的电

---

① 《2014年文化产业持续高增长 影视业并购案6天一起》，《证券日报》2014年12月24日。

影《小时代3：刺金时代》炒得"发焦"。而《小时代3》上映4天，票房超过3亿元；《小时代》系列电影13亿元的总票房，创下中国电影票房最高系列电影的辉煌。这更促使韩寒、郭敬明之间的对抗从电影延伸到图书、杂志等领域，而细细观察，"韩郭之争"只不过是最具噱头的"粉丝"文化产品的集中表现。

当下，在创意产业领域，粉丝经济大行其道。互联网时代的本质就是粉丝经济。2014年，Elon Musk的特斯拉、青龙老贼的自媒体、马佳佳的避孕套、罗永浩的锤子手机、雕爷的牛腩、罗振宇的月饼、李善友的公开课……都是典型的"粉丝经济"。这些案例的共同特点是：背后都站着一个"明星"，都被冠名为"粉丝经济"，都崛起于互联网。如今，"粉丝书""粉丝电影""粉丝剧""粉丝节目"……各类"粉丝"文化产品层出不穷，已然成为一种特殊的文化产品类型和消费方式。①

第三，"社交化"创新旅游营销模式，"在线旅游"促进产业转型升级。

在互联网产业迅猛发展态势下，2014年，中国旅游产业已然进入在线旅游时代。尤其是电子商务蓬勃发展，更是有效拉动了在线旅游市场的强劲增长。以携程、去哪儿、途牛等网站为代表的在线旅游企业，作为市场经营主体，也随之迅速成长，推动了在线旅游市场快速发展。

在线旅游的业绩呈现，首先表现为休闲旅游在线化加速。据艾瑞咨询测算，2013年，中国在线旅游度假市场仅有303亿元的规模，而2014年，在线化进程逐步加速，在线部分占整体的比例已经超过10%。其次，面对旅游市场散客化、移动化趋势，景区门票成为各大在线旅行商关注的又一营销热点。

随着旅游产业消费升级，在线旅游开始加速迎合休闲旅游市场需求，推进在线旅游社交化。根据国际著名旅游机构travelzoo的最新调查报告，目前休闲旅游市场的主要消费者为城市白领人群。白领人群追求质量生活的个性化需求，使在线旅游行业传统的OTA（Online Travel Agency，在线旅游代

---

① 《产业探析："粉丝"类文化产品为何》，《大连日报》2014年7月24日。

理）商业模式已经难以满足急速增长且具有新的消费需求的旅游业态。于是，轻量级社交旅游应用正异军突起，并逐渐成为在线旅游行业新趋势。旅游社交应用借助移动互联网，一方面通过社交分享为用户提供多样化、个性化的旅游产品，另一方面则根据季节等因素，将包括酒店、餐饮在内的旅游资源打包整合成有针对性的旅游产品进行销售，已逐渐形成完善的商业模式，同时也创新了旅游营销模式，必将成为旅游产业发展的未来。

第四，"一剧两星"播出新政发布，电视剧产业形态面临调整。

2014年4月15日，国家新闻出版广电总局发布"对卫视综合频道黄金时段电视剧播出方式进行调整"的新规定。规定明确：自2015年1月1日开始，同一部电视剧每晚黄金时段联播的卫视综合频道不得超过两家，同一部电视剧在卫视综合频道每晚黄金时段播出不得超过两集。

值得关注的是，"一剧两星"的实施，定会影响产业形态。首先，视频网站将从中获益。"一剧两星"将会给视频网站带来更多定制剧、合作剧的机会，网台互动会变得更加频繁，原先"一剧四星"拼播形式带来的高额发行利润骤减，电视剧行业定制剧将增多，尤其是同一部电视剧的首播平台少了，对于那些错过播出的观众而言，就会选择上网观看。此外，网络视频也会集合多家卫视剧目，在网络平台释放更多的收视需求。其次，卫视和电视剧制作公司面临重新洗牌。"一剧两星"结束了十多年来电视剧市场一直实行的"4Ｘ"即"一剧四星"播出模式。播出新政的实施，促使卫视和电视剧制作公司重新洗牌。一些三、四线卫视将逐步被挤出阵营，而大剧卫视将迅速得以催生。而对于电视剧制作公司而言，重新洗牌也在所难免。目前电视剧市场上一些粗制滥造的雷剧，因为分担成本低，依然有卫视购买，一旦"一剧两星"模式实施，高成本定会使卫视舍弃"雷剧"，青睐"精品"。

第五，阿里巴巴美国上市，新兴"电商物种"炼成国际化公司。

2014年9月8日，阿里巴巴全球路演正式拉开帷幕，筹资高达210亿美元。9月9日，阿里巴巴集团在美国举行首次路演，盛况空前。阿里巴巴赴美IPO（首次公开募股），使其估值或将达到1600亿美元以上，或可跻身美国市值最高的20家上市公司之列。阿里巴巴的上市，意味着中国终于有了属于自己的国际化公司。①

作为一家始于"中国创意"、立足中国市场、反哺中国投资者的国际化公司，15年来，阿里巴巴通过资本投资以及多种形式的商务合作，目前已涉猎电子商务、影视制作、文化产业、云计算、O2O商业等众多领域。与其说阿里巴巴是一个公司，倒不如说它是一个经济发展平台，在这个平台上，集中了600多万卖家和数以亿计的消费者，他们共同建立了一个新的经济生态和商业形态，这便是新兴"电商物种"。②

第六，"金融挺创意"，台湾文创企业兴起上市风潮。

金融产业与资本市场适时相挺，是创意经济茁壮起飞的保障。为此，台湾"行政院金融监督管理委员会"（金管会）2013年起推出"金融挺创意产业项目计划"，以融资及"创柜板"为两大重点，希望透过金融业的大力相挺，让台湾的创意产业能够由华人市场出发，跻身国际创意市场，扮演举足轻重的角色。该计划至2013年8月底执行超过533亿元新台币，目标达标率106.6%，放款余额为2350亿元新台币。尤其是资本额100万元新台币以下或年营业额1000万元新台币以下的微型企业，融资能力显著增加，案件从年初的244件增至3018件，增长1137%，放款金额从88.96亿元新台币增至97.25亿元新台币，增长9%。资本市场筹资方面，"创柜板"2014年目标定在70家，现已有84家申请，32家完成筹资，募资1.56亿元新台币。其中10家已筹资为电子商务企业，16家是文创产业，6家文创公司已募集2100万元新台币。至于创意产业，有7家已升级上"兴柜板"，如霹雳国际、联合在线及台湾淘米等；另有19家已"上柜"。在这一波"金融挺创意"热潮中，首棒由"华研音乐"于2013年12月底以108元挂牌"上柜"拔得头筹，成为首档"上柜"文创股。③到2014年底，台湾金融业对文化创意产业投资额提高2582亿元新台币，超出计划153%。④

---

① 《阿里巴巴上市给中国市场带来的改变》，《南方日报》2014年9月11日。
② 《阿里巴巴上市给中国市场带来的改变》，《南方日报》2014年9月11日。
③ 吕雪彗：《金融挺创意挖掘新鸿海》，《中时电子报》2014年9月19日。
④ 《金融挺文创放款2582亿》，《中时电子报》2015年1月22日。

四 未来几年两岸创意经济新的增长点

创意产业是具有独特而广泛创新能力的行业领域。而创意经济则是一个具有明显经济空间聚集特点,推动国民经济整体发展的产业集合体。也就是说,未来几年,创意经济将是两岸经济重要的增长极。因为创意产业强大的关联性、辐射性和带动性,创意经济对两岸区位经济、规模经济、外部经济的增长所产生的直接或间接带动作用都将巨大而现实。作为两岸经济重要的增长极,创意经济推动国民经济整体增长通常是从创意产业一个或数个"增长中心"逐渐向其他产业领域或区域传导。

(一)"互联网+"继续发力,打造创意产业集合体

互联网的发展,已然打破传统创意产业系统,建立起一个新的产业生态系统。目前,我国互联网普及率不断攀高。最新数据显示,2015年3月,大陆移动电话用户总数达12.9亿户,平均每百人94.6部。4G用户继续保持高速增长态势,净增2388万户。移动宽带用户总数达到6.4亿户。移动互联网用户总规模达到8.99亿户,同比增长5.7%。其中手机上网用户达到8.58亿户。[1] 这为"互联网+"的经济构想提供了无限的想象空间。

信息化时代,网络技术与多种行业密切结合,为创意产业发展带来全新契机。2015年,李克强总理在政府工作报告时适时提出"互联网+"的新概念。未来几年,"互联网+创意""互联网+金融""互联网+旅游""互联网+医疗""互联网+教育""互联网+交通""互联网+电商""互联网+城市服务"……将全方位进入社会经济和民众日常生活,传统产业的壁垒不断消除,新的产业链不断打通,创意产业的庞大集合体迅速建成。

---

[1] 《我移动互联网用户规模近9亿》,《人民日报》2015年4月20日。

（二）依托经济文化产业带，特色文化产业快速发展

特色文化产业是"依托地方独特文化资源，通过创意转化、科技提升和市场运作，提供具有鲜明区域特点和民族特色的文化产品和服务的产业形态"。① 今后几年，将是特色文化产业的快速发展期。据有关部门统计，"十二五"期间，按照年均增长15%的速度计算，到2015年，特色文化产业所创造的产值将为1.5万亿~2万亿元，通过联动效应带动地方相关产业增加5000亿~6000亿元的产值。目前，"一带一路"经济文化产业带、长江经济文化产业带、环渤海湾经济文化产业带、藏羌彝文化产业走廊、黄河中原地区文化带、珠江经济文化产业带、京杭大运河文化带……这些有潜力的经济文化带，无一不联结着历史文化资源带，成为打造特色文化产业带的绝好平台。如"一带一路"的建设，民生证券发布研究报告称，目前各地方"一带一路"拟建、在建基础设施规模已经达到1.04万亿元，跨国投资规模约524亿美元，预计影响2015年新增投资4000亿元左右，拉动GDP增长0.25个百分点。"一带一路"战略将涵盖26个国家和地区的44亿人口，将产生21万亿美元的经济效应，将成为挖掘文化创意元素的超级"大平台""大舞台""大宝库"。②

（三）"众创时代"来临，小微文化企业激发创意产业活力

未来几年，将是文化企业快速生长时期。国务院《进一步支持文化企业发展的规定》，以及文化部、财政部、工信部三部委联合《关于大力支持小微文化企业发展的实施意见》的发布，都将以多种形式、多种方式推动文化企业尤其是扶持小微文化企业发展。

2015年1月28日，国务院总理李克强主持召开国务院常务会议，会议提出："以微观活力支撑宏观稳定，以供给创新带动需求扩大，以结构调整

---

① 文化部、财政部：《关于推动特色文化产业发展的指导意见》，2014年8月。
② 《各地"一带一路"基建规模达万亿》，《北京晨报》2015年3月25日。

促进总量平衡。"确定支持发展"众创空间"的政策措施，为创业创新搭建新平台。3月2日，国务院印发《关于发展众创空间推进大众创新创业的指导意见》，明确指出，为顺应网络时代推动大众创业、万众创新的形势，国家着力构建面向人人的"众创空间"等创业服务平台，打造创意经济发展新的"发动机"。在政府工作报告中，李克强又明确提出把大众创业、万众创新作为国民经济"双引擎"之一。政策环境的利好，为大众创业、万众创新时代的来临张开了风帆，尤其给予小微文化企业生长以更丰沛的"雨露滋润"。

数据显示，2014年全年，新登记注册的文化、体育和娱乐业企业同比增长83.51%。据有关机构抽样调查测算，目前大陆小微文化企业的数量已占到文化企业总数的80%以上，从业人员约占到文化创意产业从业人员总数的77%，实现增加值约占文化创意产业增加值的60%。[1] 而且，国家一系列促进文化创意产业发展相关措施的出台，更是给小微文化企业壮大提供了源头活水。数据显示，截至2014年12月，大陆"新三板"挂牌企业达到1500家，而文化创意企业接近100家。[2]

当前，文化创意产业已成为大众创业一个重点领域，许多城市新注册公司50%以上都是文化类公司，设计、广告、创意策划、动漫制作、图书影视成为年轻人创业的优选项。可以预见，小微文化企业的发展，必将丰富文化产品和服务的供给，促进文化市场的活跃与繁荣，激发文化创意产业发展活力，扩大文化领域就业，推动创意经济乃至整个经济转型升级、提速发展。

（四）信息消费渐趋成熟，智慧城市打造创意经济蓝海

我国已进入信息化时代。在消费人群、消费结构和消费观点都已与信息化高度契合的当下，信息消费具有良好的发展基础和巨大的发

---

[1] 《小微文化企业占八成，保持中国文化多样性》，新华网，2014年8月19日。
[2] 王晓晴：《2014年新三板挂牌企业近1500家市值超2000亿》，《深圳特区报》2015年1月19日。

展潜力。而信息消费对经济增长具有极强带动能力。据工信部电信研究院预计，到2015年，信息消费规模将达到3.18万亿元，带动相关行业新增产出超过1.2万亿元。其中，新型信息消费规模将达到2.43万亿元，电子商务交易规模将超过18万亿元，网络零售交易额将达到3万亿元。① 根据工信部电信研究院的测算，信息消费每增加100亿元，将带动GDP增长338亿元；信息消费增长10个百分点，单位GDP能耗将下降1.8个百分点，物耗下降1.4个百分点。基于此测算，若未来两年中国GDP维持7%左右的增长水平，信息消费的增量部分规模将占到GDP增量部分规模的11%~12%，每年为GDP增长贡献大约1个百分点。②

文化消费是信息消费的重要组成部分。促进信息消费必将有力带动文化创意产业发展。未来几年，我国移动互联网产业、数字内容产业、网络游戏、网络电影、网络音乐、网络阅读这些新兴产业都会得到快速发展；而加快发展文化创意产业是促进信息消费的重要手段。随着云家电、智慧穿戴设备、物联网、电子导航、智能安防设备等各类网络化终端产品的消费日渐趋热，信息消费有望成为继汽车、住房消费后的下一个新的消费热点。文化创意产业与信息产业深度融合发展是文化创意产业发展的最新趋势。

近年来，我国智慧城市建设环境日渐向好。2014年因此被专家们称为"智慧城市落地元年"。在与新型城镇化的相互融合碰撞中，以人为本的智慧城市也迎来了弯道超车的新机遇。据工信部《2014年ICT深度报告》统计，目前，中国100%副省级以上城市、89%地级及以上城市（241个）、47%县级及以上城市（51个）都在推进智慧城市建设。截至2015年4月，住建部公布的国家智慧城市试点总数达到277个。③ 据IDC以及前瞻产业研

---

① 中华人民共和国工业和信息化部：《"关于促进信息消费扩大内需的若干意见"学习体会》，2013年8月15日。
② 《信息消费蓄势待发释放潜力良性竞争不可少》，新华网，2013年8月15日。
③ 《觊觎4万亿市场，20家公司抢滩智慧城市》，《中国经营报》2015年3月9日。

究院等多家专业机构预测，未来3~5年，大陆二、三线城市将是智慧城市建设掘金重点，主流投资热点为智慧交通、智慧应急、智慧医疗、智慧政务、智慧旅游、智慧教育。PPP、BOT、BT等企业投资、融资、带资建设模式，已逐渐取代传统EPC，成为智慧城市建设的主流模式。中国智慧城市整体投资规模将超过2万亿元。[①]

[①] 据前瞻产业研究院《2015~2020年中国智慧城市建设发展前景与投资预测分析报告》。

产 业 篇

Reports on Industry

B.2
2014会展产业发展报告

蔡清毅*

摘　要： 2014年，大陆共举办各类展览8009场，展览面积达10276.511万平方米，会展经济产值达到4190亿元，带动就业约2800万人次。我国已成为世界上展览数量最多、规模最大的国家之一，是欧洲、北美之外全球最重要的会展市场。伴随中国经济发展进入新常态，会展业进入一个全新的转型升级换挡期和融合创新加速期。

关键词： 会展业　新常态　融合发展　转型升级

2014年是中国会展业发展关键的一年。伴随着中国经济发展进入新常态，2014年中国会展业也进入21世纪以来发展的新阶段。

---

* 蔡清毅，厦门理工学院文化产业学院副教授，主要从事会展经济、文化品牌管理研究。

一 会展产业宏观环境分析

自2012年12月《关于改进工作作风密切联系群众的八项规定》通过以来，国家对会展业发展的态度是规范市场和行业促进并举，对于会展业而言成为两条并行的主线，而其对会展业是利空还是利好，则因不同的业态、不同办展（会）主体、不同区域、不同项目而不同。

（一）政治环境：规范与促进并举

首先，作为配合全面改革的推手，厘清会展市场中政府和市场主体关系是首要的任务。为落实中央八项规定，2013年7月，中共中央办公厅、国务院办公厅发出通知，要求对各级政府举办的展览会、论坛、庆典活动进行清理整顿。根据"停办一批、限期市场化一批、加大间隔一批和保留一批"的原则，清理规范全国500多个政府主办的会展活动。2013年8月，中共中央宣传部、财政部、文化部、国家审计署、国家新闻出版广电总局联合发出通知，规范全国文艺晚会市场，要求各地各部门把制止豪华铺张、提倡节俭办晚会和节庆演出，作为落实中央八项规定的重要举措。

其次，为适应国家新形势下全面开放、推进经济转型，促进会展平台功能作用的发挥也日益被各级政府所重视。2014年3月，国务院发布《关于加快发展对外文化贸易的意见》，国家将致力于推动文化产品和服务出口交易平台建设，支持文化企业参加境内外重要国际性文化展会。

（二）经济环境：新常态下的新思维与新举措

2014年，中国经济呈现"新常态"，带动了行业发展，也带动了会展经济的快速发展。

首先，"一带一路"战略释放强大的市场助推力。其次，自贸区建设为会展业提供了全球化平台。中国自由贸易区建设在2014年加快推进。作为国际性流通的特殊区域性形式之一，自由贸易区为国际商品流通提供的中介服务一应俱全：仓储、展示、简单加工、商检、进出口贸易、转口贸易等。这些功能与会展业尤其是对装备制造业、加工产业等类型的展会而言，具有极高的贴合度。自贸区建设与会展业最终将形成相互驱动的局面，进而给中国会展业发展带来新格局。最后，扩大内需，提振消费，为会展业提供了新动力。

（三）社会技术环境："互联网+"革新行业

2014年，会展业与新技术的融合加深，带动了会展形态的变化。主要表现在：中国基础网络建设的不断完善、云平台的用户积累、智能手机的深度普及、可穿戴设备走向成熟，同时以微博、微信、APP产品等为代表的应用，对会议、展览的组织模式及会展价值运营产生巨大影响。2014年，我国很多大型展览和会议都主动采用了移动互联服务，改进会展营销、组织工作并适当与互联网结合，但总体还处于尝鲜和发展的阶段。

二 会展产业年度发展分析

2014年，中国会展业在总体规模、区域格局、发展条件、产业体系、市场化进程、质量效益等方面都呈现新特征。

（一）展览业增量提质

一是境内展止降提质。据中国会展经济研究会发布的数据显示，2014年大陆举办各类展览8009场，展览面积达10276.511万平方米，首次过亿[①]。按照同口径计算，分别增长8.6%和8.7%。相较于前两年，大陆展览业显现企稳回升的态势。

据统计，2014年中国大陆全年会展经济产值为4190亿元，约占GDP总值的0.66%，比2013年增长了8.3%。其中作为展览会功能集中标志的经

---

① 中国会展经济研究会：《2014年度中国展览统计分析报告》。

贸类展览会共举办 2432 个，同比增长 4.2%；2014 年大陆展览会总面积约 7110 万平方米，仅比 2013 年增长 2.6%。①

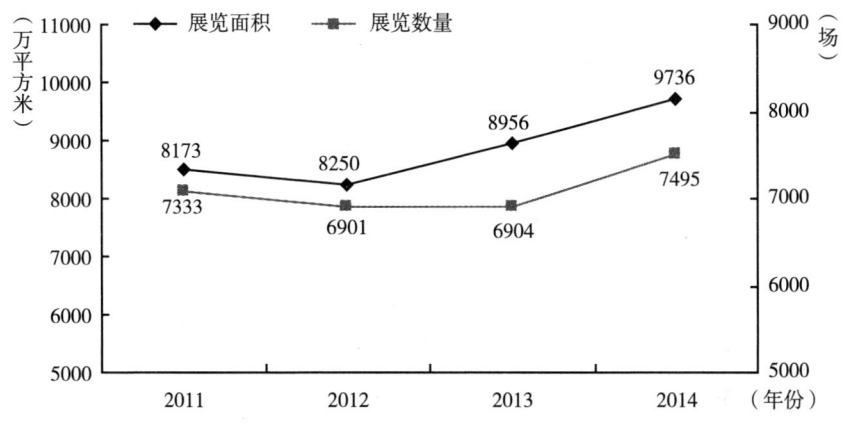

图 1　2011～2014 年大陆地区展览数和面积

注：图中数据以 2011 年被调研城市为基准，即剔除了近三年统计调研口径不一致的影响。
资料来源：《2014 年度中国展览数据统计报告》。

总体而言，大陆展览业办展数量中低速增长的趋势明显。图 1 显示，从 2011 年的 7333 场到 2014 年的 7495 场，增加了 2.2%。同期，办展面积从 8173 万平方米增加到 9736 万平方米，增加了 19.1%，办展面积增长速度远远超过展览数量增长速度。2014 年全年带动就业约 2800 万人次，展览带动效应进一步提升，经济效益有所好转，提质增效相当明显。

二是境外参展市场稳定，新兴市场活跃。根据中国贸促会展览管理办公室提供的数据显示，2014 年大陆 102 家组展单位共赴 75 个国家实施经贸展览会计划 1447 项，较 2013 年的 1391 项增加了 4.0%。② 出国经贸展览市场稳步提升（见图 2）。

---

① 沈则瑾：《展览业进入"一位数增长"时代》，《经济日报》2015 年 1 月 29 日。
② 参见中国贸促会展览管理办公室《2014 年中国出国经贸展览市场报告》。该报告未正式发布，某些数据只能使用 2013 年。2014 年采用的是《中国会展产业年度报告》的数据，两者在数据上有细微差别。

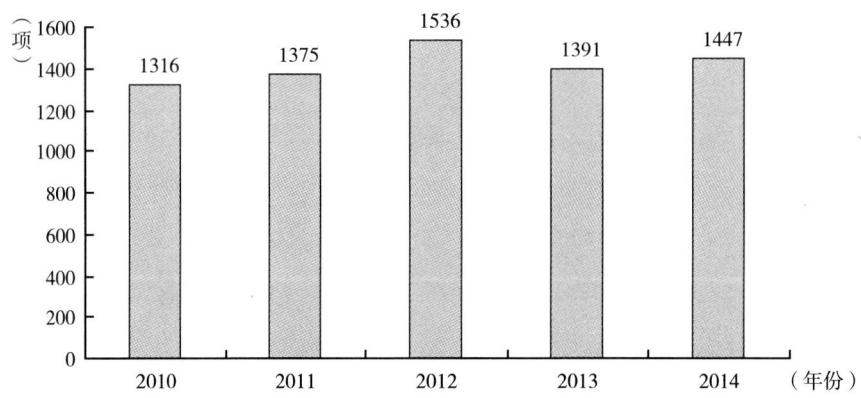

图2　2010~2014年我国出国展览项目变化

资料来源：中国贸促会展览管理办公室，《2014年中国出国经贸展览市场报告》。

《2014年中国出国经贸展览市场报告》显示，大陆地区出国办展项目位列前十的目的地国家依次是：美国、德国、俄罗斯、巴西、印度、阿联酋、土耳其、法国、印度尼西亚和墨西哥。同样的统计，2006年的数字排序是德国、美国、法国、日本、意大利、阿联酋、俄罗斯、越南、印度和英国。不难发现，中国出国办展目的地正发生变化，欧美仍然是深受企业欢迎的主流市场，但新兴市场正在成为组展单位开疆拓土的重要目标。

三是境外自办展增长迅速，国际化步伐加快。2014年，大陆共有36家组展单位出国举办单独贸易展览会（自办展），总数达84场，总面积达到26.8万平方米（见图3）。① 三个数据都有较大幅度的增长，说明目前大陆会展企业国际竞争力有所上升，不过我国境外大部分自办展还是以综合展为主。

（二）会议业回归市场，顺应国际化趋势

随着中央有关规定的落实，2014年大陆地区会议业经历跟2013年相

---

① 另据贸促会统计，这些数据分别是：办展单位35家，展览数量79个，展出总面积13.6万平方米。

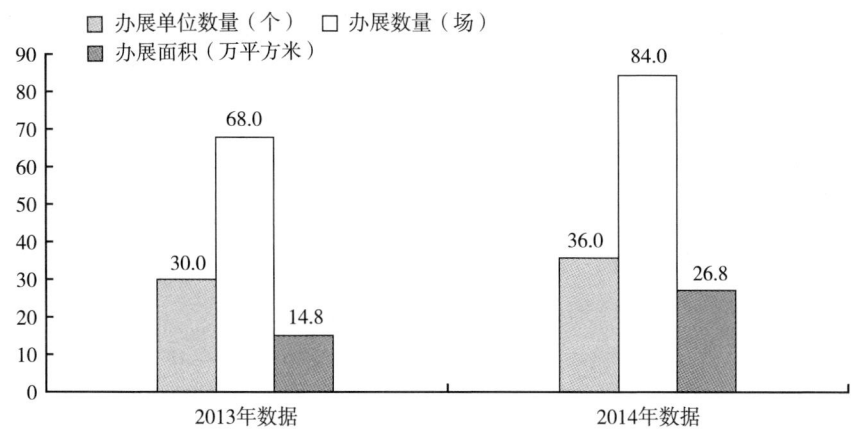

图 3 境外自办展情况

资料来源：中国会展经济研究会，《2014年度中国展览数据统计报告》。

似，喜忧参半，节俭办会成为一种常态。各地大量以公款支撑的所谓"会议经济"虚假繁荣景象正在彻底改观，会议市场泡沫进一步被挤出。政府会议和事业单位会议进一步减少。据人民网消息，在政府"精简会议活动"的过程中，大陆已经压缩会议58.6万个。第五届中国会议产业周发布的数据显示，2013年我国大陆国际会议数量减少一半，会议规模也在减小。中国大陆酒店的会议收入占比也达23%，与国际市场基本一致。

但是这并不意味着会议市场总量在缩小。大陆地区会议与奖励旅游产业正在进入一个全新的发展时期，会议业还处于快速增长阶段。而且随着政府简政放权的落实，新型会议浮出水面，国际化程度也进一步提升，双向互动数量和频率快速提升。比如，2014年北京APEC的成功举办，不仅提升了国家形象，还向世界展示了中国会议服务接待的能力；首届世界互联网大会在乌镇召开并将永久落户乌镇；中国政府还宣布将举办2016年G20峰会。

（三）政府办展日趋规范，专业化与市场化渐趋同步

近年来行政体制改革不断推进，大陆开展了对各级政府主办展会和论坛

活动的清理规范工作，对500多个政府主办的会展活动进行了清理、规范。与此同时，去行政化效果逐步显现，会展业的市场化水平不断提高。

在展览业市场化方面，2014年，先后有上海工博会、沈阳制博会、武汉光博会、新疆亚欧博览会等知名展会或委托给专业化会展企业经营，或采用政企分开的运作模式运营，为政府主导型展会的市场化运作提供了不可多得的样板。2013年，在中国会展研究中心监测的内地455个规模以上展会中，政府具名参与主办的展会有225个，比2012年增加了15个，占比49.5%，下降了2.9个百分点。完全市场化运作项目增加了39个。①

在会议业市场化方面，越来越多的会议交给服务机构承办。最近四年来交由会议服务机构承办会议的比例从2010年的9.1%提高到2013年的17.2%，增加了8.1个百分点，其中32%的流动性会议都由会议服务机构承办（见图4）。②

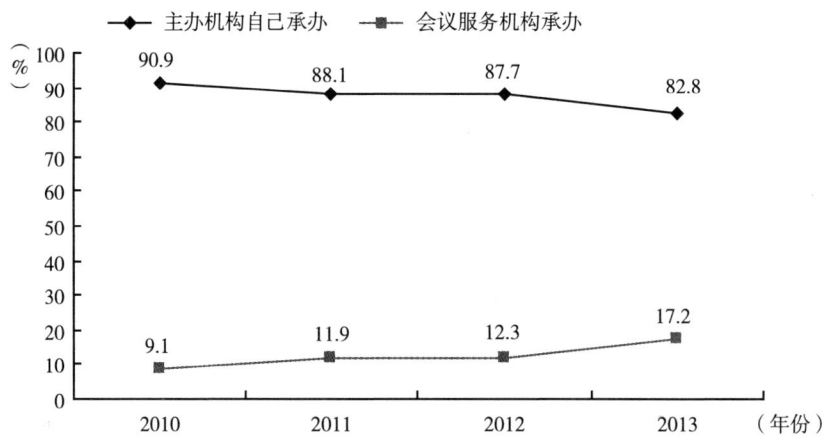

图4　2010~2013年大陆地区会议承办状况变化

资料来源：《2014年中国会议蓝皮书》。

---

① 中国会展经济研究中心：《2013年规模以上展览会调研分析报告》，2014。
② 据中国旅游饭店业协会、中国旅行社协会、中国会议酒店联盟发布的《2014年中国会议蓝皮书》暨《2013年中国会议统计分析报告》。

（四）产业链条完善，产业融合发展

我国大陆会展业在实现量增的同时，质量也得以提升。在产业发展层面可以从以下三个角度来看。

一是产业链体系完备。在大陆的会展城市，基本形成了直接会展服务产业的产业链条体系。这个以项目策划与运作为龙头的商务链条涵盖三个层次：①产业链服务环节，主要有场馆设施、技术设备、工程设计与实施、旅游服务、会展物流等；②商务服务系统，包括海关、金融、检验检疫、通信、知识产权、执法等；③会展商务生态系统，包括安全、消防、交通、城市环境、文化体系等。这种层次分明、多元复合的会展产业链条服务体系日臻完善，有效地保障了会展产业正常运转和持续发展。

二是多业态齐头并进。"大会展"的概念日益受到各个会展城市的重视和践行，在发展经贸展会的同时，更加注重协调发展境外办展参展、会议论坛、节事庆典、体育赛事、演艺活动等，各业态齐头并进、融合发展的态势初步形成。

三是产业跨界融合。现代科技的进步为会展插上了腾飞的翅膀，使会展产业发展格局呈现新特点。随着会展产业链内部各环节之间的融合发展和竞争力的提升，会展业开始与金融、科技、旅游、文创及其他产业合作，一种跨界创新融合局面初步显现。从信息技术的应用上来看，智能手机 APP、O2O 的方式已经被会展业界普遍采用。2014 年中国会展企业三板上市成功，会展业搭上了资本市场的快车。而"世界会展云基地和数码研究基地"项目的落地，使会展业首次实现了与资本和数字技术的多元融合。

（五）发展条件改善，市场竞争加剧

首先，与会展总量一致，大陆地区专业展馆数量居世界第二位、亚洲第一位。2014 年专业展馆面积达 964.13 万平方米。其中已建成的有 226 个展馆，面积为 830.69 万平方米；在建的有 16 个展馆，面积为 114.24 万平方米；待建有 4 个展馆，面积为 19.2 万平方米（见图 5）。值得注意的是，在建和待建展馆面积与 2013 年相比分别下降了 24% 和 53%。① 这说明精简办展会的国家政策初步扼住场馆建设的风潮,尤其是一些二、三线城市不切实际将兴建展览中心作为城市地标的核心项目得到了控制。其次,会展人才问题广受重视,我国高校会展专业招生规模已经实现 12 年持续增长。截至 2013 年底,大陆共有 229 所大专院校设有会展专业或相应研究方向,在校学生规模达到 1.3 万人,居世界第一位;同时,政府、协会与高校合作进行的展览培训方兴未艾,得到各地的重视,提升从业人员专业水平成为各会展城市管理机构的重要选项。

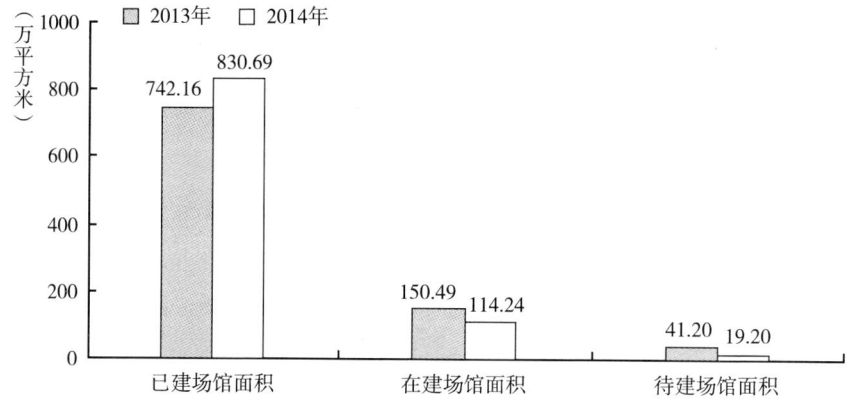

图 5　2013~2014 年大陆专业场馆建设情况

资料来源:中国会展经济研究会,《2014 年度中国展览数据统计报告》。

另据贸促会不完全统计,2014 年大陆室内可租用展览总面积约 585 万平方米,比 2013 年增加约 13 万平方米。大陆共有 128 个室内可租用面积大于等于 5000 平方米且举办 2 个以上经贸类展览会的展览馆。② 大陆共有 39% 的城市已经拥有 2 个及以上的展馆,其中 12% 的城市有 3 个展馆,10% 的城市有 4 个或 4 个以上的展馆。"一城多馆"的设施建设在带动会展格局变化的同时,争夺会展资源和题材就在所难免,闲置、低出租率现象已经对会展市场的健康发展产生了重大影响。

---

① 中国会展经济研究会:《2014 年度中国展览数据统计报告》。
② 中国国际贸易促进委员会:《2014 年度中国展览经济发展报告》。

三 会展产业的发展格局与结构

衡量一个国家和地区的会展业发展水平,最重要指标是展会、场馆和组展商,以此考察当前会展业的发展格局。

(一)展览业

1. 展会

从展览会区域格局看,地区差异开始消解。据贸促会统计,2014年实现展览会数量正增长的省区市共有15个,数量下降的省区市有11个。[①]东部与中西部地区展览市场的差距有略微缩小。2011年到2014年,总办展面积24个省区市有增长,其余6个省区市有所下降(见图6)。

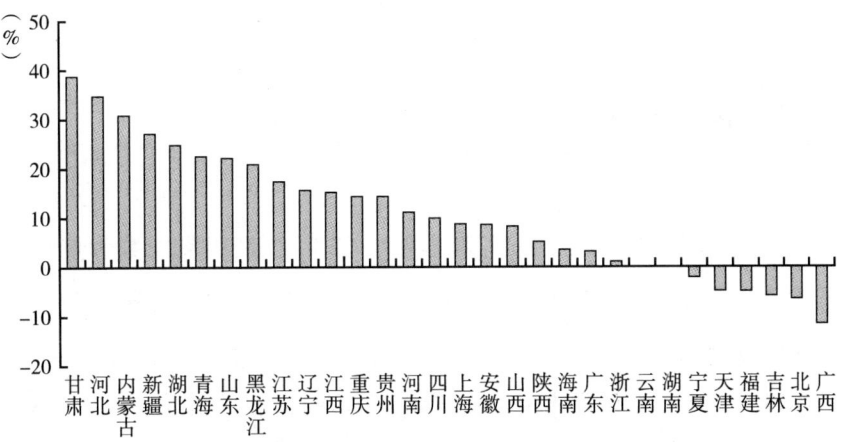

图6 2011~2014年各省区市办展面积年均增幅

资料来源:中国会展经济研究会,《2014年度中国展览数据统计报告》。

---

① 中国国际贸易促进委员会:《2014年度中国展览经济发展报告》。

从行政格局看，区域集聚度较高。2014年，大陆举办的展览面积排名前十位的省区市办展数量占大陆全部的70.53%，办展面积占大陆总量的73.25%。这些省份分别是广东、上海、山东、江苏、浙江、北京、重庆、辽宁、四川和河北（见图7）。

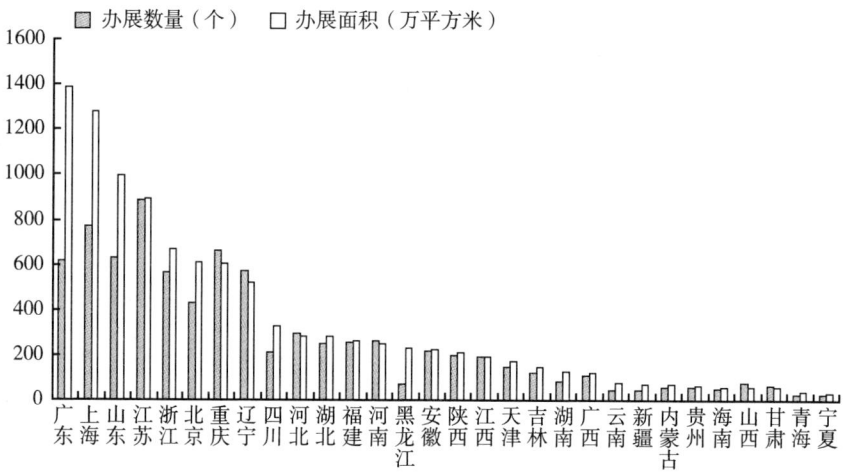

图7 2014年大陆各省区市办展数量和面积

资料来源：根据中国会展经济研究会的《2014年度中国展览数据统计报告》数据绘制。

从城市竞争格局看，分化显现，呈"金字塔"结构。从城市展览数量、展览面积、展馆情况、规模以上展会数量、UFI认证组展商数和展位数来看，大陆3/4的展会集中在23个主要城市，分三个梯队呈明显的"金字塔"结构（见图8）。①

总体而言，各地场馆建设、环境推进、政策促进、城市综合竞争力的变化，引发大陆会展经济格局深层变革和洗牌。各个城市也在特色化和区位博弈中为自己寻找更好的机会，甚至是挤到更高的梯队中。

---

① 本结构综合目前各大研究报告的成果，同时借鉴中山大学罗秋菊团队的研究成果，核心依据2014年大陆办展超过百万平方米以上的城市有24个，同时办展超过80场的也有24个。合理与否，欢迎专家商榷指正。

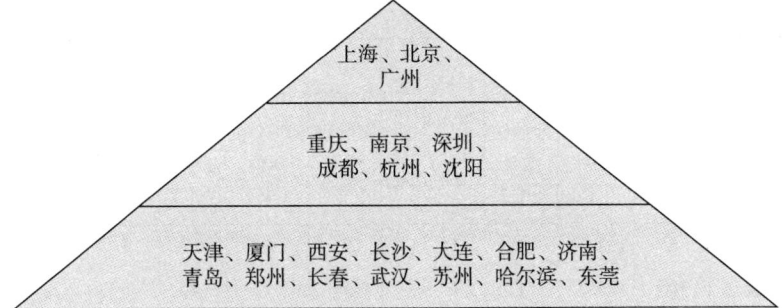

图8 中国大陆会展业竞争格局

表1 2013年中国会展行业城市发展综合指数前23名

排名	城市	2013年展览数量（场）	2013年展览面积（万平方米）	2013年度专业展馆数量（个）	2013年度专业展馆室内面积（万平方米）	2013年度展览管理机构（个）	2013年度UFI会员单位（个）	2013年度UFI认证项目（个）	TOP100展览项目数量（个）	TOP3展览项目数量（个）	城市展览业发展指数
1	上海市	798	1200.8	13	44.40	3	22	20	24	74	276.64
2	广州市	480	831	6	53.48	2	9	8	25	66	184.38
3	北京市	418	552.1	9	44.79	1	26	17	6	43	156.15
4	重庆市	581	500.4	5	35.60	2	1		5	10	119.14
5	南京市	347	370	4	19.50	3	1	1		4	77.05
6	深圳市	86	259.77	1	10.50	2	11	11	9	17	63.23
7	成都市	169	300.9	6	56.21	0	1		5	19	61.74
8	杭州市	223	227.6	7	37.40	14	1		1	1	52.22
9	沈阳市	242	217.58	5	17.96	4	1		4	4	52.01
10	郑州市	192	191.4	3	24.70	0	2			1	43.41
11	天津市	213	170.63	3	11.25	1		1		12	43.09
12	厦门市	184	160.37	2	13.65	3	1	1	2	5	40.89
13	西安市	170	201	4	15.00	4			1	5	40.59
14	长沙市	156	190.7	4	39.00	2			1	3	39.70
15	济南市	131	197	7	18.84	3				8	36.78
16	青岛市	126	180	3	20.77	1			4	9	35.84
17	合肥市	170	167.9	2	13.00	2			1		35.77
18	长春市	108	200	4	27.20	3			3	4	35.75
19	武汉市	117	195.85	2	7.50	2				11	34.64

续表

排名	城市	2013年展览数量（场）	2013年展览面积（万平方米）	2013年度专业展馆数量（个）	2013年度专业展馆室内面积（万平方米）	2013年度展览管理机构（个）	2013年度UFI会员单位（个）	2013年度UFI认证项目（个）	TOP100展览项目数量（个）	TOP3展览项目数量（个）	城市展览业发展指数
20	哈尔滨市	65	192.53	3	14.15	3			1	11	29.50
21	大连市	103	129.35	4	10.40	1	1	1		5	27.78
22	苏州市	79	129.4	2	8.50	1	1			4	23.79
23	东莞市	37	116.36	2	8.00	1	2	2	3	3	23.01

资料来源：中国贸促会，《2014中国会展行业发展报告》。

2. 展馆

展馆被称为展览经济的"火车头"。从单个省区市的专业展馆室内展馆面积来看，山东省以44个展馆共147.86万平方米排名第一位，其次是广东为84.55万平方米，排名第二位，上海市为83.48万平方米，排名第三位。如图9所示。

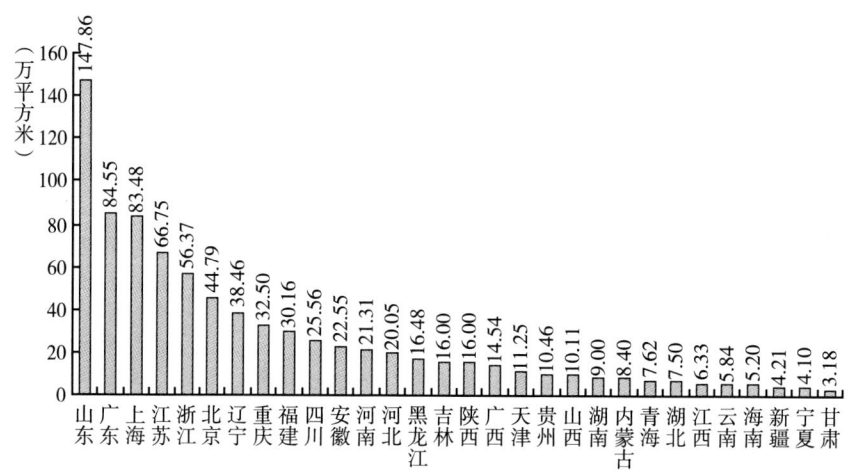

图9 2014年各省区市专业展馆室内面积

资料来源：商务部中国会展经济研究会，《2014中国会展行业发展报告》。

从展馆面积类型来看，中小型展馆是城市展馆的主体，占比81%（见表2）。

表2 我国展览馆类型城市分布

展馆类型	超大型展馆	大型展馆	中型展馆	小型展馆	总计
展馆面积（万平方米）	10	5~10	2~5	2	—
城市个数（个）	16	29	77	103	225
比例（%）	1	18	23	58	100

资料来源：上海会展研究院，《2012年中外会展业动态评估年度报告》。

从展馆在城市间的排名看，上海市以12个展馆83.48万平方米室内展出面积排名第一位，广州以6个展馆53.48万平方米室内展出面积排名第二位，北京以9个展馆共计44.79万平方米的室内展出面积排名第三位。重庆、青岛、济南、南京、寿光、长春、西安排进前十位（见表3）。

表3 2014年全国城市场馆拥有量排名前十位的情况

排名	城市	展馆数量（个）	室内展出面积（万平方米）	单位展馆面积（万平方米/个）
1	上海市	12	83.48	6.96
2	广州市	6	53.48	8.91
3	北京市	9	44.79	4.98
4	重庆市	4	32.5	8.13
5	青岛市	5	21.7	4.34
6	济南市	4	20.99	5.25
7	南京市	4	19.5	4.88
8	寿光市	1	16	16
9	长春市	4	15.7	3.93
10	西安市	4	15	3.75

资料来源：中国会展经济研究会，《2014年度中国展览数据统计报告》。

3. 组展商

随着中国展览业的快速发展，中国组展商实力得到了进一步增强，成为全球会展格局中不容小觑的力量。

由于无法完整找到中国组展商营业额数据,上海会展研究院参考UFI的国际公信力及年均组展面积两项指标,选出超过3万平方米的中国(含港澳地区)50家组展商构成排行。经过对其数据整理如表4所示,21家外资及合资企业以2069.5万平方米的组展面积占65%的市场份额,其中外资已经占据半壁江山,而民营企业则仅仅占有7.8%的市场份额,民营企业实力堪忧。

表4 2012年中国50强组展商分布

组展商性质	外资	合资	国有	民营	总计
组展商数量(家)	17	4	19	10	50
占比(%)	34	8	38	20	100
展出面积(万平方米)	1551.5	518	861.1	251	3181.6
占比(%)	48.76	16.28	27.06	7.8	100

注:根据上海会展研究院《2012年中外会展业动态评估年度报告》整理。

在剔除政府主导型展会、综合性展会之后,中国会展研究中心则以参与主办规模以上(指3万平方米以上)的展会总面积作指标,对大陆地区专业展会组展商做了十强排行,较好地反映了我国市场化的专业组展商的实际竞争力(见表5)。

表5 2013年我国专业展览会十大组展商

单位:平方米,个

排名	单位名称	参与举办展会总面积	参与举办展会数量	涉及行业
1	中国对外贸易广州展览公司	1448000	6	汽车、塑料、家具、木工机械、建材、家居
2	法兰克福展览公司(含德国、香港、上海公司)	666575	6	面辅料、乐器、家纺、汽车保修、文具
3	上海博华国际展览有限公司	631000	6	家具、酒店用品、药品、建材、游艇
4	国药励展展览有限责任公司	535000	7	医疗器械、药品
5	广东现代国际会展管理有限公司	520000	2	家具

续表

排名	单位名称	参与举办展会总面积	参与举办展会数量	涉及行业
6	中国贸促会汽车行业分会	480000	2	汽车
7	汉诺威米兰展览(上海)有限公司	467000	5	汽车、建材、林业
8	中国贸促会纺织行业分会	453985	4	家纺、面辅料
9	中国汽车工业国际合作总公司	435500	3	汽车、汽车保修
10	上海市国际展览有限公司	433500	3	汽车、模具

资料来源：中国会展研究中心，《2013年中国规模以上展览会调研报告》。

以市场集中度来衡量中国（含港澳地区）组展商实力，我们以年展出面积大于100万平方米为准，计算2012年中国前11强的集中度为：$CR_{11} = \sum_1^{11} S_i / \sum_1^{50} S_i = 2082/3181.6 = 65.44\%$，可见大型组展商的市场集中度比较高。而专业展览会的市场集中度，我们以年展出面积大于300000平方米为临界点，计算前18强市场集中度为：$CR_{18} \sum_1^{18} S_i / \sum_1^{100} S_i = 731.9/4302.63 = 17\%$，说明我国专业展组展商的集中度并不是很高，企业的市场竞争力不足。2012年国际组展商50强中仅有香港一家企业进入，而大陆并没有企业进入，这就是明证。

4. 国际认证

UFI（国际展览业联盟）是迄今为止世界展览业最重要的国际性组织，经其认证的展会在一定程度上是高品质展会的标志。截止到2014年底，UFI中国成员达到86个，增长2%；中国大陆UFI认证的展会共75家，较2013年增长13%。从目前中国大陆86家UFI会员机构区域分布（见图10）可以看出，排名前四位的是北京（27家）、上海（22家）、深圳（11家）、广州（8家），这四个城市的会员数占全部会员数的79%。区域分布在一定程度上反映了各个会展经济带区域实力的差异。

(二) 会议业发展格局

1. 市场结构

会议业的市场结构及供需结构是我国会议业新形态的引擎。从消费结构看，2013年主要使用公款举办的两类会议——事业单位和政府机构的会议

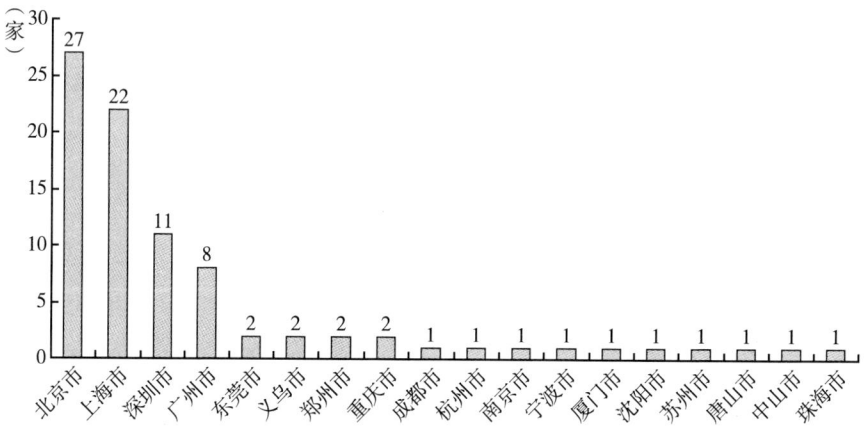

图 10　2014 年大陆通过 UFI 认证的组展机构城市分布

资料来源：中国会展经济研究会《2014 年度中国展览数据统计报告》。

大量减少，市场份额从 2010 年的 36.3% 下降到 2013 年的 22.1%；同时企业会议市场份额占比高达 68.7%，比 2010 年增加了 18.8 个百分点，相对大幅度提升（见表 6）。① 这与发达国家和地区会议市场格局逐步趋同。从供给市场来看，合规的企业会议成为市场趋势，不规范的会议公司被陆续淘汰；智慧化、差异化服务成为趋势。

市场结构的变化说明了政府淡出市场打造升级版的同时，也带动了会议业增长方式的变化。

表 6　2010～2013 年大陆地区四大会议市场份额变化

单位：%

主办机构	2010 年	2011 年	2012 年	2013 年
企　业	49.9	54.1	59.7	68.7
事业单位	19.2	22.8	16.6	12.3
政府机构	17.1	13.8	15.6	9.8
社团组织	13.8	9.3	8.1	9.2

资料来源：参见中国旅游饭店业协会、中国旅行社协会、中国会议酒店联盟发布的《2014 年中国会议蓝皮书》暨《2013 年中国会议统计分析报告》。

---

① 据中国旅游饭店业协会、中国旅行社协会、中国会议酒店联盟发布的《2014 年中国会议蓝皮书》暨《2013 年中国会议统计分析报告》。

2. 区域结构

会议的发展跟当地的经济实力有着直接的联系。当前大陆会议业集聚在区域上不均衡的格局短期内难以消除，但区域间差异有所减缓。从当前举办的会议来看，经济发达的华东、华南、华北常年举办的会议在70%左右（见图11），近年来随着大陆重视区域平衡，其他地区略有增长。

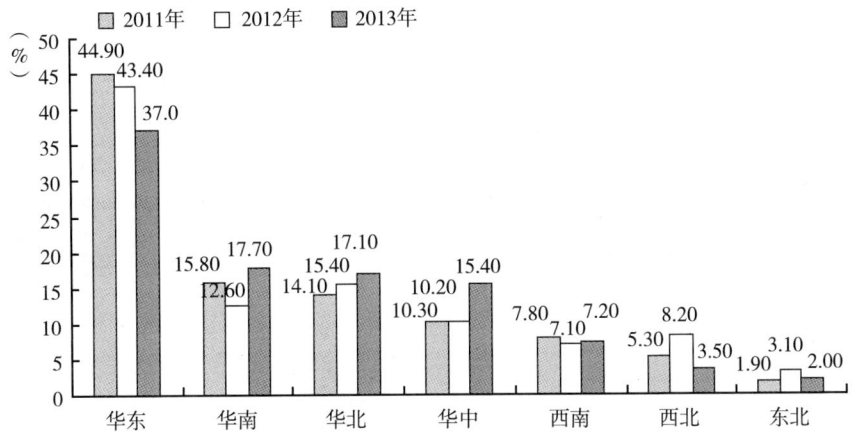

图11 大陆地区会议地区分布

资料来源：根据2012～2014年《中国会议统计分析报告》编制。

分省区市来看，江苏、浙江、北京、广东、安徽、河南等经济相对发达的地区中办会最多的城市有北京、杭州、上海、南京、广州、昆明、长沙，近两年来重庆取得较大进展。《中国会议》杂志对2013年内地2088场流动性会议的监控结果跟此基本一致。[①]

3. 国际会议区域结构

国际会议数展现了各个国家以及地区在会议产业方面的努力与实力，同时也反映了活动场地租赁等会议产业配套的情况。根据国际大会及会议协会（ICCA）最新发布的《2014年度国际协会会议市场年度报告》，中国大陆地

---

① 中国会展研究中心：《2013中国会议行业发展报告》，《中国会议》2014年10月。

区以332场会议总量,在全球排行榜位居第八位,亚洲排名第二位。共12个大陆城市入围排行榜,依序为北京、上海、杭州、成都、西安、南京、广州、武汉、天津、厦门、苏州及长沙。其中北京列全球第14位,同比去年跃升4位,在亚太地区仅次于新加坡,排名第2位;上海则与去年排名相同,位列全球第29位(见表7)。

表7 2014年中国大陆各城市接待会议数量及排名

城 市	会议量(场)	全球城市排名	亚太城市排名
北 京	104	14	2
上 海	73	29	9
杭 州	17	141	32
成 都	15	164	38
西 安	13	190	41
南 京	10	222	49
广 州	9	240	57
武 汉	9	240	57
天 津	8	266	66
厦 门	8	266	66
苏 州	5	354	79
长 沙	5	354	79

资料来源:根据ICCA《2014年度国际协会会议市场年度报告》编制。

四 会展产业的发展趋势

国务院《关于进一步促进展览业改革发展的若干意见》指出,"我国展览业体制机制改革滞后,市场化程度发展迟缓,存在结构性不合理、政策不完善、国际竞争力不强等问题"。[①] 这是对我国当前展览业问题的分析,其实我国会展业存在的主要问题也大抵如此。

一是体制机制的顶层设计落后。长期以来,我国会展业的扶持、规划和管理工作力度还不够,这是阻碍行业发展的制度性因素。

---

① 国务院:《关于进一步促进展览业改革发展的若干意见》,2015年4月19日。

二是宏观经济下行带来的挑战。国内外经济增长乏力，宏观经济发展减速，实体经济下行压力大，必然导致市场需求下降。在此期间的经济转型、结构升级，导致市场需求的调整。需求下降叠加结构调整，都会影响客户的参展意愿。

三是政府政策调整带来的压力。"反四风"搅动了会展市场。官方会议锐减，致使会议服务的提供方经营惨淡；政府展大幅减少，拨款削减，令商业性的参与者生意冷清。市场规范行为还在继续，前期的政策效应并未见底，未来会展业压力必然很大。

四是技术创新变革带来新的风险。电子商务发展冲击会展市场，与互联网融合是会展主办方创新的主要路径。无论是借助新媒体、创办自媒体升级营销，还是介入电商打通O2O转型为信息提供商，都需要新增投入、新聘人手、新植流程、新力磨合。

五是展馆供应带来会展城市之间的博弈。展馆供应的相对过剩、出租率低下，进而带来我国会展城市的竞争、重复办展、会展市场的无序竞争等诸多问题，近年来成为政府和业界共同关注的焦点。

未来几年，我国会展产业将呈现如下发展趋势。

一是加快转型。首先体现在办展办会主体市场化。与以往不同，2014年政府主导型展会最为倚重的政策环境发生了剧烈变化。从国家机关到各地方政府主动对展会进行清理，真正撬动了会展市场化的进程。其次是会展项目品牌国际化。在会展行业市场化日益走高的条件下，品牌化正成为展会生存发展的主要动力。各大国际会展集团开始通过资本输出和移植品牌展会抢占国际市场，尤其是新兴市场。中国会展业将以出口为主转向进出口并重、以货物交易为主转向全方位贸易、以贸易为主转向展会综合运作。最后是展会运营模式价值化。随着中国会展业进入资本运营时代，溢出效应与价值增值成为会展业的新趋势。同时信息技术的导入，使得展会活动的效度、精度、广度和深度都得到了不同程度的优化和提升。特别是借助大数据工具进行信息化服务，优化服务体系，使得会展业焕发了崭新的活力。强化资源整合，在"互联网+"的思维下，运营模式价值化，将最大地促进会展业的转型升级。

二是融合发展。首先是区域融合发展。随着区域经济发展，会展业从区域竞争的态势转为优势互补融合，正在形成全新的"游戏圈子"。其次是会展业态融合。会展属于一类外在的表现行业，会展是平台，是桥梁，是形式。发展会展更为重要的是会展所承载的具体内容，亦即推动会展产业发展的市场需求基础和产业结构条件。因此要强化会展链条建设，打造以会展企业为龙头，以交通、物流、通信、金融、旅游、餐饮、住宿等为支撑，以策划、广告、印刷、设计、安装、租赁、现场服务等为配套的产业集群，进而在大会展的子业态（会议、展览、赛事、节庆、演艺等）中融合发展，与城市产业、文化结构、消费联动发展，形成行业配套、产业联动、运行高效的服务体系，进而实现会展业的产业融合格局。最后是会展与资本融合。2014年被称为中国民资展览的"资本元年"。随着珠海十字门国际会展中心落成，厦门会展局和北辰会展公司联合成立的国内第一支会展产业发展基金落户厦门，会展业成为资本市场追逐的一个新的方向和平台开始显现。北展股份挂牌新三板，开启了会展本土企业直接上市的破冰之旅；上海鹏璨展示公司通过被全资收购，而摇身变成中国第一家展览搭建的上市公司。会展企业进入证券市场、新三板、风险投资注资，中国会展企业以价值形态的经营模式将日益成为主流，企业的规模扩张和品牌经营走上了快车道。

B.3
台湾会展产业推动政策与发展分析

林义斌　邱玉珠*

摘　要： 2014年《亚洲会展产业年度报告》显示，台湾是2013年亚洲会展产业增长最快的地区之一，其增长率为14%。在继续执行《台湾会展产业行动计划》《台湾会展领航计划》的基础上，台湾会展业要加快发展，须重新检视国际营销策略；检讨资源分配、扶植地方会展；强化会展人才专业性；持续改善周边支持环境。

关键词： 台湾　会展产业　推动政策

近年来，由于亚洲城市在基础建设上的大量投资与强力的经济成长，亚洲地区成为会议与展览快速成长的区域。[①] 根据UFI委托香港BSG（Business Strategies Group）公司在2014年6月公布的《亚洲会展产业年度报告》（第十版）指出，2013年亚洲地区会展总销售面积超过1730万平方米。其中，总销售面积排名第1位的是中国，占比超过55%（972万平方米），几乎是排名第2位的日本的5倍。中国台湾与泰国为2013年亚洲会展产业成长最快速的地区，其成长率分别为14%与9%；而中国大陆的成长率也高达8%。[②]

---

*　林义斌，博士，台北教育大学文化创意产业经营学系助理教授，主要研究方向为文化创意产业经营管理；邱玉珠，台湾对外贸易发展协会展览处设计组高级专员。
① 台湾"经济部国际贸易局"：《2013年全球会展竞争力研究》，2013。
② BSG, *The Trade Fair Industry in Asia*（10th ed.）, Business Strategies Group Ltd., 2014.

与此相适应，台湾地区也积极打造会展重镇。根据BSG（2014）的报告，2013年UFI认列台湾的展览馆有5个，总室内展览面积为117178平方米，在亚洲地区排名第9位；2013年台湾计有89场展览列入统计，展览总销售面积计有716250平方米，排名居亚洲第6位；2013年台湾展览全年度收入为171344750美元，全年度收入排名为亚洲第9位；而台湾在2013年全年度展览每平方米销售单价为239.22美元，低于亚洲其他10个国家，也低于亚洲展览平均销售单价321.02美元。新加坡每平方米销售单价超过600美元，为亚洲地区第1名。新加坡、日本、澳大利亚、中国香港、泰国、马来西亚营运收益优于亚洲展览销售额平均值321.02美元/平方米（见表1）。

表1 亚洲地区2013年会展产业概况

国家/地区	展馆数	室内总面积（平方米）	展览数量（场）	总销售面积（平方米）	每平方米售价（美元）	全年收入（美元）
中　　国	106(1)	4845192(1)	565(1)	9719750(1)	161.72	1571920000(1)
日　　本	13(3)	355658(2)	329(2)	1977000(2)	474.29	937666750(2)
韩　　国	13(3)	324368(3)	160(4)	854500(4)	292.19	249680500(5)
印　　度	14(2)	290457(4)	145(5)	854750(3)	219.45	187577000(7)
泰　　国	9(5)	222984(5)	77(9)	506250(8)	344.51	174411500(8)
新　加　坡	4(7)	219970(6)	93(7)	329250(9)	600.39	197680000(6)
中国香港	2(9)	149820(7)	109(6)	906000(5)	444.65	402849000(3)
澳大利亚	10(4)	137042(8)	179(3)	556250(7)	470.28	261593250(4)
中国台湾	5(6)	117178(9)	89(8)	716250(6)	239.22	171344750(9)
印度尼西亚	9(5)	106094(10)	51(11)	203000(11)	244.72	49678500(11)
中国澳门	2(9)	76715(11)	9(14)	72500(15)	250.19	18138500(15)
马来西亚	4(7)	71292(12)	77(9)	300000(10)	344.21	103263000(10)
巴基斯坦	2(9)	39793(13)	29(13)	77000(14)	267.24	20577250(14)
越　　南	4(7)	33793(14)	57(10)	158750(12)	297.30	47195750(12)
菲　律　宾	3(8)	26257(15)	44(12)	151250(13)	164.89	24940000(13)
总　　计	200	7015866	2013	17382500	（平均）321.02	4418515750

资料来源：整理自BSG（2014）；括号内数字为该项排名。

一 台湾会展产业推动计划

早在2004年,台湾就成立了"'行政院'观光发展推动委员会MICE项目小组",结合相关部门资源与力量共同推动会展产业发展;2005~2008年台湾商业主管部门执行"会议展览服务业发展计划";到了2009年,台湾"总统府"财经咨询小组规划启动台湾经济转型行动计划时,再度将会展产业提列为十大重点服务业发展项目之一。[①]

会展不仅是一个国家产业发展的展示橱窗,也是衡量一个地区经济实力的重要指标。台湾地区具备丰富的自然人文及观光资源,信息、通信产业等多项具有竞争力的产业,医学、工程等丰沛的企业与学术能量,民间积极参与国际组织及活动,人民友善与治安良好等发展会展产业的优势。[②] 有关台湾地区发展会展产业的SWOT分析,如表2所示。

表2 台湾会展产业SWOT分析

优势(Strength)	劣势(Weakness)
·具备丰富的人文与观光资源;拥有多元文化和特色美食;人民友善、治安良好 ·企业与学术能量丰厚;多项产业具国际竞争力,如信息、通信产业等,吸引国际买主的注意 ·企业全球布局、国际接轨;民间积极参与国际会议与活动 ·积极参与世界会展组织活动,与UFI、ICCA、AFECA等组织关系良好 ·引进国际会展组织专业课程及认证制度,建立会展人才培育机制 ·政府将会展产业列为重点发展项目,并成立项目办公室,整体服务效率极高	·缺乏足够之多功能会议场地 ·会展专业人才不足,流动率也高 ·业者普遍规模较小,专业及语文能力有待加强 ·缺乏大型赛事或大型活动经验,国际宣传力道不足 ·市场较小、投资报酬率不足,不易吸引国际公司来台办展 ·国际航班与航点不足 ·展览场地老旧、设施不足;场地价格竞争力不足 ·新兴市场国外人士来台申请签证及入境手续繁杂且限制多

---

① 台湾"经济部国际贸易局":《我国会展产业发展概述》,2011。
② 台湾"总统府":《台湾产业发展的规划蓝图》,2011。

续表

机会(Opportunity)	威胁(Threat)
· 亚太区域成为新兴市场,带动会展需求增加 · 全球非政府组织(NGO)蓬勃发展,有利争取国际会议 · 两岸关系改善及直航班机增加 · 两岸签订 ECFA 及服务贸易后,将带动更多陆企参与台湾的会展和奖旅 · 部分展览已具国际知名度 · 全球区域性跨国企业会议与大型活动举办频繁 · 地方政府积极开发会展场地、协助展览办理、争取商机	· 亚洲邻近国家积极发展会展产业,例如韩国、泰国或中国大陆等,并制定会展相关法规和各种优惠政策 · 亚洲各主要会展国家皆具有语言(英语)的优势,且陆续新建场馆加入营运,硬件设施相对较佳 · 中国大陆会展产业迅速崛起,规模大且具国际竞争力 · 各国推行会展产业皆能结合观光、文创等各层面资源

资料来源：研究者整理。

为继续推动下一阶段会展产业的发展，台湾"经济部国际贸易局"又从 2013~2016 年推动"台湾会展领航计划"，以"打造台湾会展成为优质会展服务的领航者"为愿景，以提高"会展服务质量效率，强化台湾会展品牌国际形象及国际竞争力，发展台湾成为全球会展重要目的地"为目标，在台湾当局政策支持下，持续带领台湾会展产业走向国际。

此外，台湾《经济部 2020 产业发展策略》中，也将会展产业列为未来六项服务业之一，在 2013~2020 年对会展业投入 82.3 亿元新台币，以提升台湾会展服务国际地位，建设台湾成为亚洲会展重镇，[①] 并促使会展产业于 2020 年产值达到 512.5 亿元新台币，举办协会型国际会议数达 310 个，来台参加会议的国外人士达 235000 人（台湾"经济部国际贸易局"，2013）。由此可知台湾当局对会展产业的重视与支持。以下就台湾会展产业行动计划[②]及台湾会展领航计划[③]分述之。

[①] 台湾"行政院"：《经济部 2020 产业发展策略》（核定本），2011 年。
[②] 《台湾会展产业行动计划》（核定本），http://www.ey.gov.tw/Upload/RelFile/26/75137/0111816413471.pdf。
[③] 《台湾会展领航计划》可取自：http://www.meettaiwan.com/zh_TW/menu/M0000172/%E8%A8%88%E7%95%AB%E4%BB%8B%E7%B4%B9.html?function=751A2FBA07AF6251D0636733C6861689。

(一)台湾会展产业行动计划

2009~2012年,台湾"经济部国际贸易局"启动为期四年的台湾会展跃升计划,[①] 包含:会展产业整体推动计划、会展推广与国际营销计划、会展人才培育与认证计划及争取国际会议在台举办计划等四个子计划,透过相关策略,以"扩大会展产业规模,带动台湾经济及出口大幅成长""协助地方发展会展,扩大内需繁荣地方""提升会展国际地位,建设台湾成为亚洲会展重镇"为发展目标,期能"建构具吸引力的国际会展环境和科技化的会展服务",促成台湾会展产业的永续发展(见图1)。

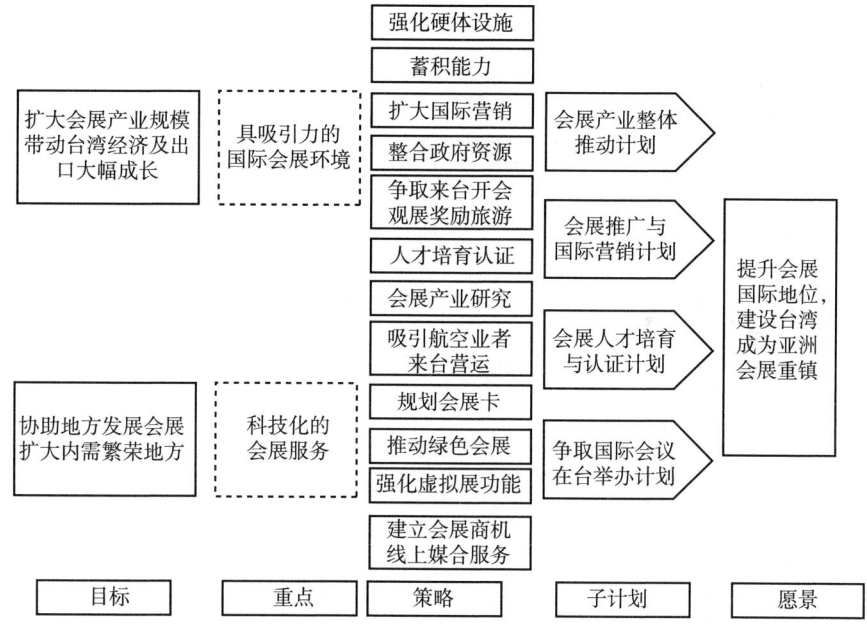

图1 台湾会展跃升计划架构

资料来源:研究者自绘。

[①] "经济部国际贸易局"推动《台湾会展跃升计划》成果丰硕,http://www.moea.gov.tw/Mns/populace/news/News.aspx?kind=1&menu_id=40&news_id=28896。

台湾会展跃升计划执行绩效卓著，不仅在举办国际会议场次之排名已有显著的进步，也在2012年获得国际大会及会议协会（简称ICCA）颁发的"最佳营销奖"的殊荣，逐渐获得国际会展人士的关注。

（二）台湾会展领航计划

2013～2016年，台湾"经济部国际贸易局"持续推动台湾会展领航计划，带领会展产业航向国际。"台湾会展领航计划"包括会展产业整体推动计划及MICE人才培育与认证计划两项子计划，透过"整体推动会展产业、争取国际会议在台举办、会展人才培育与认证、会展推广与国际营销、提升展览竞争力"五大策略，擘画"提升会展服务国际地位、建设台湾成为亚洲会展重镇"的愿景。该计划除了继续发挥台湾在会展产业的优势外，也加强营销台湾会展品牌——MEET TAIWAN，强化外界对台湾会展产业的认知度，进而创造台湾会展产业品牌效益，吸引国际MICE活动来台办理（见图2）。

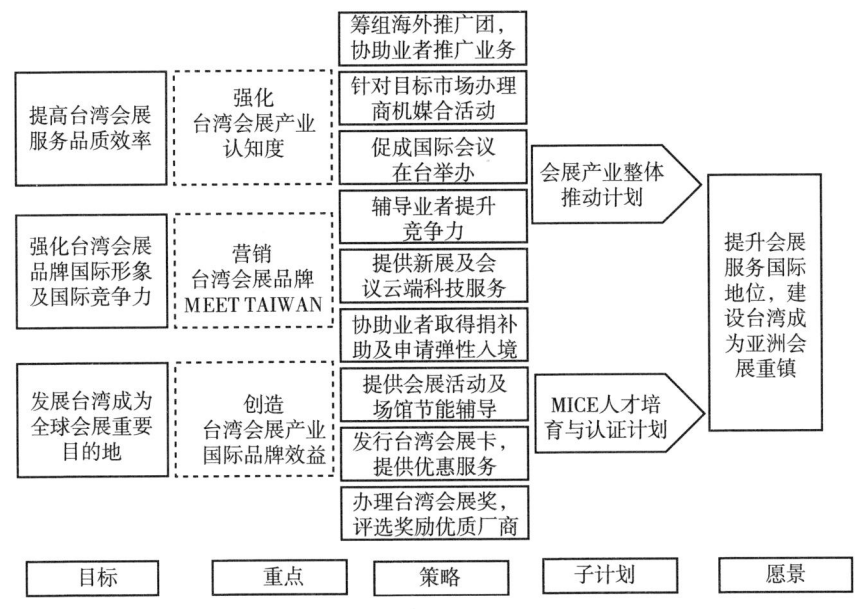

图2 台湾会展领航计划架构

资料来源：研究者自绘。

二 台湾会展产业发展概况

展览一般可以分为专业展与消费展两种,专业展主要以展览作为产品营销平台,是企业对企业的展览,又称 B2B 展;消费展的参观对象以一般消费者居多,且是企业对消费者的展览,又称 B2C 展。

(一)国际展览

2014 年在台湾举办的展览有 216 场,专业展有 80 场;台湾具备执行大型专业展览能力的展览公司逾 20 家,外贸协会办理 35 项台湾国际专业展。其中,全球第二大的台北国际计算机展和台北国际自行车展更是业界典范。除了自行办理国际专业展以外,外贸协会也自 2006 年起将台北国际电子展(Taitronics)的品牌延伸至泰国,举办泰国电子暨工业产品展;2007 年起至印度办理四届印度工业展;2009 年起至南京办理台湾名品交易会;2014 年起至缅甸办理缅甸国际工具机暨自动化设备展、缅甸电机电子暨电力设备展,带领台湾参展厂商拓销产品,积极布建展览品牌。

2014 年,台湾有台北国际自行车展、台北国际汽车零配件展、台北国际计算机展等六项专业展获得 UFI 国际展览认证,成果非凡(见表 3)。

表 3　2014 年台湾获 UFI 认证的六项国际专业展一览

展览名称	展览面积(平方米)	参展厂商家数(家)	使用摊位(个)	国外买主人数(人)	国内买主人数(人)
台北国际自行车展	58000	1111	3279	17406	7529
台北国际汽车零配件展	52310	1346	3665	7017	43851
台北国际计算机展	—	1710	5069	38600	
Semicon Taiwan 国际半导体展	29000	586	1270	30651	—
台北国际塑橡胶工业展	58000	530	2670	2600	13900
台北国际建筑建材暨产品展	46130	559	1963	1013	71370

资料来源:台湾国际专业展网站(http://www.taiwantradeshows.com.tw/zh_TW/index.html),研究者整理。

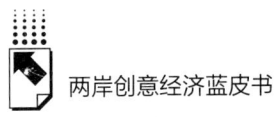

（二）展览场馆

台湾国际级的会展场馆，包括：台北世界贸易中心一馆、台北世界贸易中心南港展览馆一馆、台中世界贸易中心、高雄工商展览中心，以及2014年4月正式营运的高雄展览馆（见表4）。目前兴建中的还有台北南港展览二馆，预计将于2017年开幕，与南港展览一馆合并后，共计可提供约5000个标准展览摊位及不同功能的会议场地，将成为台湾最大的会展中心。值得一提的是，台北世贸中心于2012年荣获世界贸易中心协会（WTCA）颁发的商业服务、联谊社设施、贸易信息服务、贸易教育服务、承租服务、展览设施和服务、会议设施、贸易科技创新等八大奖项，创WTCA史上纪录。表4所示，为2013年UFI认列的台湾五个国际展览场馆详细资料。

表4　台湾主要展馆展场面积及标准摊位数一览

展览场地	展场面积（平方米）	标准摊位数（个）	启用年	营运单位
台北世界贸易中心一馆	23450	1300	1986	外贸协会
台北世界贸易中心南港展览馆一馆	45360	2467	2008	外贸协会
台中世界贸易中心	10429	246	—	台中世界贸易中心
高雄工商展览中心	2800	148	2000	方圆会展
高雄展览馆	17900	1024	2014	安益国际展览集团

资料来源：各展览馆官网，研究者整理。

（三）国际会议

根据国际大会及会议协会（ICCA）于2014年6月公布的统计报告，2013年台湾共举办122场协会型会议，全球排名第33位；就亚太及中东地区举办会议的国家及地区排名来看，台湾则为第8位（见表5）。

表5　2013年亚太及中东地区举办国际会议国家及地区排名

国家及地区	国际会议场数	亚洲排名	世界排名
日　　本	342	1	7
中国大陆	340	2	8
韩　　国	260	3	12
澳大利亚	231	4	16
新加坡	175	5	21
印　　度	142	6	27
泰　　国	136	7	29
中国台湾	122	8	33
马来西亚	117	9	35
印度尼西亚	106	10	37

资料来源：整理自ICCA，*ICCA Statistics Report-Country & City Rankings*，International Congress and Convention Association，2014。

若依办理城市来看，根据ICCA公布的2013年统计资料，台北市共举办78场协会型国际会议，在亚太及中东地区排名为第8名，在全球城市排名中位居第28名；高雄市举办15场协会型国际会议，在全球城市排名为第159名。

三　台湾会展产业从业人员分析

会展产业是指提供会展活动举办所需相关服务的行业，从构成内容来看，主要包括：专业会议筹组公司（PCO）、专业展览筹组公司（PEO）以及提供会展活动举办场所的场地管理者；此外，会展产业也会带动周边相关的产业，如住宿、餐饮、运输、旅行、公关、印刷、口译、设计装潢等的发展，因此，广义来说，会展产业的范围包含前述各相关行业。台湾"行政院主计处"2011年3月公布第9次行业标准分类，将会议与展览服务业归于第N大类支援服务业项下，细项代码为8202（见表6）。

表6 会展产业的行业范畴与代码

产业	行业范畴	行业分类代码
会议/展览	PCO/PEO	8202 会议及展览服务业
	场地管理者	6811 不动产租赁业
		6891 不动产管理业

资料来源：《中华民国行业标准分类（第9次修订）》，"行政院主计处"出版，2011。

为掌握会展产业人才供需趋势，"经济部国际贸易局"委托财团法人台湾经济研究院进行"会展产业专业人才供需调查"分析，以台湾会展业者为主进行调查，作为未来人才培育之参考。这份研究报告指出，会展产业对各类人才的需求量有很大的差异（见表7）；该调查也显示，不管在乐观、持平或保守的景气情况下，台湾2012~2014年的会展人才供需皆是充裕的；若就个别产业的人才供需推估结果来看，PCO及PEO仍算人才充裕，场地管理者则于2014年乐观景气下，才会有人才不足的问题。①

表7 会展产业各种职务需求一览

类别		PCO	PEO	场地管理者
职务需求排名	1	专业执行者	业务人员	现场客服人员
	2	营销企划人员	营销企划人员	业务人员
	3	业务人员	网页/平面设计人员	工程机电人员

资料来源：台湾"经济部国际贸易局"，《2012~2014会展产业专业人才供需调查》，2011。

另外，台湾"经济部"推动会议展览项目办公室会议展览服务产业调查的性别统计分析显示，台湾会展产业的从业人员一向以女性为多数。2013年台湾会展产业从业人员总计2910人，其中，男性926人（占31.82%）、女性1984人（占68.18%）；若依行业类别来看，无论是场地管理者、专业会议筹组公司（PCO）或专业展览筹组公司（PEO），女性的比例皆高于男性（见表8）。

---

① 《中华民国行业标准分类（第9次修订）》，"行政院主计处"出版，2011。

表8 2012~2013年台湾会议展览服务产业从业人员性别统计一览

单位：人

年份	类别	合计	男性	女性
2013		2910	926	1984
	场地管理者	1333	531	802
	专业展览筹组公司（PEO）	485	158	327
	专业会议筹组公司（PCO）	1092	237	855
2012		2656	1039	1617
	场地管理者	1385	643	742
	专业展览筹组公司（PEO）	650	245	405
	专业会议筹组公司（PCO）	621	151	470

资料来源：整理自台湾"经济部"（2013）。

四 推进台湾会展产业发展的策略

近年来，台湾会展产业取得不错的成绩，主要归功于经济主管部门不遗余力推动台湾会展产业发展，除了加强提升展览国际竞争力方案外，2013年执行的"台湾会展领航计划"，持续辅导台湾会展产业者开办新展、强化产业体质并推动与国际接轨，[1] 充分显现出台湾会展产业的服务质量和竞争力。不过，虽然台湾会展产业在各方面逐渐展现出政策推动的绩效，但仍面临一些需要改善的课题与挑战。[2] 台湾会展产业要继续前行，应重点实施以下策略。

（一）重新检视国际营销策略

近年国际会展市场重心亦逐渐从欧美移至亚洲，亚洲许多国家和城市都竞相投入资源推动发展会展产业，竞争十分激烈。台湾已初步建立"MEET

---

[1] 蔡清毅、田洁清：《两岸会展产业：在大型化、国际化趋势中提质增效》，载《两岸创意经济研究报告（2014）》，社会科学文献出版社，2014，第43~70页。
[2] 周霞丽、林慭茨：《让台湾成为亚洲会展重镇》，《产业》2014年第530期。

TAIWAN"会展品牌的国际知名度，接下来应积极思考如何调整下一阶段的营销策略和做法，例如，锁定目标客户群、发挥台湾产业特色、推动新兴会展城市等，以有效与竞争对手区隔，进而吸引会展主办方优先选择台湾作为会展举办目的地。

（二）检讨资源配置方案

台北市是台湾的政治经济中心，也是台湾发展会展产业最成熟的城市。因为看好会展产业的前景，许多地方也纷纷着手打造会展城市，如新竹、台中、台南、高雄等地。不过，因为地方缺乏会展专业人才，无法掌握发展会展产业的关键因素，因而难以拟订系统而有效的策略，同时，由于地方资源有限，各会展城市间也存在竞合关系。因此，建议主管机关应积极协助地方依其特色制定会展发展策略，并重新拟定资源配置方案以扶植地方会展产业的发展。

（三）强化会展人才专业性

会展产业人才首重外语能力、活动经验和人格特质（例如沟通协调、EQ管理、积极主动、弹性应变能力）等。目前台湾大专院校培育的会展人才虽能满足产业的需求，但在专业能力和实务经验方面与业界仍有很大的落差。因此，未来会展人才培育的重点，可以透过产学合作和实习制度等方式，强化职场人才的专业技能、外语能力和实务经验。

（四）持续改善周边支持环境

除了专业的会展场馆外，发展会展产业还需要完善的周边支持服务，如国际机场的基础设施，会展场地附近的餐厅、旅馆、交通运输的数量和质量等；此外，语言与沟通、路标和公共设施等牌示、环境卫生与人身安全等也是非常重要的。

B.4 2014文化旅游产业发展报告

魏成元　李建中*

摘　要： 2014年，中国旅游业实现平稳增长，三大旅游市场呈现"两升一降"的局面，国内游出游人数和旅游收入双增长，出境旅游增长迅猛，入境游规模总体下降，但国际旅游外汇收入依然实现增长。借力"互联网+"、资本运作、移动互联技术等路径，中国文化旅游呈现线上发展、融合发展、集团发展、海外发展等特点。中国文化旅游产业未来发展态势继续向好，出境旅游、邮轮旅游、在线定制自助游等将保持高速增长，同时新时期旅游秩序备受拷问，智慧旅游管理需快马加鞭。

关键词： 文化旅游　新常态　融合发展　在线定制

2014年，中国经济发展进入新常态，旅游市场、旅游产业正处在换挡升级、蓬勃发展的新阶段。旅游市场总体发展平稳，出境旅游和邮轮旅游增速较快，遗产旅游、红色旅游、旅游演艺等专项文化旅游持续强劲增长，旅游产业在国民经济发展中的地位和作用更加凸显，中国旅游业对世界旅游产业发展的贡献全球瞩目。

---

* 魏成元，博士，厦门理工学院观光与酒店管理学院教授，主要研究方向为旅游营销、文化旅游；李建中，博士，厦门理工学院观光与酒店管理学院讲师，主要研究方向为旅游公共服务。

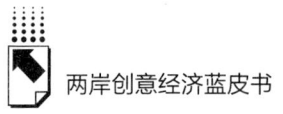

一 文化旅游产业发展环境分析

2014年，中国经济增速换挡回落，稳增长、调结构、创新和发展成为国民经济发展的当务之急。旅游消费作为经济发展的重要引擎，日益受到各级政府和部门的重视，国务院年内出台《关于促进旅游业改革发展的若干意见》等政策和措施，落实促进旅游发展的措施。同时，2014年美国、日本等多国对华签证政策开始放宽，国人出境旅游更加便捷。我国旅游发展环境还得益于成熟的交通运输、住宿接待和网络信息等旅游基础设施。

（一）经济环境

2014年末，中国大陆总人口为136782万人，全年国内生产总值636463亿元，人均GDP进一步提升为7575美元，包括文化旅游在内的个性化旅游成为旅游流行风潮。

同时，2014年是我国国民经济战略转型期。经过快速增长阶段后，"经济增速换挡回落"，经济发展从传统粗放经营转为高效率、低成本、可持续的集约经营，结构调整成为重中之重。保增长、调结构、创新和发展成为经济发展的头等大事，"认识新常态，适应新常态，引领新常态"，成为经济发展的首要课题。根据国家统计局统计公报，2014年，我国国民经济在新常态下保持平稳运行，呈现增长平稳、结构优化、质量提升、民生改善的良好态势：2014年全年国内生产总值636463亿元，比上年增长7.7%，同比增速下降0.4个百分点。其中，第一产业增加值58332亿元，增长4.1%，同比增速不变；第二产业增加值271392亿元，增长7.3%，同比增速下降0.5个百分点；第三产业增加值306739亿元，增长8.1%，同比增速下降0.2个百分点。第一产业增加值占国内生产总值的比重为9.2%，与上年度相比下降0.8个百分点；第二产业增加值比重为42.6%，与上年度相比下降 1.3 个百分点；第三产业增加值比重为 48.2%，与上年度相比提升了 2.1 个百分点。①

（二）产业政策

近年来，国家支持和规范文化旅游的政策相继出台。继 2013 年 2 月国务院办公厅印发《国民旅游休闲纲要（2013～2020 年）》和 4 月《中华人民共和国旅游法》颁布实施后，2014 年 8 月 21 日，国务院又印发《关于促进旅游业改革发展的若干意见》。国家对旅游业改革发展做出了又一重大部署，反映出经济发展新常态下旅游产业发展迎来了新环境、新机遇。

另外，2014 年我国在出入境旅游政策方面取得了重大突破。2014 年，中国先后与 19 个国家签署各类互免签证协定，数量为过去四年之和，可落地签的国家和地区共 36 个。为争抢中国旅游市场，欧美多国还缩短了出签时间和延长签证有效期。2014 年 1 月 27 日，法国外长正式宣布，自中法建交 50 周年之日起，把针对所有中国游客的签证审核颁发时间缩短到 48 小时；2014 年 11 月 APEC 会议期间，奥巴马宣布，美中两国同意作出新的签证安排，学生签证有效期由过去的 1 年延长到 5 年，商业旅游签证延长到 10 年；2015 年 3 月 9 日，中国和加拿大正式开始发放有效期最长为 10 年的签证；此外，意大利、英国、德国、西班牙等国也越来越多地为中国公民颁发长期多次签证，缩短签证办理时间，大大便利了中国公民出国旅游。中国与有关发达国家在颁发长期多次签证方面取得突破性进展，是 2014 年出境旅游政策变化最大的亮点，2014 年由此被网民称为"签证年"。②

（三）基础设施

2014 年，我国交通运输业再上新台阶。其中新建铁路投产里程达 8427 公里，高速铁路运营里程达 1.6 万公里，占世界的 60% 以上；③ 全国公路总

---

① 国家统计局：《2014 年国民经济和社会发展统计公报》，2015 年 2 月 26 日。
② http://news.ifeng.com/a/20141229/42821652_0.shtm。
③ 人民网，http://lianghui.people.com.cn/2015npc/n/2015/0305/c394298-26641057.html。

里程达446.39万公里,其中全国高速公路里程达11.19万公里;民用航空机场202个,定期航班通航城市198个,完成旅客运输量3.9亿人次,国内航线、港澳台航线、国际航线分别比上年增长了10.1%、11.2%和18.8%。①

我国酒店业业已建成档次齐全、功能多样的酒店接待系统。截至2015年一季度,全国拥有各类星级饭店12363家,其中五星级酒店803家,四星级酒店2429家,三星级酒店5429家。② 2014年,全年度住宿和餐饮业固定投资6237亿元,同比增长4.2个百分点。另外,我国新型业态酒店包括经济型酒店、酒店公寓、精品酒店、主题酒店、露营地、帐篷酒店等也得到快速发展,较好地满足了各类旅游者住宿休闲的需求。

此外,互联网尤其是移动互联网技术的快速发展,为人们建构了方便、快捷、交互式的旅游信息服务传播交流方式。以APP为代表的移动终端精准营销和定制旅游大行其道,追求旅游个性化体验的文化旅游消费者于此获得了强大的信息渠道支持。

二 文化旅游产业年度发展概况

2014年,中国旅游业实现平稳增长,全年旅游总收入约3.25万亿元,三大旅游市场呈现"两升一降"的局面,机遇与挑战并存。其中,国内游依然保持出游人数和旅游收入双增长,出境旅游增长迅猛,入境游总体下降,国际旅游外汇收入增长10个百分点。总体来看,旅游业发展态势向好,旅游在国民经济中的地位和作用日益突出。

(一)旅游产业发展分述

1. 国内旅游市场

受经济持续发展、居民收入增长、动车等现代旅游交通大发展、《旅游

---

① 交通部:《2014年交通运输行业发展统计公报》,2015年4月30日。
② 国家旅游局:《2014年第四季度全国星级饭店统计公报》,2015年2月。

法》颁布实施、旅游服务质量总体向好、带薪休假及节假日制度安排等因素的影响，我国国内旅游市场需求旺盛，旅游产业总体景气水平平稳发展。2014年，国内游客达36.1亿人次，比上年增长10.7%；国内旅游收入30312亿元，同比增长15.4%；国内旅游总消费2.6万亿元，同比增长15.72%。中国已成为全球最大的国内旅游市场国。①

2. 入境旅游市场

2014年，入境旅游市场呈现总量略微下降、结构分化、收入增加的局面。全年入境游客12849万人次，下降0.5%。其中，外国人入境旅游市场开始回暖，全年到访外国人2636万人次，增长0.3%；港澳台入境旅游市场降幅明显收窄，全年到访10213万人次，下降0.6%。在入境游客中，过夜游客5562万人次，与上年基本持平。2014年全年国际旅游外汇收入实现569亿美元，增长10.2%。②

从入境旅游市场结构看，亚洲国家游客依然是我国入境旅游市场的主体。2014年，来自亚洲国家的旅游者达1636.15万人次，占全部入境市场的62.07%。欧洲位列第二，全年到访旅游人数为548.41万人次，占全部入境市场的20.80%。美洲以310.65万人次位列第三，占比约为11.78%。大洋洲到访旅游人数81.01万人次，非洲到访旅游人数59.69万人次，占比分别为3.07%和2.26%（见图1）。③

从入境旅游类型结构看，2014年外国人以观光休闲为主，总人数达892.99万人次，占外国旅游者市场的33.88%；会议/商务旅游者人数达539.57万人次，占比为20.47%；探亲访友60.33万人次，占比约为2.29%；服务员工328.54万人次，占比为12.46%；其他目的的外国旅游者814.66万人次，占比30.90%（见图2）。④

从入境旅游市场年龄结构看，2014年外国旅游者以中青年群体为

---

① 国家统计局：《2014年国民经济和社会发展统计公报》，2015年2月26日。
② 据国家统计局《2014年国民经济和社会发展统计公报》和国家旅游局官网信息综合。
③ 据国家旅游局官网旅游统计信息。
④ 据国家旅游局官网旅游统计信息。

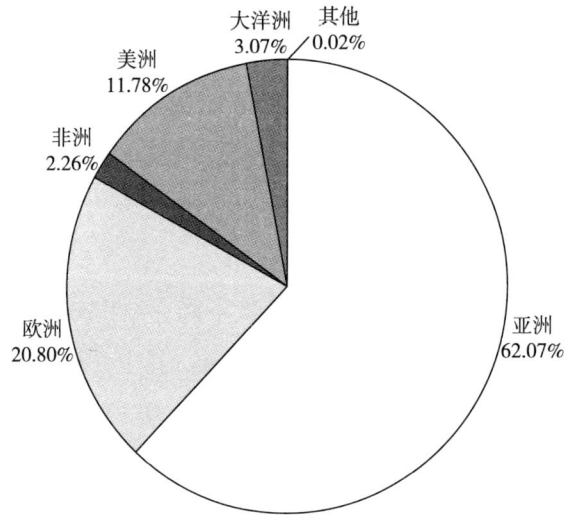

图 1 2014 年中国入境旅游市场结构

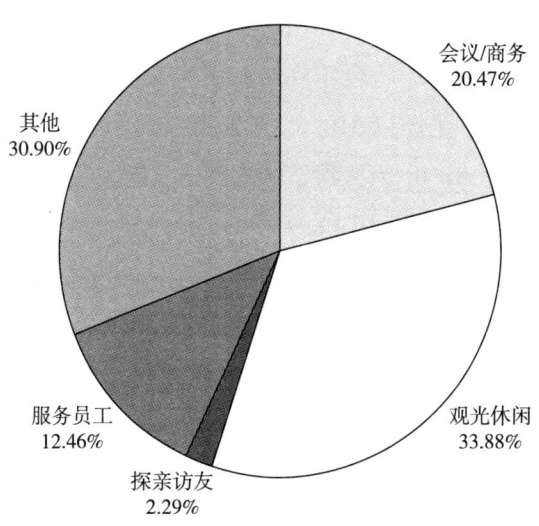

图 2 2014 年中国入境旅游类型结构

主。年龄层在 25~44 岁的旅游者 1210.24 万人次，占比约 46%；45~64 岁年龄层的旅游者 961.00 万人次，占比约 36%；14 岁及以下、15~

24岁以及65岁及以上年龄的旅游者占比分别为4%、8%和6%（见图3）。①

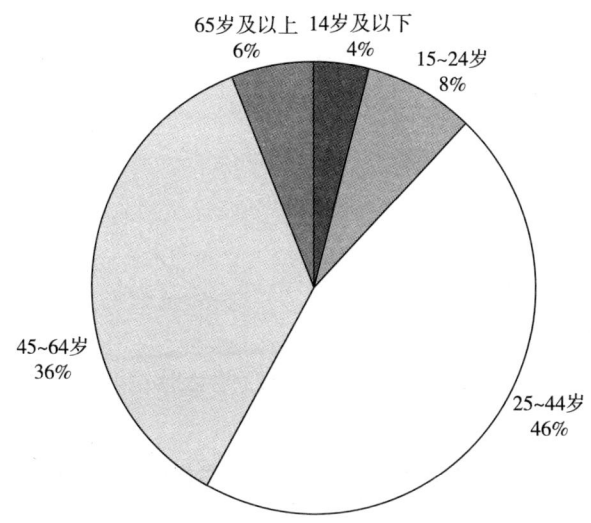

图3　2014年中国入境旅游者年龄结构

从入境旅游市场性别结构看，2014年外国旅游者仍然以男性旅游者为主，与往年情况基本一致。男性旅游者1709.51万人次，占比为64.85%；女性旅游者926.35万人次，占比为35.15%（见图4）。②

3. 出境旅游市场

2014年，中国出境游市场保持高速增长势头，全年国内居民出境11659万人次，增长18.7%，其中因私出境11003万人次，增长19.6%（见表1）。③ 数据显示，中国世界第一大出境旅游客源市场与第一大出境旅游消费国的地位进一步巩固。

---

① 据国家旅游局官网旅游统计信息。
② 据国家旅游局官网旅游统计信息。
③ 国家统计局：《2014年国民经济和社会发展统计公报》，2015年2月26日。

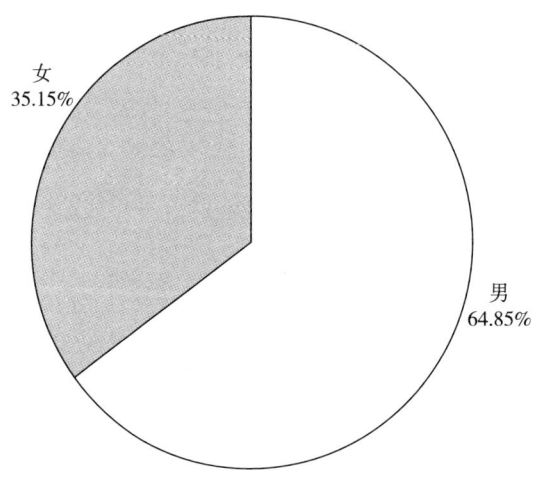

图4　2014年中国入境旅游性别结构

表1　2010~2014年中国出境旅游市场增长情况

年　份	2010	2011	2012	2013	2014
旅游人数(万人次)	5739	7025	8318	9800	11659
年增长速度(%)	20	22	18	18	18.7

资料来源：国家旅游局官网旅游统计信息。

从出境旅游目的地结构看，中国内地公民出境旅游流向集中。基于旅游吸引物、文化差异、旅游成本等因素影响，中国内地公民出境旅游以亚洲为主，占整个出境旅游市场的89.5%，其中港澳台占70.4%。另外，欧洲占比为3.5%，非洲占比为3.0%，美洲占比为2.7%，大洋洲占比为1.1%，其他占0.2%（见图5）。中国内地公民出境旅游超过百万人次的目的地国家有韩国、泰国、日本、美国、越南和新加坡等六国。[①]

由于2014年年内发生的泰国政变、菲律宾的安全因素、马来西亚的人质事件及两起航空意外事件等因素，中国赴东南亚旅游同比下降34.3%，赴韩国、日本游客增幅均超过40%（见图6）。

---

①　人民网，http：//travel.people.com.cn/n/2015/0115/c41570-26391640.html。

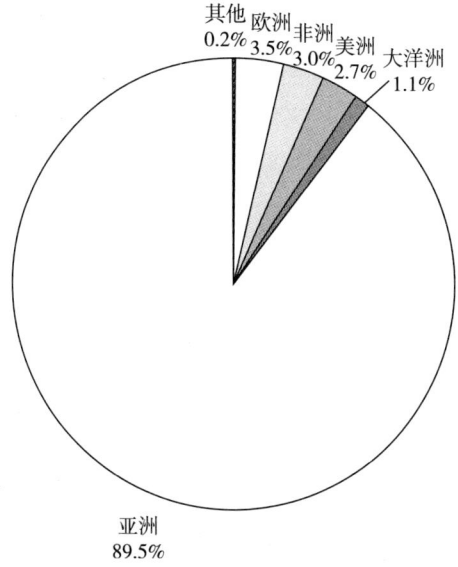

图 5　2014 年中国出境旅游目的地结构

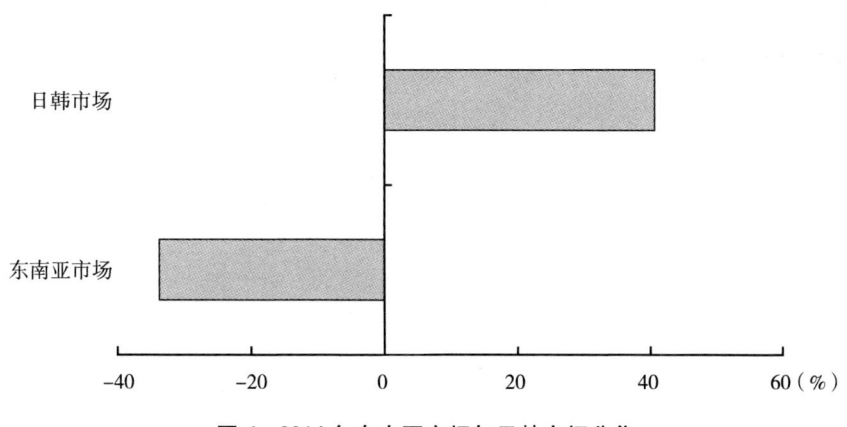

图 6　2014 年东南亚市场与日韩市场分化

（二）专项文化旅游发展描述

1. 非物质文化遗产旅游

近年来，我国加大了对非物质文化遗产保护、传承和开发利用的力度，许多难以复制的珍贵文化得以传承创新，遗产旅游成为中国文化旅游大潮的排头兵。

截至2014年12月，我国共有世界遗产47个，位居世界第二，约占全世界遗产总数的4.7%。其中，文化遗产33个，自然遗产10个，文化与自然双遗产4个（见图7）。同时，我国国家级非物质文化遗产名录达到1372个，比上年同期增加153个；文化部还认定了1986名国家级非物质文化遗产项目代表性传承人。

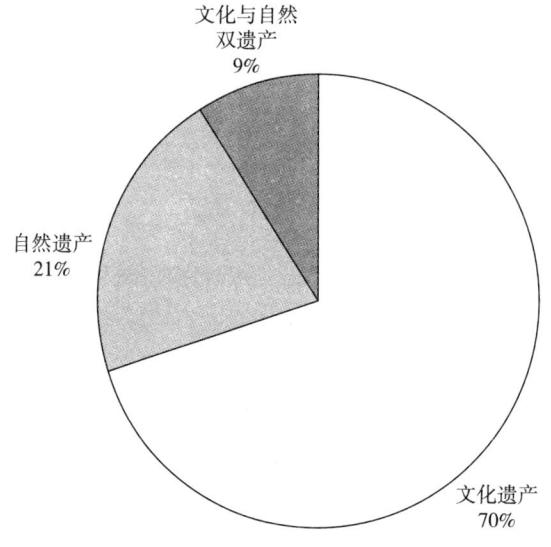

图7 2014年中国世界遗产结构

2014年末，全国共有非物质文化遗产保护机构2645个，从业人员18692人，分别比上年增长4.8%和3.0%。全年全国非物质文化遗产保护机构共举办展览16042次，接待观众3390万人次，分别比上年增加14%和9.9%；举办演出34703场，观众3795万人次，分别比上年增加31.8%和23.6%；举办民俗活动12982次，观众3884万人次，分别比上年增加5.0%和5.7%。[①]

2. 红色旅游

自2004年开展红色旅游以来，按照《2004～2010年全国红色旅游发展

---

① 文化部：《2014年文化发展统计公报》。

规划纲要》的指引，国家先后安排红色旅游专项建设资金超过100亿元。目前，红色旅游产品体系包括：12个全国重点红色旅游景区、30条红色旅游精品线路、100个红色旅游景点景区、200个重点爱国主义教育基地。其中，3A级以上红色旅游景区389家，5A级红色旅游景区19个。① 10年来，全国红色旅游景区共接待游客33.46亿人次，年接待游客人数由2004年的1.4亿人次增长至2013年的7.866亿人次。

2014年，红色旅游继续保持"稳中求进，持续增长"的发展态势。全国百个红色旅游经典景区共接待游客1.69亿人次，同比增长18.02%，其中入境游客353.36万人次，国内游客1.65亿人次；旅游总收入实现8.25亿元，同比增长9.90%。18个红色旅游重点城市共接待游客3.95亿人次，同比增长14.30%，其中入境游客150.09万人次，国内游客3.93亿人次；旅游总收入实现2539.67亿元，同比增长14.02%。② 预计到2015年，全国红色旅游年出行人数将突破8亿人次，年均增长15%，占国内旅游总人次的比例提高到1/4。③

3. 旅游演艺

旅游演艺是文化艺术和旅游融合生长的细分产业。近十年来，旅游演艺形成了三分天下的市场格局。

一是实景演艺，以山水实景为依托而打造的项目，其代表作是桂林实景山水歌舞剧《印象·刘三姐》。2004年张艺谋、王潮歌、樊跃执导，集漓江山水、广西少数民族文化及中国精英艺术家创作之大成，打造我国第一部全新概念的山水实景演出作品。其后《印象·丽江》《印象·西湖》《印象·海南岛》《印象·大红袍》《印象·普陀》连续出笼，成为全国各旅游目的地吸纳游客最多、大众旅游线路必备的旅游演艺品牌。

二是仿古音乐舞蹈类演艺节目，一般是依托旅游目的地特定的历史文化元素进行创新编排，《仿唐乐舞》就是其代表。这类旅游演艺具有较高的历

---

① 中国红色旅游网，http://www.crt.com.cn/jyjd/001.htm。
② 中国红色旅游网，http://www.crt.com.cn。
③ 凤凰网，http://travel.ifeng.com/news/detail_2014_12/27/39959352_0.shtml。

史和艺术价值,对文化旅游者具有很大的吸引力。

三是新兴的现代演艺,往往将多种现代化高科技的效果和演员的表演融合一体,营造全新的艺术演艺体验,《宋城千古情》是这类演艺节目的代表作。这类旅游演艺创意新奇,游客参与性强,演出场地基本不受天气影响,越来越成为旅游演艺市场的新宠。仅2014年,《宋城千古情》就演出1300余场,推出十余年来已累计演出17000余场,接待观众5000余万人次。①

2014年,旅游演艺发展势头喜人,宋城演艺、万达、华侨城等旅游演艺品牌公司不断加大投入,创新演艺内容和演出形式,并且开始探索"互联网+旅游演艺"线上线下融合发展。据不完全统计,截至2014年12月,全国各地投资200万元以上的旅游演出项目达到300个以上。旅游演出单位演出场次分别为:剧场驻场旅游演出达6.13万场;实景演出共计1.61万场;主题公园演出1.86万场(见图8)。②

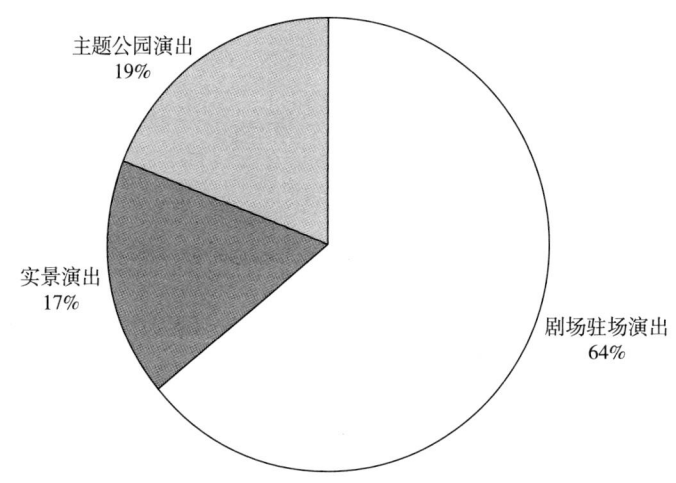

图8 中国旅游演艺场次结构

---

① 宋城演艺官方网站,http://www.songcn.com/shares/about/about.shtml。
② 中国旅游演艺联盟,http://www.ctpaa.cn/2014/1212/521.html。

三 文化旅游产业年度业态特征

2014年我国文化旅游市场呈现"两升一降"的发展态势，文化旅游产业借力互联网、资本运作，呈现线上发展、融合发展、集团发展、海外发展等特点，文化旅游消费说走就走，呈现个性化、网络化、散客化的特点，中国旅游业在世界旅游体系中的地位和影响也日益突出。

（一）"互联网+文化旅游"模式受宠，引领文化旅游产业创新

近年来我国休闲度假游需求上升，散客化、自由行趋势明显，加之2014年国家旅游局确定年度旅游主题为"智慧旅游"，这些因素都强化了旅游在线化势头，越来越多的传统旅游企业开始触网，"互联网+文化旅游"模式引领旅游产业发展的时代潮流。

旅游景区在"互联网+文化旅游"模式运作中非常抢眼。各大旅游景区纷纷开辟网络、APP预订及微信营销等渠道，并开始主动寻求与OTA的开放合作，享受旅游电商发展的红利：峨眉山景区致力于打造"智慧旅游"；张家界开发了APP平台"自由旅神"；乌镇、黄山、宋城构建自己的网上销售交易平台，或借助淘宝旅行等电商平台提供产品预订及交易服务。其中，乌镇在2014年最为风光，其推广"智慧旅游"，规划构建集成智慧旅游、智慧环保、古镇数字化保护系统的乌镇国际旅游区综合管理平台，受到旅游业界广泛关注，2014年11月首届世界互联网大会在乌镇召开，并且将永久落户乌镇。

同时，在线旅游企业也加速向传统旅游产业渗透。携程就是典型代表之一，2014年9月，携程投资5亿元控股华远国旅。近两年携程不断投资酒店、短租、租车、度假、邮轮等多个领域，打通产业链上下游，实现线上和线下旅游产业融合发展。

（二）挥舞资本运作大旗，文化旅游企业实现快速扩张

我国经济发展进入新常态，传统工业产能过剩，而旅游产业正处在

转型升级、蓬勃发展的新阶段：从数量增长到质量提升、从粗放经营到集约发展。我国旅游投资规模不断扩大、投资热点加快形成，并且进入大资本、大项目带动的新阶段，旅游产业正在从资源依赖型转向资本驱动型。

企业集团资金实力雄厚，市场把控能力强，通过资本重组、联合并购等手段，纷纷抢占旅游产业制高点。宋城演艺是旅游产业年度版图扩张的典型代表。2014年4月，宋城演艺投资控股视频制作公司本末映画，涉足文化传媒；2014年7月，宋城演艺成立了杭州独木桥网络科技有限公司，开始涉足电子商务平台，实现网络营销与线下体验的营销新体系；2014年12月，宋城演艺设立香港全资子公司宋城国际，积极布局海外文化旅游项目，进一步扩充演艺事业版图。通过资本运作，2014年宋城演艺成功地涉足文化传媒、IP旅游平台业务和海外业务。①

另外，非旅游企业近年来也大行跨界投资风潮。万达集团先行一步，2002年以来累计投资超过2000亿元，在全国各地建设文化旅游城、主题公园。2014年，万科集团投资400亿元、三峡集团投资10亿元建设旅游度假区，中粮集团试水酒店业，安邦保险、阳光保险先后境外收购高星级旅游酒店。

据统计，2014年大陆旅游业实际完成投资7053亿元，同比增长32%，比全国房地产投资增速高21%。2015年，预计大陆旅游投资将达到1万亿元。②

（三）旅游休闲说走就走，散客化、自由行大行其道

以《旅游法》正式颁布实施为标志，2013年中国旅游市场正式进入散客时代，2014年中国旅游散客化、自由行趋势进一步强化，"一机在手，说走就走"，成为2014年旅游时尚特征。

中国旅游市场散客化、自由行主要缘于三大原因。

第一，旅游者自主意识增强，个性化旅游的内生性需求爆发。中国经济

---

① 宋城演艺官方网站，http://www.songcn.com/shares/about/about.shtml。
② 新浪网，http://news.sina.com.cn/o/2015－05－15/174631837562.shtml。

和居民可支配收入保持持续增长，旅游市场日趋成熟，居民出行旅游经验日渐积累，旅游者消费观念开始转变，尤其是我国"70后""80后"旅游消费群体崛起，旅游消费个性化需求日趋增强，散客化、自由行成为旅游者尤其是中青年旅游者出行的首选方式。

第二，《旅游法》颁布实施，规范团队旅游。《旅游法》明确要求，旅行社不得指定具体的购物场所，不得安排另付费的旅游项目，团费也必须是明码实价，不得以低价或者是零团费来揽客。鉴于上述规定，旅行社不得不大幅提高出游团费，从而将更多旅游者推向了自由行。

第三，智慧旅游建设为自由行大开方便之门。在国家相关部门的推动下，全国各地近年来积极推进智慧旅游建设，使旅游营销、旅游消费决策逐步走向网络化、科技化和信息化，加之我国旅游基础设施建设逐步完善，尤其是动车等旅游交通工具日益发达，居民旅游出行越来越轻松便捷，实现"一机在手，说走就走"。

2014年，全国各大景区和旅游目的地散客化、在线订购的比例均呈现增长势头。峨眉山景区年度购票人数287万人次，散客占比78%，同比提升了5个百分点；[1] 桂林2015年春节期间散客与团队游客比例高达9∶1，春节黄金周期间，网站和手机客户端的旅游预订量占比近80%。[2]

总体来看，2014年中国旅游散客化、自由行趋势进一步提升，全年在线旅游市场交易规模达3077.9亿元，同比增长38.9%。其中，移动旅游市场规模达到1247.3亿元，通过移动端预订旅游产品的比例占到了40.5%，逼近PC端。[3]

（四）出境旅游继续强劲增长，世界旅游地位进一步彰显

在国内经济增长、人民币升值、部分国家和地区对中国游客放宽签证政

---

[1] http://www.huaxia.com/ly/lyzx/2015/02/4258516.html.
[2] 桂旅网，http://www.guilin.cm/Article/9461.html。
[3] 《2014年中国旅游上市公司发展报告》，http://res.meadin.com/HotelData/116036_1.shtml。

策等因素的带动下，中国出境旅游近年来持续保持高速增长态势，带动了世界旅游产业的发展，为相关目的地国家增加就业、发展经济贸易等做出了令人瞩目的贡献。

2014年，中国大陆公民出境旅游人数首破1亿大关，达到1.17亿人次，增长高达19.6%。① 海外支出达到创纪录的1648亿美元，较上年度增长28%，创下两年来最大的百分比增幅。②

2014年，全球游客出境游规模为9.97亿人次，同比增长仅4.7%，出境游消费增幅为6%。从地区来看，2014年亚洲出境旅游人数总体增长8%，南美及北美地区各增长5%，欧洲增长3%，非洲和中东地区仅增长2%。③

数据表明，中国作为世界第一大出境旅游客源市场与第一大出境旅游消费国的地位得到进一步巩固。第一，从出境旅游客源市场看，2014年中国的出境游客已经占到全球出境旅游市场总量的11%，且增速远远高于世界其他地区。第二，中国出境旅游消费总额世界排名第一，美国出境旅游消费总额为1120亿美元，排名第二，中国比美国高出47%，且中国出境旅游消费增速高出美国约21个百分点（美国增速为7%）。

中国出境旅游对世界旅游产业和目的地国家的经济发展的影响越来越凸显。据国内相关机构测算，中国对世界旅游业增长的贡献达19.62%。④ 日本政府观光局公布的数据显示，2014年中国大陆赴日旅游规模约241万人次，人均消费23万日元，居各国游客之首。2014年，旅游业拉动日本经济增长0.4%，中国大陆游客贡献占一半以上。⑤

四 文化旅游产业的发展趋势

现阶段，我国人均GDP已经超过7000美元，注重旅游的文化内涵和服

---

① 国家统计局：《2014年国民经济和社会发展统计公报》，2015年2月26日。
② 凤凰网，http://travel.ifeng.com/news/detail_2015_01/30/40384545_0.shtml。
③ 新华网，http://news.xinhuanet.com/travel/2015-03/05/c_127546981.htm。
④ 据中国旅游研究院测算，http://news.xinhuanet.com/tw/2014-08/17/c_126880962.htm。
⑤ 凤凰网，http://finance.ifeng.com/a/20150204/13480637_0.shtml。

务质量，已经成为旅游者的基本特质和偏好，跨洲旅游业已拉开市场大幕。中国文化旅游产业，坐享经济持续增长和庞大人口市场的红利，时逢旅游签证、旅游交通、旅游信息和旅游交易的便捷化，三大旅游市场将面临新机遇、新挑战，文化旅游产业有望继续保持稳定增长。

（一）异域文化精彩绽放，出境旅游持续火爆

基于异域文化的差异和吸引力、国外旅游市场的成熟和旅游服务品质保证、出入境政策进一步便利化等因素，中国公民出境游风生水起，成为引领三大旅游市场的风向标。2014年中国出境游人数破亿万人次，增速接近20%。预计2015年中国出境旅游规模继续保持快速增长，同时出境旅游市场结构可能发生两大改变。

一是中国出境旅游市场半径将越走越大。基于出入境政策的便利化和居民收入的持续增长，在出境旅游目的地的选择上，越来越多的中国公民将不再停留于港澳台旅游和亚洲旅游。[①] 璀璨夺目的欧美历史文化和社会风情将吸引中高端旅游者，法国、意大利、西班牙、德国、英国，尤其是美国和加拿大，可望成为中国公民出境游的新的热门目的地。

二是在亚洲范围内"东进南退"现象可能发生。受屡屡发生的香港导游与内地游客纠纷事件、上海迪士尼即将建成开业、日韩放宽中国旅游签证并且加大旅游促销宣传力度等因素影响，香港旅游市场对内地游客的吸引力短期内势必受到严重影响，市场增长的势头或许被严重牵制，日韩旅游吸引力将进一步凸显，中国大陆公民赴日韩旅游有望持续升温。

（二）海洋文化异军突起，邮轮旅游独领风骚

近两年中国大陆邮轮旅游市场已经呈现内生性爆发性增长态势。2014年全年出入境邮轮旅客172.34万人次，增长43.36%，其中母港航次出入境147.92

---

① http://info.meadin.com/Ota/110773_1.shtml.

万人次，增长44.3%，访问港航次出入境24.47万人次，增长37.9%。① 中国天津、厦门、香港和上海等地的邮轮母港建设加速，国际邮轮公司也加速布局投资中国邮轮市场。

加之发展海洋经济和海洋旅游是国家战略，国家旅游局确定2015年年度主题为"美丽中国－丝绸之路旅游年"，海上丝绸之路是年度旅游产业的中心话题之一。因此，可以预期，围绕海上丝绸之路和中外文化旅游交往的主题活动、旅游产品和旅游线路设计、旅游产品促销等，将争相亮相，滨海旅游、海上旅游产品将持续热销，邮轮旅游则以其独特的邮轮文化、品质服务、安全舒适等竞争优势，将在海洋旅游市场继续独领风骚。

（三）在线定制力压群芳，自助旅游大行其道

基于旅游消费主体变迁、移动互联网技术的普及化、旅游产业OTO战略转向等因素影响，中国旅游已经进入以个性化、散客化、自由行为特征的发展新阶段。

2014年全球在线旅游移动订单的增长速度已远远超过了PC端，APP等旅游营销与在线交易系统大放异彩。其中，移动互联技术让生活更加轻松、让旅游更加轻松，手机改变生活，手机改变旅游。

未来，随着旅游环境和旅游服务的改善，以在线定制为基本技术支撑的自助旅游这一趋势将进一步强化，"一机在手，说走就走"，将成为新时代一种基本的旅游消费方式。

（四）旅游秩序备受拷问，智慧旅游管理快马加鞭

《旅游法》颁布实施以来，中国旅游市场的基本游戏规则发生改变，旅游者进入散客时代、自由行时代，旅游企业则进入在线定制时代，整个旅游产业进入结构调整、服务换挡升级的新时代。

然而，新旧交替时期，传统观光型旅游景区景点遭遇大批自由行或自驾

---

① 环球资讯，http://www.traveldaily.cn/article/87585。

游等休闲客，交通承载与无缝对接、市场容量预测与控制、景区景点游览有序流动管理、休闲干扰有效防范与隔离、旅游消费规范与文明疏导、旅游公共安全与应急反应等，都成为新时期旅游运营必须解决的新的基本问题。我国旅游产业似乎准备不足，2014年底的上海外滩踩踏事件，备受国人拷问，反映出新时代旅游秩序管控的严重性、紧迫性。

因此，面对新旧旅游秩序交替，面对新的旅游市场，面对新的旅游者，旅游管理如何实现智能化有效管理，该是我们这个旅游时代最头疼、最迫切的课题。我们有理由相信，智慧旅游时代必然产生伟大的智慧旅游管理，政府和企业正运筹帷幄、快马加鞭，一个借助现代电子信息技术和大数据库构建的以旅游信用档案、旅游流量实时监控引导系统等为子系统的新时代智慧旅游管理，将破茧而出。

B.5
2014电影产业发展报告

宋西顺*

摘　要：	2014年，大陆电影总票房296.39亿元，同比增长36.15%。电影产业的快速发展得力于政策推动、资本促进、新技术运用和国民消费尤其是文化消费的提升。电影产业存在原创力不足、产业链偏短和竞争力偏弱等问题，需要提升原创能力，以好内容满足观众观影需求；需要加大技术运用，提升电影的制作水平，以好形式促进人民群众的电影消费；需要通过个性定制、氛围营造等手段为人民群众提供方便舒适的消费体验；需要进一步增加投资、加大保护力度和开拓海外市场，为电影产业的发展创造有利的条件。
关键词：	电影产业　跨界融合　融资渠道

2014年，电影产业高速发展，电影市场可持续发展的潜力巨大。继2013年全年票房首次突破200亿元大关后，2014年，全年总票房达296.39亿元。其中，国产影片票房占总票房的54.51%，进口片总票房134.84亿元，占比45.49%。电影产业怎样在政策推动、资本促进、新技术运用和国民消费尤其是文化消费不断提升的态势下继续发力等诸多课题亟待思考。

---

* 宋西顺，厦门理工学院文化产业学院副教授，研究方向为文化政策法规、文化创意产业项目策划。

一 电影产业年度业绩扫描

根据国家新闻出版广电总局 2015 年 1 月公布的相关数据,[①] 2014 年电影产业的总体概貌如下。

(一)票房大幅增加

2014 年,电影总票房 296.39 亿元,同比增长 36.15%;故事片是票房主力,全年共生产故事影片 618 部。国产动画电影制作完成并进入院线上映的影片总共 30 部,增长幅度为 15.38%;总票房为 12.09 亿元,增幅为 45.4%。

(二)国产电影表现亮眼

2014 年,国产片票房 161.55 亿元,占总票房的 54.51%;全年票房过亿元影片共计 66 部,其中国产影片 36 部;国产影片海外销售收入 18.7 亿元,同比增长 32.25%。

(三)影院投资增加

2014 年全国全年新建、扩建、改建影院投资约 161 亿元,新建影院 1015 家,增加银幕 5397 块,银幕总数已达 2.36 万块。城市观众是观影的主力,全年达到 8.3 亿人次,同比增长 34.52%。

(四)电影产业发展环境向好

2014 年,电影总观影人次再次高速增长,同比增加 2.18 亿人次。以 BAT 为代表的互联网巨头加速影视业务布局,爱奇艺影业、百度影业、阿里影业、腾讯电影等公司或事业部门相继成立,发挥互联网功能和平台优势,从投资到销售逐步沿电影产业链渗透。

---

① http://www.sarft.gov.cn/articles/2015/01/05/20150105174531720823.html.

上市影视公司以完善产业链为目标，同时寻求多元化发展。如华谊兄弟收购卖座网，完成36亿元定向增发，与腾讯和阿里达成战略合作关系；光线传媒并购入股游戏公司；华策影视成立北京电影运营中心，合资成立华策爱奇艺影视公司。

在技术环境上，"互联网+文化产业"使文化产业在信息化、物联网、智能化的大环境下，实现科学技术、金融服务、创意设计等产业的横向打通和融合发展。随着互联网基因电影、网生代电影等新概念的横空出世，新的互联网思维将使电影在内容、营销、技术上全新重构。同时，大数据思维已然进入电影的创意、投资、生产和营销中。大陆最大的电影O2O平台猫眼电影依托海量用户数据，深度挖掘主流观影人群的消费需求、消费习惯和观影喜好等方面的信息，助力贺岁档电影《智取威虎山》取得了近9亿元的票房；猫眼电影与《心花路放》首次合作就大获成功，以12亿元票房成为国庆档的票房冠军。精准数据的挖掘和分析已经成为推动中国电影产业发展的利器。①

二 电影产业业态特征日渐鲜明

2014年，电影产业票房收入再创新高的同时，全球影响力亦不断提升。据艺恩咨询提供的数据，2014年，中国电影票房47亿美元，占全球电影票房的比重为13%，已成为全球电影票房增长的主引擎。② 电影产业的业态特征日渐鲜明。

（一）国产影片票房抢眼

2013年国产片在全年总票房中占比58.65%，2014年国产片在全年总票房中占比54.51%，国产电影稳固取得半壁江山。从2014年电影放映市

---

① 《猫眼电影发布大数据报告 2015全国票房将达400亿》，http://www.cnhuadong.net/system/2015-2-7/content_1348135.shtml。
② 艺恩咨询，http://www.entgroup.cn。

场看，308部国产片的票房总计161.55亿元，占总票房的54.51%；80部进口片的票房总计134.84亿元，占比45.49%。从全球电影市场看，中国国产片票房同样亮丽，成为少数能在本土市场与美国电影一决高下的国家之一。[1]

国产票房大片已然成型，2014年，20部好莱坞大片在中国产生约15亿美元的票房，占市场总票房的32%；票房排名前20名的国产片产生票房约16亿美元，占总票房的34%。国产电影在本土市场有较强竞争力，已初步具备与包括好莱坞电影在内的进口大片抗衡的能力。[2]

（二）类型片渐入佳境

2014年，中国电影可谓百花齐放，爱情、喜剧和动作3种类型电影贡献了票房前30名的国产片中70%的票房，武侠、魔幻、惊悚类等多种类型电影共同发展，多元化探索上效力渐显。

首先，青春电影成为年度票房的热点。《致我们终将逝去的青春》在2013年获得7.18亿元的票房后，"致青春"系列电影出现，并成为2014年多个档期的票房高点，其中，《同桌的你》获得4.56亿元票房，《匆匆那年》票房达到5.88亿元。

其次，类型电影百花齐放。一是来源多样，除大陆国产片外，美国、英国、韩国、日本、泰国、印度及中国台湾和中国香港地区的不同内容与风格的电影不断上映；二是种类繁多，喜剧、励志、爱情、恐怖、动画、动作和科幻等呈现类型化、多元化发展的格局并各有亮点。国产类型电影表现不俗，国产动画电影票房超过11亿元，较2013年翻番，打拐电影《亲爱的》票房3.43亿元，悬疑片《催眠大师》票房2.5亿元，都刷新了同类国产片的票房纪录，更令人惊奇的是红色经典《智取威虎山》获得票房8.83亿元，公路喜剧片《心花路放》票房高达11.69亿元。

---

[1] 艺恩咨询，http://www.entgroup.cn。
[2] 艺恩咨询，http://www.entgroup.cn。

（三）票房集中明显

2014年的电影市场呈现大片集中、票房集中的态势，有66部电影的票房超过亿元。其中，超过10亿元的有3部，5亿~10亿元的有14部，4亿~5亿元的有9部，2亿~4亿元的有14部（见表1）。

表1　2014年中国电影票房总排行榜

年度排名	历史排名	电影名称	总票房（亿元）	总人次（万人次）	总场次（万场）	上映年份
1	2	《变形金刚4：绝迹重生》	19.79	4742.92	93.03	2014
2	6	《心花路放》	11.69	3398	92.3	2014
3	8	《西游记之大闹天宫》	10.46	2491.9	59.92	2014
4	11	《智取威虎山(3D)》	8.83	2149	78	2014
5	15	《星际穿越》	7.51	2070	60.41	2014
6	17	《X战警：逆转未来》	7.24	1936.09	63.21	2014
7	18	《美国队长2》	7.21	1840	58.15	2014
8	21	《猩球崛起2：黎明之战》	7.11	1931.86	65.6	2014
9	24	《爸爸去哪儿》	6.96	2187	50.8	2014
10	28	《分手大师》	6.66	2001.33	56.24	2014
11	30	《后会无期》	6.3	1966.75	56.29	2014
12	34	《银河护卫队》	5.95	1578.19	63.78	2014
13	35	《超凡蜘蛛侠2》	5.91	1524.71	62.79	2014
14	36	《匆匆那年》	5.88	1694	69	2014
15	45	《澳门风云》	5.25	1623	49.92	2014
16	46	《小时代3：刺金时代》	5.22	1650.16	47.31	2014
17	48	《一步之遥》	5.15	1213	49	2014
18	52	《哥斯拉》	4.81	1267.01	46.95	2014
19	57	《霍比特人：史矛革之战》	4.64	1135	40.71	2014
20	59	《同桌的你》	4.56	1390	56.65	2014

资料来源：http://www.dypf8.com/hydypf/2015-01-05/492.html。

在数量增长的同时,电影档期特色鲜明。据艺恩咨询研究,2013~2015年春节档票房与观影人次持续上升,档期收入占全年票房比重提高(见图1、图2)。2014年"十一"黄金周全国票房达到10.7亿元,创下国庆档历史新高。另据百度搜索,中国电影市场2014年各月票房统计显示,档期消费十分明显。春节、暑期和国庆公共假期是最主要的高票房档期,2月、7月、10月是电影消费旺季(见图3)。

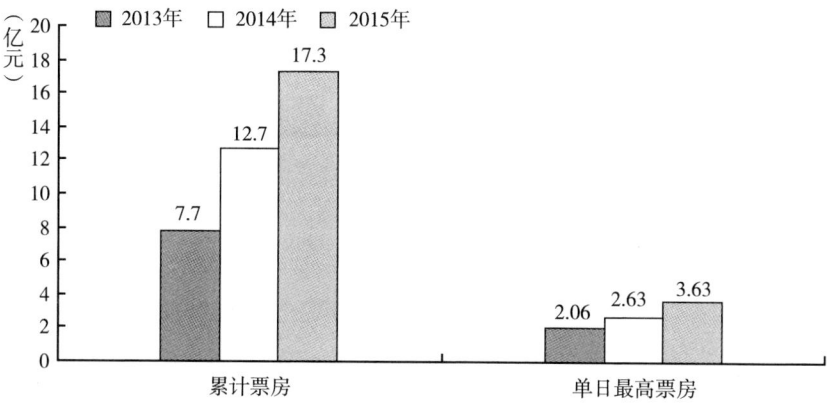

图1 2013~2015年春节档期票房

资料来源:EBOT艺恩日票房智库,http://www.entgroup.com.cn。

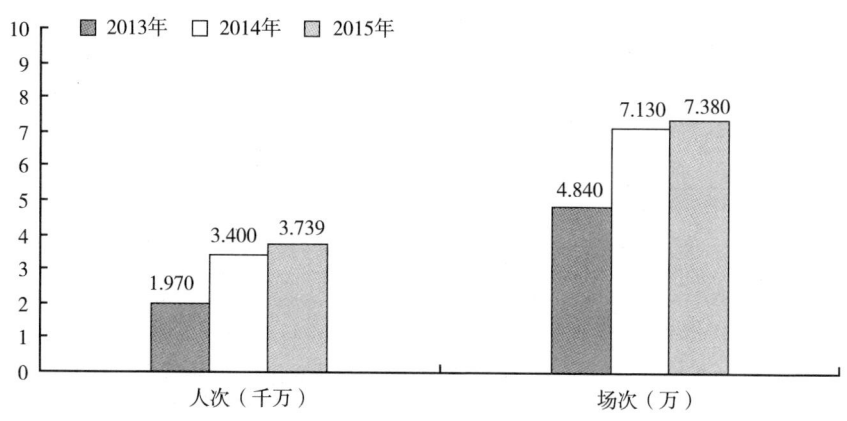

图2 春节档期观影人次与场次

资料来源:EBOT艺恩日票房智库,http://www.entgroup.com.cn。

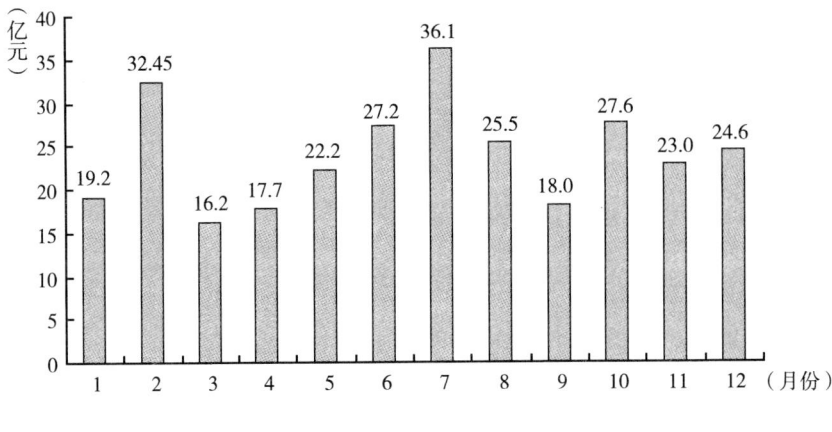

图 3　2014 年各月电影票房

(四) 院线建设发力

火热的电影市场，激发出资本投资影院的热潮，电影院改建、新建、升级、多厅化成为 2014 年的潮流，中国电影市场规模也因为电影院建设的发展出现了大幅度增加。

首先，影院数量继续增加。截至 2014 年底，全国新增影院 1015 家，新增银幕 5397 块。

其次，院线盈利加大。据中商情报网的研究，2014 年票房过 0.05 亿元的院线有 45 家，超过 5 亿元的院线有 13 家，超过 15 亿元的院线有 5 家，票房最高的万达院线收入高达 31.61 亿元。[①] 万达院线 2014 年净利润超过 8 亿元。

(五) 电影产业跨界融合，综合收益提升

2014 年，电影产业综合收益构成变化明显。除电影票房 296.39 亿元外，其他收益 140 亿元，包括影院非票房收入 57 亿元、电影版权收入 20 亿

---

① 《2014 年全国电影院线票房排名》，中商情报网，http://www.askci.com/data/2015/03/18/13539q69w.shtml。

元及电影所带来的广告收入63亿元。电视、电影产业跨界融合也是一个亮点，综艺电影成新宠。《爸爸去哪儿》《奔跑吧兄弟》等热门电视节目变身综艺电影，成为2014年电影市场的一大看点。《爸爸去哪儿》电影成本仅300万元却获得近7亿元的票房，令人惊叹。电视业者有意介入电影产业链条开发，北京歌华有线联合上海东方有线、天津有线、重庆有线、江苏广电网络等全国三十余家省区市有线电视网络公司在2014年年末共同发起成立"中国电视院线联盟"，意图通过与电影制作方、发行方、版权方的深度合作，采用"好影片+低价格+后付费+在家看"的方式，实现电影院银幕和客厅电视屏幕的融通，开辟新型电影发行市场，延长影片的生命周期，谋取电影和电视的共赢。

（六）电影投资出现新热潮

随着电影产业的快速成长，电影产业所带来的商机日益凸显，多类资金加速进入电影投融资领域，呈现出融资主体和融资渠道多元化的特点。

电影产业的投资盈利带来了业界巨大的投资热情，百度、阿里巴巴、腾讯纷纷涉足影视业务。阿里收购文化中国并更名为阿里影业，阿里影业是阿里集团"在文化产业布局的战略旗舰"，与阿里的娱乐宝、淘宝电影、视觉云分别指向电影产业的融资、营销、发行和后期制作，为电影企业提供全生态的服务。2014年3月，阿里购入光线传媒8.8%的股份。2014年11月，阿里与腾讯共同投资华谊兄弟，共同以8.08%的持股比例并列成为华谊兄弟的第二大股东。2014年9月，腾讯成立影视事业部"腾讯电影+"，投资全新的大电影《洛克王国》将于2015年暑期上映，《QQ炫舞》《尸兄》《QQ飞车》将于2016年上映。2015年4月末，腾讯与万达、文资华夏等共同向"微影时代"（微信电影票）投资1.05亿美元，扩大在电影产业的布局。

私募基金和风险投资加速介入电影产业，投资模式日趋多元，投资领域由点到面，由近及远，从电影拍摄、院线建设、票务代理到产业布局，全面开花。大量资本投入为电影产业的发展提供了有利的条件。

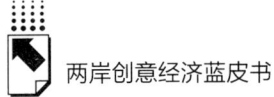

据中国经济网的统计，截止到2014年12月底，文化产业领域全年发生并购事件将近160起，并购总规模超过1000亿元。影视、新媒体板块是并购的热点领域，55起事件并购金额达450亿元，占并购总金额的45%。①

互联网金融是电影投融资的新型渠道，众筹行业全面渗透电影产业。"娱乐宝"把投资与消费相结合，创新电影投资模式，为电影项目提供资金。娱乐宝于2014年3月推出首期电影项目，为《小时代4》《狼图腾》众筹，用户出资100元即可投资热门影视作品，预期年化收益率7%；百度的"百发有戏"电影《黄金时代》发起众筹；动画电影《大鱼海棠》众筹融资近160万元；动漫电影《十万个冷笑话》众筹超过137万元；主题电影《快乐男声》在众筹网20天内筹得501万元。"众筹电影"改变了传统电影的融资模式，电影观念及传统的消费和盈利模式将因此发生重大变化。

三 大陆电影产业发展的着力点

回顾2014年的中国大陆电影，发展可谓快速，但在全球化、多媒体时代，要对中国电影产业有清醒的认识。中国大陆电影在电影观念、剧本创意、市场规模、产业链条、技术水平、营销手段等方面有诸多差距，中国电影产业仍然面临着一些困境和危机。展望未来，电影产业的发展，有赖于政策支持，有赖于原创能力的提升，有赖于对消费特点和规律的把握，也有赖于新技术的运用，更有赖于在"互联网＋"时代思维的变化与生产方式的变革。

（一）讲述好故事

电影的崛起最终是实力的打拼，要实现国内票房的良性增长，确立产业

---

① 中国文化产业信息网：《2014文产并购规模超千亿　影视传媒成热点领域》，http://www.ci-360.com/wenchanwang/xinwenzhongxin/jiaodianxinwen/2014/1227/60301.html。

优势,具备输出海外的能力,中国电影必须依据时代特点重新阐释电影概念,以先进的电影方式讲好中国故事,塑造中国电影的灵魂,使电影成为中国大众文化娱乐的重要形式,让电影成为中国文化传播的重要载体。由网络小说版权逐渐演化出的 IP 概念,流行于 2014 年并在 2015 年蔓延,文学著作、网络小说改编电影的风头正紧,《何以笙箫默》《匆匆那年》《致我们终将逝去的青春》等票房不俗,热门网络小说有可能成为电影好故事的金矿。以故事版权为核心,提升原创水平,打通网络、电视、图书、玩具、游戏、纪念品、时尚消费和主题乐园等领域,推行波次消费,延伸产业链,是扩大电影产业竞争力的优选渠道。

(二)注重好体验

文化消费的增长,有赖于消费能力的提高,更有赖于文化消费需求的有效满足。电影的创意定制、故事的人文情怀、明星的魅力吸引、情感的氛围沟通和环境的舒适自在,越来越成为吸引人们进入电影院的理由,营造好的体验氛围、追求好的体验效果,成为电影市场繁荣的重要途径。电影众筹、票务 APP、3D 技术、IMAX 和新型影院将会给人一种全新的电影体验。

(三)打造好环境

电影是综合艺术,拍摄、制作是个系统工程,市场繁荣需要各个环节共同努力。《关于支持电影发展若干经济政策的通知》及其他有关政策的出台,将从财政、金融、土地、税收和专项资金等方面支持电影产业发展,这些与打击盗版等行动一起会为电影市场的扩大提供良好的社会环境。

(四)利用好技术

"互联网+"突破产业界限,改造着文化消费的产品形态、消费模式和商业模式,电影产业要以更加开放的姿态,运用互联网思维创新技术,融合新媒体,实现银幕、手机、电脑、电视等多屏互动,创新电影的生产运作模式,着力衍生产品与服务,拓展新的盈利渠道。大数据技术的运用也将进一步促进电影产业的增长。大数据将在电影创意、剧本、情节、演员、发行等阶段和层面全面介入,帮助片方制作出更多人气、更加优秀的电影。

(五)开拓好通道

电影产量的增加与电影市场的扩大、中国电影不断增强的国际影响力、电影产业的改革和国家文化产业政策法规的逐渐完善,为中国电影走出去带来了难得的机遇。"一带一路"战略成为中国文化传播的重要渠道,电影作为全球传播能力最强的文化载体必将大有作为,中国电影借助"一带一路",以独资、合作、合资、票房分成等方式与"一带一路"沿线国家加深合作,必将壮大电影产业,加速中国电影的海外开拓,成为全球电影贸易的重要成员。

B.6
台湾电影产业发展与两岸竞合分析

董泽平*

> **摘　要：** 在"电影产业发展旗舰计划"以及政府多项政策优惠与辅导金支持下，2013~2014年，台湾电影产业发展如期进入良性状态。年票房80亿~85亿元新台币，其中，台湾片票房有12%~18%市场占有率。2010~2014年，台湾电影辅导金总经费计644100万元新台币；影视优惠贷款达200亿元新台币；电影投资基金达200亿元新台币。两岸电影产业历经长期发展，在《海峡两岸经济合作架构协议》（ECFA）生效，以及未来《海峡两岸服务贸易协议》的签署方面，将迎来两岸电影产业共存共荣的崭新竞合时代。
>
> **关键词：** 台湾　电影产业　两岸竞合

在创意经济列车中，电影产业担任着拉动创意经济整体成长的引擎动能。自2010年7月1日起，台湾针对后 ECFA[①] 时期打造黄金十年的经济战

---

* 董泽平，商学博士，教授，博士生导师，台湾师范大学全球经营与策略研究所所长、全球创新与创业研究中心主任，主要研究方向为创新与创业投资、电影产业、智慧财产经营策略研究。

① 即《海峡两岸经济合作架构协议》（Cross-Straits Economic Cooperation Framework Agreement，简称 ECFA），两岸于2010年6月29日在重庆签订第一次协议，后续货品贸易、服务贸易、投资保障及争端解决协议协商自此展开。

略，提出了"黄金十年台湾愿景计划"①，纳入《2013年台湾发展计划》滚动修正，拟定未来4年的具体目标及政策措施，并研拟年度台湾发展计划分年落实。包括爱台十二项建设、六大新兴产业②、四项新型智能型产业、十大重点服务业发展等经济政策。台湾当局打算透过其"发展文化创意产业计划"把台湾打造成亚太文创产业汇流中心。在此态势下，2013～2014年，台湾电影产业发展如期进入良性状态。

一 台湾电影产业发展概况

台湾"行政院新闻局"对于电影产业的扶持，长年以来系针对电影创意、制作融资、营销映演、人才培育、后制技术等产业链制定各项扶持补助措施。台湾自2002年1月加入WTO③以来，由于删除"台片映演比例"和"对外片征收辅导金"等有关规定，对外国电影已经形同门户大开，成为毫不设防的电影自由贸易区，电影票房一直处于低迷状态，直至2008年《海角七号》创下53000万元新台币的票房才使台片重拾信心，2010～2014年台片的年产量更是提高为40～50部，造就目前台湾影片的复兴热潮。

从台湾电影产业整体统计数据④看，台湾电影票房在2010年之前有十多年时间，维持在每年约60亿元新台币上下水平，台湾片票房多在总票房2%上下起伏，然而自2010年起明显升温，2011～2013年每年票房80亿～85亿元新台币，台湾片票房有12%～18%市场占有率（见图1）。

---

① 谢明瑞：《台湾黄金十年与中国大陆十二五规划》，2011第七届两岸经贸文化论坛论文。
② 包含：生物科技、绿色能源、精致农业、观光旅游、医疗照护及文化创意等六大产业。
③ 世界贸易组织（World Trade Organization，WTO），简称世贸组织或世贸。
④ 依据台湾"文化部影视及流行音乐产业局"统计资料。

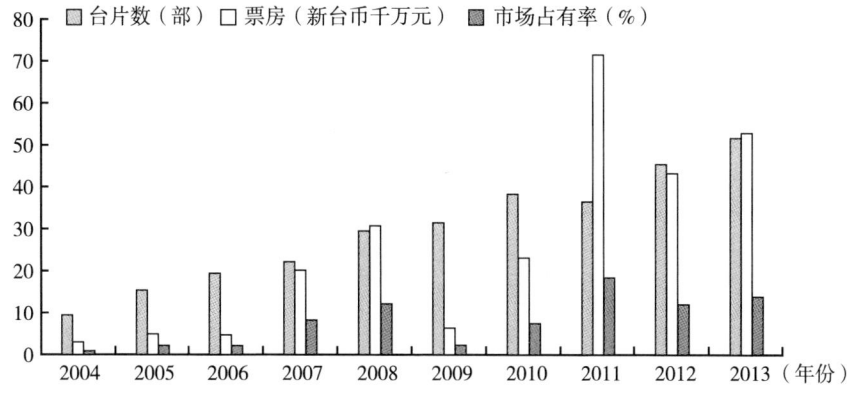

图1 台北市首轮院线映演台湾影片之票房历史统计（2004～2013年）

注：台北市票房占全台湾票房四成至五成。
资料来源：本研究整理自台湾电影网。

二 台湾电影的产业环境

（一）电影辅导金政策

从1989年起，台湾当局透过"新闻局电影处"的"电影制作辅导金"对电影业进行正式补助，促进电影产业之发展（见表1）。

表1 2011～2014年台湾电影辅导金总额及辅导片数统计

年度	辅导金总额 （万元新台币）	辅导片数 （部）	说　明
2011	8000	18	一般组:7部,共4100万元新台币 新人组:10部,共3800万元新台币 电视电影组:1部,共100万元新台币
2012	8150	17	一般组:9部,共5100万元新台币 新人组:6部,共2650万元新台币 纪录片组:2部,共400万元新台币

续表

年度	辅导金总额（万元新台币）	辅导片数（部）	说　明
2013	17350	33	一般组:9 部,共 7400 万元新台币 新人组:9 部,共 4600 万元新台币 多元内容组:2 部,共 1800 万元新台币 电影短片:10 部,共 980 万元新台币 旗舰组:2 部,共 2400 万元新台币 纪录片组:1 部,共 170 万元新台币
2014	21490	36	一般组:9 部,共 7900 万元新台币 新人组:14 部,共 9600 万元新台币 多元内容组:3 部,共 3000 万元新台币 电影短片:9 部,共 940 万元新台币 纪录片组:1 部,共 50 万元新台币
总计	54990	104	

资料来源:整理自台湾"文化部影视及流行音乐产业局"与"新闻局电影处"及台湾电影网。

此外,2001 年台湾为了加入 WTO,"立法院"通过删除"台片映演比例"和"对外片征收辅导金"等有关规定,更使台湾文化贸易逆差剧增。根据 2006 年"经建会"统计资料,台湾的文化贸易逆差,已经从 2002 年的 16.1 亿元新台币,上升至 2004 年的 149.5 亿元新台币,也就是说 3 年间暴增 8 倍多,其中电影与电视作品约占 75%。[1] 由于台湾急欲加入世界贸易组织,不断松绑对外市场开放政策,但又无法比照欧盟以"文化例外"原则抵抗美国强势电影文化入侵,使得电影政策只能沦为加入世贸组织筹码之一。

(二)现行产业发展政策

2009 年 5 月通过的为期 5 年的《创意台湾——文化创意产业发展方案》中,针对电影产业的重要政策是:2010～2014 年,以各项推动策略,期能达到"攻占大华文市场,打造台湾成为亚太文化创意产业汇流中心"之愿

---

[1] 参见台湾"文建会"《2006 年文化统计》。

景,并针对电影产业提出"电影产业发展旗舰计划",作为台湾电影产业于2010~2014年产业发展政策的最高指导方针,更进一步提出"台产电影片招商计划",希望在两岸签订经济合作架构协议(ECFA)正式实施后,受惠于台湾制作的电影将不受中国大陆对外国电影每年配额50部之限制,可在大陆进行商业映演,获取大陆之广大市场。此外,外国电影公司亦可借由与台湾电影公司合作制片,争取进入中国大陆。其中"电影产业发展旗舰计划"为文化创意产业项下之执行计划,期程为2010~2014年,总经费计644100万元新台币,其目标在培育相关人才、辅导业者开发营销、活络台湾市场及开拓国际市场。

为了积极推动文化创意产业的发展,协助产业解决集资问题,台湾自2005年起,分别在优惠贷款、投资基金、辅导金、策略性补助、投资抵减与台湾影视创投博览会等方面,展现出与以往截然不同的施政方针与政策规划蓝图,台湾电影产业进入"政府"多元资金渠道时代。分述如下。

1. 影视优惠贷款

分别由"'行政院'中长期基金"与"'行政院'开发基金"提供融资贷款200亿元新台币,透过"经济部工业局"《数位内容产业及文化创意产业优惠贷款办法》与《文化创意产业适用促进产业研发贷款办法》实施。另外,新闻主管机关自2007年10月起亦以"电影事业及广播电视节目供应事业优惠贷款要点"为依据提供影视贷款。目前两大政府基金结合中小企业信用保证基金,主要提供电影、电视产业与动画制作贷款。

2. 投资基金

由台湾"行政院"开发基金投资200亿元新台币,直接或透过"行政院新闻局"等机构,以"申请'行政院'开发基金投资服务说明"与"办理加强投资数位内容及文化创意产业方案实施要点"实施。200亿元新台币用途主要分成三个部分:直接投资模式(50%);投资创业投资事业(25%);投资国际指标性事业(25%)。

3. 电影辅导金

自2012年5月起,台湾"文化部影视及流行音乐产业局"承接了以往

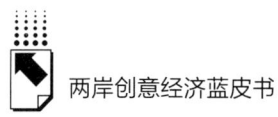

"新闻局电影处"的电影辅导金业务，以"台产电影长片辅导金办理要点"和"台产电影短片辅导金实施要点"延续过往之辅导金补助办理制度，年度预算提高至1.5亿元新台币以上，审查与预算核拨相关办法均较以往严密，以2013年为例，分为长片辅导金与短片辅导金两大类组，全年分二梯次申请办理。

4. 策略性补助

以中大型电影为主，自2007年起至2011年止，分5年期程，按"策略性台产电影片补助要点"实施，每年以2亿元新台币作为本计划预算，"新闻局电影处"针对3000万元新台币以上之电影企划案，且具市场竞争力的中、大型类型电影进行30%预算之辅助，并协助制片团队取得开发基金投资或政府优惠贷款融资，以落实"振兴电影产业计划"，发挥产业点火功能，分散民间投资风险，积极辅导台片拍摄。如蔡明亮于2008年所拍之作品《脸》（Face）以总预算高达2亿元新台币，获得策略性辅导金3000万元新台币。自2010年起，则依据"旗舰组及策略组台产电影片补助要点"，以旗舰组及策略组辅导金接续本案办理。

5. 票房奖励

自2011年起，为鼓励首轮商业映演票房优良之台产电影片，特制定"票房奖励制作台产电影片补助金办理要点"，激励电影产业冲刺票房成绩。以2012年度办理要点为例，当年在台北地区首轮商业映演票房达1000万元新台币，以其票房纪录所载票房总金额2倍的百分之十为上限可申请核定为制作补助金，且以5000万元新台币为上限。

6. 映演补助

为协助台产电影片映演，鼓励开拓市场及保障台片映演空间，制定台产电影片映演补助办理要点，提供参与申请"台片院线"之电影片映演业其映演场所作台片首轮商业映演，并于完成全台首轮商业映演后，可申请映演补助。

7. 投资抵减

为推动投资台产电影片得减免赋税，按"营利事业投资电影片制作业制作台产电影片投资抵减办法"实施,并将电影相关政策文件增加投资抵减条文,①内容为:"个人或企业投资制作电影片,其投资金额20%限度内,自当年度起5年内抵减各年度应纳营利事业所得税额"。②借由上述投资资金税赋减免,以吸引资金投资电影产业。

8. 台湾影视创投博览会

自2005年起,"新闻局"借举办台湾影视博览会,并结合金钟奖、台北影视节、金马奖、金马影展及影视创投会等,将广义的电影、电视人士与投资人、创业投资公司聚集在一起,让不同行业、国家、区域的影视产业工作者齐聚一堂,增加合作机会,与国际接轨,以打造国际影视产业平台,成功达成资金与人才媒合的目的。

(三)电影产业发展旗舰计划

本计划之发展策略为协助业者拍出在华语市场叫好又叫座之台片、策略性辅导台片华语市场营销及推广、厚植台湾电影人才及工业基础,并推动以下三大重点计划。

(1)影航争锋计划:协助业者拍出在华语市场叫好又叫座之台片。

(2)四海翱翔计划:策略性辅导台片华语市场营销及推广。

(3)神鬼奇兵计划:厚植台湾电影人才及工业基础。

(四)ECFA与电影政策

2010年12月底生效的海峡两岸ECFA早收清单中,台湾开放大陆电影片每年10部来台映演,大陆则开放台湾电影片无配额限制到大陆映演。截至2012年12月底,台湾有21部电影片在大陆映演,票房收入29.96亿元

---

① 电影法部分条文修正案业于2004年1月7日经法令修正公布。
② 但每一年度抵减总额,以不超过该营利事业当年度应纳营利事业所得税额50%为限,但最后年度抵减金额,不在此限。投资抵减之适用范围、抵减总额、核定机关、申请期限、程序、抵减率及其他相关事项之办法,由台湾"中央主管机关会商财政部拟订,报请行政院核定"。前开投资抵减办法已于2004年7月6日经"行政院"审议通过。

新台币；大陆电影片虽亦有 20 部至台湾映演，但票房收入仅 2457.5 万元新台币。两岸 ECFA 电影市场谈判，已为台湾电影开启大陆市场商机，台湾对于大陆电影进入台湾，在评估衡量本地市场胃纳量后，采取逐步放宽政策，未来在与大陆签署《海峡两岸服务贸易协议》后，同意增加商业映演配额至 15 部；同时，大陆将开放大陆影片及合拍片在台湾进行后期制作及冲印作业，同时允许台湾影片因剧情需要，在影片中如有方言，可以原音呈现。台湾"文化部"亦将协调"陆委会"修正放宽大陆专业人士来台须申请多次入出境许可之定，以便利大陆影视专业人士来台进行后期制作及冲印，争取大陆影片及合拍片订单及商机。

三　两岸电影产业合作发展开拓新局

大陆电影产业在国家政策全力支持下，2012 年票房总收入已超越日本成为全球第二大电影票房国家，根据国家新闻出版广电总局通报，2014 年中国电影总票房达 296.39 亿元，同比增长 36.15%。各项预估报告显示，中国电影票房将于 2020 年前后正式超越美国。[1] 2010 年，大陆颁布的《关于促进电影产业繁荣发展的指导意见》，以及 2012 年文化部推出的《"十二五"时期文化产业倍增计划》，对中国电影产业发展在宏观政策上给予大力支持。中国电影产业在良好的大环境下取得了快速发展。[2]

台湾电影发展已超过 60 年。20 多年来已挹注相当多之政府资源于产业发展，且因电影产业兼具文化和经济双重特质，在 2000 年之前，台湾当局着重于电影高度敏感的文化特质，设有严格的审查机制，对剧本内容进行层

---

[1] 例如：时代今典电影集团董事长张宝全认为（2013/12/09），中国电影市场将持续保持高增长，或将于七年后超过美国，成为全球最大电影市场。http://news.entgroup.cn/movie/1118867.shtml。
美国拉斯维加斯举行的电影产业博览会开幕式上，华纳兄弟国际影院公司全球总裁米勒·奥克斯预测："中国电影票房将在 10 年内超越美国"。http://media.people.com.cn/BIG5/14317227.html。

[2] 周锦昌等：《中国两岸三地文化产业研究报告 2013》，德勤中国研究与洞察力中心出版。

层把关；然而，2000 年以后，在联合国教科文组织（UNESCO）的宣示下，① 全球进入了文创产业时代，电影产业的经济特质又受到了各国的瞩目，且因在文化创意产业发展扮演火车头之关键地位，在产业发展政策规划上被赋予高度重视：台湾当局将之定位为文创六大旗舰产业之台湾重大发展产业，希望能在两岸政治关系和缓且全球华人经济圈崛起的时机中，由"电影产业发展旗舰计划"带动电影产业蓬勃发展，期能达到"攻占大华文市场，打造台湾成为亚太文化创意产业汇流中心"之愿景。在文创经济潮流与政策的推波助澜下，台湾电影产业自 2010 年起发展明显升温，2011～2013 年每年票房大幅成长，台片票房市场占有率一举提升了八至十倍之多，电影产业也因而带动了新的一波繁荣前景。

两岸在 2001 年与 2002 年先后加入 WTO，台湾自 2002 年 1 月加入 WTO 后，全面取消对外国影片的所有限制；而大陆自 2001 年 12 月加入 WTO 之后，2002 年起按照有关协议放宽进口外国电影配额，由原来的 10 部增加到 20 部。2012 年 2 月 18 日中美再就入口电影配额达成新协议，在每年进口 20 部外国电影的配额上，容许增加 14 部 3D 或 IMAX 格式外国电影进口，票房分红由 13.5% 至 17.5%，将增至 25%。

而两岸电影产业历经长期各自发展的局势，到 2010 年有了突破性进展：2010 年 6 月 29 日第 5 次"江陈会"② 正式签署完成《海峡两岸经济合作架构协议》（ECFA），自此，两岸电影产业走向共存共荣的崭新竞合时代。

---

① 2001 年 11 月 2 日，联合国教科文组织（UNESCO, The United Nations Educational, Scientific and Cultural Organization）第 31 届大会在巴黎总部通过了《世界文化多样性宣言》（Universal Declaration on Cultural Diversity），并提出多项发展文化产业的原则和建议。
② 陈，是指海峡两岸关系协会（海协）会长陈云林。江，是指海峡交流基金会（海基会）会长江丙坤。

B.7
2014广告产业发展报告

胡 丹*

> **摘　要：** 2014年，中国大陆广告经营额达5605.60亿元，比上年同期增长11.67%，占国家GDP总值的0.88%。在互联网迅猛发展，国民经济格局正发生深刻变革的时代背景中，2014年中国广告产业的变革起势初见端倪。在广告产业与宏观经济的关系及与其他产业之间的互动联系规律方面，广告产业体现出一定的产业结构优化的重要助推器作用；在广告产业结构层面，广告产业内部三大因素"企业-广告公司-媒介"之间的相互作用关系发生了一定的变化，广告公司在广告产业中的地位和使命逐渐得到彰显。
>
> **关键词：** 广告产业　结构调整　数字化进程　大数据

2014年，作为国家"十二五"重点发展的文化创意产业主导性产业之一，中国广告产业继续保持良性发展状态。大陆全年广告经营额达5605.60亿元，比上年同期增长11.67%，占国家GDP总值的0.88%。广告经营单位为543690户，从业人员为2717939人，同比增长22.8%和11.67%。台湾地区全年广告总产值1198.08亿元新台币，折合人民币约242.8亿元，增

---

* 胡丹，厦门理工学院文化产业学院教师，研究方向为文化传播、广告创意。

长率为4%。① 2015年,中国广告产业在经济发展新常态下将积极探索产业转型之路,在数字化进级中谋新求变。

一 广告产业发展环境分析

中国广告产业的发展进程和大的时代背景息息相关,国家经济和政策影响推动着广告产业的发展,科技进步和社会因素影响着中国广告产业的文化。

(一)新常态驱动调整

在构成广告产业环境的各种因素中,经济环境是决定广告生存与发展的重要因素,经济的内在需求决定着广告的存亡,经济的景气与否则决定着广告的兴衰,经济的发展进程决定广告的发展阶段,经济的结构决定广告产业的结构形态。目前,我国国民经济的格局正在发生深刻的变革,以降低速度提升质量为特征的中国经济模式正在呈现,经济发展进入新常态,仍处于可以大有作为的重要战略机遇期。2014年,我国经济亮点主要体现在四个方面:一是经济结构继续优化,服务业中现代服务业保持较高增速,比重不断提高;二是就业与居民收入增长较快,高于同期经济增长速度;三是消费热点持续保持热度,网络销售保持旺盛、通信器材销售加快、绿色消费增长显著;四是化解产能过剩和节能减排取得积极进展。② 从消费者角度来说,随着我国国民经济的持续增长,人民生活水平不断提高,对物质文化生活需求日益增长,消费者对市场品牌及产品信息的获取提出更高要求,广告客户相应的广告投放需求增加,有利于促进广告行业的快速发展。作为重要的依附性产业,国民经济的发展结构和态势无疑对广告产业产生重大影响。

---

① 台湾《动脑》杂志,2015年第3期。
② 李东生:《稳增长 转思维 调结构 增动力 努力营造中国报刊业广告的新常态》,《广告人》,2015年3月。

（二）大数据影响变革

科技环境对广告最重要的影响在于每次信息传播技术的发展，都促进着广告制作水平的提高和广告传播形态的改变。在互联网飞速发展、移动终端迅速普及、网民规模持续增加的时代，传播的载体、形式、路径甚至基点也正发生翻天覆地的变化。随着数字信息技术的发展，出现了许多以互动传播为特点、具有创新形态的新媒体，发布类的如户外超大视频广告、楼宇视频广告、车载视频广告、网络上具有明显识别性的广告等，整合类的如企业网站、微信、微博等，推荐类的如基于数据库的搜索引擎排名等，而如今，在智能终端快速普及、电信运营商网络资费下调和WiFi覆盖逐渐全面的情况下，手机上网成为互联网发展的主要动力。

除了"移动互联"，"大数据"是近年来互联网发展的另一关键词。物联网、移动互联网、数字家庭、社会化网络是新一代信息技术具体的应用形态，大数据伴随这些应用不断成长，对大数据的处理和分析正成为未来新一代信息技术融合应用的核心支撑结点。以大数据为结点，各项新一代信息技术应用产生的信息将不断汇集，通过对不同来源数据的处理、分析和优化，从海量的复杂数据中获取知识和洞见，将创造巨大的商业价值、经济价值和社会价值。无论是从海量信息中找到尚未开发的蓝海，从研发生产环节就开始介入，还是从数据中发掘消费者特点进行精准投放和有效沟通，大数据都将影响广告形态和生存方式的进化。

（三）新形态决定走向

互联网的高速发展，不仅给传播生态和信息产业格局带来了变革，新的消费文化形态也随之诞生，消费者逐步迈入移动数字消费市场。在消费文化形态发生转变的趋势下，也必然会对广告的投放方式、表现形式、运营理念等方面带来巨大影响。

中国互联网信息中心发布的2014年中国互联网发展报告显示，2014年我国网民规模已达6.49亿人，人均每周上网26.1小时。6.49亿的网民规模占我国人口近半数,而且与非网民相比,网民是更具消费力的群体。随着新媒体的普及,在媒体接触习惯上,人们利用互联网获取信息和休闲娱乐的时间已经逐步超过了广播、电视、报刊等传统媒体;在信息接触行为上,网民更具有能动性,会主动接受能引起共鸣的信息,屏蔽没有兴趣的内容;在购买方式上,近年来年轻消费群体逐步向互联网、手机等新媒体转移。国家统计局的数据显示,2014年全国网上零售额27898亿元,比上年增长49.7%。

与此同时,由于智能手机的普及,移动互联网成为除了PC互联网之外互联网的另外一种重要形态。移动互联网一方面继承了PC终端的互动性特征和信息沟通优势,另一方面为使用者增加了信息沟通的即时性和便捷性优势。移动互联网与受众生活、工作、娱乐的渗透交织状况,已经使媒体无法呈现出独立子系统的样貌,而是渗透进社会大系统运作当中,成为社会系统中无法独立区分的一个部分。[1] 移动终端几乎成了人们身体功能的延伸,移动互联网将更加深刻地改变着人们的生产和生活方式。

二 经济助推产业结构调整

2014年,我国广告产业发展仍处于顺应经济发展新常态的重要战略机遇期,如何充分发挥市场经济促进剂作用,承担传播文化、塑造价值观的使命,在更广阔的空间彰显经济文化功能,是广告产业在新时期的待解之题。

(一)产业起飞期,经营模式待转型

根据国家工商行政管理总局统计中心公布的数据,2014年中国大陆广告经营额再创新高,达5605.60亿元,比2013年增长11.67%,增长率比2013年的6.84%增加了4.83个百分点。台湾地区2014年广告总产值为

---

[1] 何其聪、喻国明:《移动互联用户的媒介接触:行为特征及研究范式》,《新闻记者》2014年12月。

1198.08亿元新台币，折合人民币约242.8亿元，增长率为4%。① 中国大陆地区广告经营单位为543690户，从业人员为2717939人，同比增长22.08%和3.66%（见表1）。

表1　2013~2014年全国广告年度状况

项目	2013年	增长率(%)	2014年	增长率(%)
经营单位(户)	445365	17.89	543690	22.08
从业人员(人)	2622053	20.4	2717939	3.66
营业额(万元)	50197459.48	6.84	56056033.32	11.67

资料来源：中华人民共和国国家工商行政管理总局。

2014年，中国的GDP为636463亿元，广告经营额占GDP的比重为0.88%，不足1%，而同期美国为2%。按照国际上通行的衡量广告产业发展阶段的指标，② 这一数字显示，目前中国广告产业对国民经济的直接贡献率还比较低，广告产业仍处在起飞期，仍有相当大的增长空间，提升中国广告产业的规模效益，成为中国广告产业面临的一大核心问题。

表2　2011~2014年全国广告经营额、GDP及其增长情况

年度	全国广告经营额及增长幅度		全国GDP及增长幅度	
	总量(万元)	增长率(%)	总量(亿元)	增长率(%)
2011	31255529	33.54	473104	9.2
2012	46982791	50.34	519470	7.7
2013	50197459	6.84	568845	7.7
2014	56056033	11.67	636463	7.4

数据来源：根据国家工商行政管理总局及国家统计局历年发布统计数据整理。

---

① 台湾《动脑》杂志，2015年第3期。
② 张金海等在《中国媒体研究发展报告（2007年卷）》的《中国广告发展与创新研究》中借鉴美国经济学家罗斯托的"经济成长阶段理论"，将之运用到对广告产业发展阶段的分析中，按照广告经营总额占国民生产总值比重大小来判断广告产业的发展程度，广告产业发展大致可以分为四个阶段：起步期——广告经营额占GDP的比重在0.5%以下；起飞期——广告经营额占GDP比重在0.5%~1%；成长期——广告经营额占GDP比重为1%~2%；成熟期——广告经营额占GDP比重在2%以上。

如表2所示，从2012年开始，我国GDP增长率分别为7.7%、7.7%和7.4%，增速跌进了8%以内，经济发展进入新常态。广告作为经济晴雨表，经营额的增速也从2013年开始放缓，随着中国经济结构调整的深化、内需的拉动及市场程度加深等层面对广告的影响，2014年中国广告营业额的增速重新回到两位数。

（二）整体投放增长，食品类别居榜首

如表3所示，2014年中国大陆广告投放前十名的类别和2013年的相同，但次序有所变化。食品类广告从前一年的第四位成为拉下汽车类广告榜首地位的一匹黑马，以766.5亿元，42.6%的增长率高居榜首。其他类别的次序依次为：汽车、化妆品及卫生用品、房地产、药品、家用电器和电子产品、酒类、信息传播软件及信息技术服务、金融保险和服装服饰及珠宝首饰类，第二到第四名为2013年的前三甲，其余品类的次序未变。

从投放前十大的广告行业看，2013年出现负增长的化妆品及卫生用品、药品、金融保险和服装服饰及珠宝首饰在2014年的广告增长率为正值，所有品类的投放均为正增长（见表3），这与我国经济发展方式的转型有关，目前我国经济增长主要靠消费需求拉动。在整个消费结构体系中具基础性地位的食品行业的广告投放随之有了亮眼的增长，这也与经历了众多食品安全事件之后，诸多食品品牌于内重视品质建设，于外重视用广告建立与消费者关系有关。

在经济发展方式调整、经济增速和消费增长减缓、经济发展进入新常态的大环境下，受环保和市场双重调控的影响，汽车广告投放出现放缓，从2013年38.15%的增长率下降到5.61%，而近年来的另一主力投放行业房地产也受国内房地产投资增速放缓以及需求形态从消费需求和投资（投机）需求交织的市场向以消费需求为主的市场转移的影响，增速也从43.7%的两位数下降为2.54%。

在广告主媒体投放费用分配中，电视的比例虽有所下滑，但仍在投放组合中占据首席。如表4所示，2014年电视投放前十的广告主的广告投放额占整个

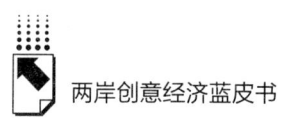

表3 2014年投放前十大广告行业

单位：亿元，%

排序	类别	2013年投放量	2014年投放量	增长率
1	食品	537.5	766.5	42.60
2	汽车	604.0	637.8	5.61
3	化妆品及卫生用品	594.8	613.7	3.18
4	房地产	586.3	601.3	2.54
5	药品	234.5	267.8	14.22
6	家用电器及电子产品	229.7	246.8	7.44
7	酒类	206.4	211.2	2.33
8	信息传播软件及信息技术服务	174.9	195.2	11.62
9	金融保险	149.3	169.1	13.30
10	服装服饰及珠宝首饰	143.5	162.6	13.32

数据来源：中华人民共和国国家工商行政管理总局。

电视投放市场22%，大部分来自快消行业，继宝洁不断下调广告花费外，其他快消品广告主欧莱雅、联合利华和玛氏也在一定程度上减少了投放，宝洁、欧莱雅、联合利华和百盛国际餐饮集团的年度广告投放额分别出现了-8.0%、-10.8%、-26.6%及-2.1%的负增长，数字营销浪潮的袭来，不少知名国际品牌都不约而同地选择收紧对传统媒体的广告投放，而投入大量精力研究如何借助数字化平台进行互联网数字媒体营销。同时，药品类广告主增长势头较明显。

表4 2014年电视投放前十广告主

单位：百万元，%

排序	企业	投放量	增长率
1	宝洁有限公司	51617	-8.0
2	欧莱雅（中国）有限公司	22023	-10.8
3	联合利华有限公司	19703	-26.6
4	百胜国际餐饮集团	15035	-2.1
5	可口可乐公司	14677	29.2
6	顶新国际集团	10316	11.3
7	西安阿房宫药业	9405	68.6
8	玛氏食品	8833	-15.0
9	江中集团	8427	69.3
10	哈药集团	8336	8.9

数据来源：尼尔森网联全媒体广告检测数据库。

据中国广告协会报刊分会、央视市场研究（CTR）媒介智讯数据，在报纸广告投放前20位的企业中，房地产品牌仍然占据半壁江山，达10家之多；其他品牌基本是老面孔，家电卖场、家居卖场、汽车、通信各占两席，家电则只有格力一家；最引人注目的是，阿里巴巴以高达855%的增幅高居第八，稳定在报纸广告品牌前10的位置。[1] 但值得思考的是，当传统产业品牌减少对报纸的广告投放时，作为电商代表和旗帜的阿里巴巴却以8倍以上的增幅大举增加对报纸的投放。

（三）经营单位大幅增长，资本并购表现火爆

据国家工商行政管理总局的统计数据，2014年，中国大陆广告经营单位为543690户，广告经营额为56056033.32万元，户均广告经营额仅为103.1万元，如果按15%的利润来计算，每家公司的平均利润仅为15.5万元，这一数据包括了跨国广告公司和本土广告公司。经营单位数量的大幅增长与国家工商登记制度改革、降低创业门槛、激活市场活力紧密相关。

可以看出，中国广告业还处于集中度比较低的状态，企业并购、资本运作是大势所趋，对于中国广告业来说尤为迫切。并购可以加速中国广告公司的优胜劣汰，有利于打造业务领域宽、产业链条纵深发展的多元化传媒集团，提升广告业的产能，使广告业向集约型发展。

此外，从被收购的对象看，新媒体或新兴技术广告公司备受青睐，新媒体和新营销环境消解了传统广告公司的核心竞争力，传统代理模式已经无法适应新要求，转型是亟待解决的问题，事实上，并购只是开始，并购后的整合才是关键。从全球广告产业发展的历程来看，广告产业大致经历了三次重大转型，即从单纯的媒介代理向综合性的广告代理转变、从综合型广告代理向整合营销传播转变、从传统媒介代理向数字媒介营销传播代理转变，中国目前基本上是第二次和第三次转型同时发生，因而广告产业面临巨大的挑战。[2] 一方面广告

---

[1] 晋雅芬：《报纸广告亟待调整打法》，《中国新闻出版报》2015年3月3日。
[2] 廖秉宜：《中国广告产业发展与创新研究报告》，《文化创新蓝皮书》，2013年2月。

企业需要转变传统的媒介资源代理模式,另一方面也需要积极探索数字营销代理的发展路径。

(四)电视焕发新活力,新媒体继续增长

2014年媒体广告投放费用,电视依然为王,互联网以猛烈增长势头继2013年后保持老二位置,逐渐接近电视媒体投放费用,拉大了与老三报纸广告投放费用的距离。

表5 2014年中国传统媒体广告经营状况

项目	经营单位(户)			从业人员(人)			广告经营额(万元)		
	2013年	2014年	增长(%)	2013年	2014年	增长(%)	2013年	2014年	增长(%)
电视台	2391	3121	30.53	49603	58424	17.78	11011042.13	12785033.31	16.11
广播电台	798	927	16.17	15204	15261	0.37	1411868.79	1328438.10	-5.91
报社	1420	1353	-4.72	39062	41028	5.03	5047018.14	5016661.85	-0.60
期刊社	3577	3763	5.20	34326	36281	5.70	872077.31	816154.11	-6.41

资料来源:中华人民共和国国家工商行政管理总局。

在传统媒体的普遍颓势中,电视台的表现独树一帜。2014年,全国经营广告业务的电视台数量的增长率相较2013年的负增长,得到明显的提升,达到30.53%,户数为3121家;从业人员为58424人,增长了17.78%;营业额达到12785033.31万元,增长率为16.11%(见表5)。喜人的数字背后是2014年中国内地电视事业的迅猛发展,内容和营销模式上的创新使电视媒体重焕活力。

2014年,电视媒体综艺节目的发展可圈可点,综艺节目是除了电视剧外保持观众对电视台的关注度、忠诚度进而维持和提升电视台身价的重要砝码。目前,电视节目日趋呈现多元化、差异化、季播常态化等特点。除了常规性的综艺节目,真人秀节目也层出不穷,2014年继唱歌秀、亲子秀等类型后,明星真人秀、科学真人秀等综艺节目陆续登场,呈现出室内与户外并进,草根化和明星化共存等多元化、差异化特征,在数量上呈现井喷之势,

多达上百档,在质量上也不乏人气之作。电视媒体紧抓"内容"的源头优势,不但把中老年观众稳定在电视机前,也把年轻的受众群体的视线拉回荧屏,同时牢牢锁住了广告主的目光。综艺拼量拼质的背后,整个市场迈入了"亿元时代",节目冠名费动辄以亿元计的现象越来越普遍,特约合作单位的费用也随之水涨船高。季播常态化的特点则颠覆了原有的广告投放模式,广告主将一年一次的投放计划变为现在一季度一次,媒体在提升了议价空间的同时也对节目质量和营销水平提出更高要求,品牌广告主提高选择广告段位灵活性的同时也对投放眼光提出挑战。

2014年,互联网媒体的广告收入大幅增长。中国广告协会互动网络分会统计数据显示,2014年互联网媒体广告营业额为969.09亿元,增长51.7%,较上一年638.8亿元的营业额、45.85%的增长率高了近6个百分点。

新形态的互联网广告迸发出强劲的增长势头,品牌广告主预算进一步向数字媒体倾斜,两者合力推动互联网广告市场规模达到新的高度。得益于规模巨大的移动网民数,移动互联网广告,如智能手机、平板电脑上所有的互联网广告,包括展示广告、分类广告、搜索广告和应用程序APP中的广告,是增长最快的互联网广告类型。譬如2014年第三季度,腾讯约45%的效果广告收入来自移动端;百度的移动广告收入所占比例达到了36%。[1]

根据艾瑞咨询集团发布的2014年网络广告市场数据,份额排名前三的互联网广告类型依次为关键字广告(28.5%)、电商广告(26.0%)、品牌图形广告(21.2%)。从增长速度来看,门户及社交媒体中的效果广告表现突出,腾讯广点通及新浪微博广告是其中最主要的增长力量。这些互联网企业依靠大数据分析,实现了更加智能的广告匹配以及更加高效的广告资源配置,广告营收进一步提高,广告业务模式逐渐成熟。除此之外,视频贴片广告继续保持高速增长,这得益于年度体育大事件世界杯赛事及电视热门综艺节目的网络点播。此外,大数据技术的迅速发展为广告主对网络媒体的数字

---

[1] 《盘点2014传媒业》,中华人民共和国国家新闻出版广电总局网站,2014年12月23日。

化投放方式提供了可实现的方案，这就是程序化购买。2014年，越来越多的广告主开始尝试程序化广告投放。

在互联网迅猛发展、我国国民经济的格局正在发生深刻的变革的时代背景中，2014年的中国广告产业的变革起势初见端倪。

首先，在广告产业与宏观经济的关系及与其他产业之间的互动联系规律方面，广告产业体现出一定的产业结构优化的重要助推器作用。国家工商行政管理总局的数据显示，2014年，广告设计、制作、代理、发布四大业务门类的费用总额分别为769.08亿元、743.09亿元、1231.99亿元、2861.44亿元，分别占据了总额的13.72%、13.26%、21.98%、51.05%。与2013年相比，2014年"代理"业务的份额减少了9.12个百分点，而"发布"环节则增加了8.35个百分点，这表明，代理市场正在萎缩，发布市场的占比正在扩大。"代理"更多凭借的是媒体资源的优势，"发布"则需要广告公司专业的综合能力。两者的此升彼降表明，具备策略能力、创意能力的公司比单纯地依靠代理的广告公司更能顺应市场的需求。此外，在广告产业结构层面，广告产业内部三大因素"企业－广告公司－媒介"之间的相互作用关系发生了一定的变化，广告公司在广告产业中的地位和使命逐渐得到彰显。

三 广告产业发展趋势展望

在全球数字化浪潮的裹袭中，在中国经济发展新常态背景下，广告产业因应社会生态环境变化而产生的反馈调整决定着产业的发展趋势。

第一，中国广告市场正在进入以资本并购和联合为主要特征的新一轮产业扩张期。从广告产业的发展进程看，产业的集中度将进一步深化。仅2014年，国家工商总局就新认定成都、武汉、无锡、福建海西四个园区为国家广告产业园区，国家广告产业园区达到15个，提前实现《广告产业发展"十二五"规划》确定的目标。新增珠海、芜湖、温州3个试点园区，试点园区达到32个，进一步推进了广告业集约化进程。国家广告产业园区建设的终极目标是提升园区内广告公司和营销传播公司的专业代理实力和规模效益。在广告产业园区内，广告公司和营销传播公司之间可以便利地通过并购和联合等方式组建大型营销传播集团，实现规模经济。不同类型的广告公司和营销传播公司也可以很便利地建立一种战略合作伙伴关系，将部分组织机构外部化，实现范围经济。一些有实力的广告公司和营销传播公司充分抓住国家广告产业园区建设的有利机遇，迅速发展壮大。

随着政策的扶持、资本的介入和调整的深化，未来的广告产业将延续2014年中国广告并购的火爆之势，充分运用资本的力量进行并购与整合，在并购参与者和形式上，也将出现多元化的发展趋势，除国际广告集团在包括中国在内的全球范围内进行大规模的并购整合外，本土广告公司也开始走向资本经营、规模经营的道路。广告产业价值链各个环节的集聚，将进一步推动广告产业集中化的趋势。

第二，从广告产业的业务范畴看，广告数字化进程将进入新阶段。2014年有两则很深刻的消息：年初，海尔集团向各大媒体发函称将不再在传统媒体投放任何形象广告；另一则是年末，万达集团的王健林在一次内部研讨会上提到"明年开始，我们可否试试，把传统媒体的推广费用砍掉一半用于互联网营销，没准效果会更好"。[①] 伴随着中国经济发展新常态，广告行业也迎来了自己的新阶段：客户削减大量的传统媒体投放费用、客户要求广告公司的服务包括数字检测或搭建网站……这些改变需要广告公司通过组织再造、拓展数字媒体广告代理业务、提升数字媒体广告代理能力来应对。中国广告的数字化进程在顺应时代要求下将迎来进一步的发展：从传统广告主到电商，服务更大的群体；从传统媒介到移动互联媒介，开拓更广的传播介质；从程序化购买到消费者精准洞察，依托大数据完成更好的营销传播。

第三，从广告产业的作业机理看，广告产业对媒介的依附力将下降，对内容的依附力将上升。在网络化的生存中，广告产业对传统媒体的依附将大

---

① 李东生：《稳增长 转思维 调结构 增动力 努力营造中国报刊业广告的新常态》，《广告人》2015年3月。

大降低，取而代之的是内容生产。2014年广告发布业务的经营额在四大门类占半壁江山，彻底取代了传统广告业以"代理"为利润来源的地位。在传统媒体信息渠道霸权地位消解的背景下，加上商业市场的成熟、消费免疫的增强、创意纬度的扩大，一些小而美的创意公司获得了客户的青睐，在市场上风生水起。2013年11月成立的上海天与空广告公司是一家"跨越一切沟通平台的创意公司"，并没有传统4A广告公司的媒体资源，却在成立后不到半年的时间里先后拿下了腾讯、阿里巴巴、飞利浦、西门子、菲林格尔、壹基金等多个大客户，出产了大量广告作品，在多个媒体、社交网站上广为传播。2014年6月还获得蓝色光标集团800万元的注资，他们甚至改变了广告公司的作业机理：在组织架构上，公司重视"创意"，以创意事业群为主导，区别与传统4A广告公司以"业务与业绩"为灵魂的业务事业群的架构，从而与消费者进行更精准的沟通，避免由媒介主导创意产生浪费。

B.8
2014数字娱乐产业发展报告

贺莹 李世晖 吴彦浚 袁志宏*

摘　要： 2013年，大陆数字出版产业总收入为2540.35亿元；数字音乐市场规模达到440.7亿元。台湾数字内容产业产值突破1600亿元新台币；数字出版总产值528亿元新台币；数字游戏经营额453.2亿元新台币；在线游戏的市场规模194亿元新台币，移动游戏为62亿元新台币；数字动画总产值约58.3亿元新台币；数字影音产业规模达到861亿元新台币。2014年，大陆各类游戏行业经营总收入约为1520亿元；动漫产业产值超过1000亿元；动漫衍生品市场总规模达到316亿元左右；国产动画电影总票房为10.6亿元。

关键词： 两岸　数字娱乐　产业发展

2014年，两岸数字内容产业规模再创新高，多媒体技术、数字电视技术、人机交互技术等正在丰富着数字娱乐产业新的内涵，终端设备制造商逐渐向数字娱乐服务商转变，媒体融合成为产业热点。

一　大陆数字娱乐产业业态综述

过去的2014年，大陆更加注重发展数字出版、互动新媒体、移动多

---

* 贺莹，博士，厦门理工学院文化产业学院教师，主要研究东北亚文化创意产业；李世晖，博士，台湾政治大学日本研究硕士学位学程副教授，主要研究日本经济；吴彦浚，博士，台湾师范大学全球经营与策略研究所特聘教授，主要研究科技管理、创新与创业管理；袁志宏，台湾中山大学企业管理学系博士候选人。

媒体等新兴文化产业，促进网络游戏、动画动漫、数字音视频、网络艺术品等数字文化内容的消费。2014年8月18日，《关于推动传统媒体和新兴媒体融合发展的指导意见》的发布，以及《关于推动传统出版和新兴出版融合发展的指导意见》的出台，推动了数字娱乐产业向前进一步发展。

（一）数字影视

2015年2月3日中国互联网络信息中心（CNNIC）发布的《第35次中国互联网络发展状况统计报告》显示，截至2014年12月，大陆网络视频用户达4.33亿人，手机视频用户约3.13亿人，网络视频用户规模和使用率增速放缓，可以看出以前拉动网民规模增长的网络视频其作用有减弱趋势，而手机视频业今后将进入稳中上升的发展时期。

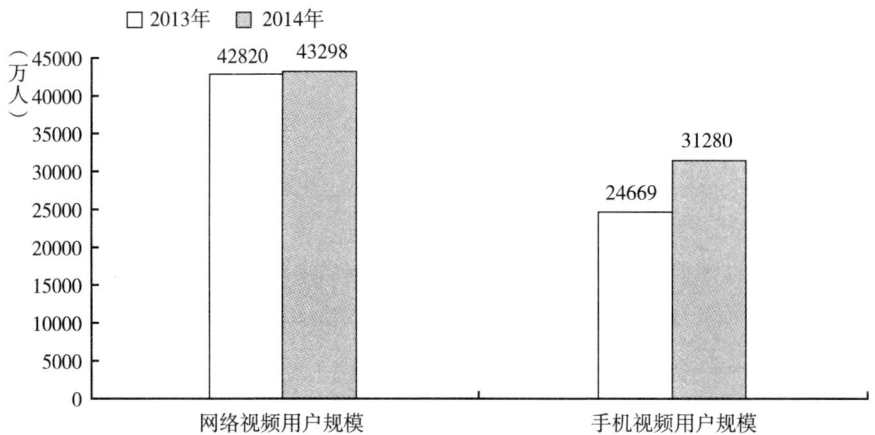

图1　2013~2014年大陆网络视频和手机视频用户规模

数据来源：中国互联网络信息中心（CNNIC），《第35次中国互联网络发展状况统计报告》。

2014年网络视频行业呈现出比较显著的强强资本联合的趋势。阿里巴巴和云锋基金入股优酷土豆18.5%的股份，搜狐视频收购56网，小米和顺为资本注资18亿元到爱奇艺和优酷，迅雷在完成融资后于2014年6月在纳斯达克上市，呈现出资本大联合的态势。

内容制作方面，2014年热门综艺节目掀起了网络独播的热潮。爱奇艺PPS独播湖南卫视《爸爸去哪儿》第二季、《快乐大本营》、《百变大咖秀》、《天天向上》和《康熙来了》等节目；腾讯视频独播《中国好声音》第三季、《中国达人秀》第五季；PPTV独播以《非诚勿扰》为代表的江苏卫视所有综艺节目；乐视网独播《我是歌手》第二季；风行网独播《中国梦之声》第二季、《妈妈咪呀》等节目。因此，网台联动将会是今后发展的热点及趋势，门户视频网站将成为综艺节目的制作、运营、营销和宣传的平台。与此同时网络视频行业开始与电子商务、移动端支付等行业合作，将视频和购物场景相结合，让用户在观看视频的同时还可以实现网上购物，在文化、娱乐、商务和支付等方面实现规模协同效应。

（二）数字游戏

2014年，中国游戏市场用户数量约为5.17亿人，比2013年增长了4.4%，如图2所示。

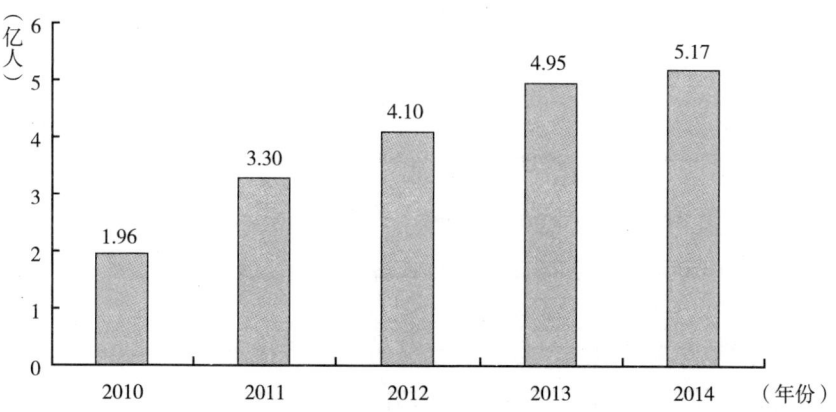

图2　中国游戏用户规模

数据来源：中国音数协游戏工委，《2014游戏产业报告》。

据第十一届中国游戏行业年会公布的数据，2014年中国整个游戏行业（包括网络游戏、手机游戏、网页游戏、家用游戏、单机游戏、掌机游戏等各个种类游戏）的生产经营总收入约为1520亿元。[①] 实际销售收入约1144.8亿元，其中客户端网络游戏市场销售收入608.9亿元，市场占有率达到了53.19%；移动游戏市场销售收入274.9亿元，市场占有率为24.01%；网页游戏市场销售收入202.7亿元，市场占有率达17.71%；社交游戏市场销售收入57.8亿元，市场占有率为5.05%；单机游戏市场销售收入为0.5亿元，市场占有率为0.04%（见图3）。2014年自主研发、民族自主游戏产值726.6亿元，同比增长52.5%。

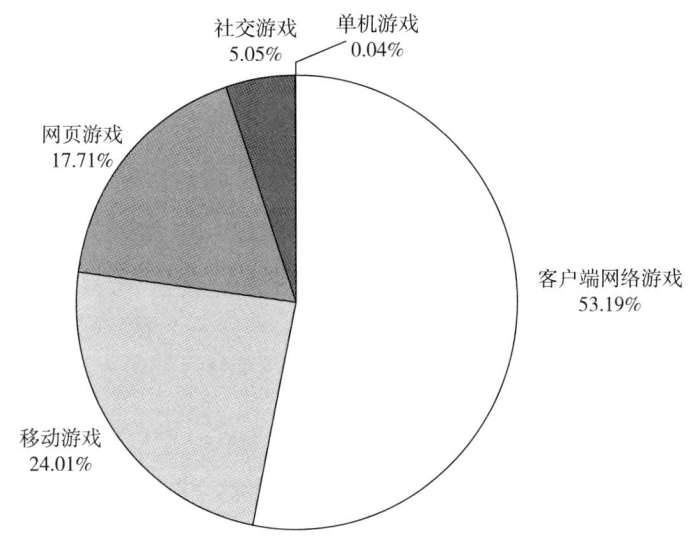

图3　2014大陆游戏行业生产经营现状

数据来源：中国音数协游戏工委，《2014游戏产业报告》。

从游戏细分市场角度分析，游戏产品呈现出较为明显"三层式结构特征"：客户端网络游戏处于上层，呈现出高投入高产出，精品生存，数量上以少胜多；网页游戏处于中层，正在向精品化发展，数量减少，品质上升；

[①] 《工信部郭建兵：游戏将具有更为广阔的市场前景》，搜狐网，2014年12月29日。

移动游戏处于下层，处于抢占市场空白点，低投入产量高，游戏产品数量远远超过客户端网络游戏和网页游戏。

（三）数字动画

据《中国动漫产业发展报告（2014）》发布的数据，2014年大陆动漫产业在国家的重视与扶持之下，产值超过1000亿元，与2013年相比增长14.8%（见图4）。目前动漫企业有4600余家，通过认定的动漫企业累计达到587家，重点企业43家，从业人数近22万人，年产值在3000万元以上的规模动漫企业有24家，年产值超过1亿元的大型企业有13家。①

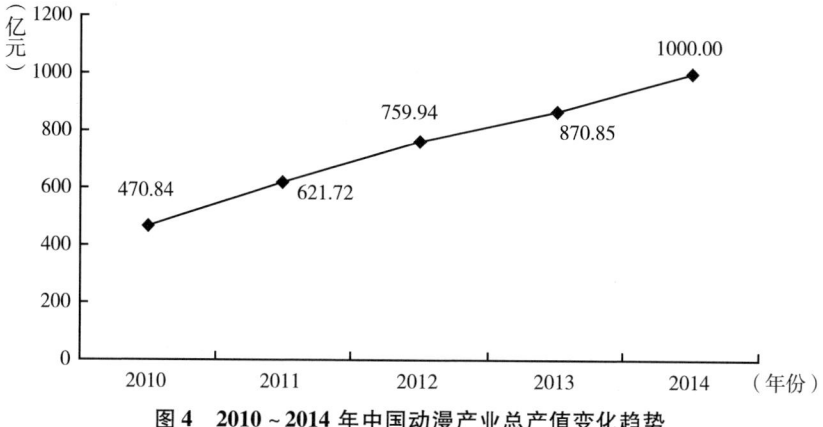

图4 2010～2014年中国动漫产业总产值变化趋势

数据来源：《中国动漫产业发展报告（2014）》。

2010～2014年，动漫衍生品的市场规模逐渐扩大，2014年动漫衍生品市场总规模达到316亿元（见图5）。

从2014年数字动画、动漫产业发展的总体来看，呈现出三个较为突出的特点：第一，原创动漫图书产出较多，"全国图书零售观测系统"监测数据显示，2014年1～9月，原创图书输出码洋占比达到61.9%，远超过引进图书的码洋比重。第二，由于资金、技术、渠道等多方面支持，国产动画电影产业

---

① 《〈动漫蓝皮书〉发布，2014年动漫产值预计达千亿元》，http：//cartoon.southcn.com/a/2014 - 08/02/content_ 105743694. htm。

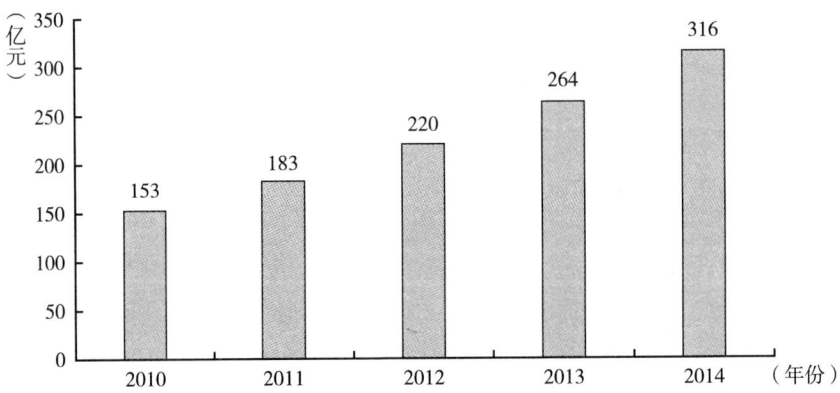

图5 2010~2014年中国动漫衍生品市场规模

呈现持续上涨势头，2012年中国大陆上映国产动画电影23部；2013年为27部；2014年上映了28部，总票房为10.6亿元。第三，国产电视动画过去的产量一直呈现上涨趋势，但是2014年动漫企业由注重量的战略方向转为注重质的战略方向，最终2014年全年的创作备案数量减少，呈现小幅下滑趋势。

（四）数字出版

信息消费需求日趋增大，数字出版产业在我国经济总体发展中的地位和作用日益重要。电子书、互联网期刊、手机出版、网络广告收入的年平均增长率均呈现增长趋势，只是数字报纸和平面媒体广告呈现了下滑趋势。

《2014中国数字出版产业年度报告》显示，2013年，大陆数字出版产业规模总值为2540.35亿元，其中：数字报纸（不含手机报）从上年的15.9亿元下降到11.6亿元，在线音乐达43.6亿元，互联网期刊规模达12.15亿元，电子书（含网络原创出版物）达38亿元，网络动漫达22亿元，手机出版（含手机彩铃、铃音、手机游戏等）达579.6亿元，网络游戏达718.4亿元，博客也从上年的40亿元下降到15亿元，互联网广告达1100亿元。可以明显看出互联网广告、手机出版和网络游戏这三者的收入在数字出版业总收入中已超过90%，说明互联网广告、手机出版和网络游戏在数字出版产业中占据相当比重，仍旧为提升数字出版产业收入的主力军。

在移动出版逐渐成为传统出版单位数字出版收入的一个重要模块的大背景下，各大电信运营商根据自身平台优势、资本优势、技术优势等，都在努力建设移动阅读、移动游戏、移动动漫等基地，不断汇聚大量的内容资源。与之相呼应的是消费者的终端消费逐渐从台式电脑向平板电脑和智能手机转移，相关的移动应用开发也蒸蒸日上，移动阅读已经成为部分传统出版单位数字出版收入的主要来源。在电子商务的移动支付技术不断改革创新的大环境下，很多移动终端付费出现越来越优质的消费模式，数字内容的消费机制和付费模式将会不断得到完善，今后有望成为我国数字出版O2O商业模式发展的助推器。

（五）数字音乐

《2014中国音乐产业发展报告》① 显示，2013年中国数字音乐市场规模达到440.7亿元（见图6），占音乐行业市场的73.9%，其体验模式日新月异，具有非常大的市场潜力，其中在线音乐市场规模43.6亿元（包含在线音乐演出收入），无线音乐市场规模397.1亿元。2013年数字音乐用户数量达4.53亿人，其中手机音乐用户为2.91亿人，共有695家企业主要提供音乐产品或音乐服务内容。

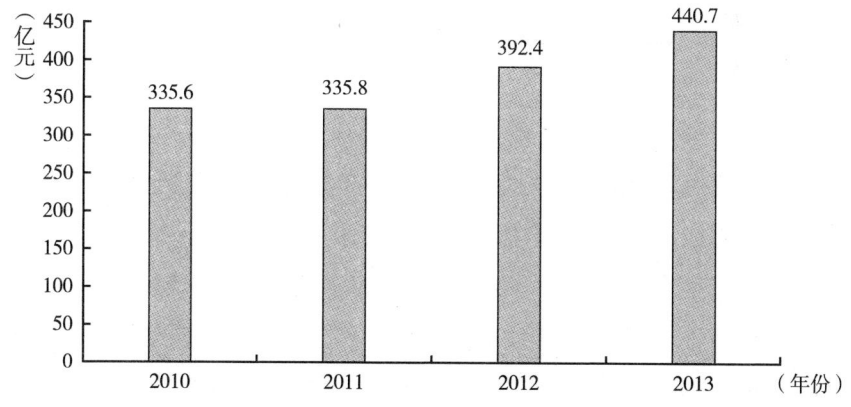

图6　2010~2013年中国数字音乐市场规模

数据来源：《2013中国网络音乐市场年度报告》。

---

① 《2014中国音乐产业发展报告发布》，中国新闻出版网，2014年11月17日。

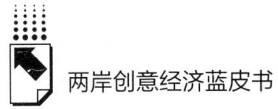

2014年，经文化行政部门审批，共有452家企业具有网络音乐业务经营资质，经营主体比2013年增加了28.7%。可见目前业界对网络音乐市场抱着很大的信心和决心，其中不少企业已经选择了有重点地开发移动互联网音乐产品。与此同时，电信运营商们也对移动应用商务模式做了新的开发及尝试，所以也催生了一批优质的无线音乐服务提供商。

今后无缝隙同步终端使得"音乐云"成为技术趋势，所以"音乐云服务"将会被业界日益重视，已经开通此服务的有谷歌公司和苹果公司。所谓的"音乐云"即将用户收藏的音乐内容存储在"云端"，用户可以不受终端限制，随时通过网络享受音乐。

由于移动端音乐用户正在进入快速增长期，很多在线音乐企业诸如酷狗音乐、QQ音乐、百度音乐、酷我音乐等正展开全力角逐，以期使自己的产品在移动端音乐市场中夺得最大的市场份额。据艾媒咨询（iiMedia Research）数据，2013年大陆手机音乐客户端满意度方面，多米音乐满意度排名第一位，网易云音乐排外第二位，酷狗音乐、酷我音乐、虾米音乐满意度分别排名第三到第五位。

二 台湾数字娱乐产业业态综述

早在2002年5月，台湾就核定通过《加强数字内容产业发展推动方案》①，希望成为亚洲太平洋地区数字内容产业的开发、设计和制作中心，并带动相关周边衍生性知识型服务产业的发展。随后数字内容产业被列为"两兆双星核心优势产业计划"重点之一。从"功能导向"转变为"任务导向"之发展策略，2010年10月，台湾将数字内容产业选定为未来十大重点服务业，再次拟定《数字内容产业发展行动计划》。依据台湾财税部门行业分类税务资料，台湾2013年数字内容产业突破1600亿元新台币，成长率约

---

① 台湾数字内容产业分为数字游戏、计算机动画、数字影音、数字出版与典藏四个主要产业，以及行动应用服务、网络服务及内容软件三大关联产业。

为32.95%，年复合成长率为6.38%。台湾2013年数字内容的主要成长来源于智慧行动装置的普及、跨领域行动加值应用、影音数字化趋势、数字阅读风气上升和数字学习产业快速成长等。①

（一）数字游戏

数字游戏产业数据依据台湾"经济部数字内容产业推动办公室"自行估算之信息制成。在数字游戏方面，总产值从2008年的283亿元新台币，提升到2013年的453.2亿元新台币，年复合成长率为11.95%，其中2012年衰退7%。近年来在线游戏产业成长率大幅衰退，网页游戏和APP行动游戏深受消费者喜爱，大型在线游戏业者很难进入手机游戏市场，导致台湾游戏产业形成拙于开发、营收衰退、选择代理为主的产业生态。②

1. 家用游戏业态分析

根据《2013台湾数位内容产业年鉴》的定义，台湾的家用游戏机软件是指"应用于电视游戏机的游戏软件"。台湾市场消费者的部分，根据2014年的《Yahoo奇摩游戏白皮书》记载，台湾13~65岁调查样本中的家用游戏人数，占总游戏市场的比例约16%，相较于移动与网络游戏人数仍算少数。而在移动游戏逐渐成长的趋势下，未来即使消费者人数增加，也是以移动游戏的消费者为主。若是以荷兰游戏市场调查公司Newzoo针对台湾游戏消费者所做的研究报告 *Infographic：The Taiwan Games Market* 来看，2013年全台游戏的消费者有510万人，而同时智能手机游戏消费者已达到680万人。

从台湾家用游戏厂商来看，目前仍以代理海外游戏为主。代理的好处在于，可享受海外厂商在游戏题材上所拥有的多样性；而在技术方面，也不会受到硬件、软件技术，以及资金的限制。由于台湾游戏市场人才培育机制的不健全，以及游戏厂商无法跟上后续产业发展，选择代理海外游戏的经营模

---

① 财团法人台湾经济研究院：《2014年台湾文化创意产业发展年报》，2014年12月。
② 财团法人信息工业策进会：《2013台湾数位内容产业年鉴》，2013年9月。

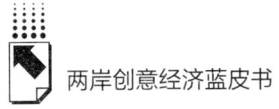

式会比自行开发更能降低成本与风险。

2. 在线游戏业态分析

台湾在线游戏指透过网际网络进行互动娱乐的游戏，包含客户端下载的"大型多人在线游戏"（Massively Multiplayer Online Game，MMOG）、网页游戏与SNS社群服务游戏等。依据《2013台湾数位内容产业年鉴》的调查，台湾在线游戏的市场规模为178亿元新台币。但受到人口、载体、替代产品等因素的影响，未来的成长空间相对有限，2017年预估市场规模为208亿元新台币。台湾在线游戏同时面临市场成长停滞的内忧，以及日本与韩国游戏竞争的外患。但十余年来累积的成本管控、研发技术，有助于东南亚地区新兴市场的开拓。目前，透过政府的政策支持，台湾的游戏厂商开始进军新兴市场。在可预见的未来，网际网络将持续主导游戏市场的技术领域，以网络技术为基础，开发多载体的在线游戏，将可为台湾的数字内容产业带来一定的海外收益。

3. 手机游戏业态分析

台湾手机游戏（Mobile Game）指执行于手机上的游戏软件。智能手机的普及，让手机从单一的通信功能向全面娱乐化转变，也颠覆了传统游戏的生态。2012年之后，在线游戏市场逐渐被移动游戏取代，手机、平板等移动载体也开始瓜分消费者时间。根据《2013台湾数位内容产业年鉴》推估，2014年台湾计算机在线游戏市场规模约194亿元新台币，移动游戏为62亿元新台币。至2017年，计算机在线游戏将微幅成长至219亿元新台币，而移动游戏可望达到101亿元新台币。而根据《Yahoo奇摩游戏白皮书》的市场调查，台湾13~65岁的人口中有745万人是游戏消费者，占调查总人口的41%，人数与2013年接近。其中，移动游戏有539万人，占整体消费者族群的72%，占比与成长都最高，也较2013年第一季度成长近20%。用手机玩游戏的消费者比例为最高，其次是平板，而在线游戏与网页游戏人口逐渐下滑。同时，消费者每次花在移动游戏上的时间约为75分钟，消费者在移动游戏上的花费也大幅成长44%，约为363元新台币，且仍以"手机小额付费"占比最高。

在 2014 年《Yahoo 奇摩游戏白皮书》中，移动游戏已经打败了 2012 较受欢迎的在线游戏与网页游戏，成为所有游戏类别中，最受欢迎的一个类别。不仅选择玩移动游戏的人变多，台湾的消费者同时也花费更多时间在移动游戏上，这已是一个目前无法忽视的趋势。由于产品众多，市场竞争激烈，游戏开发业者获利也趋向多元。目前，手机游戏的获利模式可分为：单纯依靠游戏内嵌广告以收取费用、游戏无广告但利用商城贩卖各种道具、游戏追加下载内容等三大模式。另外，还有透过适地性服务（Location-Based Service，LBS）和店家合作，将游戏奖励与实体折价券结合等不同获利模式。

（二）计算机动画

2013 年，台湾计算机动画总产值约 58.3 亿元新台币。近年来，许多厂商融合台湾元素和文化推出动画电影，培养出台湾动画的观众群。台湾动画业从海外代工找到利基，带动动画电影产值持续成长。九藏喵窝动画和霹雳国际的布袋戏周边商品深受消费者喜爱。[①]

（三）数字出版

台湾数字出版总产值在 2011 年达到高峰后，2012 年就大幅度地下滑，2013 年台湾数字出版总产值为 528 亿元新台币，仅为 2011 年 716 亿元新台币的 73.74%。欧美市场低迷与全球经济不景气，导致数字出版业总产值下滑。然而历经多年的深耕，台湾消费者对付费数字阅读形态接受度提高，带动相关行业营收增加，使整体产业维持成长。

（四）数字影音

台湾近年来数字影音产业维持两位数的成长率。2013 年产业规模达到 861 亿元新台币，年复合成长率为 14.7%。主要是数字化电视订阅数达百万

---

① 财团法人信息工业策进会：《2013 台湾数位内容产业年鉴》，2013 年 9 月。

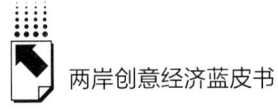

大关,带动相关产业持续成长。另外,数字音乐销售的复苏,销售额持续增加,也让数字影音产业持续成长。①

三 两岸数字娱乐产业的业态特征

数字娱乐产业透过数字电视、手机、互联网成为媒体融合的主要载体,并向多媒体、多应用、多功能的数字娱乐终端方向发展。在移动数字信息技术和互联网飞速发展的推动下,以数字影视、数字出版、数字游戏、数字教育、数字音乐、数字动漫、数字阅读、其他数字服务为代表的两岸数字娱乐业一直保持着较快的发展势头。

(一)行业整体发展放缓,网页游戏已基本达到顶峰

从用户游戏时间变化来看,游戏年限越长的用户,近半年游戏时间反而越短,老游戏用户黏性降低,热度消退。但是客户端网络游戏对大部分端游用户而言仍具有不可替代性。手机游戏热度高,社交元素增强游戏黏性,与移动互联网高速发展相呼应,手机游戏未来还存在着很大的增长空间。游戏厂商将会把重心移至手机游戏的开发与代理上。厂商除了可以透过跨平台的方式加强手机游戏的营销以及增加产品生命周期之外,还可以因应各平台特性推出不同类型的游戏 IP,借此吸引不同层次、不同需求的消费者,扩大消费者市场。无论是哪一类的手机游戏,所借助的都是移动平台与全触控带来的新体验。

(二)内需市场规模有限,仍需进一步开拓

两岸拥有丰富的文化和创新能力,却无法充分运用于创造数字内容附加价值,需仰赖新兴通路之拓展,例如可通过 App Store 或电子书平台拓展。至于平台的设置,无论是电子书平台还是手机游戏平台,两岸均有相应运用

---

① 财团法人信息工业策进会:《2012台湾数位内容产业年鉴》,2012年9月。

企业，且在云端产业拥有良好的发展，政府可结合产业界和学界，发展新型平台，提供活动、客服、语言和更新等全方位的服务，以建立国际通路，帮助相应企业快速发展。

（三）产权竞争与保护日益激烈

IP（Intellectual Property，知识产权）是数字出版业的重要议题，优秀的原创作品的电影版权、游戏改编权、动漫改编权市值百万、千万，两岸互联网企业、影视公司都加入到 IP 资源的争夺战中，希望为自己的数字娱乐发展提供更好的版权内容支持。

（四）数字产品互联网化已成为整体趋势

在移动网络高速发展的大背景下，两岸动漫产业正向新媒体加速转移，移动新媒体动漫将会呈现爆发式增长态势。不论是动漫还是游戏，其传播载体逐渐凸显着数字化、移动化、社交化和融合化特征，今后数字动漫产品的互联网化将成为不可逆转的趋势。

B.9
台湾新媒体的产业样态与发展现状

张玉佩*

摘 要： "智能设备"、"社群媒体"与"跨媒体叙事",是台湾新媒体产业的三种主要样态,也是三种最值得关注的发展趋势。2014年,台湾有65.4%的人使用智能手机。在智能设备尤其是智能手机盛行的今日,台湾电子书出版业迅速发展。台湾社群媒体非常活跃。有关数据表明,台湾网友最常使用社群网络"与亲友联系(82.8%)",而后为"追踪喜欢的网友、部落客(46.4%)、追踪特定的主题性粉丝团(35.1%)、追踪喜欢的品牌(33.1%)、追踪有兴趣的名人(28.4%)"。同时,台湾跨媒体叙事不断成长。

关键词： 新媒体 网络社群 跨媒体叙事

传播媒体科技的发展日新月异。在台湾,"智能设备"、"社群媒体"与"跨媒体叙事",是新媒体产业三种主要样态,也是台湾新媒体产业三种最值得关注的发展趋势。

一 智能设备的普及化

随着科技的进展,人们的电子产品体积日趋缩小,规格却日渐提升。最

---

* 张玉佩,博士,台湾交通大学传播与科技学系教授兼系主任暨所长,主要研究传播与数字游戏。

早的终端设备为90年代出现的笔记本电脑，它将原有的台式电脑轻薄化，制作成笔记计算机，让人们可以随时带着做报告、玩游戏，以满足随时用计算机的欲望。2010年苹果公司推出iPad之后，平板电脑开始流行，开启屏幕随点随选的技术，进而造成日后的智能手机发展。于是，当人们越想要轻薄的载体来使用，就越希望载体上可以随时看到纸本。于是，智能手机等智能设备的普及化迅速带动了媒体发展。

（一）智能手机

根据资讯工业策进会数据（以下简称"资策会"），台湾近年来使用智能手机的比率逐年攀升，已达成熟阶段。资策会评估后预测，台湾的智能手机市场，将于2016年迈入饱和期（见图1）。[1]

从图1数据来看，台湾使用终端设备的比率越来越高。到2014年，甚至有65.4%的人使用智能手机，日后的成长可期。因此，智能手机在台湾的发展是越发成熟，且在未来也会成为人手一机的状况。[2]

（二）电子书

电子书是书籍上传到服务器系统，抑或是转成文字流或PDF文件，供人们下载阅读。这种形式并不是一般的网络电子报，也非网络上的多媒体互动软件，而是将原有的出版品改良成终端可阅读的格式。这种形式如Kindle电子阅读器的格式，也有一般的内容载体，更有各式装置可阅读的格式，让人们不仅能在桌面计算机观看，而且可以在网页上呈现，或是下载至移动阅读装置来观看。

如图2所示，台湾的电子书制作主要流程，是由内容供应者制作商品，并提供商品到平台上，接着让使用者下载使用。这三者构筑成电子书的发行流程，彼此相关，牵一发而动全身。亦即当内容供应者的格式不佳，使用者

---

[1] 资策会：《2014台湾消费者终端设备暨APP使用行为研究调查报告》。
[2] 《2017年智能型手机将呈现个位数字成长》，科技产业信息室，2014年3月3日，http://iknow.stpi.narl.org.tw/post/Read.aspx?PostID=9415。

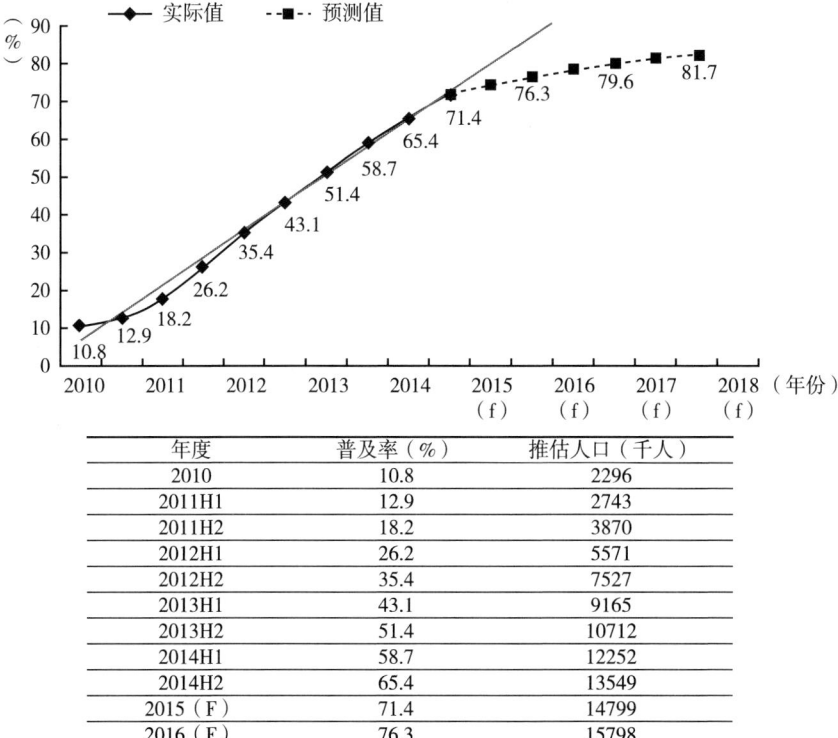

图1 台湾智能手机普及率发展趋势及预测

注：2015～2018年为预测值。

年度	普及率（%）	推估人口（千人）
2010	10.8	2296
2011H1	12.9	2743
2011H2	18.2	3870
2012H1	26.2	5571
2012H2	35.4	7527
2013H1	43.1	9165
2013H2	51.4	10712
2014H1	58.7	12252
2014H2	65.4	13549
2015（F）	71.4	14799
2016（F）	76.3	15798
2017（F）	79.6	16498
2018（F）	81.7	16918

图2 台湾电子书制作的主要流程

就没有意愿下载；同样的，若使用者不愿意下载或购买电子书，内容供应者可以提供的书本量也会随之减少。

内容供应者多半是以出版社和作者为主，但台湾一般是由出版社供应现有出版的印刷书，将档案上载至平台供使用者下载。电子书分为文字流、PDF 文件以及 ePub 的格式，倘若格式越容易阅读，就越容易被后端的使用者所接受。在移动工具盛行的今日，PDF 文件难以在小屏幕上被观看，文字流及 ePub 格式则较容易随屏幕大小而有所改变。但《台湾图书出版现况及其趋势分析》[1]里指出，台湾所出版的电子书里以 PDF 文件最多，占88.48%，其次的 ePub 的格式仅占 6.22%。此外，多数出版商在出版书籍后，多半没有留存原始档，而只能够将原有的书籍扫描成 PDF 文件，制作成电子书，这也是电子书无法普及的又一原因。

在台湾，Amazon 虽然指称电子书时代已来临，旧有的纸本书将被时代淘汰，但电子书却因为出版业没有留存原档，只能制作成不方便终端设备观看的 PDF 文件格式。另外，出版社也因为担心电子书的发行会造成盗版现象，又遇上台湾出版市场的不景气，因而裹足不前。

台湾可阅读电子书的平台有 Readmore 和 PuBu，前者多提供小说下载，后者则采饱读服务，以 PDF 文件格式为主要的阅读方式。此外，许多大专院校也与 HyRead ebook 电子书商城合作，学生只要输入该校图书证账号及密码，也可以随点随选，下载电子书。而电信业者也多半提供电子书城的增值服务，像远传 e 书城、中华电信 Hami 和台湾大哥大 Mybook 都在此类，手机用户可以月付固定金额，以享有网上阅读的服务。

电子书也可以一圆想要出版书籍的梦。许多人不透过出版社发行自己的作品，而是会委托印刷厂或是各大书局代为印制发行。电子书出现后，人们不再局限于纸本的出版，也可以采用电子书的形式推广自己的作品，且永不绝版。Amazon 台湾学人出版网[2]就推出各种出版方案，并搭配自身发展成熟

---

[1] 《台湾图书出版现况及其趋势分析》，https：//www.ncl.edu.tw/public/Data/51301 5111671.pdf。

[2] Amazon 台湾学人出版网，http：//www.taiwanfellowship.org/26381212092930533394.html。

的电子书市场，让各个创作者可以完成出书的梦想。再者，现今有相当多的平台让用户将自己的作品放到上面，并代由平台出版发行。Lulu. com[①] 是一个网络出版平台，每个人都可以将自己的作品放上平台供人浏览，以电子书的形式呈现。若有人要购买，平台会根据订单发行、印制。于是，电子书可以促进纸本印刷的发行，更可以刺激个人出版的发展。

二 社群媒体的蓬勃发展

人类需要群体间的互动。于是，当计算机出现，网络兴起，而人们又受生活里的繁忙琐事牵绊，不一定能够面对面沟通，以计算机中介为主的沟通模式于是出现。这类沟通模式有非实时性的电子邮件往来，也有可以立即获取信息的实时通信，让人们可以透过网络传达只言片语，甚而在上面互动，以创造出网上的虚拟社区，或是联系日常生活里的好友。这样的在线虚拟社区建立在社群媒体之上，运用的是实时通信的便利，利用的是社群媒体的链接性，将属于强连接的好友以及弱连接的相识及不相识者，全部串在一块。

不过，人们并不一定只在社交网络上联系朋友，而是会有更多的活动可进行。根据"资策会"2014年的调查，台湾网友最常使用社群网络"与亲友联系（82.8%）"，而后为"追踪喜欢的网友、部落客（46.4%）、追踪特定的主题性粉丝团（35.1%）、追踪喜欢的品牌（33.1%）、追踪有兴趣的名人（28.4%）"。[②] 社群网络的连接能力强，可以将人们生活圈的强弱连接一并串起，促使强连接间的关系更加紧密，从线下的关系发展成为网络上的互动。同时，生活背景迥异的弱连接间也可以在社交平台上加以联系，让信息的分享能力更趋扩大。

---

① Lulu. com：https：//www. lulu. com.
② 《96.2%台湾网友近期曾使用社交网站》，http：//www. iii. org. tw/m//ICT-more. aspx？id＝770。

(一)台湾社群媒体使用概况

台湾最早的社群媒体为1992年的台湾"中山大学"美丽岛BBS站,透过网下的交友圈,转移到在线的讨论,既而连接起不同系所的朋友,这令台湾各个大专院校掀起一片架设BBS站的浪潮。现今最受网友喜爱的BBS非台大PTT莫属,网友也在PTT上创建专有的语言,如"推文""补血""水桶"等词,在无形中建立起PTT的特有文化,网友也在一推文一回文一嘘文间,有了更多的互动。

在BBS之后,奇摩家族、无名小站及网络聊天室的发展,更让许多网下的族群,转而在网络上创建社群,保持线上与线下的发展。这些社群媒体的出现,也让人们有机会在网络上拓展人脉,认识新的对象,继而建立起新的社交圈。

时至今日,台湾的社群媒体多样,操作方式也越趋便利,并逐渐以跨国的社群媒体为主要的联系管道。像Facebook,在《数字时代》杂志一连8年的台湾网站调查[①]里,蝉联2011~2013年网站使用量冠军,只有在2014年时被Yahoo!搜寻网站超越,2015年又回到冠军的宝座。"资策会"在MIC产业调查里也指出,台湾网友最常使用的个人化网络平台前五名为"Facebook(95.8%)、Google+(24.7%)、痞客邦PIXNET(20.7%)、Xuite随意窝(12.7%)、噗浪Plurk(8%)"。上述的两项排名,都显示出台湾网友对Facebook的依赖程度极高。

不过,社群媒体的使用并不仅限于网站上的经营,而是尚有通信软件上的联系。在台湾,第一波通信软件的发展,以奇摩实时通为主,接着兴起的是MSN,却都随着科技的发展而逐渐消失在主流的媒体里。Facebook以社群网站的经营为主,进而发展出通信的科技,让人们不只可以在网络上留言,更可以透过附属的实时通信服务加以沟通,传递在线与线下的信息。从韩国进军台湾的Line实时通信APP,也成为台湾人赖以沟通的社交网络,甚至成为工作场所里维系组织沟通的工具。因此,台湾社群媒体的使用,以

---

① 据《数字时代》调查,http://www.bnext.com.tw/article/view/id/35475。

国外的媒体为主，本土发展的媒体正逐渐消失，或是如 MSN 一般，被 Skype 等国外公司并购而去。

（二）社群媒体的商机

社群媒体的链接力强，不论强弱连接都有可能联系上；社群媒体的社交力强，可以塑造出网上的社群，使人们在网络上交友；社群媒体的卷标能力也强，让阅者便于查阅信息。许多企业因而利用社群媒体当作公司的发声管道之一，借以树立形象并宣传产品。

在台湾企业最爱用的社群媒体中，以 Facebook 最为重要。Facebook 遍及全球，亦为台湾人最习惯使用的媒体，所以传播能力也相对较强，社交网络也相对较广，还可以透过"小编文化"，与网友间产生社交上的连接，让他们在潜移默化下购买企业商品，并认同企业理念。此外，终端设备的兴起，人们就可以透过手机或平板上的 APP 下载社交媒体 APP。透过随点随选，随时随地收到社群媒体送来的信息，也随时随地观看小编们提供的信息。于是，不只宣传会运用社群媒体的传播力量来触及有使用网络的各个角落，企业里的组织沟通也可以借此来传递。因此，社群媒体的影响力持续升温，成为新媒体的发展趋势之一。

不过 Facebook 并非企业唯一使用的社群媒体，而大陆虽限定在地仅能以上述的社交媒体联系，影响范围却不仅限于大陆地区。许多企业看准新浪微博的传播力，以及大陆的庞大商机，除了在 Facebook 上架设粉丝专页，同时也会在微博上书写 140 字内的营销方案或是企业形象文宣，借以透过社群的力量，串起两岸的经济贸易。

不过，新浪微博虽被视为进军大陆市场的管道，却有多人指出微博账号的使用率极低。风传媒于 2014 年报道称，仅有 5% 的微博用户会定期张贴新文章，其他则是转帖信息，① 因而活跃的账号不多，企业营销的

---

① 潘维庭：《高估影响力？微博"僵尸账号"达六成》，《风传媒》，http：//www.storm.mg/article/29771。

可信度也遭质疑。然而，尚有许多分析师持乐观态度，视微博为传播信息的最佳管道。另一方面，新浪科技于2015年4月28日发布政务影响力报告，① 说明微博连接物联网，将大陆打造成为智能城市，并提升政务管理的动能。

三 跨媒体叙事的成长

诸如小说、电影、舞台剧、动漫或舞蹈等媒材，常有相互取材的状况，这又称之为跨媒体叙事。透过改编，叙事手法必定会和原先的媒介文本不同，也会对阅听人造成不一样的效果。

（一）由平面媒体改编成影视媒体

由平面媒体改编成影视媒体，是最常见的跨媒介改编。这不只是因为平面媒体出现的时间较早，更是因为文字所能创造的世界是透过读者的想象构筑而成，所以可以有更丰富的故事情节。相较而言，影视媒体以影像和声音呈现出故事，以镜头来定义角色的性格和场景的特殊之处，对观众造成视觉上的直接冲击，但观看时并没能产生太多想象。不过，近年来电影和电视剧大闹剧本荒，所以多半会向同样有丰富故事线的平面媒体取材，以充实剧本来源。

海峡两岸的改编文本，曾因为政治立场不同，而有不一样的声音存在。不过，在政策的开放下，台湾和大陆的改编文本，不只相互取材，片源和剧本也相互流通，影视人才在两岸流动。因此，本文试将大陆和台湾由平面媒体改编为影视媒体的状况整理成表1。

值得关注的是，2000年之后，大陆的网络小说兴起，种类繁多，结构严谨，剧情紧凑曲折，不少电视剧或电影纷纷向网络小说取材。2013年，

---

① 《2015年一季度政务微博影响力报告发布》，http://tech.sina.com.cn/i/2015-04-28/doc-ichmifpz0058472.shtml。

表1 两岸改编电影状况

时期\地区	台湾	大陆
1911年以前		由戏曲改编为电影
1911~1948年	改编日本小说，为台湾第一部改编电影	银幕话本
1960~1979年	反共题材盛行 琼瑶热	红色小说当道 武侠小说改编热潮
1980~1990年	文学改编电影蔚为风潮	严肃文学主导电影市场
1991~1999年		通俗文学出现，让作家电影更贴近平民
2000年至今	翻拍网络小说	翻拍网络小说

约有70多部欲改拍成电影或电视剧的小说，2014年更有高达114部小说被买下，单集剧本的价码比一般的小说还低，又容易抢攻年轻人市场。于是，网络小说的时代在2013年后到来。①

（二）从平面及影视媒体到数字游戏

数字游戏的叙事不同于平面媒体和影视媒体，它需要玩家亲身体验游戏当中的世界，角色也会随着玩家的指令而动作。在数字游戏的世界里，越来越多游戏的故事性渐趋丰富，因而好莱坞从20世纪90年代开始，就从受欢迎的数字游戏中取材，以迎合大多数观众的口味，像"玛莉欧""真人快打""快打旋风"等大卖的游戏都在改编行列里。不过，这类数字游戏改编通常都无法获得好评，而是劣评不止，票房惨烈。一直到1996年《古墓奇兵》被搬上大银幕后，这类改编电影才受到观众的喜爱，但此后仍偶有佳作，劣作居多。②

在台湾和大陆，数字游戏改编成影视媒体的滥觞当属《仙剑奇侠传》。2005年，《仙剑奇侠传》电视剧在海峡两岸及香港播出，主线剧情大多按照

---

① 《步步惊心甄嬛爆红陆网络小说翻拍成风》，http://udn.com/news/story/。
② Vermilion：《从游戏到电影，17款电玩改编作：游戏光环加持，低成本小制作，票房是喜还是悲?》，《计算机王》2014年6月。

游戏设定所写，颇受玩家好评。然有部分剧情依电视剧特性略微调整，遭部分玩家非议，认为难以与原著的故事线匹敌。① 虽然如此，《仙剑奇侠传》却也开启数字游戏改编成影视媒体的风潮，后续改编的更有《轩辕剑》《剑侠奇缘》等，维系旧有的玩家群，开辟新的收视群体。

另一方面，许多经典的文学小说，也纷纷改编成数字游戏，像《三国演义》《水浒传》《西游记》《红楼梦》这四大经典名著都在改编的范畴之内。如此一来，就能使数字游戏的互动性大大增强，玩家可以主动体验原著世界，甚或是因为数字游戏需要，玩家需全力投注于故事的脉络中方能破解任务，所以更容易让玩家们沉迷。

再者，影视媒体改编为数字游戏的案例亦多，但影视公司推出数字游戏并不只是要强攻玩家市场，更是为了要宣传上档的影视。于是，当影视推出之际，数字游戏也会随之发行，以同时吸引观众和玩家的注意。近来终端设备当道，适合轻薄装置的手机游戏应运而生，这让影视公司与数字游戏公司跨界合作的空间更大，并能够在影视及游戏市场皆分得一杯羹。不过，凤凰网报道指出，现今改编成数字游戏的电影类型以动作、喜剧和动画为重，其他类型则较少。② 此外，由电影改编而成的数字游戏以角色扮演（RPG）、赛车和卡牌类游戏居多，少有其他款游戏，在创新上较有局限。在产业发展方面，则较少影视公司有能力筹组游戏公司，而需仰赖其他公司的协助，方能推出手游。因而在未来商业模式的综效上，需要考虑上下游整合的可能性。

---

① 《〈仙剑奇侠传〉单机改编电视剧成风》，http://www.gk99.com/single_news/2011/0804/2-1389-1.html。
② 《电影改编游戏：深度整合潜力大　IP运营期待创新》，凤凰网，2015年1月12日。

B.10
2014艺术品拍卖行情报告

林朝霞*

摘　要：	2014年中国艺术品拍卖市场进入深入调整期，高开低走，全年成交额略低于2013年。市场的相对低迷使得艺术品拍卖遭遇藏家惜售精品难征集、买家观望投资理性、宏观经济调控资金紧缺等诸多不利因素影响，造成古代书画等诸多传统板块精品较少、价格较低甚至普遍流拍的现象。同时，市场的相对紧缩也使得拍卖领域在国内外、大小品牌以及线上和线下之间的竞争日趋激烈，行业面临洗牌格局，未来更趋理性。另外，中国艺术品拍卖市场还存在资本运作、鱼龙混杂、价格倒挂、成交虚高、隐私拍品许可危机等诸多问题，拍卖市场完善仍需时日。
关键词：	艺术品　拍卖行情　板块消长

中国艺术品拍卖市场在十年间经历了几波行情，高潮不断，又跌宕曲折。2014年艺术品拍卖市场是延续去年的形势，还是开启新的篇章？春秋两季拍卖行情有何时间变化？各艺术板块有何业绩表现？地区性分布情况怎样？所面临的问题及未来趋势怎样？这些将是本文探讨的重点。

---

* 林朝霞，博士，厦门理工学院文化产业学院副教授，研究方向为文化产业管理，艺术品经营。

一 2014，低调前行的艺术品拍卖业

2014年中国宏观经济全面调整，由高速飞跃转向平稳着陆。在稳健发展的经济新常态下，艺术品拍卖业作为资产配置的重要方式也在经历着发展转型，即由过去跨越直线型的上升转为稳中求进式的上升，黄隽认为"伴随着中国经济增长下行压力的增大和艺术品市场的理性回归，2014年艺术品市场进入深度调整时期"。①

第一，从拍卖总额和增长指数上看，艺术品拍卖业行情可谓不温不火，在2012年艺术品市场遭遇滑铁卢之后市场信心指数回升缓慢，仍然保持全球性市场地位。2014年全年艺术品拍卖总成交额577.05亿元，同比上年减少5.0%，其中文物艺术品拍卖会共有2736场，成交额307.6亿元，较2013年（313.83亿元）微降2%，②较2009~2011年中国艺术品市场的狂飙突进运动，成交总额和增长幅度更有大幅回落。以2011年为例，全年总成交额为643.5亿元，环比涨幅为112.71%。③但是，2014年中国艺术品市场活跃度仍居世界首位。2014年纯艺术拍卖总成交额为56.64亿美元，高出美国8亿美元，④稳坐全球艺术品市场头把交椅。

第二，从拍卖行数量、拍卖场次和市场份额上看，艺术品拍卖业竞争日趋激烈，市场分级倾向逐步明显。中国拍卖业只有20多年的历史，但发展速度世界罕见，由原先的全国6家（中国嘉德、北京翰海、北京荣宝、中商盛佳、上海朵云轩、四川翰雅）到如今仅北京一地就有400多家，带来

---

① 黄隽：《艺术市场的"晴雨表"——艺术品景气指数》，21世纪经济报道，2015年4月7日。
② 朱凯：《2014年拍卖业蓝皮书发布 去年艺术品拍卖成交额跌2%》，南报网，2015年3月19日。
③ 诸葛漪：《2011年艺术品春拍成交额翻倍 总成交额428亿元》，《解放日报》2011年7月27日。
④ 谢梦：《2014年艺术市场拍卖成交152亿美元 中国领先美国》，《南方日报》2015年3月9日。

的行业竞争不言而喻。① 艺术品拍卖业面临僧多粥少的局面。北京保利、中国嘉德、香港苏富比和香港佳士得依旧是中国艺术品拍卖业的四大寡头，其地位不易撼动。2014年春拍四家拍卖总额为101.52亿元，其中北京保利27.8亿元，中国嘉德22.2亿元，香港苏富比和香港佳士得共51.52亿元，总体业绩不菲，但市场份额由2013年春拍的36.72%下降至2014年春拍的34.31%，下降了2.41个百分点。② 二、三流拍卖公司针对中低端消费群体展开分众营销，尤其是新入市藏家或投资者，市场份额逐渐扩大。业内普遍认为，每年有20%以上的新收藏者入市，③ 他们以相对易鉴别的现当代艺术品或中低价位艺术品为投资目标，此类群体成为新兴拍卖公司的主要目标客户。

第三，从拍品市场表现力上看，艺术品拍卖业消费趋于理性，过亿拍品难得一见，精品流拍不在少数。书画板块向来是艺术品拍卖的重镇，也是艺术品市场的重要风向标。回顾2014年，中国内地书画拍卖延续2013年以来的疲软行情，难现高潮。1000万元以上有204件成交作品，其中古代书画34件、近现代书画68件、当代书画13件、瓷器29件、杂项28件、油画及当代艺术32件，大体上追平了2013年的成绩。④ 全年国内书画拍卖市场仅有乾隆皇帝御笔书法《白塔山记》以1.1615亿元成交。与之相比，2009年内地书画拍卖板块有过亿作品4件，2010年有11件，2011年有7件，2012年有4件，2013年有1件。一贯市场认知度极高的张大千、齐白石等人的作品难以续写亿元神话，张大千《赵大年湖山清夏图》在中国嘉德以4600万元成交，齐白石《花鸟四屏》在北京保利以5577.5万元成交。古代书画

---

① 《2003~2013年中国艺术品市场发展状况分析》，http://www.askci.com/news/201406/08/089444539953.shtml。
② 王歌：《中国拍卖寡头市场的"拐点"？》，http://comment.artron.net/20140729/n634710.html。
③ 王歌：《中国拍卖寡头市场的"拐点"？》，http://comment.artron.net/20140729/n634710.html。
④ 《2014秋拍座次报告：宏观经济调整下的区域变革》，http://www.artscoo.com/rdzx/106.htm。

精品市场信心指数受挫，诸多名家作品遭遇流拍，甚至连赵孟頫、八大山人、董其昌等古代经典名家之作亦在其列，如2014年中国嘉德春拍推出的最高估价艺术品元朝书画大家赵孟頫书法《致宗元总管札》，但最终难承众望，未达标的物底价而遗憾流拍，又如北京保利春拍"仰之弥高"专场所推出的高价拍品陈洪绶《四时花鸟册页》亦惨遭流拍。

同件艺术品的价格晴雨表是艺术品市场行情的最好写照。清乾隆御制《佛说贤者五福德经》玉册2010年4月在香港苏富比拍得1746万港币（约合人民币1536.48万元），2014年12月在北京保利拍得644万元；陆俨少《岩居嘉会》2011年12月在西泠印社拍得419.75万元，2014年12月在上海恒利以310万元落槌；张大千款《秋林觅句》2011年在华夏传承秋拍上拍得483万元，2014年在上海朵云轩回落至138万元。①

第四，从拍卖途径上看，网络拍卖异军突起，拍卖业电商门户时代即将到来。网络化开启了艺术品拍卖的新途径，艺术品线上交易额和交易量逐年上升。艺术品网拍具有成本低廉、传播迅速、不受时空限制等优势，除雅昌艺术、嘉德在线、易拍全球、博宝艺术品拍卖等老牌艺术品交易平台之外，淘宝、eBay等知名电商也纷纷试水艺术品网络拍卖领域，将形成艺术品线下与线上交易长期并存并博弈的局面。截止到2014年底，在线艺术品交易网站已接近2000家，《2014年中国拍卖行业经营状况分析及2015年展望》称，2014年，拍卖企业开展的拍卖活动线上成交金额约150亿元，网络拍卖场次和标的上拍量明显上升，较2013年分别增长43%和54%。② 但是，艺术品网拍一般走中低端路线，嘉德在线从2000年以来全年不间断每日推出2~3个专场，单价一般在10万元以内，以满足中产、白领阶层消费需求。2013年北京保利和淘宝合作，推出"傅抱石家族书画作品""齐白石及齐氏家族弟子书画作品""八月保利网拍周"等诸多专场，获利颇丰。

---

① 朱珞丹：《敬畏艺术品市场的寒意》，http://collection.sina.com.cn/yshq/20150429/1722186146.shtml。
② 谢梦：《2014年中国拍卖行业"蓝皮书"发布：成交额5556亿元下降20.6%》，《南方日报》2015年3月30日。

第五，从拍卖品牌发展来看，各大拍卖行朝专业化、精细化方向发展。各大拍卖行在主营方向、专场划分、配套服务等方面下足功夫，突出自身品牌优势。以中国嘉德为例，其一贯专注于中国文物艺术品拍卖领域，2014年春拍不仅保留中国书画、瓷器家具工艺品、中国油画及雕塑、古籍善本、名表珠宝翡翠等传统专场门类，而且开辟"嘉酿醇香—世界名庄葡萄酒"专场，推广世界红酒文化。每个门类下细分诸多专场，以书画为例，下设"大观·中国书画珍品之夜""大观·齐家万象""大观·通钵堂藏画"等15个专场千余件佳作。同年秋拍，嘉德又推出"名人手迹，签名收藏"专场，其中马克思《致科勒特·多布森·科勒特亲笔信函》以304.75万元成交，拿破仑《西班牙半岛战争期间往来通信》以35.65万元成交。佳士得等国际拍卖公司进驻中国大陆艺术品市场，在推广品牌和培养中国受众上颇费思量，通过艺术论坛、展览、讲座等形式提供艺术教育和体验的机会，以提高品牌知名度和美誉度。

二 艺术品拍卖的春秋代序

2012年是中国艺术品拍卖业的重要拐点，此后的2013年和2014年属于艺术品市场的震荡期，艺术品成交情况较少呈现为直线上升或者下降的大曲线，取而代之的是间歇性的波动小曲线。2013年艺术品拍卖业低开高走，而2014年艺术品拍卖业则是高开低走。

首先，春秋两季拍卖总成交额有下降趋势。2014年春拍在香港多件拍品过亿的可喜氛围中拉开帷幕，总成交额达295亿元，同比2013年春拍上涨11%，[①] 而秋拍无法接续春拍的良好开局，市场低迷氛围再度蔓延，成交额比春拍降低4.4%，比上年同期降低17.37%，成交量亦比上年同期下滑18.26%。

---

① 王歌：《中国拍卖寡头市场的"拐点"？》，http://comment.artron.net/20140729/n634710.html。

表1 2013年和2014年春秋两季拍卖成交额对比

年份	春拍艺术品总成交额（亿元）	秋拍艺术品总成交额（亿元）	全年总成交额（亿元）
2013	265.87	341.34	607.21
2014	295	282.05	577.05

2014年多数艺术品拍卖行都遭遇了秋拍市场冷流，在整体市场滑坡中艰难前行（见表2）。

表2 2014年各大艺术品拍卖公司春秋两季拍卖业绩对比

拍卖行名称	春拍总成交额	秋拍总成交额	降升幅(%)
北京保利	27.8亿元	24.9亿元	↓10.4
中国嘉德	22.2亿元	16.75亿元	↓24.5
北京匡时	17.5亿元	13.4亿元	↓23.4
西泠印社	7.02亿元	18.33亿元	↑161
香港苏富比	34亿港元	29.07亿港元	↓14.5
香港佳士得	30亿港元	11.27亿港元	↓62.4

表2显示，2014年春秋两季多数顶级拍卖行业绩有较明显回落，其中，中国嘉德和香港佳士得降幅最大，唯有西泠印社逆市而上，给秋拍增色不少。2014年秋拍西泠印社增幅惊人，与10周年庆精心筹划密切相关，其专场数、精品数及规模都堪称历年之最。

其次，从价格来看，市场波动和调整影响了艺术品的市场表现力，出现高价区间普遍缩水，低价区间相对活络的局面。2014年秋拍比春拍精品数量略减，过亿拍品有3件，略低于春拍（共有4件）。各方统计数据显示，春拍当季500万元以下的中低端拍品数量占比为93.46%，500万元以上拍品占比6.54%，[①] 而秋拍当季成交额在100万元以上的拍品件数占比不足

---

① 王歌：《中国拍卖寡头市场的"拐点"？》，http：//comment.artron.net/20140729/n634710.html。

5%（1835件），1000万元以上的拍品数量占比仅为0.3%（111件）。① 可见，秋拍中高端拍品数量占比明显低于同年春拍情况。以北京保利为例，春拍1000万元以上拍品35件，500万元以上拍品115件，而同年秋拍1000万元以上拍品31件，500万元以上拍品96件。②

三 艺术品拍卖的板块消长

2014年，受市场深度调整影响，艺术品拍卖遭遇藏家惜售精品难征集、买家观望投资理性、宏观经济调控资金紧缺等诸多不利因素影响，造成古代书画等诸多传统板块精品较少、价格较低甚至普遍流拍的现象。另一方面，各拍卖行因传统门类竞争激烈纷纷推陈出新，挖掘和培育新艺术，造成新艺术板块在拍卖中的崛起。

首先，书画仍是艺术品拍卖的第一大板块，市场份额占比仍达62.9%，但价格普遍回归理性。现当代书画板块遭遇市场冷流，以油画及当代艺术为最，10家公司在该板块的下滑幅度达37.4%，③ 仅有崔如琢两幅佳构巨制跻身亿元俱乐部。古代书画板块也超常冷寂，名家作品频频流拍，与拍前预估相比差距甚大。在书画板块整体回落的形势下，中国风油画、波普油画依然保持市场热度，当代水墨、名人信札、古籍版本等板块成为市场新宠，这与当下人较为看重名人效应、创新意识、中西融合观念以及政治批判意识等社会心理有关。以吴冠中、常玉、赵无极、陈逸飞、朱德群等为代表的中国风画派，以其娴熟的油画技法和浓郁的中国情调俘虏了世人之心，且上述名家均已谢世，市场流通量有限，更推高作品价格，但市场低迷，藏家惜售，故而难现拍场，常玉《聚瑞盈馨》在香港苏富比以6380.04万港元成交，

---

① 谢梦：《2014年中国拍卖行业"蓝皮书"发布：成交额5556亿元下降20.6%》，《南方日报》2015年3月30日。
② 江兵：《北京保利2014秋拍24.91亿收槌 总成交额十三连冠》，http://news.99ys.com/news/2014/1208/26_186555_1.shtml。
③ 谢梦：《2014年中国拍卖行业"蓝皮书"发布：成交额5556亿元下降20.6%》，《南方日报》2015年3月30日。

赵无极《争荣竞秀》在香港苏富比以6288.37万港元成交，朱德群《第四〇四号》在香港佳士得以3316万港元成交，吴冠中《北京雪》在保利香港以1137.9万元人民币成交。波普画作因融合了政治寓意和商业符号而成为艺术品市场的宠儿，2013年曾梵志《最后的晚餐》以1.8亿港元成交，2014年张晓刚《血缘：大家庭3号》在香港以7441.8万港元成交。以艺术创新为灵魂并融入中国古典山水意境的"当代水墨"市场反应热烈，十家大牌拍卖公司共推出17个专场，成交额达5.52亿元，保利香港春拍"中国当代水墨—中国当代新水墨"、中国嘉德春拍"开拓——中国绘画的多元化探索"均有不俗表现。

其次，瓷器板块整体热度略减，但官窑精品价格依然坚挺。2014年全球艺术品市场共诞生了7件过亿元中国艺术品，其中瓷器类3件、书画类3件、杂项1件，数量和价格均远低于2012年以前的水平。就瓷器而言，历代官窑精品价格坚挺，如明成化斗彩鸡缸杯为22217.96万元，乾隆瓷母大瓶为15100万元，北宋定窑划花八棱大碗为11600.36万元，清乾隆粉青釉浮雕龙纹罐为9420万港元，清康熙米黄釉五彩玉堂富贵玉壶春为8970万港元。其中，以2012年汝窑天青釉葵花洗拍出2.0786亿元天价为标志，高古瓷开始走出长期的价格洼地，市场呼应度逐步提高，成为艺术品深度调整期提振市场信心的来源之一。而清三代官窑等热门瓷器价格有回落迹象，因此乾隆瓷母大瓶远不及转心瓶5.5亿元的身价也不足为奇。

再次，杂项板块迅速崛起，不少精品拍出惊人天价。香港佳士得秋拍以27491.916万元拍出"永乐御制红阎摩敌刺绣唐卡"，赢得2014年拍卖界最高价艺术品的殊荣。中国嘉德春拍中顾景舟"九头咏梅茶具"以2875万元成交，创下顾大师作品拍卖最高纪录。西泠印社的青铜器专场更取得100%的成交率。

原料稀缺型艺术品也有不俗表现。香港佳士得和香港苏富比的珠宝专场备受青睐，芭芭拉·赫顿旧藏"卡地亚天然翡翠珠项链"以2.14亿港元惊人天价落槌，再度刷新翡翠首饰拍卖世界纪录，一件重约104.51克拉的"缅甸天然红宝石配钻石项链"拍得7740万港元，另一件重约50.8克拉的

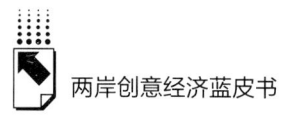

"梨形钻石耳坠"也拍出 7516 万港元的高价。另外，沉香、海黄、鸡血石、珊瑚等涨势迅猛，以沉香为例，加工后的沉香艺术品每克贵达万元以上。

最后，当代工艺作品、名人收藏、古籍版本等板块的市场追捧度也比较高。中国嘉德首推当代玉雕专场"天撷英华——当代玉石雕刻艺术家"，北京保利首推"张信哲织绣收藏"专场，上海佳士得首推"中国当代设计专场"，西泠印社首推古籍善本和青铜礼器专场，市场反响良好，可见新概念驱动下的新兴艺术板块正在崛起。

四 艺术品拍卖市场的负面现象及破解策略

2014 年中国艺术品拍卖市场趋向理性和平稳，但也不乏诸多乱象。

首先，资本运作，金钱游戏。近些年，不少资本大鳄看好并投身艺术品市场，只买贵的不买对的，只买吸引力强的不买艺术性高的，加快艺术品资本化、份额化、金融化进程，成为左右艺术品市场的重要力量。艺术品拍卖领域的大事件往往和大人物紧密相连。《中国机构收藏调查报告》显示，到目前为止，企业家的购买力已占到整个艺术品市场 60% 以上的份额，活跃于北京、上海等地各大拍卖市场上的买家，70% 以上都是企业家。[1] 众所周知，刘益谦是艺术品市场上呼风唤雨的资本大鳄，近几年的天价艺术品很多都和他有关。2013 年，他以 822.9 万美元（约 5037 万元人民币）在纽约苏富比拍下苏东坡的书法作品《功甫帖》。2014 年刘益谦依旧有大手笔，先在香港苏富比春拍中以 2.8 亿港元将明成化斗彩鸡缸杯收入囊中，后又在该年香港佳士得秋拍中以 2.8 亿港元购得"永乐御制红阎摩敌刺绣唐卡"，成为拯救 2014 年艺术品市场颓势的重要人物。资本大鳄进驻艺术品市场，从表面上看，它追高艺术品的身价，加快了艺术品投资的多元化趋势，造就了艺术品市场的红火局面；从深层上看，造成了艺术品市场集聚泡沫、虚假繁荣

---

[1] 陈荷梅：《回首 2014 艺术品拍卖市场 展望经济复苏态势的 2015》，http://news.99ys.com/news/2015/0306/27_190062_1.shtml。

和管理混乱的局面,反而把艺术打入了冷宫。

其次,鱼龙混杂,真假难辨。尽管我国《文物法》《拍卖法》规定了拍卖行的准入门槛、拍卖标的物许可证明以及当事人责任义务等诸多条款,但总体而言,对拍卖行的准入门槛、机会成本、违约责任、行业风险要求较低。由于法律的阙如,信誉度、美誉度成为唯一制约拍卖行的外在道德律令。在这种背景下,部分拍卖行存在知假拍假、帮助洗钱、暗箱操作、哄抬价格、私下交易、伪造成交记录等问题。2014年著名岭南画派画家陈永锵公开一则申明,揭露广西泓历拍卖有限公司当年秋拍有6幅模仿其画风、签名印章的画作系伪作,推高了艺术品拍卖领域的民间打假风。

再次,价格倒挂,价值错位。因为受厚今薄古、名人效应、盲目追捧稀缺原料等社会心理影响,艺术品拍卖领域常常存在当下艺术贵于传世经典、帝王作品高于一流艺术大师作品、原料价格远超艺术价值的现象,历史性和艺术性未能充分凸显其经济价值。以现当代名家画作和传世古画相比来看,现当代名家作品距今时间短,存世量较多,相对易于赏鉴,受众较多,而传世名画存世量少,鉴赏难度大,属于小众藏品,市场追捧度往往低于现当代名家作品。2014年春拍古代书画成交率为79.89%,备受关注的嘉德"大观之夜"古代书画成交率仅为61.11%,连赵孟頫、陈洪绶作品亦遭流拍。与之相比,同期近现代名家作品价格虽有回落,但依然占据2014年春拍中国艺术品拍卖成交价"TOP100"中的24席,总成交额为7.01亿元。当代书画板块表现活跃,中国嘉德当代书画专场成交率达89.51%;北京保利专场成交率达90.45%。油画板块亦有不俗表现,入围2014年春拍艺术品拍卖成交价"TOP100"的共有18件,总成交额约为5.57亿元。又如,民间膜拜帝王御制,尤其是家喻户晓的乾隆御制品更是拍卖市场的永恒焦点。2014年内地唯一过亿元书画拍品就是乾隆书法作品《白塔山记》,其境遇高于历代传世名家书画作品,另外,乾隆时期千万拍品还有御制粉青釉浮雕龙纹罐、明初乾隆御赏月露知音琴、紫檀高浮雕吉庆有余顶箱式四件柜、粉青釉雕龙凤呈祥八方瓶、乾隆御制黄水晶玺印等。

又次,售而不买,成交虚高。艺术品在拍卖场上一槌定价,但并未完成实质交易,只有艺术品拍卖行和委托人、买家完成结算业务才算交易成功。中国艺术品拍卖市场的红火往往由成交额、成交率两大数据支撑起来,但事实上存在结算率较低的暗流,导致艺术品拍卖名不副实。拍卖竞价虚高、拍品真伪难辨、买家资金预算不足、诚信心理缺失等是导致艺术品拍卖结算率偏低的诸多原因。近年来,艺术品拍卖结算率呈下滑趋势。《2014 年 TEFAF 全球艺术品市场报告》指出,2013 年中国艺术品市场的流标率是 53%,截至 2013 年 6 月,中国 100 万元以上的拍品结算率为 47%,这个数据比上年同期上涨了 2%。[1]《中国文物艺术品拍卖市场统计年报》也披露,文物艺术品拍卖结算率连续两年刚超过 50%。[2] 乾隆的转心瓶、黄庭坚的《砥柱铭》等天价艺术品也在未结算的黑名单行列,这不仅影响了中国买家在国际艺术品市场的声誉,而且影响了中国艺术品市场自身的健康有序发展。

最后,隐私拍品,许可危机。受注意力经济影响,名人手稿、信札物品均有较高的历史和经济价值,并成为各大拍卖行竞相逐鹿的新兴板块,屡屡刷新拍卖行情。如 2007 年徐悲鸿致孙多慈的信札在佳士得春拍中以 90 万元成交;2011 年徐悲鸿揭发刘海粟汉奸罪名信札在匡时春拍中拍出 212.75 万元的高价;2013 年鲁迅致陶亢德信札在中国嘉德秋拍上以 655 万元成交;顾炎武手书《五台山记》在嘉德另一专场以 3162.5 万元成交;2014 年茅盾手稿《谈最近的短篇小说》在南京一拍卖行以 1207.5 万元成交。

2014 年,中国艺术品拍卖市场进入深度调整期,艺术品价格整体趋向合理化,短期内还会出现较大震荡。中国艺术品拍卖业的理性回归,不仅依赖市场的自发调节,而且依赖行业规范、拍卖立法和鉴定机制的尽快完善。

首先,提高准入门槛,减少拍卖诸多乱象。准入门槛的提高既包括艺术品拍卖公司入市条件的提高,又包括买家进入艺术品拍卖会资格的提高。我国艺术品拍卖行准入门槛相对较低,可以相应提高注册资本金,或者在人员

---

[1] 钟欣旺:《艺术品市场高份额难掩高流标低结算率》,http://www.gzymw.com/5/658/。
[2] 黄隽:《付款率偏低使艺术品 拍卖数据大打折扣》,http://business.sohu.com/20141019/n405241466.shtml。

配备、技术要求等方面提高条件。

其次，增加公证程序，提高拍卖透明度。现有艺术品拍卖中出现的拍假、假拍、拍托等诸多问题与拍卖公开度、透明度不足有一定联系。目前，艺术品拍卖业在价格预估、拍卖程序跟踪、后期财务监管等方面缺乏监督机制，应依靠政府部门或者行业协会的力量增加公证程序，加强艺术品拍卖业监管力度，使拍品价值、拍卖程序、成交记录更透明，更具公信力，可避免竞买人和拍卖人恶性串通、拍卖人拍卖自己的物品、竞买人参与竞拍等诸多乱象。

再次，完善鉴定体系，为艺术品验明正身。目前我国艺术品拍卖市场尚未形成完善的鉴定配套服务，导致拍卖诚信缺失、专家信口开河、赝品击鼓传花，导致大众收藏群体对艺术品望而却步，影响社会投资信心，不利于艺术品拍卖市场的长期良性发展。因此，国家应允许并开放独立的有鉴定资质的机构为艺术品拍卖提供有偿鉴定服务，逐步建立艺术品鉴定公共服务平台，保障消费者权益，也保障拍卖公司的社会信誉度。2014年10月29日，国家文物局批准天津市文物开发咨询服务中心、黑龙江龙博文物司法鉴定所、西泠印社艺术品鉴定评估中心等七家文博单位[1]，面向社会公众提供民间收藏文物鉴定服务，可谓鉴定体系建构的破冰之旅。

又次，加快立法进程，增加拍卖违规成本。我国《拍卖法》于1996年颁布，2004年修订，对拍卖人职责、拍卖程序等做了相应规定，但仍存在不合理的免责条款，惩罚力度也相对较弱。《拍卖法》中对拍卖人的免责条款颇受世人诟病，适度增加拍假的机会成本，提高对拍卖人的惩罚力度，有助于培育拍卖从业者的专业素养和敬畏心理，也有助于保护艺术品消费者的合法权益。

最后，引入保险机制，分担拍卖风险。国外艺术品拍卖业一般都有配套的担保制度，担保公司收取艺术品购置价格的5%~7.5%作为保费，为艺术品日后保值和增值提供第三方担保，保障艺术品投资者的稳定收益，利于

---

[1] 冯善书：《2014艺术品投资收藏界十大热点新闻》，《南方日报》2014年12月29日。

艺术品拍卖市场的稳健发展。相形之下，我国艺术品拍卖市场缺乏相应的保障体系，存在赝品、贬值、市场行情波动等诸多风险。我国艺术品拍卖业应借鉴国外经验，适度引入保险体制，发挥银行、担保公司等第三方机构的保障功能，为艺术品增加一个安全阀门，保障艺术品投资的合法权益，也能打破拍卖公司一元垄断的局面。

B.11 台湾设计产业发展现状与未来策略

林咏能*

摘　要： 设计产业是台湾文化创意产业六大旗舰产业之一。2013年，台湾设计产业企业增长至3754家，增长近53%。营业额增长至603亿元新台币，增长约27%。台湾设计产业以外销导向为主，2013年外销金额达335亿元新台币，约占设计产业的56%；约占台湾全部创意经济出口额723亿元新台币的46%，亦显示台湾设计产业是出口型的重要产业。

关键词： 台湾　设计产业　发展概况　未来策略

台湾的文化创意产业是以内需为主的产业形态，而设计产业则是最具外销潜力的产业。2013年台湾文创产业营业额为7950亿元新台币，其中超过九成为内销，计7227亿元新台币，外销营业额仅达723亿元新台币，外销占比为9.1%；① 其中以设计产业外销比例最高，为整体创意经济出口额的46.3%。台湾设计产业2008~2013年的外销总额均高于内销，是台湾文创产业中唯一以出口为主的产业。2013年设计产业外销额约为335亿元新台币，② 外销占比约56%，是台湾文创产业最具出口竞争力的产业。

---

* 林咏能，博士，台北教育大学进修推广处处长，文化创意产业经营学系副教授，主要研究方向为创意经济。
① 台湾"文化部"：《2014台湾文化创意产业发展年报》，2015。
② 台湾"财政部财税资料中心"磁带资料。设计产业之范畴系研究者依《台湾设计产业翱翔计划》之《设计产业发展旗舰计划》之定义与《税务行业标准分类》（第7次修订）进行统计。

一 设计产业的范畴与整体发展概况

设计产业是台湾文化创意产业六大旗舰产业之一,近年成长迅速,设计产业行业类别于 2008 年台湾《税务行业标准分类》第 6 次修订时,新增"商业设计"与"品牌设计"两项行业分类,显示台湾主计单位对于设计产业专业性、分工精致度的重视。而本研究依据台湾"经济部工业局"2008 年《台湾设计产业翱翔计划》所属之《设计产业发展旗舰计划》定义之范畴,辅以台湾 2012 年《税务行业标准分类》(第 7 次修订)进行统计分析。统计数据来源则依据《2014 台湾文化创意产业发展年报》之产品设计产业、视觉传达设计产业与设计品牌时尚产业等三项产业的统计范畴中各子产业的税务行业标准分类代码,这些税务行业代码代表台湾整体设计产业的范畴。目前税务行业标准分类当中计有 8 项与台湾"经济部"主管之设计产业有关,包含了工业设计、企业识别设计、商业设计、包装设计、视觉传达与平面设计、流行时尚设计、多媒体设计、未分类与其他专门设计服务等。表 1 为台湾设计产业税务行业代码、行业名称与行业定义一览。

表 1 台湾地区设计产业税务行业代码、行业名称与定义一览

税务行业分类代码	行业名称	行业定义
7402-00	工业设计	从事产品之外观、机构、人机界面等规划、设计,以利产品之使用、价值及外观达到最适化之行业
7409-11	企业识别设计	包括商标等设计
7409-12	商业设计	商业设计
7409-13	包装设计	包装设计
7409-14	视觉传达与平面设计	视觉传达与平面设计
7409-15	流行时尚设计	包括服装设计、打版、布料开发、图案设计等
7409-16	多媒体设计	多媒体设计
7409-99	未分类与其他专门设计服务	包括珠宝、家具等设计

资料来源:台湾"文化部",《2014 台湾文化创意产业发展年报》。

2013年台湾文创产业的总营业额为7950亿元新台币，2008～2013年的年平均成长率为4.98%。而设计产业2013年营业额为603亿元新台币，其中产品设计约有581亿元新台币的营业额，占全体文创市占的7.31%，2008～2013年的平均成长率为5.25%，高出整体文创产业0.27个百分点。2013年视觉传达设计则仅有18亿元新台币的营业额，2008～2013年的平均成长率为-5.18%，仅占全体文创市占的0.23%。设计品牌时尚在2013年更仅有3.8亿元新台币的营业额，占全体文创市占的0.05%，不过，2008～2013年的年平均成长率则有21.77%。相关数据显示，设计产业以产品设计为"金牛"产业，贡献了主要的营业额；品牌时尚设计则为问题产业，虽有很高的成长率，但市占与营业额太低；而视觉传达设计则为"老狗"产品，显示了设计产业发展上的不平衡（见图1）。

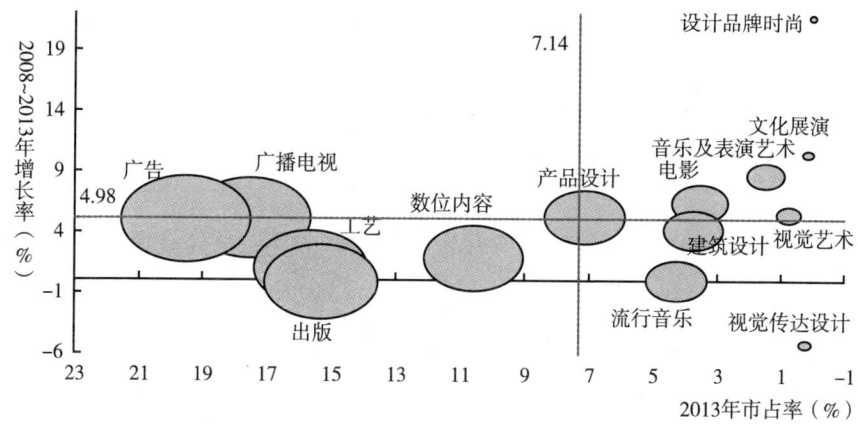

图1 台湾文化创意产业BCG矩阵分析图（2008～2013年）

资料来源：台湾"财政部"财税资料中心磁带资料，本研究整理。

二 台湾设计产业的企业发展趋势

台湾2008～2013年设计产业的企业数量呈现了稳定的成长趋势，而成长最快速的企业，属于资本额一千万元新台币以下的小型与微型企业，这显示出台湾设计产业的活力,也符合国际文化创意产业发展的趋势。过去6年,台湾设计产业的企业从2008年的2459家,逐年成长至2013年的3754家,6年期间共增加了1295家,年均增长超过6%,显示出台湾设计产业的蓬勃发展(见图2)。

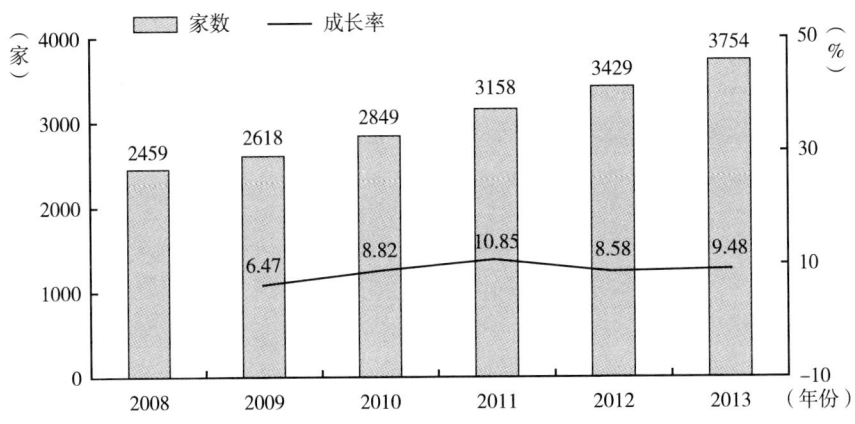

图2 台湾设计产业企业发展趋势(2008~2013年)

资料来源:台湾"财政部"财税资料中心磁带资料,本研究整理。

从台湾设计产业内部结构变化看,2008~2013年除工业设计、流行时尚设计与企业识别设计业略有起伏外,其余子产业呈逐年成长趋势。设计产业中以工业设计子产业的企业数量最多,约占产业总量的40%,其在2008年计有1211家,至2012年成长至1592家,但2013年小幅下滑至1524家。其次为未分类与其他专门设计服务子产业,占比约37%,从2008年的927家,成长至2013年的1384家。而就成长率来看,以视觉传达与平面设计业成长最快,2008~2013年企业数量共增加700%。而多媒体设计子产业则是企业数量最少的子产业,至2013年多媒体设计子产业仅有8家公司(见表2)。

若从设计产业的群聚来看,可发现台湾设计产业的群聚态势相当显著,主要聚集在北部的都会地区。2008~2013年台湾设计产业各区域的企业数量,除金马地区2008~2011年皆持平外,其余地区均呈现逐年成长趋势。

台湾设计产业发展现状与未来策略

表2　2008~2013年台湾设计产业子产业结构

单位：家

子产业类别	2008	2009	2010	2011	2012	2013
工业设计	1211	1298	1393	1496	1592	1524
包装设计	15	19	25	29	34	58
多媒体设计	0	0	1	2	3	8
未分类与其他专门设计服务	927	968	1033	1160	1268	1384
流行时尚设计	60	73	103	127	151	138
企业识别设计	117	106	99	90	82	101
商业设计	119	141	180	235	280	416
视觉传达与平面设计	10	13	15	19	19	80
合计	2459	2618	2849	3158	3429	3754

资料来源：台湾"财政部"财税资料中心磁带资料，本研究整理。

设计产业公司明显集中于北部地区，其次为中部、南部、东部及金马地区。2013年统计数据中，以北部2306家最多，占比61.43%，其次为中部的723家、南部694家、东部27家及金马地区4家（见表3）。

表3　2008~2013年台湾设计产业区域结构

单位：家

年份	2008	2009	2010	2011	2012	2013
北部	1556	1636	1775	1950	2125	2306
中部	472	500	557	627	669	723
南部	418	465	498	559	605	694
东部	12	16	18	21	27	27
金马	1	1	1	1	3	4
合计	2459	2618	2849	3158	3429	3754

资料来源：台湾财政部财税资料中心磁带资料，本研究整理。

在设计产业的公司资本额结构方面，成长幅度最大的公司为资本额1000万元新台币以下的小型与微型企业。2008~2013年设计产业以资本额10万~100万元新台币的公司占比最多，从2008年的843家成长至2013年的1512家,成长将近一倍。其次为资本额100万~500万元新台币的公司,从2008年的772家,成长至2013年1096家。而资本额未满10万元新台币者,则从2008年的354家成长至2013年的553家。2013年资本额在1000万元新台币以下的公司共有3491家,占比92.99%。不过在3000万元新台币以上资本额的设计公司数在过去六年则持平,几乎没有成长,显示台湾设计产业大型设计公司的发展能力受到局限(见图3)。

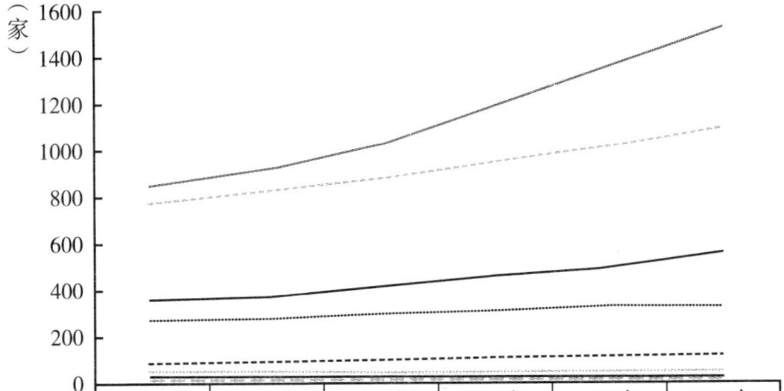

	2008年	2009年	2010年	2011年	2012年	2013年
未满10万元新台币	354	373	416	457	490	553
10万~100万元新台币	843	917	1024	1186	1343	1512
100万~500万元新台币	772	822	877	950	1010	1096
500万~1000万元新台币	269	273	291	310	326	330
1000万~2000万元新台币	88	92	97	106	112	121
2000万~3000万元新台币	42	46	48	49	50	49
3000万~4000万元新台币	16	18	16	16	16	15
4000万~5000万元新台币	4	5	5	5	5	5
5000万~6000万元新台币	10	11	12	15	14	13
6000万~8000万元新台币	11	11	11	11	11	11
8000万~1亿元新台币	7	7	7	7	7	7
1亿~2亿元新台币	15	16	18	20	19	19
2亿元新台币以上	28	27	27	26	26	23

图3 台湾设计产业公司资本额结构与变化趋势(2008~2013年)

注:台湾"财政部"财税资料中心磁带资料,本研究整理。

三 台湾设计产业营业额与内外销发展趋势

台湾设计产业营业额方面，2008~2010年呈逐年成长趋势，从2008年的475.44亿元新台币，成长至2010年596.62亿元新台币，成长比率分别为5.03%、19.48%。不过受到国际整体大环境的影响，设计产业在2011年与2012年则分别微幅下滑1.49%与3.60%。而2013年设计产业的营业额则回升至603.43亿元新台币，为近6年来的历史新高，较2008年共增加约128亿元新台币，成长比率为6.50%（见图4）。

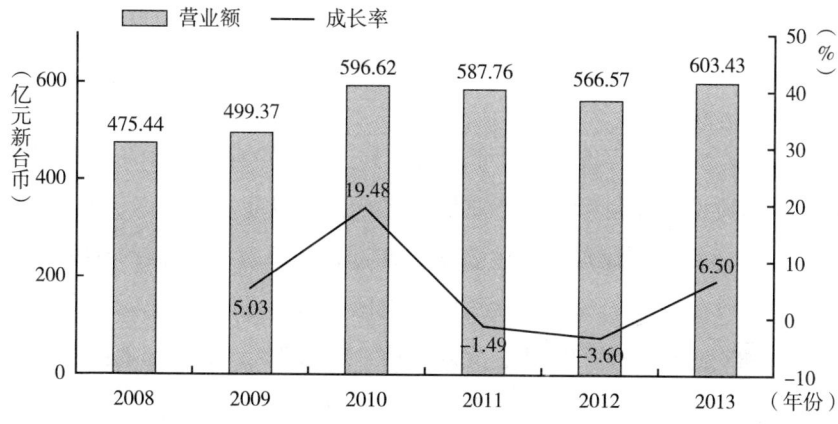

图4 台湾设计产业营业额发展趋势（2008~2013年）

注：台湾"财政部"财税资料中心磁带资料，本研究整理。

在设计产业各子产业现况方面，2008~2013年各子产业营业额最高为工业设计业，约占总营业额的71.7%；其次为未分类与其他专门设计服务业，约占总营业的24.6%。工业设计与未分类与其他专门设计服务的营业额，共占整体设计产业的96.3%，显示了台湾设计产业的集中性。而设计产业成长率则以视觉传达与平面设计业最高，成长率为265.79%，不过其营业额仅约7500万元新台币；其次为流行时尚设计业，平均成长率为167.72%，但营业额亦偏低，仅约3.8亿元新台币（见表4）。

表4 2008~2013年台湾设计产业营业额

单位：千元新台币

子产业类别	2008年	2009年	2010年	2011年	2012年	2013年
工业设计	30923126	34216560	39592667	38678627	38489396	43236838
包装设计	31863	31582	49652	31757	38471	63772
多媒体设计	0	0	2370	4825	3568	11552
未分类与其他专门设计服务	14074199	12592119	15971696	16877518	16012849	14845504
流行时尚设计	140905	158983	210064	280933	310051	377229
企业识别设计	1608540	1994020	2675751	1474375	479216	311493
商业设计	744538	900641	1088313	1385666	1292196	1421199
视觉传达与平面设计	20487	43122	71927	42077	31416	74939

资料来源：台湾"财政部"财税资料中心磁带资料，本研究整理。

从设计产业在台湾各地区分布的情形看，设计产业营业额高度集中在北部地区，为典型的都会型创意产业形态之产业。以北、中、南、东来区分，2008~2013年设计产业营业额主要来自北部，2013年营业额约549亿元新台币，占总营业额约91%；其次为中部地区，营业额约37亿元新台币，约占6%；南部地区营业额约17亿元新台币，约占3%；而东部地区营业额约2100万元新台币，约占0.03%；而金马地区则仅占0.00003%。数据资料显示台湾设计产业发展上过度聚焦在北部地区（见表5）。

表5 2008~2013年台湾设计产业各地区营业额与比例

单位：千元新台币，%

年份		2008	2009	2010	2011	2012	2013
北部	营业额	43255098	46257901	54946803	53502055	51483643	54938460
	所占比	90.98	92.63	92.10	91.03	90.87	91.04
中部	营业额	3117665	2593136	3343647	3824409	3721716	3720987
	所占比	6.56	5.19	5.60	6.51	6.57	6.17
南部	营业额	1159207	1070643	1355865	1429960	1436732	1660241
	所占比	2.44	2.14	2.27	2.43	2.54	2.75

续表

年份		2008	2009	2010	2011	2012	2013
东部	营业额	10542	14202	14981	18209	13638	21088
	所占比	0.02	0.03	0.03	0.03	0.02	0.03
金马地区	营业额	1145	1145	1145	1145	1433	1751
	所占比	0.00	0.00	0.00	0.00	0.00	0.00

注：金马地区所占比四舍五入后小于0.01%但不等于0%。
资料来源：台湾"财政部"财税资料中心磁带资料，本研究整理。

设计产业若进一步以县市来区分，其营业额主要集中在六个县市及新竹工业园区所在及邻近的新竹县；而其中又以北部地区县市营业额较高。以2013年为例，设计产业营业额以台北市406.88亿元新台币居冠，占全台设计产业的67.43%，比率最高，显示出台北市的设计产业竞争力为其他县市难望其项背。其他各县市的市占比率皆低于10%，与台北市的设计产业规模有极大的差距（见表6）。

表6 2013年县市设计产业概况

单位：%，元新台币

县　市	市占比率	成长率	营业额
台北市	67.43	12.05	40687945932
新竹县	8.57	-4.69	5172197521
桃园县	6.29	-0.90	3795825644
新北市	5.85	-22.45	3527941579
台中市	5.69	-0.52	3430861805
新竹市	2.79	29.66	1682291119
台南市	1.29	9.94	778417032
高雄市	1.01	28.95	607509077
嘉义县	0.29	3.52	173970618
彰化县	0.25	11.31	152148567
南投县	0.08	5.96	49947605
苗栗县	0.07	-15.44	44138166
云林县	0.07	14.58	43890478
宜兰县	0.07	10.09	40380379

续表

县　市	市占比率	成长率	营业额
屏东县	0.07	-16.55	40298460
嘉义市	0.05	31.47	32691525
基隆市	0.05	-0.52	31877401
澎湖县	0.05	67.21	27354191
花莲县	0.03	70.39	17734030
台东县	0.01	3.83	3353917
连江县	0.00	0.00	1145460
金门县	0.00	110.31	605684

注：1. 本表依2012年营业额排序。
2. 连江县、金门县市占比率四舍五入后为0.00%，但不等于0%。
资料来源：台湾"财政部"财税资料中心磁带资料，研究者整理。

在设计产业的内外销方面，2008～2013年台湾设计产业外销总额皆高于内销，其中以2013年差距最大，内外销差距约67亿元新台币，外销占比近56%。近六年设计产业外销总额除2011年微幅下滑5.60%、2012年下滑4.83%外，其余各年均为正增长；2013年外销总额约为335亿元新台币，为近六年最高，较2008年增加约96亿元新台币。内销总额部分，2008～2011年内销总额逐年增长，2011年内销总额达到276.43亿元新台币，但2012年与2013年开始微幅衰退，分别减少2.33%与0.84%（见图5）。上述的统计资料显示，台湾设计产业极具出口竞争力，而外销收入主要来自资本额超过2亿元新台币以上之设计公司，显示出口来自资本雄厚的企业。不过，值得忧心的是，相对于外销的发展，台湾设计产业内销营业额几乎持平，显示台湾设计产业内需市场几乎已经饱和，没有太大的成长空间。因此，如何继续扩张外销，并突破已经逐渐饱和的内销市场，将是未来设计产业进一步发展的重点。

从设计公司的资本结构与营业额观察，台湾设计产业营业额呈M型分布。统计资料显示，营业额主要贡献者为资本额超过2亿元新台币以上之大型设计公司。2008～2013年设计产业均以资本额2亿元新台币以上的大型设计公司营业额最高，占全部营业额的59%。而资本额在1000万元新台币

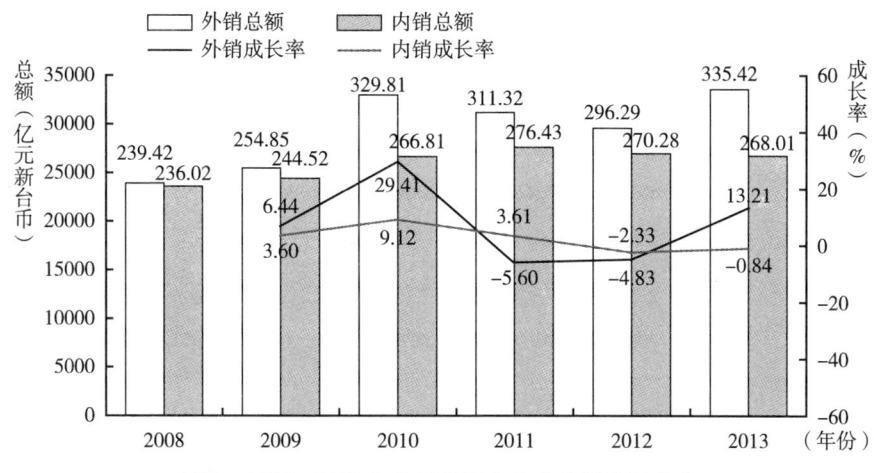

图 5　2008～2013 年台湾设计产业内外销发展趋势

资料来源：台湾"财政部"财税资料中心磁带资料，本研究整理。

以下的小型与微型企业亦贡献了 165 亿元新台币，占全体营业额的 27%。M 型双峰之营业额达 515 亿元新台币，占全体营业额的 85%，这显示台湾设计产业的发展往资本额的二端发展，因此，未来设计产业政策应朝 M 型方式规划，以符合设计产业的发展现况。

表 7　2008～2013 年台湾设计产业资本额结构与营业额

单位：元新台币

年份	2008	2009	2010	2011	2012	2013
2 亿元新台币以上	26781929025	31814782586	37468673109	35122612036	32369840651	35314201172
1 亿~2 亿元新台币	948631704	618559380	998777966	998057365	1101464419	1135619731
8000 万~1 亿元新台币	120609135	116375720	132562136	165631404	131815365	133983095
6000 万~8000 万元新台币	169434526	210651373	210260247	228542609	274575750	300145122
5000 万~6000 万元新台币	1414294286	920545577	1352516237	1788883654	1893312741	1945174817
4000 万~5000 万元新台币	118574967	107792879	114536364	150652200	161971855	186025245

续表

年份	2008	2009	2010	2011	2012	2013
3000万~4000万元新台币	870072731	442107256	472601236	498070774	533409503	535971642
2000万~3000万元新台币	1474945292	1198536886	1429278032	1866296800	1797861583	1710773262
1000万~2000万元新台币	1892973645	1935214445	2270537041	2719402748	2674240254	2621626784
500万~1000万元新台币	4662425090	4472033454	5414007093	4918444039	5297792193	4757767037
100万~500万元新台币	4940397317	4168131379	4840888056	4796036359	5006400633	5777963422
10万~100万元新台币	1413174480	1440600221	2004075194	2284364782	2377954283	2801062594
未满10万元新台币	2736195576	2491695607	2953728198	3238783945	3036522375	3122212267

资料来源：台湾"财政部"财税资料中心磁带资料，研究者整理。

若以资本额结构与平均营业额来看台湾设计产业的发展，在2008~2013年以资本额2亿元新台币以上的大型设计公司平均营业额最高，平均每家营业额达15.4亿元新台币。值得注意的是，平均营业额次高则为资本额5000万~6000万元新台币的设计公司，其平均销售额约为1.5亿元新台币。而资本额在10万元新台币以下的微型企业，亦比10万至500万元新台币资本额的营业额来得高，达到564.6万元新台币。显示出设计产业不同资本结构的企业奇异现象。

表8　2008~2013年台湾设计产业资本额结构与平均营业额

单位：千元新台币

年份	2008年	2009年	2010年	2011年	2012年	2013年
2亿元新台币以上	956497	1178325	1387729	1350870	1244994	1535400
1亿~2亿元新台币	63242	38660	55488	49903	57972	59770
8000万~1亿元新台币	17230	16625	18937	23662	18831	19140

续表

年份	2008年	2009年	2010年	2011年	2012年	2013年
6000万~8000万元新台币	15403	19150	19115	20777	24962	27286
5000万~6000万元新台币	141429	83686	112710	119259	135237	149629
4000万~5000万元新台币	29644	21559	22908	30130	32395	37205
3000万~4000万元新台币	54380	24562	29538	31130	33339	35730
2000万~3000万元新台币	35118	26055	29777	38088	35958	34914
1000万~2000万元新台币	21511	21035	23408	25655	23878	21666
500万~1000万元新台币	17332	16381	18605	15866	16251	14418
100万~500万元新台币	6399	5071	5520	5048	4957	5272
10万~100万元新台币	1676	1571	1957	1926	1771	1853
未满10万元新台币	7730	6680	7100	7087	6197	5646

资料来源：台湾"财政部"财税资料中心磁带资料，研究者整理。

四 台湾设计产业诊断

（一）设计产业应采"M型"双峰发展策略

近年台湾设计产业内销营业额几乎持平，显示台湾设计产业内需市场几已饱和，而成长多来自外销之扩张，因此，设计产业的外销策略应是当局在发展设计产业上的主要政策。此外，内销也占整体产业将近一半的营业额，且多是来自微型与小型企业，当局若能积极扶持，将有助社会整体薪资的提升。因此，台湾设计产业政策应采"M型"双峰发展策略。

台湾文化创意产业发展年报的统计资料显示，营业额与外销主要贡献者为资本额2亿元新台币以上的大型企业。因此，台湾在设计产业的外销发展策略可为这20多家大型设计公司量身打造，以强化设计产业竞争力与扩张营业额。此外，2008年联合国贸易发展会议出版的创意经济报告统计资料显示，台湾设计产业在发展中国家与地区，产品的多样性极具国际竞争力；不过，在市场多样性方面，却低于平均水平，显示台湾设计产业对于新的出口市场开发应是当务之急。因此，当局可计划性地为这些大型企业规划海外产业媒合机制、参与各项重要国际大型设计展、争取设计服务计划、补助产业研发与进行海外市场研究等，这些措施将有助于开拓外销市场，进一步提升台湾设计产业营业额。

此外，台湾设计产业的内销市场则以资本额结构在1000万元新台币以下的小微企业为主。而这些小微企业的发展，不但有助于带动民间薪资之成长，也是整体设计产业成长的重要支撑。因此，在内销发展策略上应聚焦在这些小微企业之上。如当局应持续提供创业补助机制、鼓励青年设计师创新与创业。统计数据显示，目前台湾大专学生创业比例仅为1.5%，而部分先进国家则有两成以上的创业比率，显示台湾青年人的创业动机不足。因此，当局可考虑将台湾设计科系学生创业比率设定在8%左右，逐年制定达成目标，以适度引导更多年轻设计人才投入设计产业的创新与创业发展。

（二）强化设计产业群聚竞争力

台湾的设计产业有七成以上聚集在桃园以北地区，而北部地区的营业额更占整体设计产业九成以上的产值。设计产业群聚，以北部地区，尤其是集中在台北市的态势明确；与英国设计产业群聚于伦敦之形态几乎一致。因此，应明确聚焦在以北部地区为设计产业群聚导向的设计政策。因地缘集中、产业链完整，值得当局思考如何加强产业链上下游的整合工作与促进伙伴关系。当局可继续引导设计产业往特定区域集中、形成更多的设计园区，以目前的松山文创园区为例，初步已产生良好的群聚效果。同时，亦应思考设立设计园区办公室，服务区内的设计公司与设计师，并提供设计师交流空间，以创造合作的契机，也应提供最后一里的技术训练，以使年青设计师能迅速强化其设计能力。此外，台湾高科技产业园区管理之know how极具竞争力，亦可直接移植至设计产业，强化产业链之管理与经营成效。而当局亦可考虑以政策补助方式鼓励整合计划，如鼓励设计师搭配营销与推广人才一同申请补助计划或积极规划媒合机制，创造跨领域的合作与交流。

（三）完备设计产业统计架构

目前台湾设计产业营业额与就业人数均可能被低估。而设计产业规划的基础在于掌握产业的完整统计数据。因此，强化设计产业的产业活动、就业人数及出口的统计架构有其必要性。然而，台湾目前设计产业中有数量庞大的个人工作室与自行作业者，没有归入标准行业统计分类的G大类和M大类的740（专门设计服务业）小类中；某些有多元设计服务的公司之营业额也没有被归入设计产业当中。此外，台湾行业标准分类是以公司最大附加价值的主要经济活动作为判断依据，许多公司能被归类到711的建筑设计产业，而非740设计产业。因此，整体设计产业的营业额被低估的情形严重。另外，目前台湾文化创意产业统计年报系使用职业类别薪资调查，职业类别薪资调查每年样本数仅为九千人，并且不计算自行开业及自营作业者。因此，未来设计就业人口调查数据，建议应使用样本量达6万人的人力资源调查报告统计数据，其数据推估除更为接近真实数字外，同时纳入自行开业及自营作业者。此外，设计产业也应纳入五年调查一次的工商普查调查资料，以作为年度人口调查的校正。

B.12
2014音乐与演艺产业发展报告

朱 敏 郑荔鲤*

摘　要：	2014年，全国共有艺术表演团体8769个，从业人员26.29万人；艺术表演团体演出173.91万场，国内观众91020万人次；音乐流媒体点播量达到1640亿次，网络音乐的用户规模达到4.78亿，手机音乐用户增至3.66亿；话剧观众人数达505.7万人次，票房收入达7.61亿元，场次达11854场；音乐剧的观众人数达87.5万人次，票房收入达1.57亿元；儿童剧演出高达10377场，总票房为3.26亿元，观众数量达480万人次；舞蹈市场演出票房达2.6亿元，观众人数达152万人次，场次达1652场；戏曲演出共5547场，观众人数达221.3万人次，票房收入1.51亿元。
关键词：	音乐产业　演艺产业　跨界融合

中国音乐产业发展的机遇在于庞大的互联网用户群体，这使得数字音乐尤其是移动音乐的发展有了更广阔的基础和发展。① 2014年，在国家政策推动下，演艺产业在环境不断优化的背景下转型升级，现代文化市场体系不断完善，逐步实现文艺院团企业化管理，发展形成一批有特色和实力的演艺企业，演艺产业持续健康发展。

---

* 朱敏，博士，中国传媒大学副研究员，主要从事音乐与演艺产业教学与研究；郑荔鲤，硕士，厦门理工学院文化产业学院教师，主要从事音乐与演艺产业教学与研究。
① IFPI：《2015数字音乐报告》。

一 音乐与演艺产业发展环境分析

（一）音乐产业发展环境分析

国际唱片业协会（International Federation of the Phonographic Industry，简称IFPI）2015年发布的《2015数字音乐报告》显示，2014年全球音乐产业收入149.7亿美元，得益于流媒体收入的增加，音乐市场增长了5.6%。另外，2013年中国互联网用户已有6.18亿，其中81%的用户使用无线网络。因此音乐产业发展的机遇在于中国庞大的互联网用户群体，这使得数字音乐尤其是移动音乐的发展有了更广阔的基础和发展。[①]

2013年8月12日，文化部发布关于实施《网络文化经营单位内容自审管理办法》的通知，并编印了《网络音乐内容审核工作指引》。同年11月，文化部、国家音乐产业基地等提出了针对音乐产业的政策扶持和政策监管措施，其中国家新闻出版广电总局提出将采取六个方面措施推动音乐产业发展。[②]

音乐作为一种大众性的文化产品，为不同年龄、不同职业、不同阶层的人们所共同喜爱。随着互联网尤其是移动互联网的发展、智能手机的普及，人们接受音乐的方式越来越倾向于网络和移动终端。2014年中国移动互联网用户规模达6.52亿，较2013年增长了15.4%。[③] 移动终端的快速发展和智能手机的普及带动音乐向全民化方向发展。

当数字音乐逐步成为音乐传播的主要途径，传统音乐产业的萎缩也在情理之中。大数据、云技术与音乐APP等新技术的开发和应用为新型音乐传播方式提供了广阔空间。

易观智库2014年底发布的《2014年12月移动APP排行榜TOP200》显

[①] IFPI：《2015数字音乐报告》。
[②] 孙海悦：《首届中国音乐产业大会在京举行》，《中国新闻出版报》2013年11月19日。
[③] 易观智库：《中国移动音乐市场年度综合报告2014》。

示，排行前200名的APP中，音乐类APP共有13款（见表1）。相比上一月的活跃用户数基本都有不同程度的增长，且大多数排名也有所提升。

表1 2014年12月移动APP排行榜TOP200中的音乐类APP

单位：万人

排名	名称	2014年12月活跃用户数	2014年11月活跃用户数	排名对比
8	QQ音乐	9442.9	9189.4	持平
29	酷我音乐	4413.5	4217.5	上升
31	酷狗音乐	4207.6	3916.2	上升
43	天天动听	2834.9	2771.3	下降
45	铃声多多	2639.5	2542.0	下降
52	唱 吧	2057.4	1511.7	上升
69	百度音乐	1356.8	1176.4	上升
88	音乐圈	1017.3	1106.5	下降
104	多米音乐	848.7	638.6	上升
107	咪咕音乐	841.9	645.4	上升
135	爱音乐播放器	552.4	290.7	上升
163	MIUI音乐	418.1	593.8	下降
178	音悦台	358.5	345.4	上升

注：本排名不包含游戏类APP。
资料来源：整理自易观智库《2014年12月移动APP排行榜TOP200》。

音乐产业并购重组风潮渐起，社会资本进入成为常态。对于"互联网+"时代的音乐产业，投资方和音乐生产制作方都处于探索开发阶段。很多投资者不仅关注音乐版权本身，还将视野投入到音乐周边的外延产品。随着互联网，尤其是移动互联网的介入，音乐与资本的融合越来越紧密，风险投资、众筹模式等多样化的投融资方式为音乐产业带来了更多的可能。

（二）演艺产业发展环境分析

2014年4月，文化部文化体制改革工作领导小组研究通过《2014年文化系统体制改革工作要点》及其《分工实施方案》，深入推进国有文艺院团体制改革成为改革的九项工作要点之一。《分工实施方案》提出70项重点工作任务，相关演艺业工作任务达10项以上，如"举办演艺创业创意沙龙""推动保留事业体制的文艺院团，探索实行企业化管理""研究制定并适时出台培育骨干演艺企业的政策文件"等。演艺产业在2014年国家文化产业政策环境不断优化的背景下转型升级，现代文化市场体系不断完善，逐步实现文艺院团企业化管理，发展形成一批有特色和实力的演艺企业，演艺产业持续健康发展。

2013年6月，文化部联合中央八部门出台的《关于支持转企改制国有文艺院团改革发展的指导意见》指出，演艺业是极具再开发能力和产品衍生潜力的核心文化产业，演艺企业和演艺市场的发展对推动文化创意产业成为国民经济支柱性产业具有重要作用。2012年，我国文化创意产业增加值为1.8万亿元，占GDP的比重为3.48%；2013年，我国文化创意产业增加值为2.1万亿元，占GDP比重为3.77%。我国文化创意产业增加值年均增速都在15%以上，这样的增长速度为演艺产业的发展提供了更多的机遇和发展空间。

近年来，我国的经济实力和城乡居民生活水平不断提高，人民群众的精神文化需求也随之急剧增长，为演艺业的发展提供了优良沃土与生长环境。2014年，8个省区市人均GDP成功迈入"1万美元俱乐部"，它们分别是上海、北京、天津、浙江、江苏、内蒙古、广东和福建。[①] 人民群众生活水平的不断提高为演艺产业的健康发展提供了有力的物质保障。

文化事业的发展和城乡人民文化服务的完善为演艺产业培育了大量的消费群体。《中华人民共和国文化部2014年文化发展统计公报》显示，在群众文化机构方面，2014年，全国群众文化机构共有馆办文艺团体6447个，演出13.34万场，观众8352万人次；由文化馆（站）指导的群众业余文艺

---

① 中国经济网：《国家统计局数据显示中国人均GDP达到7575美元》，http://www.ce.cn/xwzx/gnsz/gdxw/201502/26/t20150226_4654012.shtml。

团体40.46万个，馆办老年大学705个。在艺术创作演出方面，2014年末全国共有艺术表演团体8769个，比上年末增加589个；从业人员26.29万人，增加0.20万人。其中各级文化部门管理的艺术表演团体2053个，占23.4%。2014年，文化部通过开展"深入生活、扎根人民"主题实践活动，陆续组织近百批次上千名艺术家赴基层深入生活、采风创作、慰问演出。全年全国艺术表演团体演出173.91万场，比上年增长5.3%；国内观众91020万人次，增长1.1%；全年全国文化部门所属艺术表演团体共组织政府采购的公益演出10.58万场，比上年增长18.3%。在文化资金投入方面，全年全国文化事业费583.44亿元，比上年增加52.95亿元，增长10.0%；全国人均文化事业费42.65元，比上年增加3.66元，增长9.4%。全国文化事业费占财政总支出的比重为0.38%，与上年基本持平。

2015年2月，国家统计局发布的《2014年国民经济和社会发展统计公报》数据显示，2014年全年国内游客36.1亿人次，比上年增长10.7%，国内旅游收入30312亿元，增长15.4%。旅游业的快速发展为旅游演艺业带来增长态势的市场机遇和需求。

二 音乐与演艺产业年度特点分析

（一）音乐产业年度特点

转型、融合、集约、创新，共同构成了2013年中国音乐产业的发展主题。而在2014年，中国音乐产业彻底告别了1.0唱片时代，转而进入了"一个中心、两个基本点"的2.0时代。所谓"一个中心"是指以互联网技术为中心，"两个基本点"是指"音乐流"和"live"。2014年我国音乐产业具体呈现以下特点。

1. 以实体唱片为代表的传统产业模式处在变革期

当前中国音乐产业正处于以实体唱片为主的传统模式向以网络音乐为主的数字模式转变的关键期。实体唱片的萎缩是全球音乐市场中一个不争的事实,实体唱片的主要受众已从普通人转变为忠实粉丝、发烧友、收藏爱好者,其主要功能也从销售盈利转向媒体宣传,不仅唱片公司被迫向数字音乐转型,还出现了唱片和演艺的严重倒挂现象。腾讯网发布的2014年音乐产业相关数据显示,近3年来华语唱片数量以20%的速度衰减,2012年发行量为904张,2013年下降到724张,2014年则降到了578张。[①] 较上一年整个唱片市场的销售量呈下滑趋势。大多数传统唱片公司经营困难,要么转行,要么局限于产业的细分领域,全国仍在进行音乐制作和代理的公司已经减少到几十家。

2. 音乐付费模式任重道远

正如2011年百度与环球音乐、华纳唱片和索尼音乐签署版权合作协议以及为独立音乐人开设专栏"百度音乐人";还有近两年来,QQ音乐陆续获得超过10家唱片公司在互联网平台的独家授权,并与版权方携手联合打击盗版等。种种迹象表明,中国在线音乐网站逐渐正视版权的重要性,数字音乐平台的正版化正在进行。虽然中国大部分用户正在使用正版音乐,但基本上都会选择免费服务,因此如何将免费用户转为付费用户且不受盗版网站影响是一个难题。

3. 流媒体成为行业新增长点

2014年的音乐传媒,互联网思维带来了"流媒体"音乐服务的显著增长。随着互联网的发展及网速的普遍提升,流媒体颠覆了数字音乐的付费下载销售模式,以星星之火的燎原之势迅速占据了网络音乐市场。据尼尔森音乐统计,2014年音乐流媒体点播量达到1640亿次,高于2013年的1060亿次,点播流媒体音乐及视频音乐内容业务增长54%。[②] 流媒体的出现,冲击着整个音乐市场,由于其方便、快捷等特点迅速独占鳌头,成为大部分音乐用户的首选。

---

① 魏薇:《音乐产业如何转身:唱片业走向低迷 下个赢利点在哪》,《人民日报》2015年1月14日。
② 林若辰:《尼尔森音乐:2014年点播流媒体音乐及视频音乐增长54%》,中国音乐财经CMBN,2015年1月4日。

4. 版权环境仍待改善

版权问题是目前中国音乐市场发展壮大的重要阻碍。从中国音乐整体市场的版权环境发展来看，音乐内容提供商虽然主动与音乐服务提供商靠拢，各大音乐网站、音乐客户端开始下架未得到授权的音乐，并加强了与唱片公司、版权代理机构的协商，但版权问题依然存在。它不止侵害音乐版权，使音乐版权本身应具有的价值受损，危害音乐各产业链环节利润，还养成了用户免费试用盗版，不为版权内容付费的习惯。

2014年音著协共办理维权案件172件，分别处于证据保全、已立案和已结案等不同阶段。

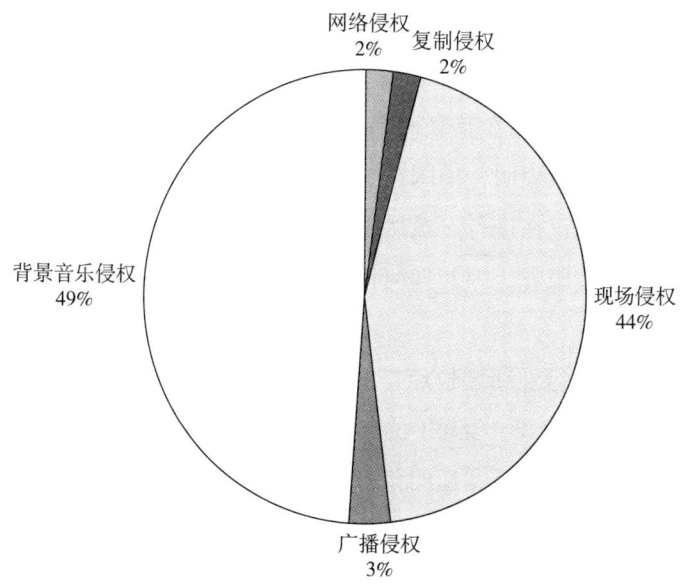

图1　2014年音著协维权案件类别

资料来源：《数字音乐行业洗牌　版权许可路在何方》，《中国新闻出版报》2015年4月1日。

5. "众筹"融资模式广泛应用

"众筹"是当下甚为流行的一种全新的商业模式，指通过互联网号召大众筹集资金。音乐界也引发了众筹热，在唱片业持续低迷的大环境下，唱片业出现了更多元化的拓展，开始利用粉丝经济，引用"众筹"这种全新的集资方式。通过众筹形式，歌手和歌迷都能达到双赢的状态，歌手不仅能通过预售专辑收回成本，而且能通过众筹平台完成与歌迷的直接交流，使得双方互动更为方便。

2014年中国权益类众筹市场融资规模达到4.4亿元，同比增长123.5%，预计未来融资规模将保持较高速度持续增长。京东众筹、众筹网、淘宝众筹、点名时间和追梦网这五家平台融资规模总额名列前五（见图2）。在2014年中国权益类众筹项目Top10中，众筹类项目基本都为智能硬件。虽然音乐类众筹项目融资规模占比低于3%，但有显著增长。①

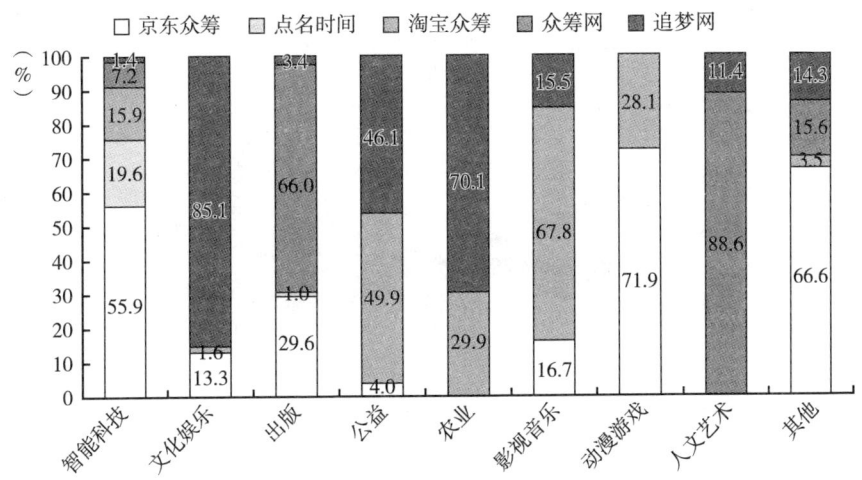

图2　2014年中国五大权益众筹平台各类项目融资规模占比

资料来源：艾瑞咨询，《2015年中国权益众筹市场研究报告》。

6. 移动音乐市场增长强劲

2014年随着4G网络与智能移动设备的普及，移动网络速度大大提升，使用移动设备听音乐成为大多数用户的习惯，移动音乐具有较大的发展空间。中国互联网信息中心（CNNIC）发布的数据报告显示，国内网络音乐的用户规模2013年已达到4.5亿，2014年增长到4.78亿，而手机音乐用户

---

① 艾瑞咨询：《2015年中国权益众筹市场研究报告》。

人数则由2013年的2.91亿急增至2014年的3.66亿。① 用户规模的增长带动了移动音乐整体的市场规模，移动音乐成为音乐市场的最大增长点。

根据易观智库发布的《中国移动音乐市场监测报告2014年第2季度》数据，2014年第2季度，移动音乐APP用户情况，酷狗音乐以17.0%的市场份额处于行业领先地位；酷我音乐以14.6%的市场份额位居第二；QQ音乐以14.2%的市场份额位居第三；天天动听以14.1%市场份额位居第四；多米音乐以11.0%的市场份额紧邻其后；百度音乐、虾米音乐分别占据5.3%和3.1%的市场份额（见图3）。

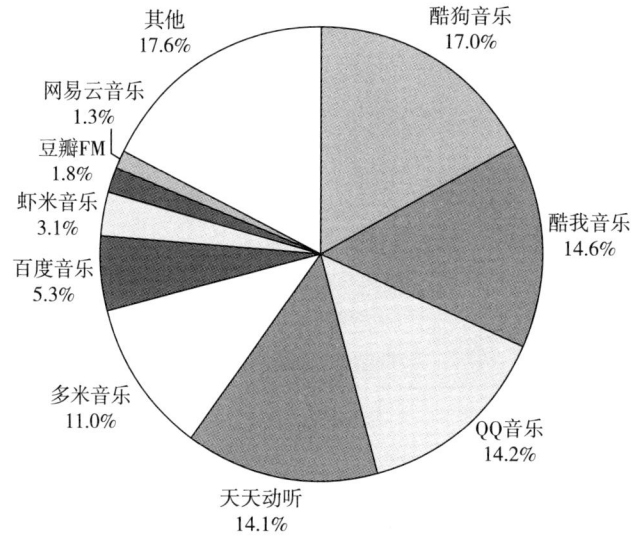

图3　2014年第2季度中国移动音乐市场竞争格局

资料来源：易观智库，《2014年第2季度移动音乐市场格局稳定"粉丝经济"效应带来新商机》。

（二）演艺产业年度特点分析

在经历2011年、2012年的迅猛增长和2013年受相关政策影响后的突

---

① 《数字音乐行业洗牌版权许可路在何方》，中国经济网，2015年4月1日。

转下滑,2014年的演艺市场正在慢慢恢复,实现止跌反弹。演艺市场呈现主体多元化发展,行业各细分市场的观众数量和演出票房的增幅明显放缓。演艺产业开始真正走向市场化和规范化,回归理性发展,市场逐渐向好并归还真正经营者。

话剧市场居前茅,原创力式微。2014年话剧的观众人数达505.7万人次,票房收入达7.61亿元,场次达11854场。与其他各艺术门类相比,话剧的观众人数、票房收入和场次均排行靠前。据道略演艺产业研究中心发布的数据,2014年全国话剧新创剧目368部,比上年减少33部,同比下降8.2%。2014年实验性小剧场话剧减少,新创剧目数量下滑21%,演出场次、观众和票房也出现小幅下滑。剧目数量下降折射出原创能力式微。[①] 2014年话剧机构排行之首的是北京开心麻花娱乐文化传媒有限公司,话剧大剧场票房排行之首的剧目是北京开心麻花娱乐文化传媒有限公司创作的《小丑爱美丽》,话剧小剧场票房排行之首的剧目是孟京辉戏剧工室创作的《两只狗的生活意见》。

音乐剧市场大幅下滑。2014年音乐剧的观众人数达87.5万人次,票房收入达1.57亿元。据道略演艺产业研究中心发布的数据,2014年中国音乐剧演出票房与观众人数同比大幅下滑,观众人次占比甚至低于舞蹈及传统戏曲,结束了连续两年增长的局面。原创音乐剧演出场次占比首次超过60%,但是观众对音乐剧的认知度一直以来都不高,在观众的培育和市场方面仍需加强。2014年音乐剧机构排行之首的是上海文化广场剧院管理有限公司,音乐剧大剧场票房排行之首的剧目是由上海文化广场剧院管理有限公司引进的《剧院魅影》,音乐剧小剧场票房排行之首的剧目是由孟京辉戏剧工作室创作的《空中花园谋杀案》。

细分年龄段助推儿童剧发展。近年来,随着家长对儿童文化素质教育氛围重视度的提高与亲子活动的盛行,儿童剧在演出市场上火热发展。2014

---

① 《北京商报》, http://www.bjbusiness.com.cn/site1/bjsb/html/2015-04/09/content_293095.htm?div=-1。

年，全国儿童剧演出首次突破万场，高达10377场，总票房为3.26亿元，观众数量仅次于话剧，达480万人次。由于不同年龄段的儿童对新事物的接受度不同，儿童的心理发展也会在不同年龄阶段呈现出不同的特点。部分儿童剧创作团队已对儿童戏剧作品进行细分年龄分类，而这种年龄分类能更好地让儿童剧作品走进对应年龄儿童的世界，助推儿童剧的发展，中国儿童剧艺术产业将日益走向成熟。2014年儿童剧机构排行之首的是中国木偶艺术剧院股份有限公司，儿童剧票房排行之首的剧目是中国木偶艺术剧院股份有限公司的《动物总动员》。

舞蹈市场回升，原创乏力。2014年国内舞蹈演出市场回升，出现较大幅度增长。演出票房达2.6亿元，观众人数达152万人次，场次达1652场。但国内仍缺乏新创品牌剧目，诸如《天鹅湖》《云南映像》等国内外的经典演出剧目受市场欢迎。国内新创舞蹈剧目缺乏市场影响力，带动作用有限。2014年舞蹈票房排行之首的剧目是中央芭蕾舞团的《红色娘子军》。

传统戏曲创新转变求发展。2014年戏曲演出共5547场，观众人数达221.3万人次，票房收入1.51亿元。当前，大部分传统戏曲仍依靠政府扶持，公益性质演出较多，上座率偏低，票房收入较低，市场化有待加强。受现代快餐式文化冲击和影响，传统戏曲的观众仍以中老年人为主，年轻观众群体出现断层。戏曲团体开始创新求变，通过跨界合作等创新的表演形式出现在戏曲舞台上，培育年轻观众群体。

表2 2014年主要艺术门类演出市场统计

艺术门类	观众人数（万人次）	票房收入（亿元）	场次（场）
话剧	505.7	7.61	11854
音乐剧	87.5	1.57	—
儿童剧	480	3.26	10377
舞蹈	152	2.6	1652
传统戏曲	221.3	1.51	5547

资料来源：道略演艺产业研究中心，研究者绘制。

表3 2014年演艺行业部分细分市场五强排行榜

	排名	一	二	三	四	五
话剧	机构五强	北京开心麻花娱乐文化传媒有限公司	孟京辉戏剧工作室	北京人民艺术剧院	中国国家话剧院	上海锦辉艺术传播有限公司
	大剧场票房五强剧目	《小丑爱美丽》（北京开心麻花娱乐文化传媒有限公司）	《乌龙山伯爵》（北京开心麻花娱乐文化传媒有限公司）	《罗密欧与朱丽叶》（中国国家话剧院）	《夏洛特烦恼》（北京开心麻花娱乐文化传媒有限公司）	《须摩提世界》（北京开心麻花娱乐文化传媒有限公司）
	小剧场票房五强剧目	《两只狗的生活意见》（孟京辉戏剧工室）	《恋爱的犀牛》（孟京辉戏剧工作室）	《一个陌生女人的来信》（孟京辉戏剧工作室）	《那次奋不顾身的爱情》（北京天艺同歌国际文化艺术有限公司）	《寻欢作乐》（孟京辉戏剧工作室）
音乐剧	机构五强	上海文化广场剧院管理有限公司	北京开心麻花娱乐文化传媒有限公司	东莞塘厦松雷音乐剧剧团有限公司	七幕人生文化产业投资（北京）有限公司	亚洲联创（上海）文化发展有限公司
	大剧场票房五强剧目	《剧院魅影》[上海文化广场剧院管理有限公司（引进）]	《伊丽莎白》[上海文化广场剧院管理有限公司（引进）]	《爷们儿·叁》（北京开心麻花娱乐文化传媒有限公司）	《音乐之声》	《妈妈再爱我一次》（东莞塘厦松雷音乐剧剧团有限公司）
	小剧场票房五强剧目	《空中花园谋杀案》（孟京辉戏剧工作室）	《西红柿不简单》（上海亚洲联创文化发展有限公司）	《寻找初恋》[亚洲联创（上海）文化发展有限公司]	《小王子》（北京大牌能量文化传媒有限公司）	《稳稳的幸福》（小柯剧场）
儿童剧	机构五强	中国木偶艺术剧院股份有限公司	北京丑小鸭卡通艺术团有限公司	小橙堡儿童艺术剧团	中国儿童艺术剧院	广州瑜源文化传播有限公司
	票房五强剧目	《动物总动员》（中国木偶艺术剧院股份有限公司）	《穿越时空的旅行》（台湾如果儿童剧团）	《白雪公主》《灰姑娘》《美女与野兽》[浙江省演出有限公司（主办）]	《勇闯冒险岛》（台湾如果儿童剧团）	《青蛙王子之童话奇缘》（广州瑜源文化传播有限公司）

续表

排名		一	二	三	四	五
旅游演艺	机构五强	杭州宋城演艺发展股份有限公司	丽江玉龙雪山印象旅游文化产业有限公司	广东长隆集团	桂林广维文华旅游文化产业有限公司	北京观印象艺术发展有限公司
	票房五强剧目	《宋城千古情》（杭州宋城演艺发展股份有限公司）	《印象·丽江》（印象丽江旅游文化产业有限公司）	《印象·刘三姐》（桂林广维文华旅游文化产业有限公司）	《三亚千古情》（杭州宋城演艺发展股份有限公司）	《广州长隆国家大马戏》（广东长隆集团有限公司）
舞蹈	票房五强剧目	《红色娘子军》（中央芭蕾舞团）	《云南映象》（云南杨丽萍文化传播有限公司）	《天鹅湖》（圣彼得堡俄罗斯芭蕾舞剧院）		《孔雀》（云南杨丽萍文化传播有限公司）
传统戏曲	票房五强剧目	曲剧《四世同堂》（北京曲剧团）	曲剧《骆驼祥子》（北京曲剧团）	沪剧《挑山女人》（上海市宝山沪剧团）	越剧《五女拜寿》（浙江小百花越剧团）	京剧《李尔在此》（台湾当代传奇剧场）

资料来源：道略演艺产业研究中心，研究者绘制。

三　音乐与演艺产业的发展趋势

（一）跨界融合展现产业新活力

近几年，音乐产业的盈利模式逐渐明晰，吸引了其他行业金融资本的纷纷涌入。在文化创意产业大跨界的背景下，音乐行业初显的跨界融合成为了必然趋势，并为音乐产业注入了新活力：恒大投资成立内地最大的音乐公司；阿里巴巴对天天动听、虾米网进行注资并购；华纳与腾讯QQ开展深度合作等。音乐在互联网背景下寻求与更多产业跨界融合，新资本的注入，新模式的推动，为我国音乐产业提供无限可能性。

（二）数字音乐是未来发展的主流

作为已经成为音乐产业主流的数字音乐，其未来动向更是引起众多关注。据易观智库预测，2014年，中国数字音乐市场的整体规模将达到97.6亿元，较2013年同比增长31.5%；2015年将达到126.7亿元，较2014年同比增长29.8%；2017年将有望达到179亿元（见图4）。

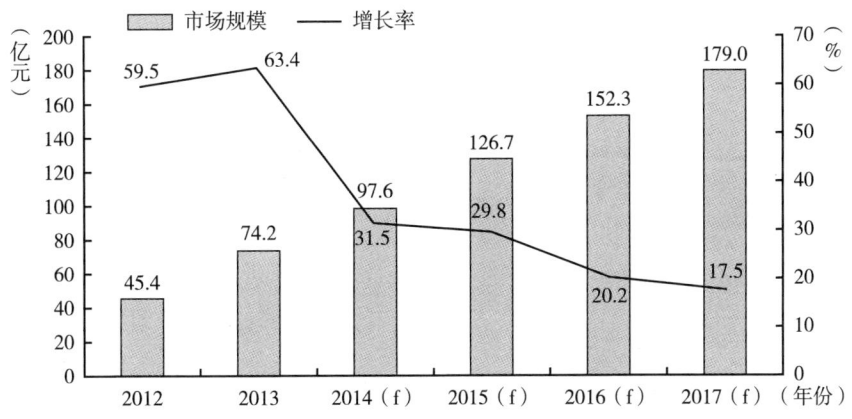

图4　2014~2017年中国数字音乐市场规模预测

注：2014~2017年为预测值；中国数字音乐市场规模，即中国数字音乐企业在PC端和移动端音乐业务方面的营收总和，彩铃业务不计。
资料来源：易观智库，《中国数字音乐市场趋势预测2014~2017》。

随着政府监管制度的不断完善和产业自身对版权逐渐规范，移动音乐市场2014年的市场规模达到35.2亿元，较2013年增长12.8%；2015年将达到39.7亿元；预计2017年较上年增长10.6%，将达49亿元，市场的增长速度稳步提升（见图5）。

（三）流媒体市场持续上扬

随着智能手机高度普及，音乐流媒体市场呈现爆发式增长。在国内，以QQ音乐、百度音乐为首的传统音乐播放器品牌，为了让消费者打消对移动听音乐中所产生的巨大流量费用的担忧，开始与运营商合作，推出免流量套

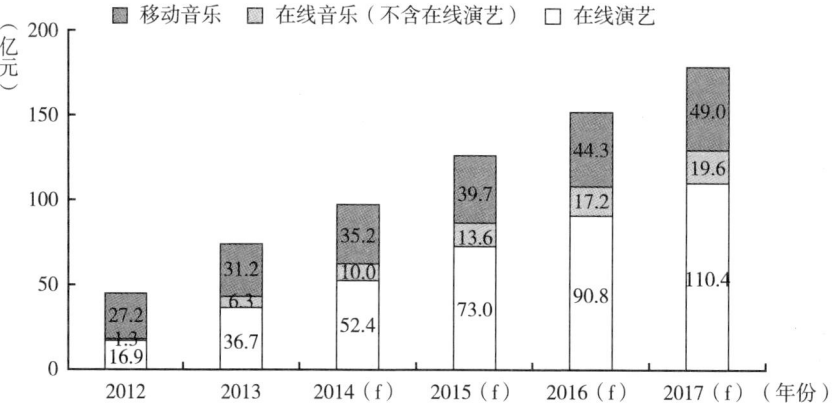

图5 2014～2017年中国数字音乐构成及市场规模预测

注：2014～2017年为预测值。
资料来源：易观智库，《中国数字音乐市场趋势预测2014～2017》。

餐活动。从长远来看，流媒体音乐的付费趋势不可阻挡，而且整个市场还会继续做大。

（四）版权竞购加剧

随着音乐平台竞争激烈，QQ音乐、百度音乐、虾米音乐、天天动听等BAT旗下音乐品牌皆大力争取独家版权，通过自制影音节目，与唱片公司或电视节目结盟等方式争抢独家版权。如：虾米音乐与天天动听获得"中国好声音"第三季独家合作；百度与韩国SM娱乐策略联盟获独家视频授权；QQ音乐联手华研国际、相信音乐、杰威尔音乐、美妙音乐、华谊兄弟，与乐华、少城时代等国内一线唱片公司达成独家版权合作并组成"数字音乐维权联盟"，并牵手华纳、YG、环球国际大牌。

（五）演艺营销方式不断创新

演艺产业链的分工越来越细，目前已出现剧院馆管理公司、活动营销公司、互联网票务公司、戏剧工作室、旅游演艺公司等专业化的演艺企业。O2O票务销售、演艺营销众筹、线上付费直播等丰富多样的营销和融资方式已深入演艺产业链各环节。O2O 票务销售为消费者与演艺企业搭建线上支付平台，未来会有越来越多的演艺项目通过像众筹这样的第三方操作平台进驻演艺产业。

（六）民营演艺企业成为演艺市场的主体

在 2014 年演艺行业部分细分市场的票房及机构五强排行榜中，国有演艺企业仅有 4 家。在道略演艺产业研究中心发布的 2014 年中国演艺机构排行榜的 20 强名单可见，演艺民营机构有 11 家，占比超过一半，其中 60% 的剧目也由民营机构创作。在儿童剧、音乐剧、旅游演艺等市场化程度较高的领域已经占据领先地位的也多为民营演艺企业，如主营话剧的北京开心麻花娱乐文化传媒有限公司、孟京辉戏剧工作室，主营儿童剧的北京丑小鸭卡通艺术团有限公司等。

B.13
台湾表演艺术产业的现状与愿景

于国华　张宏维*

摘　要： 2013年，台湾表演艺术产业整体营业额达到134亿余元新台币。台湾表演艺术产业的发展，主要靠当局补助，分为台湾"文化部"、台湾地方政府及台湾"国家文化艺术基金会"三个来源。2014年，台湾当局补助表演艺术产业经费1.56亿元新台币。近年来，台湾表演艺术产业在观众追求质量并进中得以成长。而场馆串联则是未来台湾表演艺术产业发展的必然趋势。跨越创作断层、积淀剧场美学的台湾表演艺术产业，有着良好的发展愿景。

关键词： 台湾　表演艺术　产业现状

在台湾的文化创意产业框架下，表演艺术相关产业归于"音乐与表演艺术"类项；表演艺术"通路"——展演场馆，归于"文化资产应用及展演设施"类项。根据《2014台湾文化创意产业发展年报》数据，2009年台湾音乐与表演艺术产业整体营业额为79亿余元新台币，每年成长率皆超过10%，至2013年达134亿余元新台币。统计项目与表演艺术直接相关者，包括剧团、舞团、音乐表演、民俗艺术表演等，其营业额根据各申报单位的税务数据统计而得。2013年，前述项目总营业额为19亿余元新台币，比照

---

* 于国华，台北艺术大学艺术行政与管理研究所助理教授，台湾表演艺术联盟理事长，主要从事文化创意产业研究；张宏维，台湾表演艺术联盟项目经理。

业界经验，数字并不精确。第一个问题是，归类方式和习惯认知不同。例如，台湾"舞团"于2013年营业总额为5000余万元新台币，但是，最知名的云门舞集，年度财务报告显示该团2013年业务收入，包括演出收入、衍生商品销售、基金孳息等，不含企业赞助及当局补助，即已超过1亿元新台币；[①] 但云门舞集登记营业项目并非舞团，营业收入因此不包括在舞团项下，而在"艺术表演活动筹办与监制"项目中。另一个问题是低估。以民俗艺术表演项目为例，统计公布营业额仅约500万元新台币。事实上，大多数民俗表演活动，邀演方以现金直接支付演出酬劳，双方没有凭据或银行往来记录，因此无从统计。以台湾庙宇密度、民间酬神及庆典频次估计，此项目实际营业额应远大于年报所示金额。

"文化资产应用及展演设施"直接与表演艺术场馆有关的项目，包括剧院、剧场经营、音乐厅、音乐展演空间经营、其他艺术表演场所经营等，2013年总营业额为6亿余元新台币，亦可能低估。根据"两厅院"年度报告，2013年业务收入、场租和票房等收入即超过3亿元新台币，[②] 差异明显。主因是台湾重要表演艺术场馆均属于当局所有，税务统计归类为"公共服务"，统计数字同样不足以反映实况。

一 台湾表演艺术产业的投入策略

台湾表演艺术产业的发展，主要靠当局补助，分为台湾"文化部"、台湾地方政府及台湾"国家文化艺术基金会"三个来源。实施约20年的"扶植团队"计划最为重要，每年大约100个团队直接得到补助。这项计划在2009年扩大范围，由"文建会"补助地方，委由地方在当地推动"县市杰出演艺团队征选及奖励"计划，支持地方小型团队。近10年，"扶植团队"补助团队数及金额如表1所示，"台湾品牌"计划情况，则如表2所示。

---

① 云门舞集，http://www.cloudgate.org.tw/front/staticPage/pages/about-report。
② http://npac-ntch.org/about/showVision?lang=zh.

表1 2005~2015年台湾"文化部"分级奖助团队数量及补助总金额一览

单位：个，新台币千元

年度	音乐	戏剧	舞蹈	传统	总团数	补助金额
2005	18	21	18	20	77	130000
2006	18	21	18	20	77	130000
2007	16	19	17	19	71	129000
2008	13	20	15	17	65	100000
2009	21	23	23	20	87	232450
2010	27	25	23	21	96	211300
2011	24	25	25	20	94	174650
2012	24	29	26	21	100	190900
2013	23	28	27	20	98	179400
2014	17	24	26	18	85	154600
2015	18	26	24	20	88	156000

表2 "文化部"台湾品牌团队及补助总金额一览

单位：新台币千元

年度	获补助团队	补助金额
2013	云门舞集、明华园歌剧团、优剧场朱宗庆打击乐团、纸风车剧团	100000
2014		100000
2015		99000

当局对补助团队每年进行艺术和行政两方面评鉴，决定未来是否继续补助；评鉴指标依据各团队所提计划的完成度评分，尊重团队自由发展。台湾品牌计划亦同，当局依据团队提出的发展计划考核，不主导不干预。

"国艺会"从2009年开始，逐年检讨表演艺术发展需要，提出"项目型补助"，针对不同目的设计补助计划，例如创作提升、培育人才、支持艺术评论等，让补助资源发挥生态调整的效果。历年表演艺术相关补助项目内容，如表3所示。

表3 "国艺会"历年表演艺术相关补助项目一览

专案名称	2009年	2010年	2011年	2012年	2013年	2014年
表演艺术新人新视野项目补助计划	*	*	*	*	*	*
艺教于乐专案	*	*	*	*	*	*
歌仔戏制作及发表项目补助计划	*	*	*	*	*	*
表演艺术追求卓越项目补助计划	*	*	*	*	*	
台湾艺文评论征选项目	*	*	*	*		
表演艺术评论台项目					*	*
艺术经理人项目补助计划				*		
表演艺术营销平台项目补助计划	*	*	*			
"表演打天下"表演艺术赏析电视节目	*	*	*	*		
布袋戏制作及发表项目				*	*	*
海外艺游专案					*	*

注:表中带"*"的年份表示当年有补助,反之则无。

文化创意产业政策的提出,开拓了文化政策的视野和作为。2009年,文化创意产业推动计划《创意台湾——文化创意产业发展方案》,将表演艺术发展列入其中,连续4年、每年1个月时间举办"华山艺术生活节"。华山艺术生活节最特殊的设计,是其中的创新节目委托制作计划"焦点剧场"。参与该计划的团队,可以按照售票金额,相对得到75%的补助,即每售票所得100元,可以得到75元补助。考虑到节目制作成本不同,焦点剧场定有补助上限,大型节目250万元新台币和小型节目120万元新台币。这个创新制度,鼓励表演团队冲刺票房,创造灵活的营销手法。例如屏风表演班"三人行不行"节目,入场券买3张送1张(按照剧名,不能"三人行"),创下票房全满。另外,焦点剧场的补助方式,改变以往"专家决策"的补助机制,改由观众决定节目可以得到多少补助经费。由于节目均经过专业策展人挑选,不存在内容不宜的疑虑。这项大胆实验,4年支持27部作品演出共计180场,票房售出将近98%,约4.5万名观众买票进场;票房收入总计超过2500万元新台币,当局补助约1800万元新台币,成果相当丰硕。

如果以"产品"比喻节目,剧场是产品接触客户的"通路"。2010年"文建会"推动的"文化中心活化计划",采用流通业经验,经由对老旧且失去活力的地方剧场改造,提高专业经营与服务水平,活络产业链末端,带动整体消费成长。该计划除补助经费外,也安排专家辅导,让巧妇难为无米之炊的文化中心再现生机。

二 表演艺术产业在观众追求质量并进中成长

表演艺术必须有观众支持,举世皆然;台湾的特殊情境,却令艺术与市场之间存在鸿沟。台湾没有成熟的商业剧场条件,又经常有巡回世界的重要节目来台,对本地节目形成票房和赞助的竞争。

相对于市场的高风险,当局补助安稳,大部分团体因此谨守分际,追求艺术升级;对市场抱有期待又害怕的矛盾心态,形成发展模式的制约。经历补助缩水的震荡和文化产业观念倡导,市场和艺术的"分轨并行"大约在2010年之后出现。艺术成就依然是团队主要目标追求,但少数团体跨出局限,扩大演出收入,降低补助依赖。近年已有大型团队完全不申请当局补助,借由票房和赞助维持运营,例如全民大剧团,借由电视节目制作人王伟忠和剧场导演赖声川跨界合作,成功吸引观众买票看戏,并且得到许多企业支持,开创台湾艺术团体经营的新模式。

艺术与市场并行,也创造了"经典"。台湾许多重要团队诞生在1980年前后,经过多年历练,累积不少剧目或曲目。过去较少出现的"旧作重制",近年成为常态。

入场券一推出即售罄的"秒杀",以往只出现在流行演唱会,现在,表演艺术经典作品也可能被秒杀。表演工作坊的《宝岛一村》,屏风表演班的《京戏启示录》,果陀剧场的《最后十四堂星期二的课》等,都不断重演,叫好又叫座。过去"观众只看新戏"的市场迷信已被打破,好作品不寂寞,经由市场肯定和口碑扩散得到支持的经典,支持了剧团营收,也吸引了更多新观众。

绿光剧团"人间条件系列",是近十年来开拓市场最成功的案例。作家吴念真跨行编剧和导演,2001年推出首部《人间条件》,到2015年共推出六部作品,内容扣紧台湾历史脉络和人情世故。吴念真作品建立了口碑,几次重演、加演,一票难求。绿光剧团提出一个新的戏剧分类"国民戏剧",强调吴念真作品,观众没有阶级和族群差异,任何民众都能感同身受。

暂停前的屏风表演班①,因为成功开发新观众,创下在百货公司内搭建五百人座小型剧场连续演出《三人行不行》120场、票券完售的惊人纪录。

受限于观光客数量不足,定目剧在台湾难成气候。台北市政府在2011年改建的"水源剧场",鼓励"长销型"演出,优先提供场地给使用档期长、演出场次多的制作团队。新措施鼓励了一些团队扩大制作规模,尝试不同的类型与风格,吸引更多观众族群,并且运用创新的艺企合作模式,增加市场动能。

近几年还可以观察到,与"经典"相对的另一股潮流,是"实验"节目的蓬勃成长。实验性小剧场,始终是市场里最辛苦的类型;近几年,台北主要实验场所的演出,一场只能售出100~200张票,经常出现观众呼朋友引伴抢票的现象。只是实验作品如此秒杀的现象,几乎集中在台北市。

以上几个市场案例显示出,市场荣景并非不能创造,吸引新观众进场,是近年观众"量变"的基础。此外,宏碁集团创办人施振荣创立的智荣基金会旗下的"龙吟华人市场研发论坛中心"(简称"龙吟研论"),提出对戏剧消费现象的观察,指出观众"质变"也在发生。

龙吟研论2014年发表《心灵飨宴的消费价值》艺文消费行为研究,认为艺文的参与已由"艺术家要带给观众什么",转变为消费者渴望从作品中得到什么,即消费者希望与艺术家"共创自己的故事"。研究指出,未来艺文消费者有四种典型,分别是:实践自我愿望者、寻求生活出口者、刺激生命反思者、丰富生活乐趣者。如果剧场艺术可以满足观众不同的心灵成长和生活实践需求,更多的民众可能成为观众。换言之,没有观赏经验、不了解

---

① 屏风表演班因为艺术总监李国修去世,2013年8月宣布无限期暂停演出。

表演艺术的"非观众",也应该是观众开发的考虑对象。

随着生育率下降,表演团体意识到,观众成长瓶颈迫在眼前,必须开发的"非观众"族群中,学生是首要目标。消费市场中,学生容易定位、接触,也具有成为长期观众的潜力。当局也意识到学生族群的重要,《文化创意产业发展法》已有"文化创意商品价差优惠补贴"以及学生观赏优惠等设计,但受限于预算,迟迟未能执行。在教育系统中小学校已经将表演艺术纳入正式课程,但长久以来忽视"非主科"的教育习惯一时难以改变。推动表演艺术普及最积极的,还是表演艺术团队,他们热情进入学校举办演出、讲座、示范教学,而且不需要当局资助。

三 台湾表演艺术产业场馆串联成必然趋势

台湾表演艺术资源分布,存有相当大的地域差异。登记立案团队超过4000个,其中约40%集中在大台北地区,主要市场也几乎集中于台北市。团队全台巡回演出,台北以外的场次多为亏损,必需耗用台北票房盈余填补。因此,其他地区的团队和节目演出数量相对较少,当局对表演团队或演出制作的补助也显得集中于北部。

大台北以外地区,民众不习惯购票观赏表演节目,生活形态、经济条件、都市化发展程度、消费水平等都是原因。同时,台湾地理面积不大,但团队受限于人力和资源,很难跨越所在区域经营大市场。近几年,当局透过"文化中心活化计划"提升地方剧场经营能力,让部分文化转型,但数量有限;这些零散分布的优质场馆,除努力经营所在地方的观众市场,很难发挥更大效果。

困难的现实处境,在2016年之后将有突破机会。台湾北、中、南区分别有四个大型场馆将落成。这些设备新颖、资源相对较充足,带着创新理念的经营团队,为表演艺术带来转机。

新场馆包括台中市"国家歌剧院"、高雄市"卫武营艺术文化中心"、台北市"台北艺术中心"和"台湾戏曲中心"。4个新场馆共12个厅,总座位数 13000 余席，是原来"两厅院"的 4 倍。瞬间大量增加的场馆，节目在哪里？观众在哪里？引起广泛讨论。

四 跨越创作断层与积淀剧场美学的台湾表演艺术产业

中国大陆表演市场崛起，新团队和新节目快速增加，成本在 1000 万元以上的大制作比比皆是。台湾希望借由经验、多元和自由造就的创意，在华语表演艺术圈内取得一席之地，甚至在未来两岸合制节目中扮演运筹角色，必须重视创作和制作能力。台湾每年制作成本超过 1000 万元新台币的制作屈指可数，相对丰富的是中小型演出，制作精简、讲究细节；但节目制作经验非常现实，大型或多国、多团体合制节目，必须参与实务学习，没有经验就不会有人才。

台湾每年推出数百档表演新作，但目前仍旧缺乏大型演出的创作和制作人才。但是，结合东西方艺术风格、从无数剧场实验中累积的美学元素，成为台湾表演艺术魅力所在。

以京剧为特色的国光剧团，遭遇人才养成瓶颈，与大陆同行相比，丝毫不见突出。而国光剧团近年新编作品，例如"伶人三部曲"的《百年戏楼》《孟小冬》和《水袖与胭脂》，展现"扬长避短突破困境，将京剧重新定位"[①]的努力，开拓"台湾京剧新美学"的尝试，因而在两岸京剧传承的对比中独树一帜，"从危机寻找契机，从逆境开创新局，从边缘重返主流"。[②]

当代传奇剧场带来另一番奇幻风景。横跨舞蹈、电影、电视的武生吴兴国，以京剧身段融入现代剧场，能够诠释莎翁名剧，也唱现代摇滚版《水浒 108》；他带着结合东西艺术精华的作品站上欧洲舞台，丹麦著名的欧丁剧场大师 Eugenio Barba 称赞吴兴国，不仅撼动自己的传统，也撼动欧洲莎

---

① 《两岸文创传媒》网络版，2015 年第 5 期，http://tccanet.org.tw/article-124.html#.VW2i9tKqpHw。
② 《PAR 表演艺术》第 275 期，http://par.npac-ntch.org/article/show/1398928915501980。

士比亚传统。①

近年由于大师年纪渐长，表演艺术界出现"创作力断层"的讨论。2013年，剧作家及导演李国修病逝，讨论再起，但没有共识。年轻世代源源不绝的创意，带来丰富节目，关照面广、风格形式多元，很难被描述是"断层"；但相较于经过时间淬炼形成明显风格、累积作品呈现美学脉络的资深团队和创作者，当前台湾剧场生力军，作品大多在中小型剧场或另类空间演出，经常以实验作为创作目标，一时难以呈现风格。随着屏风表演班暂停，以及表演工作坊将发展重心移往大陆，支持新生代创作者挑战大舞台，已经是重要课题。

过去30年，表演艺术补助政策以资助团队为主，目的是运用团队能量拉动产业发展。如今，大型剧场骤然倍增，有能力承担大型制作的团队没有同比成长。未来剧场舞台如何填满，以及如何面对更多来自全球巡演节目的挑战，都是本地创作和演出环境的隐忧。

所幸，几位大型场馆艺术总监，都意识到这个问题。2015年后陆续启用的新场馆，剧院出资委托创作、协助年轻团队发展大型制作，将是经营重心。同时，过去被忽略的制作人角色开始被强调。制作人了解市场，善于整合资源，懂得观众口味，理解表演团队运作，娴熟节目制作，透过制作人引导的节目发展，将成为台湾另一个剧目创造的轨道。只是，制作人培养耗费时日，目前制作人专业的空缺，需要更努力填补。

资深制作人、台北艺术推广协会执行长陈琪，2013年筹备"屋顶上复合剧场平台"，改变剧场主导关系，从"导演导向"转到"制作人导向"。她以接近二十年的制作经验，帮助新世代创作者跃上大舞台；2014年推出第一号作品《大算命家》，成绩斐然，2015年在台北重演之后，已经安排大陆巡演。

目前观察到，表演团队营运的补助政策不变，但新场馆投入将产生更积极影响。新旧场馆跨区域合制节目、开发市场与观众，推动跨国、跨艺域、跨语言或结合科技的创新作品，将为台湾表演艺术开创风景，建立论述，从而形成台湾表演艺术新美学。

---

① http：//tedxtaipei.com/2014/03/2013-hsing-kuo-wu.

B.14
2014创意经济对外贸易报告

王洪涛 郭新茹*

摘 要： 根据UNCTAD的统计，2013年中国已经成为仅次于欧盟的创意产品贸易第二大经济体和世界创意产品出口第一大经济体。中国创意经济贸易在发展过程当中，表现出贸易规模持续高速增长、出口占据绝对主导地位，商品结构存在不均衡、劳动密集型商品比重过高，出口地理结构以发达经济体为主、发展中经济体占比不断提升，以产业间贸易模式为主、转型升级空间巨大等诸多特征。未来发展当中，中国创意经济贸易的进口与出口将相对均衡增长，商品结构不断优化，发展中经济体和亚洲区域将成为重要市场，利用全球性生产网络构建合理分工的贸易体系将成为重要的发展方向。

关键词： 创意经济 创意产品 创意服务 对外贸易

根据联合国贸易和发展会议（United Nations Conference on Trade and Development，简称UNCTAD）的统计，2004~2013年中国创意经济贸易的平均增长率为13.78%，是全球创意经济贸易平均增长率7.07%的近2倍。2013年，中国创意经济对外贸易总额为1822.32亿美元，其中创意产品贸

---

* 王洪涛，博士，广西财经学院经贸学院副教授，研究方向为文化创意产业与文化贸易；郭新茹，博士，南京师范大学社会发展学院讲师，研究方向为文化经济。

易额为 1730.24 亿美元，创意服务贸易额为 92.08 亿美元，创意产品贸易额占世界创意产品贸易总额的 17.19%，目前是仅次于欧盟的第二大创意产品贸易经济体；创意产品出口额为 1562.89 亿美元，占世界创意产品出口总额的 27.75%，高于欧盟 26.15% 的水平，是世界创意产品出口的第一大经济体。

一 中国创意经济对外贸易环境分析

（一）世界创意经济蓬勃发展

根据 UNCTAD 数据库的统计，2013 年全球创意经济贸易额达到 11918.20 亿美元，占世界货物与服务贸易总额的 2.33%，其中创意经济出口为 6266.40 亿美元，进口为 5651.81 亿美元，分别占世界货物与服务出口和进口的 2.42% 和 2.24%，创意经济贸易已经成为国际贸易中一个快速发展的新兴领域和极为重要的增长点。

全球创意经济贸易格局当中，发展中经济体不断追赶发达经济体，并与之形成激烈的竞争态势。[1] 从全球创意产品贸易的角度看，2013 年发展中经济体的创意产品进出口额为 4412.37 亿美元，发达经济体为 5779.64 亿美元，各自占全球创意产品贸易总额的 41.62% 和 56.58%，发展中经济体低于发达经济体 14.96 个百分点，但这个差距有不断缩小的趋势。从全球创意产品出口角度看，发展中经济体的创意产品出口额在 2010 年就已经超越了发达经济体，2013 年发展中经济体的创意产品出口额为 3015.10 亿美元，而发达经济体为 2571.54 亿美元，各自占全球创意产品出口额的 53.53% 和 45.65%，发展中经济体高于发达经济体 7.88 个百分点，而且未来有不断扩大的趋势。从全球创意产品进口角度看，2013 年发展中经济体的创意产品

---

[1] UNCTAD 将世界创意经济贸易的经济体类型划分为发达经济体、发展中经济体和转型经济体三类，其中转型经济体的创意经济贸易量相对较小。

进口额为 1397.27 亿美元，发达经济体为 3426.10 亿美元，各自占全球创意产品进口额的 28.13% 和 68.97%，发展中经济体低于发达经济体 40.84 个百分点，差距巨大，但是从 2007 年开始，发展中经济体以年均 11.32% 的速度在弥补进口比重的差距缺口。

然而，从商品贸易结构角度看，发达经济体依托其在内容创意、技术创新和品牌营销方面的比较优势，占据着创意经济价值链的高端，其出口主要集中在高附加值、知识技术密集型的视听、表演艺术、出版和视觉艺术等 4 类创意产品，并在创意服务出口当中占据绝对优势，而发展中经济体的优势出口商品则主要集中在低附加值、劳动密集型的设计、工艺品和新媒体等 3 类产品。2013 年，发达经济体上述 4 项创意产品在全球同类创意产品出口额当中所占的比重分别为 64%、55%、77% 和 66%，而发展中经济体上述 3 项创意产品在全球同类创意产品出口额当中的比重分别为 59%、71% 和 64%。

（二）中国政府高度重视创意经济贸易的发展

中国紧跟世界经济发展变化趋势，高度重视创意经济贸易的发展。党的十七大报告明确指出，把"激发全民族文化创造力，提高国家文化软实力"作为文化发展目标，十八大又顺应时代发展需要，将文化"走出去"和增强文化"软实力"作为重要战略进行部署，2014 年 3 月国务院又出台了《关于加快发展对外文化贸易的意见》，为加快我国发展对外文化贸易，拓展我国文化发展空间给出了具体指导意见和支持措施。伴随着一系列旨在推动我国文化产业与文化贸易发展政策与措施的出台以及文化市场需求的驱动，作为文化发展核心内容的创意经济贸易已经逐渐发展成为我国文化"走出去"和文化"软实力"建设的重要着力点。万达集团、凤凰出版传媒集团等一批具有国际竞争力的龙头文化创意企业正在全球掀起并购浪潮，《非诚勿扰》《中国好歌曲》《完美世界》等一系列具有原创性和中国文化元素的内容产品正在全球形成品牌输出的发展势头，从 2012 年开始，中国就已经跃居成为全球创意产品最大的出口国，中国创意经济对外贸易正在创造着与对外贸易增长相似的奇迹。[①] 中国创意经济贸易的发展不仅促进了国内经济和全球创意经济贸易的增长，也为推动世界"文化内容与艺术表现形式上的多样化"做出了积极贡献。

二 中国创意经济对外贸易的现状与特点

（一）贸易规模持续高速增长，出口占据绝对主导地位

2004~2013年中国创意经济进出口贸易额及增长率情况如表1和图1所示。

表1 2004~2013年中国创意经济进出口贸易额

单位：亿美元

年份	2004	2005	2006	2007	2008	2009	2010	2011	2012	2013
总额	501.16	605.40	685.27	907.91	1049.60	937.34	1185.67	1504.00	1735.93	1822.32
出口	459.46	560.60	634.81	798.61	929.09	821.25	1047.83	1331.73	1560.58	1615.62
进口	41.71	44.79	50.46	109.30	120.51	116.09	137.84	172.27	175.35	206.70

资料来源：根据UNCTAD统计数据计算，并保留小数点后两位，下同。

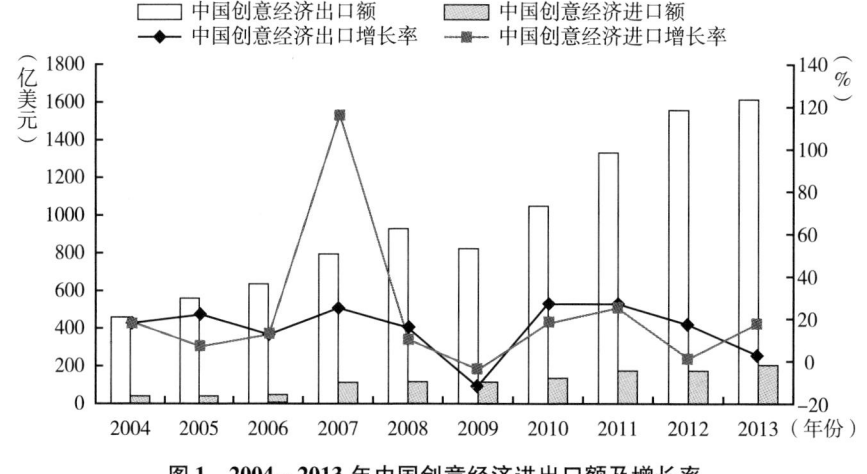

图1 2004~2013年中国创意经济进出口额及增长率

[①] 中国对外贸易进出口额从1980年的381.40亿美元发展到2013年的4.16万亿美元，增长了109倍，并于2013年成为世界货物贸易的第一大国，同时也是首个货物贸易额超过4万亿美元的国家，创造了世界贸易发展史的奇迹。

2004~2013年，世界创意经济贸易的平均增长率为7.07%，其中出口平均增长率为8.08%，进口平均增长率为6.04%。同期，中国创意经济对外贸易平均增长率为13.78%，是世界创意经济贸易平均增长率的近2倍，其中出口平均增长率为13.40%，进口平均增长率为17.36%，均远高于世界平均增长率水平。2013年，中国创意经济对外贸易额达到1822.32亿美元，其中出口额为1615.62亿美元，进口额为206.70亿美元，分别占中国商品与服务出口额和进口额的7.28%和0.99%，占世界创意经济出口额和进口额的25.78%和3.66%，出口额从规模总量上已经超越了欧盟，成为世界创意经济出口的第一大经济体，在全球创意经济贸易领域具有举足轻重的地位。另外，2004~2013年，中国创意经济每年的出口额与进口额比例基本上维持在8:1，创意经济的进口贸易相对弱小，出口占据绝对主导地位。

（二）商品结构存在不均衡，凸显向价值链高端攀升的紧迫性

中国创意经济贸易的商品结构不均衡主要表现在三个方面。一是附加值高的创意服务贸易额比重较低。2004~2013年，中国附加值高的创意服务类商品的进出口贸易额在创意经济贸易总额当中的比重始终未突破5%的水平，而附加值相对较低的创意产品的贸易额的比重基本上维持在95%以上的水平，占据绝对优势。另外，创意产品出口额远高于进口额，而创意服务的进出口则保持相对的平衡。如表2所示。

表2　2004~2013年中国创意产品与创意服务进出口贸易额

单位：亿美元

年份	2004	2005	2006	2007	2008	2009	2010	2011	2012	2013
创意产品出口	450.56	548.51	618.98	776.32	902.89	797.15	1017.75	1290.33	1511.82	1562.89
创意产品进口	32.97	36.10	39.70	94.40	98.56	93.77	113.73	140.54	141.97	167.35
创意服务出口	8.90	12.10	15.82	22.29	26.20	24.10	30.08	41.41	48.76	52.73
创意服务进口	8.74	8.69	10.76	14.91	21.95	22.32	24.11	31.73	33.38	39.34

二是创意产品出口当中文化创意含量相对较高的产品所占的比重过低。2004~2013年,中国创意产品出口当中文化创意含量高,以知识技术密集型为主的视听、表演艺术、出版和视觉艺术等4类产品的出口比重值平均为1%~6%,尤其是视听当中电影的出口额比重非常弱小,而文化创意含量相对较低的设计、工艺品和新媒体等3类产品的出口比重较大,其中工艺品和新媒体的出口比重值平均在10%左右,设计类产品的出口比重值平均在70%左右,是创意产品当中出口最多的产品。如表3和图2所示。

表3 2004~2013年中国7项创意类产品出口额

单位:亿美元

年份	2004	2005	2006	2007	2008	2009	2010	2011	2012	2013
工艺品	50.41	62.06	75.91	93.64	107.22	89.80	106.15	128.67	146.90	151.19
视听	1.63	1.35	1.22	12.58	12.94	12.02	12.12	14.05	14.73	15.98
设计	326.39	397.04	433.25	495.78	560.63	522.65	709.53	929.91	1054.68	1150.29
新媒体	29.02	39.47	51.72	109.44	147.52	104.57	103.02	104.46	130.63	105.89
表演艺术	6.99	8.05	8.69	10.83	13.21	10.81	12.91	14.36	15.30	15.82
出版	8.53	10.31	14.51	20.44	24.21	21.26	23.91	26.61	29.33	29.30
视觉艺术	27.59	30.22	33.68	33.61	37.15	36.05	50.11	72.26	120.25	94.42

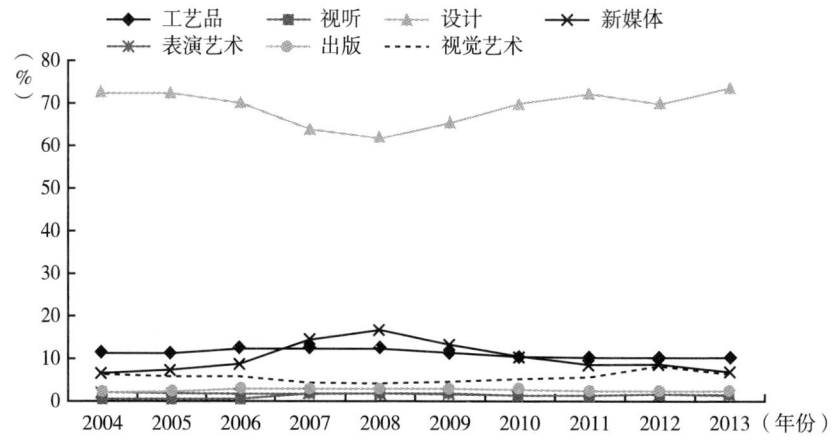

图2 2004~2013年中国7项创意类产品出口比重值变化趋势

三是设计类产品出口当中的劳动密集型产品比重过高。2004~2013年，中国设计类产品出口当中，以劳动密集型为主的时装、玩具类产品是我国设计类产品出口的主要品种，在设计类产品出口当中的比重分别维持在40%和20%左右的水平。2013年时装产品的出口额为420.91亿美元，占我国创意产品出口额的26.93%，占设计类产品出口额的36.59%，而知识技术密集度最高的建筑设计类产品的出口额却非常低，其在设计类产品出口当中的比重几乎可以忽略。如表4所示。

表4　2004~2013年中国6项设计类创意产品出口额

单位：亿美元

年份	2004	2005	2006	2007	2008	2009	2010	2011	2012	2013
建筑	0.17	0.13	0.14	0.36	0.12	0.17	0.09	0.10	0.13	0.11
时装	134.94	155.88	154.63	175.62	211.52	197.35	269.97	345.44	368.34	420.91
玻璃器具	1.39	1.67	1.81	1.96	2.00	2.33	2.80	3.13	14.58	3.46
室内设计	94.22	118.63	141.56	156.44	170.21	164.28	221.23	249.65	288.82	278.08
首饰	21.35	25.82	28.67	34.58	34.70	34.45	80.70	166.99	245.90	253.27
玩具	74.32	94.90	106.43	126.83	142.06	124.07	134.75	164.61	136.92	194.47

中国创意经济对外贸易存在着商品结构的不均衡，体现了发展中经济体创意经济贸易的典型特征，文化创意含量少、附加值低、以劳动密集型为主的商品占创意经济出口商品的主体，这些商品多数处于产业价值链的中下游，这种状况很大程度上是以往我国自然资源和劳动力资源优势的自然延伸和体现，在人口红利逐渐消失、环境资源逐渐成为发展瓶颈的双重制约下，逐步优化创意经济贸易的商品结构，尤其是在出口当中增加能够体现一定原创性和文化创意水平、知识技术密集型的产品，寻求创意商品向价值链高端攀升，是中国创意经济贸易亟待解决的重大现实问题。

（三）出口地理结构以发达经济体为主，但发展中经济体有超越趋势

2004~2013年，中国创意产品贸易地理结构的变化主要体现出以下三个方面的特征。一是中国创意产品出口对象虽然仍以发达经济体为主，但向

发展中经济体转变的趋势明显。2004～2013年，中国创意产品向发达经济体出口额为5619.25亿美元，向发展中经济体出口额为3475.89亿美元，但对发达经济体出口的比重由2004年的69.79%逐渐下降为2013年的51.27%，而对发展中经济体出口的比重则由2004年的27.08%逐渐上升为2013年的45.36%。虽然目前中国创意产品出口对发达经济体的比重仍高于对发展中经济体的比重，但按照目前的出口发展趋势，中国创意产品出口发展中经济体的比重有望在未来3～5年内超越其对发达经济体的比重。如表5和图3所示。

表5 2004～2013年中国创意产品对不同发展水平经济体的出口额

单位：亿美元

年份	2004	2005	2006	2007	2008	2009	2010	2011	2012	2013
发达经济体	300.94	364.33	415.38	501.56	575.73	514.25	621.69	740.44	783.59	801.34
发展中经济体	122.00	145.48	179.31	245.85	287.95	254.21	355.60	503.37	673.15	708.97

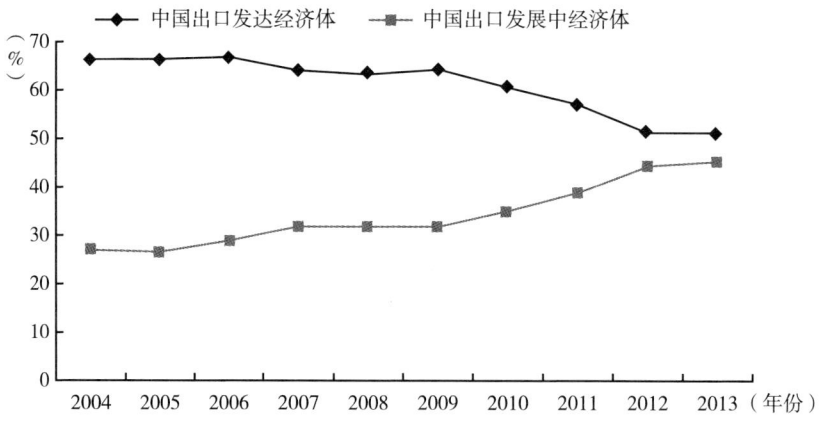

图3 中国创意产品对不同发展水平经济体的出口比重变化趋势

二是从世界三大区域市场角度来看，北美自由贸易区是中国创意产品出口的最大目的地，2004～2013年，中国创意产品向该区域出口的平均比重达到30.31%；其次是欧盟，平均比重达到21.34%；而与中国文化背景相似、地理位置相近的东盟的平均比重仅有4.76%。这充分说明，区域整体的经济发展水平仍然是中国创意产品出口最重要的影响因素。但值得注意的是，北美自贸区和欧盟在中国创意产品出口当中的比重处于不断下降的态势，东盟处于不断上升的态势。北美自贸区在中国创意产品出口当中所占的比重从2004年的37.39%下降到2013年的26.00%，欧盟从2004年的19.47%下降到2013年的18.63%，东盟则从2004年的1.73%上升到2013年的7.19%，这与上述特征一反映的规律相一致。如表6和图4所示。

表6 2004~2013年中国创意产品对世界三大经济区域的出口额

单位：亿美元

年份	2004	2005	2006	2007	2008	2009	2010	2011	2012	2013
北美	168.48	195.68	221.63	268.92	293.92	252.00	315.94	361.18	388.84	406.41
欧盟	87.74	119.11	142.24	169.63	203.88	187.19	227.83	278.14	278.45	291.12
东盟	7.78	8.56	11.11	22.28	36.64	44.16	62.52	73.20	100.55	112.37

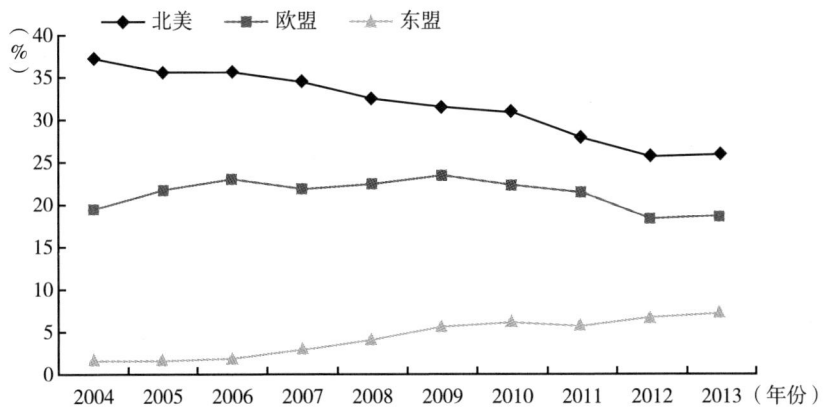

图4 中国创意产品出口世界三大经济区域的比重变化趋势

三是从国家或地区角度来看，2013年，排在中国创意产品出口比重前10位的国家或地区分别是美国、中国香港、日本、德国、英国、俄罗斯、法国、澳大利亚、加拿大和韩国，中国创意产品出口的市场集中度依然以发达国家或地区为主。如图5所示。

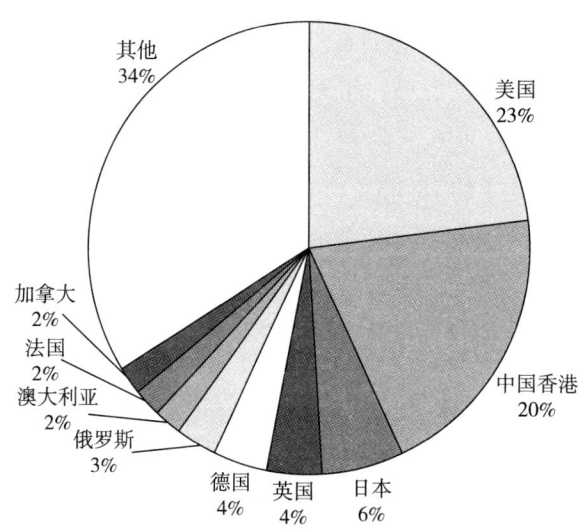

图5　2013年中国创意产品出口比重较大的国家或地区

中国创意产品出口的贸易地理结构表明了中国创意产品出口的主要去向，同时也反映出中国创意产品贸易与相关国家或地区市场关联的紧密程度。以上三个特征表明了目前发达经济体市场在中国创意产品出口当中仍占据一定的优势，但是发展中经济体市场的发展非常迅速，且在短期内有超越发达经济体市场的趋势，不过中国创意产品出口的集中度依然以发达国家或地区为主。

（四）以产业间贸易为主，贸易模式转型升级空间巨大

采用Grubel-Lloyd指数对中国创意经济贸易的产业内贸易水平进行测度，得到2004~2013年中国总体创意经济、创意产品及7项创意类产品和创意服务的产业内贸易指数。如表7所示。

中国创意经济和创意产品的产业内贸易指数大体徘徊在0.20的水平，体现出贸易模式以产业间贸易为主的特征，而创意服务的产业内贸易指数则在0.8以上，体现出高度的以产业内贸易模式为主的特征。7项创意类产品

表7 2004~2013年中国创意经济贸易的产业内贸易指数

年份	2004	2005	2006	2007	2008	2009	2010	2011	2012	2013
总体创意经济	0.17	0.15	0.15	0.24	0.23	0.25	0.23	0.23	0.20	0.22
创意产品	0.14	0.12	0.12	0.22	0.20	0.21	0.20	0.20	0.17	0.19
工艺品	0.23	0.20	0.19	0.17	0.15	0.17	0.18	0.16	0.15	0.16
视听	0.31	0.23	0.21	0.60	0.61	0.60	0.52	0.53	0.55	0.56
设计	0.07	0.06	0.06	0.07	0.08	0.08	0.08	0.09	0.08	0.09
新媒体	0.14	0.03	0.08	0.46	0.34	0.38	0.43	0.49	0.40	0.42
表演艺术	0.10	0.11	0.10	0.11	0.12	0.15	0.16	0.18	0.19	0.21
出版	0.57	0.58	0.46	0.39	0.36	0.54	0.55	0.55	0.54	0.56
视觉艺术	0.03	0.03	0.04	0.03	0.04	0.04	0.04	0.04	0.03	0.04
创意服务	0.99	0.84	0.81	0.80	0.91	0.96	0.89	0.87	0.81	0.84

当中的视觉艺术、设计、表演艺术、工艺品和新媒体等5类产品的产业内贸易指数一般在0.50以下，属于产业间贸易模式，出版和视听2类产品的产业内贸易指数在此期间大体上均经历了一个"U"型变动过程，但最终维持在0.50以上，属于产业内贸易模式。

中国创意经济尤其是创意产品呈现出以产业间贸易模式为主的特征，说明中国目前开展创意经济贸易的基础更多仍然是基于国内传统的资源禀赋优势，而非以新贸易理论所指出的规模经济和垄断竞争等因素为基础。在表现出产业间贸易模式特征的创意产品当中，除了像表演艺术主要是与市场需求因素相关，出版主要是与其生产过程必须采取内容制作和出版发行双向的分工贸易机制以外，其他创意产品尤其是像占贸易比重较大的设计类产品表现出产业间贸易模式的原因，主要是这些产品依然停留在国内简单分工，粗放对外贸易的初级发展阶段。未来发展过程中，中国充分利用全球化生产网络，构建各种创意要素"为我"合理利用的专业化分工贸易体系，促进创意产品逐步从产业间贸易模式向产业内贸易模式转型升级的空间巨大。

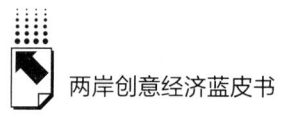

三 中国创意经济贸易的发展趋势

(一) 进口与出口将相对均衡增长

中国创意经济进口贸易额虽然相对弱小，但在2004~2013年，其年均增长率达到17.36%，高于创意经济出口年均增长率13.40%近4个百分点，其在总体创意经济贸易当中的比重也从2004年的8.32%提升至2013年的11.34%，年均提升0.30个百分点。另外，虽然设计和工艺品等劳动密集型产品在中国创意产品进口当中的比重较高，但其比重有不断下降的趋势，2项产品的比重从2004年的33.56%和20.08%分别下降至2013年的32.46%和7.70%，而包括视听、表演艺术和视觉艺术等3类知识技术密集型创意产品的进口比重在不断上升，其中视听类产品进口比重从2004年的26.87%提高到2013年的29.37%，提高了2.5个百分点。可以预测，未来5~10年内中国创意经济进口贸易的额度将不断加大，在总体创意经济贸易当中的比重将不断提高，尤其是高附加值的知识技术密集型创意产品的进口比例将进一步上升，总体进口与出口将达到相对均衡增长的态势。

(二) 贸易商品结构将不断优化

中国创意经济贸易的商品结构虽然整体处于相对低端水平，但向产业链和价值链高端攀升、结构优化的迹象明显。一是体现在以计算机服务、版税和许可费、广告、市场调研和民意调查、研发服务等能够体现创意元素含量、具有高附加值的创意服务出口额增长速度较快。2004~2013年，中国创意服务出口的年均增长率为18.06%，超出创意产品出口年均增长率13.24%近5个百分点，其在总体创意经济贸易当中的比重也在不断增加，从2004年的2.11%提升至2013年的4.65%。二是体现在创意产品出口当中知识技术密集产品的出口发展速度较快。2004~2013年，以视听为代表的创意含量较高的创意产品出口的年均增长率高达25.64%，高于总体创意产品出口的年均增长率，出版和视觉艺术等产品在总体创意产品出口当中的比重也各有不同程度的提升，而设计和工艺品等劳动密集型的2类创意产品出口的年均增长率分别为13.02%和11.61%，低于总体创意产品出口的年均增长率，且其比重值均比原来下降近2个百分点。三是体现在出口比重最大的设计类产品的贸易结构不断优化。2004~2013年，创意设计元素含量较高的首饰等产品的年均增长率分别达到28.06%，远高于总体设计类产品13.42%的年均增长率，室内设计产品在总体设计类产品出口当中的比重则从2004年的2.30%增加到2013年的8.64%，而创意设计元素含量相对较低的劳动密集型的时装和玩具等2类产品的出口比重则分别下降了0.05个和0.63个百分点。

（三）发展中经济体和亚洲区域将成为重要出口市场

2004~2013年，中国创意产品向发展中经济体的出口额由2004年的122.00亿美元增长到2013年的651.14亿美元，年均增长率为18.23%，远高于向发达经济体出口的11.06%的年均增长率，其在中国创意产品出口当中的比重也由原来的27.08%提升到45.36%，2013年仅比出口发达经济体的比重51.27%低5.91个百分点，以此速度，3~5年内中国创意产品向发展中经济体的出口额将高于向发达经济体的出口额，发展中经济体将成为中国创意产品的最大消费市场。

欧盟和北美自贸区市场在中国创意产品出口当中的优势地位正在受到亚洲市场的不断冲击，2004年欧盟和北美自贸区在中国创意产品出口市场当中的份额共占56.87%，2013年则下降到47.02%，下降近10个百分点，而亚洲的份额则由2004年的22.87%上升到2013年的37.36%，上升了14.49个百分点，可以说，亚洲市场日益成为中国创意产品出口的重要市场。另外，2013年，在中国创意产品出口的亚洲市场当中，东亚、东南亚、西亚和南亚的市场份额分别是63.41%、19.12%、12.15%和5.32%，东亚是最重要的市场，但东南亚却是发展最快的市场，其市场份额从2004年的9.19%提升到2013年的19.12%，增长了近10个百分点，南亚的市场份额提升了3个百分点，西亚的市场份额基本维持不变。可以预见，随着"海上丝绸之路经济带"及中国与东盟"自贸区升级版"建设的推进，亚洲市场尤其是东南亚及南亚市场在中国创意产品出口份额当中的比重将得到进一步的提升。

（四）利用全球性生产网络构建合理分工贸易体系将成为发展方向

经济全球化背景下，中国创意经济贸易发展过程中，警惕出现由于"低端产业锁定"效应而产生与发展中经济体创意经济贸易结构雷同，造成自身创意产品尤其是劳动密集型的设计、工艺品和新媒体等3类产品在国际市场上竞争过度的局面是不容回避的问题。解决的根本出路是利用全球性生产网络，以创意经济的生产链和价值链为引导，充分发挥自身文化资源丰厚和各种创意资本相对均衡的优势，将发展中经济体相对低廉的劳动力等初级要素和发达经济体相对充盈的资本、技术、信息和知识等高级要素进行优化整合，构建"以我为中心"的创意经济分工贸易体系，促进全球专门化供应商网络和便利化规范市场的形成，推动创意经济的生产和贸易逐步从产业分工逐渐向产品分工进而向要素分工转变，使得中国创意经济贸易从产业间贸易模式向产业内贸易模式转换升级。同时，中国应主动把握动态竞争优势，利用多年积累的从事全球贸易的渠道及经验等优势，积极促进创意经济与金融、技术和互联网的融合发展，主动向创意经济生产链与价值链的高端迈进，谋求贸易商品结构的优化升级，实现创意经济贸易核心商品的高端化与品牌化，这既是中国实现与各个贸易经济体创意经济在国际市场共赢发展的主要途径，也是未来中国实现创意经济贸易发展转型升级的最优路径。

热 点 篇

Reports on Hot Issues

B.15
互联网文化产业的创新发展

陈少峰 侯杰耀*

> **摘 要:** 互联网文化产业是创意经济的重要组成部分。在内容制作领域,视频网站、网络文学、手机游戏等产业越来越看重知识产权在创新中的重要性;在平台建设领域,新媒体平台、O2O模式、垂直经营模式创造了新的平台优势;在延伸服务领域,移动增值、广告传媒、线上教育、互联网金融等多样的延伸业务拓展了互联网文化产业的市场需求,创新了产业的发展方向;在资本运作领域,互联网文化企业通过上市、兼并重组、众筹融资等多种投融资手段最大限度地利用资本资源,推动了自身的创新发展。
>
> **关键词:** 互联网 文化产业 创意经济 创新发展

---

* 陈少峰,北京大学哲学系教授、博士生导师,北京大学文化产业研究院副院长,文化部 - 北京大学国家文化产业创新与发展研究基地副主任;侯杰耀,北京大学哲学系在读博士,主要研究方向为文化创意产业。

创意产业并不等同于新产业。在大多数情况下，创意产业的表现形式是对旧产业的形态创新，往往通过加入新的经济元素、新的市场空间、新的技术支持等手段改造旧产业。文化产业是中国经济的重要组成部分，也是创意产业的活跃领域，创意产业的很大一部分内容是与文化产业相交叉的，因为文化产业的灵魂就是创意。如果说以往文化产业的创意多是对产业内某一部分产品的创新，那么今日文化产业迎来了整体性的大变革，整个文化产业在互联网的洗礼下呈现为新的产业形态——互联网文化产业，不同于传统文化产业的部分创意，互联网文化产业本身就是一种创意产业，因此，在当下中国的产业格局中，谈创意产业则言必称"互联网文化产业"。

一 互联网文化产业的基本格局

互联网文化产业的本质就是通过文化与科技的融合创造出新的经济效益与市场空间。互联网文化产业作为一种新兴的产业模式，仍然处于市场形成的初步阶段，并没有形成成熟而完整的市场规模，但是，互联网文化产业以其惊人的发展速度已经形成了基本的产业格局——文化与互联网在市场与政策的推动下不断融合，这一基本的产业格局是中国互联网文化产业当下与未来发展的大背景。

（一）市场背景

根据中国互联网络信息中心发布的《第35次中国互联网络发展状况统计报告》，截至2014年12月，我国网民规模达6.49亿，全年共计新增网民3117万人。截至2014年12月，我国手机网民规模达5.57亿，较2013年增加5672万人。网民中使用手机上网的人群占比由2013年的81.0%提升至85.8%。2014年上半年手机网民增速为5.4%，下半年为5.6%，增速未出现明显增长，手机网民即将进入平稳增长阶段，手机作为第一大上网终端设备的地位更加巩固。① 手机上网成为人们日常生活不可或缺的一部分，手机网络使用率的增长使得网民在手机电子商务类、休闲娱乐类、信息获取类、交际沟通类等应用的使用率都在快速增长。可以说，互联网的发展进入了移动互联网的新时代，移动互联网带动整体互联网各类应用发展，为互联网文化产业的发展提供了新的契机。

互联网文化产业要实现快速发展，首先就需要广阔的市场空间，而互联网，特别是移动互联网的技术应用为互联网文化产业的发展创造了无限的消费潜力。中国网民的生活已经接近于全面的"网络化"，互联网深入人们生活的方方面面，网络应用改变了大众生活的面貌。2014年上半年，中国网民的人均周上网时长达25.9小时，相比2013年下半年增加了0.9小时。② 除了传统的消费、娱乐以外，移动金融、移动医疗等新兴领域移动应用多方向满足用户上网需求，推动网民生活的进一步"网络化"。可以说，人们日常生活的任何一部分都难以彻底排除互联网的渗入，因此，互联网文化产业的市场着眼点就是已经被"网络化"的消费者的日常生活，通过互联网的技术手段开发、传播、销售人们所需要的文化产品，并且在生产传统文化产品的同时，进一步拓展文化产品的范畴，把互联网本身打造成一种文化产品，以更符合人的文化审美的形式推广互联网应用，从而实现互联网与文化的双向互动，达到二者相得益彰的市场效果。

依据这样的基本理念，当下互联网文化产业可以分四个不同的部分——内容制作领域、平台建设领域、延伸服务领域、资本运作领域等，这四部分是当下互联网文化产业涉足的基本经营范围。此外，就互联网文化产品而言，互联网文化产业已经在经营信息获取、商务交易、社交沟通、娱乐教育、金融产品等产品，可以说，互联网文化产业已经形成了基本的市场规模，已经在人们的日常消费中确立了基础性的市场地位。根据麦肯锡全球研究院的计算，考虑到互联网的发展速度和各行业的运用程度，预计2013~

---

① 数据来自《第35次中国互联网络发展状况统计报告》。
② 数据来自《第34次中国互联网络发展状况统计报告》。

2025年，互联网将有可能在中国GDP增长总量中贡献7%~22%。到2025年，这相当于每年4万亿~14万亿元人民币的年GDP总量。[①] 因此，互联网是未来中国经济发展的希望，而传统的文化产业必须拥抱互联网才有继续增长的可能性，互联网文化产业发展的基本面是良好的，它将形成拉动中国经济增长的新动力。

（二）政策因素

互联网文化产业的发展不仅需要有利的市场背景，而且也需要国家政策的有力支持。事实上，互联网文化产业一直拥有良好的政策环境，国家在诸多方面扶持、推动互联网文化产业的发展。

2014年3月14日，国务院发布《关于推进文化创意和设计服务与相关产业融合发展的若干意见》；2014年8月18日，中央全面深化改革领导小组第四次会议审议通过了《关于推动传统媒体和新兴媒体融合发展的指导意见》。可以发现，近年来，网络信息技术迅猛发展，推动了文化创意产业、传媒产业、广告产业和信息消费的换代升级和融合发展，而文化和科技融合的主要领域和主攻方向就是互联网。

互联网文化产业归根到底着眼于人们的互联网消费。2014年10月29日，国务院常务会议研究消费扩大和升级工作，确定了6大消费领域，其中扩大移动互联网、物联网等信息消费列为第一项，会议指出要提升宽带速度，支持网购发展和农村电商配送。国家对互联网消费的支持有利于互联网文化产业拓展自身的消费空间，通过消费人群、消费内容、消费地域等多方面的拓展，打造互联网文化产业的消费源泉。

二 内容领域的创新发展

内容是互联网文化产业的立身之本，只有先制作出好的内容，才能够进

[①] 麦肯锡2014年7月25日发布的China's Digital Transformation: The Internet's Impact on Productivity and Growth。

一步探讨如何传播、如何销售。文化产品是互联网文化产业的主要内容，但与传统的文化产品不同，互联网文化产业通过互联网这一平台能够创造出具有互联网标志的新文化，从而吸引人们消费互联网文化产品。

（一）视频网站的内容创造

视频网站是制造互联网文化内容的主力之一，近几年来，以优酷、爱奇艺、搜狐视频为代表的视频网站已经不再是简单的视频播放平台，它们也制作自己的网络视频。各大视频网站都开始制作自己的视频节目。网络自制剧的增多有很多方面的原因，许多拥有优质资源的电视台开始开发自己的网络传播渠道，这使得视频网站不得不制作自己的视频内容，另外，国家版权保护力度的增强也为视频网站营造了良好的自制环境。在这一形势下，各视频网站都把自制节目作为发展的重点，明星、金牌制作团队都加入到自制剧的制作中。根据《中国电视剧（2014）产业调查报告》，2014年的网络自制剧数量超过了之前数年累计数量的总和，而2015年卫视综合频道黄金时段电视剧容载量将较2014年下降约25%，[①] 搜狐的《屌丝男士》系列、优酷的《万万没想到》系列、爱奇艺的《废柴兄弟》系列都取得良好的市场反应，积累了大量的粉丝，成为出色的网络自制剧集。

除了网络自制剧，网络院线是视频网站另一种内容制作的方式。虽然中国电影银幕在这几年内增长迅速，但仍然有大量影片无法进入院线上映。在这种情况下，爱奇艺提出"网络大电影"的概念，这些电影大多是投资较少、时长超过60分钟、制作技术简单、制作周期相对短、以故事为核心的低成本电影。据爱奇艺提供的数据，爱奇艺的网络大电影总数有300多部，全年票房已达5000万元，仅通过网络发行分账收回成本的作品占总量25%以上，其中包括《三生》《锤子镰刀都休息》这类文艺片，《成人记2》《校花驾到》等商业片，《二龙湖浩哥之风云再起》等由草根团队制作的影片等。

---

① 数据来自《中国电视剧（2014）产业调查报告》。

（二）手机游戏与网络文学的交融发展

视频网站的自制视频是对电视节目、电影等传统文化产品的竞争回应，但手机游戏与网络文学与此不同，它们都是互联网文化产业所独有的内容，并不存在与传统文化产业相竞争的问题，因此，对于手机游戏、网络文学等互联网独有的文化产品而言，关键是要充分挖掘自身特色，符合消费者需求，使其成为人们生活中必不可少的文化产品。

截至 2014 年 12 月，手机网络游戏用户规模为 2.48 亿，使用率从 2013 年底的 43.1% 提升至 44.6%，增长规模达 3288 万，手机端游戏用户成为最核心增长动力的同时也意味着电脑端网络游戏用户向手机端的进一步转化。① 手机网络游戏是伴随着移动互联网的普及而获得快速发展的，大量的移动游戏产品上市，加速了整个市场的多元化竞争格局，众多客户端游戏企业纷纷拓展其业务到移动游戏领域，像阿里巴巴、百度、腾讯这些互联网巨头也加入到手机游戏的市场竞争之中。手机游戏一方面来自于游戏企业的原创，另一方面来自于已有的电影、文学作品，例如 360 手机助手与迪士尼合作打造的手机游戏《冰雪奇缘》。由此可见，手机游戏与影视、文学等产业的结合越来越紧密，逐步形成影视、文学与游戏的双向互动，促进整个互联网文化产业内部的内容良性互动。

在网络文学领域，腾讯已经收购了盛大文学，百度也开辟了"百度文学"的业务，网络文学成为互联网的热门业务，之所以网络文学得到了互联网企业如此的钟爱，是因为网络文学是一种原创的文化内容。原创的内容就意味着核心竞争力，这些原创内容可以延伸到游戏、视频等各种的领域。在网络文学这一产业链条上，网络文学作为上游，通过授权的方式，可以根据文学内容推出游戏、动漫、影视等一系列衍生产品。截至 2014 年 12 月，我国网络文学用户规模为 2.94 亿，较 2013 年底增长 1944 万人，年增长率

---

① 数据来自《第 35 次中国互联网络发展状况统计报告》。

为7.1%。网络文学使用率为45.3%，较2013年底增长了0.9个百分点。①巨大的网络文学市场也意味着巨大的消费潜力，以网络文学为核心的全产业链条带来了巨大的价值，可以拉动游戏、视频等其他互联网文化产业的发展。

（三）"内容为王"与知识产权

对于视频网站、手机游戏、网络文学等内容制作领域的互联网文化产业而言，版权或知识产权都是核心竞争力。对于互联网文化产业而言，"内容为王"的真正含义就是拥有知识产权（Intellectual Property），当然仅仅拥有知识产权是不够的，还要有效地开发自己的知识产权，有效开发知识产权的方式就是形成以知识产权为核心的全产业链。互联网文化产业的各种内容都不是孤立的，而是可以互相沟通的，网络文学的内容可以制作成视频，也可以成为手机游戏的故事背景，而手机游戏的线索也可以被拓展为文学故事，或者拍成网络剧集。事实上，网络文学作为IP源头之一，在资本市场中越来越受到关注。近来，游戏公司与影视公司都对网络小说IP产生了浓厚的兴趣，双方对IP的争夺导致版权价格升高。高质量的IP资源在市场上是供不应求的。如果互联网文化产业要实现"内容为王"就必须把单一的"内容"发展为一系列的"内容链"，当然实现这一点的前提是我们对知识产权的重视与保护。

三 平台领域的创新发展

互联网文化产业的一个重要特征就是互联网，平台是互联网的主要功能，因此，创建并维护互联网平台也是互联网文化产业的一个核心领域。随着互联网技术的提高，互联网应用的推广，互联网平台领域也表现出新的发展趋势。

（一）新媒体与平台创新

新媒体主要就是指以BAT（百度和阿里巴巴、腾讯三巨头简称）为代

---

① 数据来自《第35次中国互联网络发展状况统计报告》。

表的互联网企业。新媒体是互联网文化产业的核心要素，正是新媒体的产生、应用推动了互联网文化产业的兴盛。百度、腾讯、阿里巴巴分别在搜索、社交和电商领域确立了自己的优势，原本他们都主要是互联网公司，并且以平台为主要优势，但现在他们将平台与文化产业相结合，促成了互联网文化产业的平台创新。

在电影的营销过程中，海报宣传、影院的现场活动、实体广告是整个电影宣传过程中的重要环节，但是随着互联网特别是移动互联网的快速发展，网络营销逐渐地取代了传统媒体，成为娱乐产品营销的主要阵地。例如《失恋33天》的成本只有900万元，作为一个小成本电影收获了3亿元的票房成果，完全归功于互联网营销，也成为很多小成本国产电影的效仿对象。新媒体纷纷进入电影等文化娱乐领域，其所具有的互联网平台优势可以提供新的营销途径、广阔的受众群体、准确的客户信息，从而创新文化娱乐产品的营销方式。电影互联网营销的主要内容包括：收集粉丝资源、形成舆论环境、创造话题讨论、形成互动交流等。此外，影视公司更倾向于开发那些拥有知识版权的网络小说，原因是这些网络小说已经拥有巨大而可靠的粉丝群体，例如最近根据网络小说改编的电影、电视剧版本的《何以笙箫默》。这些变化都源于新媒体的平台效应，以及它所带来的商业模式创新。

（二）线上平台与线下消费

互联网文化产业的典型特征就是对线上与线下两个平台的整合。在线上进行营销、宣传、推广，然后将客流引到线下去消费体验，实现最终的交易，在交易完成之后，线下的用户再通过线上平台反馈消费体验，并且在线上交流，从而实现了由线上到线下再返回到线上的整个营销过程，这即被称为"O2O模式"。电影票的网络售票方式就是互联网文化产业中典型的对线上与线下两个平台的整合。如今，在电影院的售票柜台外，人们总是能够看到大大小小各种颜色的网络售票机。2014年以来，在线购票市场迎来更大幅度的增长，比如微信电影票在线选座业务月销售额达10亿元，淘宝旗下猫眼电影截至 2014 年 8 月底,销售额达到 50 亿元,独立购票网站格瓦拉电影 2014 年的销售额也已超过 15 亿元。① O2O 模式的普及得益于移动互联网的成熟,移动互联网从技术上使线上与线下之间的互动转换成为可能,人们利用手机等移动终端可以随时随地地查收线上信息,然后进行及时消费。2014 年来自百度、阿里巴巴、腾讯、盛大对 O2O 领域的投入数据显示,投入资金将近 100 亿美元。当下,餐饮、打车、生活服务等很多领域的企业正在加入 O2O 领域,O2O 领域拥有巨大的发展前景。

传统的文化产业缺少线上平台,在互联网文化产业中,必须懂得移动环境下的线上模式,任何文化公司只有进入了线上平台才算是进入了互联网文化产业。所有业务都可以在线上与线下展开营销,这也带动了产业链嫁接模式的变革。比如手机游戏,很多手机游戏的主题来自于线下的动画片或主题公园,另外一些手机游戏也可以成为线下的主题公园,比如像愤怒的小鸟,这款游戏正在做主题公园,接下来做动画电影,它就可以变成大的产业链。利用线上平台还可以实现多种经营的同步,在销售主要产品的同时我们可以在其中植入广告,形成系列化的营销行动。线上营销一般采用会员制的模式。通过移动互联网把全国分散在各地边缘角落的人整合成会员,会员可以是线上的或线下的,线下的会员可以随时通过线上平台被召集在一起进行一些活动,例如健康旅游,而线上会员除了进行线上消费以外也可以被带入线下的消费活动之中。移动互联网实现了非标准化服务的电商化。人们能够随时随地地通过线上平台反馈自己的消费需求,线上平台在处理需求信息的基础上在线下为消费者提供服务。

(三)垂直平台的经营优势

在互联网文化产业中,BAT 三家公司处于主导地位,但随着移动互联网的发展,一些企业利用垂直平台也取得了自己的经营优势,垂直平台成为

---

① 《在线电影票现瓶颈 催生互联网与电影产业深度融合》,中国新闻网,2014 年 09 月 24 日。

互联网文化产业的一种独特的平台运作方式。所谓的垂直平台，区别于BAT这些以覆盖面广、种类多而取胜的平台模式，是指占据某一个细分的垂直领域，为特定的有针对性的客户提供服务，重在挖掘特定客户群体的需求，借助于移动互联网深入到特定用户群体生活的方方面面，蘑菇街、美团网、大众点评网、陌陌都利用了垂直平台的经营优势。本地生活服务市场的赶集网和大众点评网在PC客户端的发展并不突出，但在移动互联网时代，分别在服务类信息的细分领域中进行深入延伸，取得了良好的成绩。

垂直平台聚焦于细分市场，对行业和产品的理解更为深刻，因而也更容易做出特色，满足某一类用户群体的个性化需求。人们的文化需要一般是千差万别的，而且会有很强的地域性、群体性特征，因此，垂直平台事实上十分符合文化消费领域的需要，可以根据不同的文化群体或不同的地域文化开发有针对性的垂直平台，就某一细分的特定客户提供各种延伸性的文化产品。所以说，垂直平台可能会成为互联网文化产业发展的又一个亮点。未来导购类、垂直类的平台要体现本身的差异化，积累用户对平台的信任和使用习惯。当人们形成在平台上分享自己的消费心得的习惯，这种平台就会变成一种购物的决策平台，这个时候盈利模式就会更加地多样化。

四　延伸服务的创新发展

内容与平台是互联网文化产业的两个核心领域，但互联网文化产业之所以具有巨大的市场价值就是因为它具有很强的延展性。互联网文化产业可以通过延伸自己的服务内容，拓展到各种各样的市场领域，甚至可以说，互联网文化产业的产业范围是无边界的，只要有好的内容和平台，互联网文化产业就能在各个领域延伸、繁荣。

（一）移动增值服务的发展

TalkingData发布的《2014移动互联网数据报告》显示，2014年，我国移动产业发展迅猛，移动智能终端设备数已达10.6亿台，较2013年增长231.7%。

从用户性别层面来看,女性用户持续增长,占比42.2%,渐成主流,从用户年龄层面来看,80后用户占比38.3%,成为主导力量。全国各地的移动互联网使用者有着不同的生活习性,但他们的手机里平均安装着34款APP。[1] 移动互联网时代的到来让互联网的移动增值服务的形态与范围发生了变化,移动互联网扩大到工作、生活、学习等各个领域。移动互联网不再局限于铃声、新闻、资讯和WAP上的图片等应用,搜索、博客、社区等早已延伸到移动互联网业务。同时大众也将随时随地体验到移动互联网提供的游戏、电影、电视、音乐、位置服务、商务等服务。这些都是互联网文化产业的内容。

在社交领域,微信等新型移动即时通信产品的问世不仅丰富了短信、电话的内容与表现形式,更融入了新闻咨讯等各类生活信息,从而打通线上线下,深刻影响生产生活,推动互联网文化产业的发展。[2] 在移动支付领域,移动支付逐步推动移动电子商务的发展,支付宝、财付通等移动支付应用让人们意识到移动互联网不再只是休闲娱乐的平台,而且也是一个支付平台,只要安全、便捷得到保障,移动支付甚至很有可能取代银行卡,成为人们日常生活的主要支付手段。在娱乐领域,手机网游、手机电台、手机音频下载机、手机电视、手机动漫、手机杂志等应用正处于良好的发展阶段,以手机游戏为例,目前有很多手机网游在中国市场上取得了较好业绩,例如《大话三国》《三界传说》《无限乾坤》《屠魔》《武林擂》《神役》等,这些手机网游都拥有极大的市场,另外一些小而精的休闲游戏应用也得到了越来越多的用户的喜爱,越来越多的游戏开发商参与到手机游戏行业,一些大型互联网企业也开展了手机游戏业务。

当前移动互联网已经改变了诸如交通、餐饮、服装、旅游、支付等领域。互联网巨头积极参战移动互联网,同时移动互联网创业者和创业公司也不断涌现出来,这加剧了移动互联网领域的竞争,但也给互联网文化产业带来发展机遇。

---

[1] 数据来自TalkingData《2014移动互联网数据报告》,https://www.talkingdata.com。
[2] 参考《移动互联网白皮书(2014年)》,由工业与信息化部电信研究院发布。

（二）广告传媒企业的机遇

传统的以报纸、电视为主要媒介的广告传媒企业在互联网时代也面临新的机遇。对于广告宣传，我们以前说是"无处不植入"，在传统传媒中，我们也只能在电影、电视节目里面植入广告，但在移动互联网时代，情况可以是在广告里面植入一点电影，大概这个格局马上就会出现了，现在微电影和微视频可能都是为了植入广告而存在的，所以广告可以成为核心，故事情节可能是它的植入要素。

现在的网络广告主要以效果广告为主，游戏和电商是精准广告的主要客户群，以大数据为依据的精准广告是网络广告的重要发展驱动力，这些以大数据驱动的精准广告势必将成为网络广告市场最为重要的变革和发展的驱动力。

手机移动广告是互联网广告的另一个重要组成部分，与传统的媒体相比，手机广告的受众基础广泛，能够针对特定需求与受众形成多次的广告互动。微博、微信等社交应用是手机广告的重要载体，这些社交应用在已经积累了大量用户群的情况下，开始投放广告，以此取得广告收入。除了社交应用，视频、游戏都是手机广告所利用的传播媒介，手机广告与一些线上平台相结合更容易引导客户及时消费，上文所说的O2O模式、垂直平台等往往是与手机广告结合在一起的。经过几年的移动广告市场培养，也得益于手机网民的增加、手机上网时间的延长、使用范围和频率的增加，越来越多的广告主看好手机移动广告，并加大在手机移动广告领域的投入。可以说，手机广告的发展前景是令人期待的。

（三）线上教育与人才服务

中国经济网数据显示，2014年上半年国内在线教育投资总额高达25亿元，国外在线教育投资总额24亿元。其中，语言培训类投融资案例为5例，投资总额超过16.17亿元；K12教育类投融资案例为6例，投资总额超过2.428亿元；母婴教育类投融资案例为2例，投资总额为2.25亿元；技能培训类投融资案例2个，投资总额超过1.8亿元；职业教育类投融资案例为3例，投资总额超过1.3亿元；IT教育类投融资案例为2例，投资总额超过1.2亿元；出国留学类投融资案例为2例，投资总额超过3400万元；在线教育自媒体投融资1例，投资总额为数百万元。① 在线教育是互联网文化产业的重要延伸项目，教育作为老牌的文化产业，利用互联网这一新媒体可以获得新的发展机会与新的市场空间。

艾瑞咨询数据显示，2014年在线教育市场规模将达998亿元，增长率达19%，市场仍然处于较快的速度成长。2015年，市场增长的拐点即将到来。② 在移动互联网时代，目前教育领域的新的发展方向在移动互联网领域。在线教育的形态与授课形式都发生了变化，原先在PC客户端，学员被集中在一起进行学习，而在移动互联网时代，学员们通过移动客户端可以进行随时随地的学习。教育形式的改变意味着在线教育产品也要发生相应的改变，移动在线教育需要更好地掌握用户的基本信息、教学进展，同时也要优化移动客户端的用户体验，保证用户随时随地都能进行在线教育。

（四）互联网金融

从广义上讲，互联网金融也是互联网文化产业的延伸部分。互联网金融理财是通过运用信息技术，把互联网业务思维与传统金融理财业务进行有机结合，形成以用户体验为先、互动式、个性化的创新型理财服务模式。互联网金融理财与传统金融理财相比，具有平台优势、数据优势、效率优势。互联网金融理财业务由互联网企业提供平台，传统金融企业负责金融产品策划和投资管理，以及资金账户托管，通过社交网络、开放平台聚拢庞大的客户群和流量，利用大数据、云计算等技术手段，降低成本，提高效率。③

目前我国互联网金融理财正处于快速发展时期。在阿里巴巴推出余额宝

---

① 《2014年上半年国内在线教育投融资总额超25亿元》，中国经济网，2014年7月1日。
② 《2015年中国互联网发展十大趋势》，雷锋网，2014年12月22日。
③ 宋恺：《互联网金融理财类产品的创新发展》，工业与信息化部网站，2014年8月18日。

之后，其他互联网公司也纷纷涉足互联网金融领域，例如腾讯理财通、百度百赚、苏宁零钱宝、网易现金宝、京东小金库等。互联网金融产品的出现为人们投资提供了一种新的选择，区别于传统的金融理财产品，互联网金融产品往往门槛较低，操作更加灵活，收益率较为合理，特别适合投资金额少的普通人，能够为用户带来实实在在的利益。因此，互联网金融产品的市场规模在短时间内实现了快速增长。

值得注意的是，互联网金融产品往往与前文所说的移动支付服务结合在一起，互联网金融产品的购买者一般也就是移动支付应用的习惯客户群。因此，互联网金融产品的提供者恰恰就是一般的互联网企业，互联网企业将互联网思维与金融理财服务相融合，与金融企业合作，打造出了具有鲜明互联网思维的金融理财产品。

五 资本运作的创新发展

互联网金融是新兴的互联网金融活动，它除了是一种上文所说的金融产品之外，也包括互联网公司的资本运作行为，包括企业的收购、上市活动等。2013年以来，由互联网产业资本主导的投资并购活动十分频繁，许多国内互联网企业都设立了专门负责投资收购的部门，一些资金较为雄厚的互联网企业倾向于投资或收购那些已经具有成熟商业模式的新兴企业。进入2014年，互联网文化产业领域的资本运作更是表现抢眼，成为我们必须关注的一种新趋势。

（一）众筹与投融资

众筹模式即大众筹资，用团购加预购的形式向网友募集项目资金，即人人都可以成为投资者。网络众筹等充满互联网"大众协作"精神的金融业务在2014年掀起了一阵浪潮。2014年3月，阿里巴巴推出了"娱乐宝"平台，承诺网民出资100元即可投资热门影视剧作品，预期年收益7%，投资者有机会享受剧组探班、明星见面会等娱乐权益，首期项目包括《小时代

3》《狼图腾》等电影作品。随后，百度也推出了"百发有戏"的众筹业务平台，首批作品是《黄金时代》等影片。2014年11月，中国平安在入股华谊的同时也推出了名为"平安好戏"的众筹平台，其首个项目是与《匆匆那年》相联合的三款理财产品。

众筹作为一种新兴的互联网融资方式具有很大的优越性，在互联网平台上，信息透明度更高、资金配置效率更高、金融中介的作用淡化、投资人对资金去向有较大决定权，而资金需求方的融资方式、回报率自主性也得到增强，并且众筹不需要高额抵押，这让许多资金不足的中小企业或项目获得了融资机会。[1] 众筹模式一方面为刚刚起步的文化创意项目提供了资金支持，另一方面也给参与互联网文化产业的消费者带来收益，并且扩大了互联网文化的影响力，因此，网络众筹成为文化创意类项目的新兴融资营销渠道。但是由于与网络众筹相关的规章制度并不完善，因此网络众筹仍存在一定的投资风险，这需要在未来进一步地完善相关的制度、法规建设，让互联网众筹平台真正地安全、高效。

（二）企业的并购

据Wind数据统计，2014年以来，国内公司共发生169起文化传媒行业并购。[2] 这些并购多发生在与互联网文化产业相关的领域，并购对象大多为互联网公司，并购方也多是互联网公司。可以说，互联网产业资本主导的投资并购活动愈演愈烈。进入2014年，BAT三家的投资举动更加频繁，上半年，BAT三家宣布的投资收购事件超过20起，其中半数金额在1亿美元以上。[3] 由此可见互联网文化产业的活力。

2014年，影视传媒领域是并购活动发生的主要领域，目前来看，大部分互联网文化企业都属于中型或小微型企业，它们主要属于被并购方，对于这些中型和小微型企业而言，并购活动可以帮助它们筹集资金，对整个互联

---

[1] 张倩：《互联网金融》，工业与信息化部网站，2014年2月27日。
[2] 《2014年文化产业持续高增长 影视业并购案6天一起》，中国经济网，2014年12月24日。
[3] 《我国互联网行业投融资动向评析》，工业与信息化部网站，2014年9月17日。

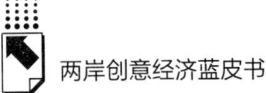

网文化产业而言，并购活动能够提高互联网文化行业的整体集中度，提升行业的整体竞争力，进而有利于产生具有国际竞争力的大型传媒集团。除了中小型企业之间的并购，大型互联网企业投资并购行为能够对互联网文化产业的发展带来积极影响，有利于更加有效地吸引资金，给极具创新精神但暂时又缺乏盈利能力的新产品和新服务的开发提供不竭动力。同时，企业的并购行为不仅仅是一种投资行为，也是对未来产业发展的规划布局行为。所以说，大型企业的并购能够推动整个互联网文化产业的发展。

（三）企业的上市

2014年是互联网文化产业方面的企业上市活动十分活跃的一年，京东、陌陌、微博、聚美优品等互联网企业都在2014年上市。除了这些大型企业值得关注外，一些文化企业选择了新三板，中小文化企业通过新三板提升了自身的市场价值，扩大了自己的市场影响力。

另一点值得注意的是，许多互联网企业选择了海外上市。海外上市可以为企业提供更加广阔的资金来源，尤其是企业在美国资本市场上市，可以有效地解决企业的资金问题，同时也大幅提升了企业的知名度和影响力，有利于企业的创新发展和业务拓展，近期阿里巴巴的上市就是典型的代表。从这个角度看，海外上市是有利于中国的互联网文化产业的发展，但是另一方面，海外上市也会对中国互联网文化产业的发展产生消极影响。海量的用户数据、经济社会运行数据是互联网企业最重要的竞争实力，而境内互联网企业海外上市可能会因受上市地法律法规约束，从而造成自身所掌握的数据难以得到有效的保护，构成数据控制权的流失、数据外泄等安全风险。此外，海外上市也使得国内的股民难以投资这些优秀的企业，从长远看，阻断了互联网文化产业在国内的持续发展，导致广大民众无法分享我国互联网行业的发展红利，从而打击了本国民众对本国互联网文化产业发展的支持与信心。

B.16 以生态文明为内涵的文创产业战略与特色园区建设

花 建*

摘　要：	跨入21世纪以来，生态文明成为全球广泛关注的前沿发展领域。建设生态功能地区，发展生态休闲城市，成为国家战略。而打造生态文化产品，建设生态文化园区，需要文化创意产业为之做出重大贡献。当下，要充分发挥文化创意产业对生态文明建设的贡献，以生态文明的理念推动文创产业，在海陆兼备的大视野中形成产业布局和集约发展；要大力开发表现生态主题的文化产品和服务，推广节能减排、低碳生态的文化生产工艺和服务项目；要结合新型城镇化建设，发展生态型的文化创意产业园区和集聚区。
关键词：	生态文明　文创产业　特色园区

生态文明建设是中国特色社会主义事业的重要内容，关系人民福祉，关乎民族未来，事关"两个一百年"奋斗目标和中华民族伟大复兴中国梦的实现，关乎作为世界大国的中国对全人类可持续发展的作为与贡献。我国提出的生态文明战略对发展文化创意产业、建设生态文化产品、打造生态文化

---

* 花建，研究员，上海社会科学院文化产业研究中心主任，长期从事文化产业、创意经济和城市文化战略等的研究、规划和决策服务。

园区提出了新的要求。以生态文明为内涵的文创产业战略与特色园区建设,正在成为两岸文创产业合作的重要领域。

一 生态文明建设与文创产业战略

跨入21世纪以来,生态文明成为全球广泛关注的前沿发展领域。绿色生态、节能减排、循环再生开发主导着许多经济领域的发展,生态城市、生态文化、生态产业等引领全球的技术、贸易、投资、产业等前沿。欧美日等发达国家与金砖国家等竞相投入,对此开展探索。2008年以来,奥巴马政府多次强调了对生态文明、节能减排和绿色产业发展的高度重视,推动美国能源的自给率从76%提高到了84%,对石油输出国组织进口原油的依赖度大幅度地下降到了38%,特别是提出到2030年风力发电占用电总量的比重不少于20%。在大西洋的另一边,欧盟计划到2030年,风力、太阳能、生物等可再生能源占能源总消费量的比例达到27%以上。德国政府更是结合工业4.0战略,率先地提出了更高水平的利用可再生能源目标。① 而日本政府从2000年开始,为了减轻环境载荷和国土的资源消耗,正式颁布了《建立循环型社会基本法》,强调在全社会推广"最佳生产,最佳消费,最少废弃",实现从大量生产、大量消费、大量废弃到集约型、生态型、绿色型产业和社会的深刻转型。日本从2008年以来先后颁布了26个政府认定的生态工业园区,采用政府支持、学界引导、企业运作、民众参与的方式,建设产学研一体化的生态型城市和产业园区。

中国国土辽阔,人口众多,生态类型多样,但生态环境相对比较脆弱,人均占有自然资源量包括淡水、森林、耕地、湿地等大大低于美国、加拿大等发达国家,也低于金砖国家的平均水平。改革开放30多年来,我国迅速发展成为全球第二大经济体、第三大贸易国、世界级的制造业大国,但是目

---

① 迟福林:《如何平稳度过最后"窗口期"——十三五中国经济转型升级大趋势》,《探索与争鸣》2015年第3期。

前我国仍然以传统的石油化工能源消费为主，温室气体排放量已经超过欧美的总和。我国现阶段存在的矛盾和挑战在于：人民日益增长的生态产品需求与相对减弱的生态产品提供能力之间的矛盾。虽然我国提供工业品的能力迅速增强，提供生态产品的能力却在减弱，而随着人民生活水平的提高，人们对生态产品的需求在不断增强。

有鉴于此，《中共中央国务院关于加快推进生态文明建设的意见》明确提出了迈向 2020 年的资源节约型和环境友好型社会建设目标，强调要强化主体功能定位，优化国土空间开发格局，大力推进绿色城镇化，在落实《国家新型城镇化规划（2014～2020 年）》中全面体现生态文明的内容等。这一国家战略对发展文化创意产业，建设生态文化产品，打造生态文化园区，开发生态文明城镇提出了迫切的要求，也提出了多方面的发展课题。

第一，要推动生态型的文化商业模式。把打造环境友好型的文化产业作为重要的发展目标，在开发各种文化资源，拓展文化消费市场的过程中，努力保持生态环境的平衡；第二，实施高性能的资源利用以实现生态型生产模式。着力于提高循环利用效率，特别是减少对土地、森林、淡水、不可再生型资源的消耗，大力开发智慧型、创意型、知识型的资源，使得文化产品和文化消费的开发，实现生态型的生产；第三，发展生态型的文化产业园区。立足于生态体验和知识消费的服务经济，在城镇化和现代化的发展过程中，把生态文明的理念和内容，注入文化产业街区和园区的开发建设中；第四，推动高品质的文化生活——开发主题积极而多样化的文化产品和文化服务，以尊重自然、节约资源、保护生态、和谐发展、永续增长作为主题和内涵，引导人们从文化消费中获得生态文明的滋养，步入和谐文明的生活境界。

以生态文明为内涵的文创产业战略与特色园区建设，就从人类追求全新发展方式的战略视角的高度，成为当代中华儿女的共同心声，也是海峡两岸许多城市和地区共同探索和合作的前沿领域。从 21 世纪初开始，中国许多省区市的"十二五"文化产业发展规划，都具有丰富的生态文化内涵和具体要求，比如上海"十二五"文化产业发展规划中规划的"一轴两河多圈"的文化创意产业空间新布局，就充分考虑了沿江、沿海、沿河的生态建设与文化产业发展同步,强调要发展集约化、生态型的文化产业集群;桂林的"两江四湖"工程,既是桂林市的大型环保工程和城市基础设施建设,也是大型的文化旅游景区建设工程,等等。这些具有生态文明内涵的文化产业发展规划,既有沿海大都市群的生态建设,也有中西部生态新区的开发,展示了文化产业与生态文明结合发展的高度自觉和多样贡献。

台湾地区的文化创意产业规划和各地的实践,也逐步融入了丰富的生态文明内涵。台湾地处亚热带,自然生态资源丰富,文化遗产积淀多样,生态文明的建设逐步成为社会的共识。不管是2010年颁布的《文化创意产业发展法》,还是之后的《创意台湾——文化创意产业发展方案行动计划2009~2013年》,都强调了"文化创意产业是源自创意或文化积累,透过智慧财产之形成及运用,具有创造财富与就业机会之潜力,并且促进全民美学素养,使国民生活环境提升之产业,而且专门设立了创意生活产业"。[1] 台湾的创意生活产业细分为自然生态体验、特定文物体验、工艺文化体验、饮食文化体验、生活教育体验等六个门类。台湾文化创意产业与生态相结合的一大特色是结合台湾各县的自然和遗产资源,倡导文化创意产业的"泥土化",即培育在地文化人才、盘整村落文化资源、发展村落微型文化产业、改善村落文化据点、发展具有在地美学之生活空间。[2] 这些项目通过"溪头竹文化节"(南投县)、"遇见部落之旅"(屏东县)、"中元祭演艺活动"(基隆市)等丰富多彩的活动,在富有乡土气息的社区民间活动中激发文化创意产业的活力。可见,以生态文明为内涵的文创产业与特色园区建设,正在逐渐成为两岸合作的前沿领域,具有合作发展的广阔前景。

二 生态城市内涵与文创产业贡献力

作为一个古老而年轻的发展命题,生态城市建设的渊源可以追溯到100

---

[1] 亚太文化创意产业协会:《两岸文创耀寰宇——2013两岸42座城市文化创意产业竞争力调查报告》,2013年。
[2] 《2014年台湾文化创意产业发展年报》。

多年前英国社会改革家埃比尼泽·霍华德提出的"田园城市",1996年加拿大生态经济学家威克纳格等提出"生态足迹"的概念。"生态足迹"是人类为经济增长提供资源(粮食、饲料、树木、鱼类和城市建设用地)和吸收污染物(二氧化碳、生活垃圾等)所需要的地球土地面积。加拿大学者测定了从1960年以来的生态足迹数据,发现人类经济增长的需求与地球能提供的生态供给相比,从1980年开始超出了地球的承载力,至今已超过25%左右,即要用1.25个地球的资源来支持1个地球人类的经济增长!推动经济转型,发展生态型的增长模式已成为全球性的当务之急。

在这个浪潮中,古老而年轻的中国,再次被全球许多有识之士寄予担当建设生态城市重任的希望。因为中国具备与生态城市的潮流相衔接的不可多得的条件:"天人合一"的生态文化传统、广阔而多样的地理与资源、睿智而执着的现代化追求。国际生态城市建设理事会副主席理查德·瑞吉斯特指出:"世界上没有哪个国家有中国这么多的人口和这么大的资源潜力去建设一个比当今工业化国家的城市好得多的生态城市……中国不仅有思想基础、实证经验,而且也有能力和潜力去改变这个世界。这个思想基础就是中国5000多年来积淀的'天人合一'的人类生态观和儒释道诸子百家融于一体的传统文化。"[1]

然而推动跨界合作,文化贡献,是文化产业与生态城市有机结合的必由之路。这是因为在知识经济背景下,生态休闲城市模式是具有创意文化内涵和现代服务经济的新型城市模式,它已经远远超出了100年前霍华德所倡导的"田园城市"。21世纪的生态文化城市的"现代性"就在于它表现出来的创新活力和内在产业支撑。这样的城市完全区别于农耕经济时代的低效益形态,而是具有在知识经济基础上的综合创新能力和产业转化能

---

[1] 理查德·瑞吉斯特(Richard Register):《生态城市——重建与自然平衡的城市》(修订版),中译本,社会科学文献出版社,2010。他指出:"中国地大人多,资源丰富多样,人民勤奋执着,目前正在探索着各种城市生态模式,前途无量,希望中国能借鉴工业化国家城市发展的前车之鉴,在汽车城和生态城、机械城和人性城之间作出明智的抉择,后来居上。"

力，有发达的文化产业作为支撑，进而在整体城市功能表现出宜居和宜业的生活环境，吸引大量的知识型劳动者，推动全球化背景下绿色经济要素和知识型产品的集聚和流动。这是生态文化城市获得成功和可持续发展的关键之一，否则它就只是一个徒有田园外表的空壳，很快会人去楼空，破败凋零。

2010年上海世博会期间，联合国教科文组织总干事伊琳娜·博科娃在演讲中指出："文化多样性作为一种动态的过程，可以通过文化间对话的方法应对文化变迁，成为一支强有力的杠杆，为国际社会找到促发展、维和平的新途径。"[1] 这是联合国教科文组织在联合国成立65年来第一份有关文化多样性的世界报告。该报告指出：①生物多样性与文化多样性之间具有深刻的内在联系；②文化可以促进社会、经济、环境三大支柱的交汇；③创造力是文化多样性之本，两者存在相互促进的关系；④跨文化间的对话有助于全球化背景下广泛的人类创新活动。

与此同时，美国学者理查德·佛罗里达在对美国创意经济最活跃的城市排名和研究后发现：科技发达、文化多元、生态优美、休闲时尚的城市是最能吸引创意和创业人才的家园。新一代创意和创业人士所钟情的舒适性具有时代特点，他们更喜欢优美的生态环境，和谐的人与自然关系，与良好生态空间结合的参与性休闲活动。[2]

理论和事实无数次证明："正是生态多样性和文化包容性，才能引导大量新兴产业的要素包括人才、资本、项目、技术等向城市群集聚，增强城市的先进制造业和现代服务业功能，优化生态和文化环境，最终建成城乡一体化、全面现代化、高度国际化的新型城市。"[3]

显然，生态城市的建设有待于建立发达的文化产业，提供大量多样化的

---

[1] 联合国教科文组织：《着力文化多样性与文化间对话》，2010，英文版，UNESCO's world report: *Investing in Cultural Diversity and International Dialogue*. 2010. http://www.unesco.org.
[2] 理查德·佛罗里达：《创意新贵》，中译本，郑应瑗译，台湾宝鼎出版社，2003。
[3] 联合国教科文组织：《着力文化多样性与文化间对话》，2010，英文版，UNESCO's world report: *Investing in Cultural Diversity and International Dialogue*. 2010. http://www.unesco.org.

文化产品和文化服务。这种文化贡献又与创意、科技、生态、产业等领域的跨界合作密切相关，与保护和恢复生态多样性相结合，需要一种综合性的战略视野和政策大框架来加以保障。20世纪末，以主要发达国家为引领，人类开始跨入知识经济时代，也有人称为"后工业化时代"。在此背景下，生态城市的追求与知识经济和创意文化的潮流相融合，逐步形成了以"自然之美、先进产业、社会公正、城乡一体"为核心的观念框架。

值得注意的是，建设生态休闲城市，中国大有后来居上的态势，并成为全球最佳实践地和希望所在。中国现代城市规划对城市生态建设的重视，可以追溯到1946~1949年上海市政府编制的《大上海都市计划》。为应对战后激增到500多万的人口，重建和复兴上海大都市，1946年上海市工务局园场管理处率先设立"造园科"——中国最早的城市园林设计和服务机构，并着手编制《大上海都市计划》。在该计划中率先提出了功能分区、有机疏散和城市绿化理念，并且第一次提出要绿化工业区，绿地要达到全市面积的28%。该计划为中国规划和建设生态城市和生态文化，做了有益的探索。[①]

在全球范围内的生态文明潮流背景下，中国正在担当起可持续发展的大国责任，对全球生态文明建设做出巨大的贡献。但必须清醒地看到：中国城市在推动经济增长方式和城市功能的"双转型"方面，总体上还处在初级阶段。中国文化产业对建设生态功能地区、发展生态文化城市和园区，在实践能力方面需要在以下多个方面做出重点的开拓。

第一，中国城市亟待开发表现生态主题的文化产品和文化服务。正如前面所言，生态文化是人类社会进入知识经济时代追求可持续发展的产物，但它又反过来刺激和引导了绿色经济的市场需求和城市形态的更新。从20世纪末期开始，在对生态多样性、低碳经济模式、城市与自然平衡、节能减排技术等的广泛研究和应用过程中，开发和传播生态主题文化产品成为世界潮流之时，中国大部分城市的文化产业还处在相对弱势地位。为

---

① 1949年3月，上海市都市计划委员会组织专业人员在前两稿的基础上编制《上海市都市计划三稿初期草图》。当年5月27日上海解放。上述专业人员在征得上海市人民政府陈毅市长同意后，继续编制完成第三稿。

此，当前中国的多家国家级文化产业示范园区，包括华侨城、开封古都、上海张江高科等，都广泛采用节能环保技术和产品，让生态型的新材料、新工艺、新技术成为文化创意园区的重要特色。又如湖南天心文化产业园，不但是集约化的产业集聚区、科技型文创产业的开发基地，也是著名的文化生态旅游景区。它整合人文古迹和文化设施，构筑以"古阁－古街－古巷－古井－古渡－古院－古馆"寻古探史为特色，成为将生态文明与互动体验结合、创意开发与文脉探访相结合的文化亮点，像这样的创新型项目应该多多益善。

第二，中国的新型城镇化亟待以生态文化来引导空间布局和产业组团，形成宜业宜居宜文的复合型空间。全球城市发育的历史证明：一个城市采取什么样的文化理念和产业结构，就会导向什么样的城市空间布局。工业经济早期阶段以工业增长为核心，大多城市势必采用"单中心"结构，"摊大饼"式增长就成为发展的必然；而以旅游、休闲、文教、商业等为主的中小城市则采取高度集中布局的方式；而当一座城市依赖矿产、交通枢纽、大型港口等资源发展时，与行政和居住中心分离，必然形成"双核心"结构。当城市跨入后工业化时代，城市要成为全球知识经济网络中的重要节点，就走向"多中心组团"式结构和对"新型城镇化"的追求。一方面，必然把高端制造业和金融、科技、创意、娱乐、旅游、商贸、教育、保健等现代服务业形成组团式分布，另一方面，越来越强调城市与乡村、建筑与田园、人文与自然的和谐交融，逐步依托各种网络连接，又以绿化和休闲地带进行环绕。既要金山银山，更要绿水青山，这样才能吸引大量的知识型劳动者和创业人士集聚，成为文化创意产业的集聚区，也成为生态文明建设的示范区，这正是两岸文化创意产业人士的共同心声。中国东、中、西部的多个优秀文创产业园区，如西安曲江文化产业园建设对古老文脉和自然生态进行全面保护，把这些积淀了丰富历史内涵的文化生态遗产，开发成为近悦远来的文化旅游景观；台湾地区的多部文化产业政策如《文化资产保存法》指定了"自然保留区"，规定了淡水河红树林自然保护区、鸳鸯湖自然保护区、南澳阔叶树林自然保护区等诸多项目，还努力推动"新故乡营造"与地方文化馆、社区博物馆建设等结合。① 这些都是各地在倡导生态文明背景下，对生态型文创产业项目的不同探索，值得开展更深入的交流和合作。

第三，中国文化产业对建设生态功能地区、发展生态文化城市至关重要。要在海陆兼备的大视野中做出多样的贡献，不但要传承农耕文化的丰富遗产，而且要开发海洋文化的丰富内容，适应21世纪中国走向世界强国的全域视野和全球责任。中国是全球性的海陆兼备大国，驶向蓝水大洋是中国和平崛起的必然选择，而海洋文化应该是中国文化创意产业的重要内容。中国大陆和岛屿的海岸线长达3.2万多公里，自鸭绿江口北仑河口，包括环渤海、长三角、珠三角、海峡西岸、海南岛、北部湾等，绵延着中国经济最发达、贸易最活跃的城市带。中国政府倡导的"一带一路"大格局，恰恰是在欧亚大陆和太平洋、印度洋、大西洋的广阔空间，与各国人民相互合作，打造和平发展的命运共同体。中国的城市在发展文化产业、建设生态城市的过程中，目光不能局限于陆地，要与走向蓝水、经略海洋、建设岛屿、保护海洋的大国战略相结合。文化产业对生态城市的贡献，不仅仅包括陆域文化的开发，也不仅仅传承农耕文化遗产，而且要推动海洋文化产品和服务的产业化，大量发展与海洋有关的创意主题、亲水景观、滨海休闲、跨海旅游、游艇游轮、文化品牌等，把文化创意产业与航海体育、邮轮观光、海洋艺术品、岛屿开发、海景旅游、亲水体验等相结合，让更多的人获得参与海洋、探索海洋、保护海洋的体验和快乐。

三 生态文化特色与文创产业园区

跨入21世纪以来，生态城市和生态功能地区建设成为全球广泛关注的发展领域。中国要结合建设文化强国的战略和转型升级、创新驱动的方针，探索文化产业对生态城市建设的贡献，在东中西部探索多样化的生态型文化创意产业园区。

---

① 陈郁秀等：《文创大观——台湾文创的第一堂课》，先觉出版股份有限公司，2013。

中国的现代化战略,把生态文明包括生态城市建设放在越来越重要的位置。未来建设生态型城市和生态园区可在以下几个方面着力。

第一,大力开发表现生态主题的文化产品和服务。有关专家统计了2000年以来美国出品的100部故事片和50部动画片,发现其中24%和19%与生态多样性、低碳经济、人与自然的友爱等主题内容有直接或间接的关联。如皮克斯公司出品的关切海洋生态的电影《海底总动员》,全球票房高达8.65亿美元。日本著名电影艺术家宫崎骏执导的动画片《悬崖上的金鱼公主》,表现了对海洋污染的深切忧虑和人文关怀,获得了广泛的好评。相反目前中国表现生态主题的文化产品都差强人意,亟待突破。近年来,以保护鄱阳湖鸟类为主题的中国国产动画片《天堂飞鸟》,被制作成为多个语种的版本,在海内外放映,获得许多好评。这说明国内外文化消费市场对中国创作的生态文化主题的作品具有广泛的需求和期待。

第二,积极推广节能减排、低碳生态的文化生产工艺。文化产业的各个领域包括设计、影视、出版、演艺、数码、印刷等都应该对此大有作为。近年来,国家绿色创意印刷产业基地(金山)对此做了率先探索。它在生态优美的江南水乡,从印刷设计、印刷设备、印前处理、印后处理等方面向绿色印刷产业链发展,形成全方位的节能环保综合服务平台和集成商务平台,围绕"创意、环保、绿色、低碳、科技",大力开发迈向未来的低碳运行、关爱生命的绿色创意印刷产业。该绿色创意印刷示范园区毗邻杭州湾,规划面积245公顷,重点发展"绿色包装印刷、绿色特种印刷、智能标签印刷、印刷数字化、防伪和票证印刷、广告设计和创意设计、国际印刷和离岸贸易、数字资产和功能印刷、电子商务和现代服务印刷、绿色印刷新材料和设备"十大产业,获得了海内外的广泛好评和良好的经济效益。像这样的绿色文化产业园区应该多多益善。

第三,结合各地的资源,因地制宜,因人制宜,形成文化产业与生态文明相结合的多样开发模式。中国国土辽阔,人口众多,东中西部的生态条件、城市化程度、国际化水平很不相同。各地可以因地制宜,在特色文化城市建设中结合当地的生态文化内容。中西部城市可以传承农耕文化的丰富遗产，如成都传承"诗书耕读"的遗产，形成"现代田园城市"的大战略；沿海地区应该结合海洋资源的开发，使得文化产业与走向蓝水、经略海洋的大国战略相结合；珠三角地区拥有"桑基鱼塘"的循环经济和生态农业传统，顺德的陈村花卉世界等文化产业园区体现了这一特色而广受好评；长三角的苏州、无锡、杭州、嘉兴等则以江南园林、古镇、湿地、良港、陶都、环湖等优美生态与文化创意相结合，为当地的产业和城市空间的双转型做出许多贡献，显示了文化产业与生态建设的广阔前景。而位于海峡对岸的台湾南投县埔里镇桃米社区，在汶川遭遇5·12大地震的巨大灾难后，于2010年底联合在地产业组织、社团和科研机构，构思埔里镇灾后重建的愿景和行动计划，设定以"再现埔里蝴蝶王国"为主轴目标。这个社区的居民，以"第三部门组织"作为社群合作的机制，担当起推动地方组织与社区文化创造活力的责任。他们孜孜不倦地开发和加工当地丰富的蝴蝶资源，形成旅游观光及地方产业的连接点，广泛发动村民参与，为地方经济和草根文化带来新的活力。他们的文化创意产业开发路径，突出了"蝴蝶工艺－我们的过去""再现蝴蝶王国－我们的现在""建设转型城镇－我们的未来"三大环节，创造了"从青蛙村到蝴蝶镇"的感人业绩，值得许多地区文创产业人士认真借鉴。这些都为两岸文创产业与生态文明的结合与交流提供了有益的经验。

第四，结合新型城镇化建设，发展生态型的文化创意产业园区和集聚区。要因应知识经济时代，走向"多中心组团"式结构，又以绿化和生态功能地带进行环绕，使之成为全球知识经济网络中的重要节点。

B.17
新常态下广播电视的媒体融合发展

林小勇 罗惠*

摘　要：	媒体融合发展将是未来很长一段时间的常态，目前，各地广播电视都积极探索媒体融合发展，集群模式、独播模式、T2O模式、窄地化模式等是现阶段广播电视具有代表性的媒体融合发展路径选择。用户是融合的目的，广播电视的媒体融合发展必然由"传播"向"服务"转型，广播电视推进媒体融合发展的逻辑思维起点是"互联网＋广电"，立足点是重构媒体与用户关系。广播电视想要为"王"，内容、渠道、人才、用户缺一不可，其中内容为本，用户为上，渠道使内容更便捷地抵达用户，而人才则是保障。
关键词：	媒体融合　新常态　广播电视　传统媒体　新兴媒体

媒体融合发展是媒体发展过程中为不断适应新闻传播规律和新兴媒体发展规律的一种战略选择。2014年8月，中央出台《关于推动传统媒体和新兴媒体融合发展的指导意见》，媒体融合发展上升为国家战略，媒体融合发展成为传媒领域一场重大而深刻的变革。在中国经济新常态下，广播电视为了赢得生存和发展空间，积极探索与新兴媒体融合发展的路径，加快产业发

---

* 林小勇，高级编辑，厦门广播电视集团编委、新媒体中心主任，厦门理工学院文化产业学院兼职教授，主要研究方向为新媒体产业；罗惠，厦门广播电视集团新媒体中心编辑，主要研究方向为新媒体产业。

展转型与事业建设升级，充分运用新技术新应用创新媒体传播方式，占领信息传播制高点，重新构建成为新型主流媒体。

一 媒体融合发展的缘起及实践

媒体融合发轫于美国。1978年尼古拉·尼葛洛庞帝绘制了影响深远的三圈重叠图，用来演示印刷和出版业、电脑业以及广播和动画业这三种行业相互融合的过程，并认为这三种行业的融合处将成为成长最快、创新最多的领域。1983年契尔·索勒·普尔教授提出"媒体融合"（Media Convergence）概念，认为媒体融合就是指各种媒介呈现出多功能一体化的发展趋势。[1] 美国媒介综合集团（Media General）和论坛公司（The Tribune Company）是较早实践媒体融合的媒体集团，20世纪70年代获得授权将《坦帕论坛报》《坦帕时代报》和WFLA电视台组建为坦帕媒介综合集团，成为当时同时经营报纸和电视台跨媒体经营的特例。20世纪90年代美国的媒体融合实践进入高速发展期，报纸创办网络版，电视台的部分视频节目也被搬到网上。1992年，《圣何塞信使新闻报》推出了全球第一份网络版报纸；1994年，《坦帕论坛报》开设网站；1995年，美国全国广播公司与微软公司合作，开设了互联网有线电视频道。[2] 之后，不同类型的媒体除了内容互动也尝试从各自经营转向联合运作。进入21世纪，美国的媒体融合发展进入了深度融合阶段，依靠大数据、云计算等技术以及资本，美国媒体纷纷实践报纸、广播、电视、计算机、手机、可穿戴设备等一体化发展。

我国媒体融合的实践落后于西方国家，但其实在学者正式将"媒体融合"的学理性概念引入国内之前，我国传媒业在内容、渠道、功能方面已经开始进行了融合的路径探索，"全媒体"就是我国传媒业走向融合所进行的本土化探索。由于媒体管理体制的限制，我国的全媒体探索方

---

[1] 杨娟：《中国媒介生产融合研究》，中国广播电视出版社，2014，第66页。
[2] 杨娟：《中国媒介生产融合研究》，中国广播电视出版社，2014，第67页。

式暂无法实现跨媒体、跨区域、跨国界的探索，更多体现出各自对新兴媒体的利用上，即不同的媒体各自利用新兴媒体为自身扩展传播手段与传播渠道。

目前，我国的媒体融合实践还属于起步阶段，但随着新兴媒体的强势发展，新闻的生产方式和传播方式逐步产生了变化，媒体生态环境和舆论格局也被深刻地改变着，加快推进媒体融合发展，促进传统媒体转型，提升传统媒体的传播力、公信力、影响力和竞争力已经刻不容缓。2014年8月18日，中央全面深化改革领导小组第四次会议审议通过了《关于推动传统媒体和新兴媒体融合发展的指导意见》（以下简称《意见》），《意见》正式提出"媒体融合"，对新形势下如何推动媒体融合发展提出明确要求，做出具体部署。《意见》彰显了国家对媒体重构的决心，对加快我国媒体融合发展的进程具有重要的推动作用。

媒体融合发展将是未来很长一段时间的常态，将呈现以下三个特点。

一是广播电视传统媒体与新兴媒体将在相当长时间内并存发展，这也为媒体融合发展提供了可能和基础。纵观媒介的发展历程，从报刊到广播，再到电视，最后到现在的互联网，虽然每一次新的媒介出现都在一定程度上对先前的传播媒介造成了巨大的冲击，使其面临着诸多困境，但并没有哪一种媒介因为新的媒介出现而消亡。因为每一种媒介都有自己的传播特点和各自的受众，它们都有其生存和发展的空间。同样，虽然新兴媒体发展势头强劲，对传统媒体产生了颠覆性的影响，但是新兴媒体依然无法完全取代传统媒体。在未来很长的一段时间里，传统媒体和新兴媒体将并行发展，它们的融合发展关系将保持不变，而且二者的融合将出现多种融合模式，走向多业态融合。

二是广播电视传统媒体与新兴媒体将不断吸取对方的优势长处，技术手段将不断趋同。传统媒体与新兴媒体都有各自的优势，在传播中都发挥着重要的作用，在很长一段时间里，两者将不断实现优势互补。新兴媒体将更加注重信息把关，制作出与广播电视传统媒体一样精良的节目，而广播电视传统媒体则将更加重视社交性和互动性。未来，技术的使用门槛势必会降低，广播电视传统媒体与新兴媒体所使用的技术手段将不断趋同。例如，未来，广播电视也许将改变原有以无线发射或有线电视为主的传输渠道，互联网同样会成为广播电视节目的主要播出平台，更多人将选择观看在线直播点播音视频节目。在未来很长的一段时间里，传统媒体和新兴媒体将一体化发展，在内容、渠道、平台、经营、管理等方面进行深度融合。

三是用户在广播电视传统媒体与新兴媒体融合发展中的主体作用将日益凸显。互联网最宝贵的资源就是庞大的用户，只有抓住用户、集聚用户、黏住用户才是媒体融合发展的目标。"用户在哪儿，媒体工作的重点就在哪儿"，用户与新兴媒体的阵地在哪儿，传统广播电视就要把触角伸到哪儿，服务就要覆盖到哪儿，从观众到用户、从节目到产品、从一次播出到衍生产业链，广播电视需要全方位提升自身的影响力和引导力，以服务激活用户。

二 广播电视与新兴媒体融合的探索

我国广播电视与新兴媒体的关系经历了从"网依附台"到台网互动，再到台网融合的三个阶段。2014年，进入媒体融合阶段。这个阶段，无论是从宏观上谋划发展格局，还是从微观上设计技术路径，在媒体融合这个大背景下，广播电视开始了新一轮变革。目前，各地广播电视与新兴媒体融合的发展在内容制作、用户服务、盈利模式等方面都正在进行探索，其中，个别强势的地方媒体的一些探索模式对同行来说具有引领作用。

一是集群模式。即打破体制机制，从"内容、平台、渠道、服务"方面都进行重构。2014年11月，上海文化广播影视集团有限公司旗下两家上市公司百视通和东方明珠正式合并，成为SMG统一的产业平台和资本平台。重组后，新上市公司将原有业务与SMG下属相关业务进行重构整合，打通产业链各个环节，构建"内容、平台、渠道、服务"的互联网媒体生态系统与产业布局，推进传统媒体与新兴媒体的融合。在内容产业链布局上，新上市公司将覆盖模式创意、影视制作及版权经营三大板块；在渠道资源上，将覆盖OTT、IPTV、数字有线电视、地面无线电视、在线视频等。①

二是独播模式。所谓的"独播模式"就是以优质的内容为资本,依赖于优质内容进行独播战略。2014年4月,湖南广播电视台提出网络版权不分销的策略,宣布以"芒果独播战略"为起点全力支持芒果TV发展,并在此基础上构建全媒体生态,实现台网跨屏融合,推动融合发展。虽然芒果TV的浏览体验与一线的视频网站存在不小差距,但独播策略的实施,大幅提升了芒果TV的关注度和影响力,在短期内使芒果TV APP迎来下载量高峰,吸引了大量视频用户。通过自身的优质内容把观众引导为移动用户,利用用户流为自家的新媒体平台增加价值。芒果TV的独播策略是电视台应对视频网站、实现自我转型的具有重要意义的媒体融合探索,对其他电视台的转型具有参考意义。

三是T2O模式。即在电商平台开通官方店,同步出售节目中相关或专属定制产品,探索电视节目电商化路径。2014中央电视台、东方卫视、旅游卫视开始实践"节目+电商"模式,并取得了一定的成效。《舌尖2》探索了"释放内容价值,内容衍生经济"的商业化运作路径:在节目播出前,天猫商城竞争成为《舌尖2》的"独家整合传播体验平台",得以提前准备《舌尖2》即将播出的食材及相关资料;在节目播出时,同步开售每期节目中的食材和美食菜谱。《舌尖2》成功实现可供持续开发、可消费的商业变现。2014年东方卫视将T2O模式应用到《何以笙箫默》这部电视剧中,与天猫进行了新式互动购物的合作。在天猫搭建的专区页面里,用户可以看到与剧中人物同步上新的同款服装、饰品,实现边看边买。综艺节目《女神的新衣》中也运用了T2O模式,从节目制作到产品售卖都进行了多方合作,东方卫视是播出平台,天猫是节目的独家体验平台,蓝色火焰负责整个项目的运营及衍生品开发等,时尚集团是联合出品方。《女神的新衣》完成了"内容即产品"的商业变现,实现了节目方、商家和电

---

① 《东方明珠、百视通合并 将成A股首个千亿市值传媒公司》,一财网,http://www.yicai.com/news/2014/11/4043576.html。

商共赢。在旅游电视节目电商化探索方面，旅游卫视与淘宝进行了合作。在《鲁豫的礼物》这档节目中，如果用户对节目中明星所体验的各种产品甚至是旅游地点感兴趣，可以登录淘宝搜索购买，也可以直接用手机扫描节目LOGO购买产品。此外，旅游卫视还上线了"年假旅行"APP，建立专属旅游卫视的销售平台，形成了从TV端宣传、产品端设计到自由平台端销售的有效链接。

四是窄地化模式。即立足于本地服务，打造本地城市新闻生活服务平台，推动融合发展的城市台模式。在城市台媒体中，苏州广播电视台总台旗下新媒体全资子公司打造的"名城网+无线苏州"是广电领域信息服务综合平台的典型发展范例。2011年12月底，"无线苏州"正式上线启动，定位于"新闻+生活"城市公共生活服务类平台。"无线苏州"客户端聚集多种智能服务应用，突破了单一的新闻传播平台，增加了公共信息查询平台、应急信息发布平台、生活服务平台、移动电商互动平台，基本满足了用户生活所需，具有很强的实用性。截至2015年1月上旬，"无线苏州"用户数突破180万，DAU日活用户近30%。从"看电视"到"用电视"，"无线苏州"的开发实现了三屏（电视、手机、电脑）融合。目前，青岛、厦门等城市广电机构也先后推出"爱青岛""看厦门"等基于本地新闻生活服务的移动客户端产品，积极探索城市台媒体融合发展新路径，取得了不错的效果。

毋庸讳言，我国广播电视在媒体融合过程中尚存在诸多问题。

第一，媒体融合战略核心思想及价值认同尚未形成。互联网技术的发展，打破了不同媒介的界限，改变了人与信息的关系，也改变了人与服务的关系。互联网重新定义了媒体，新的媒体机构、内容创造和商业模式都在形成中。推动广播电视的媒体融合发展，首先是要转变思想观念，深刻认识和理解新兴媒体与互联网，运用全新的互联网思维来谋划和推进各项工作，网络思维意味着关注的不是事物本身，而是事物之间的关系，但传统媒体对媒体融合战略核心还缺乏必要的思想认识，部分广播电视机构纯粹是为融合而"融合"，没有明确的新媒体发展规划。不少人对新兴媒体

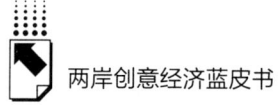

还持有"互联网工具论""新播出渠道论"的思想,但新兴媒体绝不仅是工具和新的播出渠道那么简单。

第二,媒体融合的边界模糊,传统媒体与新兴媒体之间仍然"融"而不"合"。目前,媒体融合在国内外都尚在路上,并没有现成的成功模式,特别是我国的媒体融合并没有太多的具体运作模式,这就导致多数传统媒体在媒体融合发展过程中把握不准融合的边界及效应,以致缺乏科学的发展规划和准确的定位。传统的广播电视与新兴媒体都有各自不同的传播规律和特性,在媒体的发展过程中,并没有出现完全更替的现象,反而呈现出竞合的态势。因此,媒体融合不仅只是媒体形态的融合,还要根据不同媒体的规律构建相应的管理体系,在此基础上进行整合资源、创新经营模式等方面的融合,这样才能实现真正的深层次的融合。

自中央提出媒体融合发展战略后,部分广播电视机构急于实现"一体化",缺乏对自身和新兴媒体的传播规律和特性的考虑,模糊了传播规律的"边界",在推进媒体融合发展的各项工作中缺乏顶层设计,不少传统媒体只是在表面上进行媒体融合工作,缺乏相应的业务流程调整。推进媒体融合发展,需要改变许多传统媒体原有的业务流程以及需要较多资本和较高技术的投入,这样才能完成媒体融合新业务,但实际情况往往是传统媒体不愿大量投入人力物力发展媒体融合新业务,原有的业务流程与新的业务流程尚未打通,即"融"而不"合"。随着推进媒体融合发展的形势越来越迫切,明确媒体融合的边界以及真正进行"融合"显得越发重要。

第三,媒体融合的规律与现有体制存在一定冲突。媒体融合需要全新的体制和机制,但现阶段,大多数的广播电视机构并未改变现有的体制和机制,承担媒体融合任务的部门依旧束缚于不符合新媒体业务发展的管理机制,无法实现媒体融合的需求。现阶段我国的广播电视机构存在层级和区域利益关系,不同的广播电视机构间、不同的媒体间都存在着激烈的竞争关系,在媒体融合发展过程中,一般都是各自为战,很难进行深入的合作。大部分广播电视的新媒体业务形式雷同,个性不突出,缺乏竞争力。

这也是无法实现跨地域、跨媒体、跨所有制的媒体融合模式的原因之一。受体制的束缚，部分广播电视机构并没有投入足够的人力、物力去推进媒体融合的发展，导致技术、内容、渠道、经营及管理方面的融合发展都存在一定的问题。与此同时，部分广播电视机构的新媒体部门还缺乏应有的业务发展自主权，在运营中受到多方管控，资本运作空间有限，无法顺利进行对外合作和对外融资，难以真正发挥媒体融合的作用，在市场中毫无竞争力。

三 新常态下广播电视媒体融合发展的思路

互联网环境下，用户获取资讯信息的思维和行为习惯正在改变，媒体的"传播功能"正朝着"服务功能"改变，广电的媒体融合发展必然由"传播"向"服务"转型。广播电视与新兴媒体要进行融合，就必须强化互联网思维，以互联网思维推动媒体融合发展。

当下，"内容为王""终端为王""渠道为王""技术为王"等提法不绝于耳，在媒体融合发展时代，想要为"王"，内容、渠道、人才、用户缺一不可，其中内容是基本，用户是融合的目的，渠道使内容更便捷地抵达用户，而人才则是实现这一过程的关键因素。推动广电媒体融合发展的具体路径探析：逻辑思维起点是"互联网＋广电"，重构媒体与用户关系是立足点，技术升级、流程再造、业务重组、渠道平台和经营管理是重点，移动互联网和人才队伍建设是关键。

第一，内容为本。在媒体融合时代，内容是一切发展的基本，"内容为王"已经成为过去式。光有内容，没有传播渠道、平台、技术等，媒体融合就无从谈起，但这并不意味着内容不重要，用户永远需要内容，可以说内容就是连接用户的核心，在推进媒体融合发展过程中，还应该坚持做出好的内容，打好融合基础。

新兴媒体的出现，不仅使用户更加容易获得海量的信息，也增加了用户对优质原创内容的需求。目前，广播电视在优质内容生产方面还具有很强的竞争力，应该坚定不移地创造优质内容，并应用新技术将内容转化为服务产品，重塑自身价值。在媒体融合时代，单一的新闻已经变成了集文字、图片、漫画、图表、音视频等多媒介融合的全面、立体、多样化服务产品，这些服务产品通过微博、微信、客户端、网站等渠道，形成了更有效的多媒介整合报道，广播电视原有的采编工作流程由于缺乏融合互动和资源共享，已经无法适应媒体融合的工作要求。因此，必须促进广播电视积极创新内容生产机制，再造采编业务流程，组建多媒体采编团队，发挥各个媒介间的协同效应，实现新闻信息一次采集、多种生成、多元传播。

对于新兴媒体而言，用户不仅是二次传播者，还是内容的协同生产者。广播电视在推进媒体融合发展过程中也应该进一步发挥用户作为内容协同生产者的作用。目前，不少路况交通广播节目已经采用了用户生成内容UGC的模式，例如，1039交通广播客户端就是采用"LBS（基于位置的服务）+UGC（用户生成内容）"的模式，以此实现用户之间的路况实时共享，以用户的路况信息丰富广播节目内容。

第二，渠道创新。伴随着互联网技术的发展，打破时空限制不断满足用户随时随地任意选择信息的需求日益重要，各种各样的新渠道应运而生，用户获取信息变得更快、更多、更方便。在推进媒体融合的发展过程中，广播电视要积极利用所有新渠道，加强自身的优势，还要尽可能创造出适合自己的新渠道。

目前，广播电视等音视频节目已经实现从一屏变为多屏的观看，也实现了由线性播出变为非线性播出。随着技术的不断发展，随时随地以任何方式在多种终端上收听收看广播电视节目已成为可能。广播电视亟待构建全媒体多渠道覆盖的大视（音）频（智能电视、车载电视、楼宇电梯电视、户外大屏幕等）传播体系，以此覆盖巨大的流动人群。媒体融合时代，内容的发布只是第一步，能不能被用户接受，是否能被用户分享才是关键。广播电视进入各种终端后，还需要考虑到用户体验和互动服务，只有把渠道变为服务入口，不断实现用户的需求，创新渠道才有实质的意义。

第三，用户为上。党性即人民性，做好思想宣传工作，必须讲党性，也必须讲人民性。新兴媒体的发展改变了人与信息的关系，"受众"变成了对信息有各种要求的"用户"，在与媒体的关系中，用户的主动权越来越大。媒体融合的最终目标就是重构媒体与用户的关系，不断满足用户的信息需求，并在信息需求满足的同时把党和国家的声音传入千家万户。

在媒体融合时代，人在哪里，媒体就应该往哪里去。广播电视要主动将观众变为用户，不断发展新的用户，预测并引导用户行为。但重新建立与用户的关系绝不仅是抢占各类终端，简单地把传统内容搬到各类终端上。2014年移动互联网数据报告显示，移动新闻用户的个性化需求增强，移动时代的新闻不再是被动阅读，而是与兴趣、个性需求等匹配，移动时代更注重用户的互联、互动性和分享性的增加，行业社交化、垂直化趋势明显。① 因此，重建广播电视与用户关系的关键是要以用户需求为导向，顺应用户的收听收看行为习惯和趋势，提升用户体验，最大限度占有用户注意力资源。这就需要广播电视创建用户数据库，通过数据的挖掘和分析进行信息智能匹配，分析用户的信息需求。例如，美国流媒体巨头奈飞公司（Netflix）就是通过推荐引擎分析大奖赛对用户的搜索数据、观看时长、评级数据等大数据的分析及挖掘，不断改进影片推荐效率，准确地预测观众的口味，推送适合的内容以延长用户的在线时间。虽然"今日头条"在使用传统媒体内容尚存在一定的版权争议，但它就是一款基于数据化挖掘的个性化信息推荐引擎，根据用户的微博行为、阅读行为、地理位置、职业、年龄等挖掘出用户的兴趣，精准定位人群进行传播。

第四，人才保障。人才是媒体融合战略的关键因素。在媒体融合时代，人才的结构、专业需求等都发生了较大的变化，广播电视更应该高度重视人才战略，挖掘那些具有互联网思维的人才，组建新媒体团队，推进媒体融合工作。媒体融合时代对编辑记者的职业素养、职业能力等都提出了更高的要

---

① 据TalkingData《2014移动互联网数据报告》。

求，在新媒体时代，新闻记者必须掌握多种媒介技能，需要能够同时完成图文、音频、视频等报道任务，提供多种新闻作品。同样，对于新闻编辑来说，融合时代，他们必须学会更多的传播技术，尽可能把新闻作品变成服务产品，针对不同的用户需求采用不同的报道形式进行精准投递。因此，融合时代，广播电视在人才选拔方面，要不拘一格选才，创新工作思维。除了要挖掘广播电视内部具有互联网思维的人才，还要引进那些不同专业背景的人才。

B.18 新型城镇化与传统村落保护互动研究

丁智才*

摘　要：	基于新型城镇化以人为本、生态文明、文化传承的原则，文化切入城镇化将是新型城镇化研究与实践的重点。传统村落蕴含着丰富的文化信息，为新型城镇化不可或缺的建设资源，新型城镇化给传统村落保护带来困境的同时也孕育新的机遇，发展文化产业成为二者互动的可能路径，也是文化产业自身转型升级的内在需求。在保护村落文化生态的基础上，要合理发展文化产业，建设特色城镇，推进就地城镇化与人的城镇化，实现新型城镇化与传统村落保护的共赢。
关键词：	新型城镇化　传统村落　文化产业　互动共赢

新型城镇化是当今中国正在着力推行的宏大战略。在推进城镇化过程中，不可避免对传统村落造成损害，传统村落的快速消失日益引起社会的关注，其保护问题也上升至国家层面。作为当前经济社会发展中的两个热点问题，无论是理论探索还是实践发展都很迅速。新型城镇化与传统村落保护是一对矛盾共同体，新型城镇化给传统村落保护带来困境的同时也孕育新的机遇。而从文化产业新的视角可以重新认识二者关系，找到破解矛盾的可能。

---

* 丁智才，博士，厦门理工学院文化产业学院教授，研究方向为文化资源学、文化创意产业。

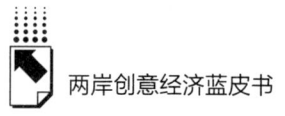

一 新型城镇化的发展

（一）实践发展

城镇化是现代化的必由之路，也是一个国家经济社会发展的重要标志。随着生产力的发展、科学技术的进步，产业结构逐步从农业向工业和服务业等非农产业调整，传统乡村型社会也逐渐向现代城市型社会转变，这就是城镇化过程。改革开放以来，中国城镇化快速推进。据统计，从1978年到2013年，中国城镇常住人口从1.7亿人增加到7.3亿人，城镇化率从17.9%提升到53.73%，年均提高1.02个百分点。2011年，中国城市人口首次超过农村人口，城镇化率首次突破50%。2013年12月，中央专门召开城镇化会议，在总结过去城镇化的基础上，站在一个新的历史起点上部署新时期城镇化工作，提出城镇化要从追求数量速度向提高发展质量转变，大力推进以人为核心的城镇化，新型城镇化实践开始在全国启动。2014年3月，《国家新型城镇化规划（2014～2020）》颁布，提出要坚持走以人为本、四化同步、生态文明、文化传承的新型城镇化道路，成为引导未来几年中国城镇化的纲领性文件。2014年9月，国务院召开推进新型城镇化建设试点工作座谈会，会议确定新型城镇化建设从省、市、县、镇不同层级、东、中、西不同区域开展试点，并以中小城市和小城镇为重点。2014年12月，国家新型城镇化64个综合试点名单正式公布，新型城镇化进入探索实施阶段。

截至2013年底，中国人口城镇化率为53.73%，达到世界平均水平（见图1），据预测，2020年将达到60.34%，虽然有些局部城镇化水平还较低，但中国从整体上已进入初级城市型社会。全国31个省级行政区的城镇化率排名中，有18个省区市的城镇化率超过50%，12个省区市的城镇化率为35%～50%。其中上海的城镇化率达到88.02%，排名第一位；北京以86.30%紧随其后；天津以78.28%排名第三位（见表1）。东部地区各省份基本排在前列，这说明经济社会发展程度高，城镇化程度也相对较高。

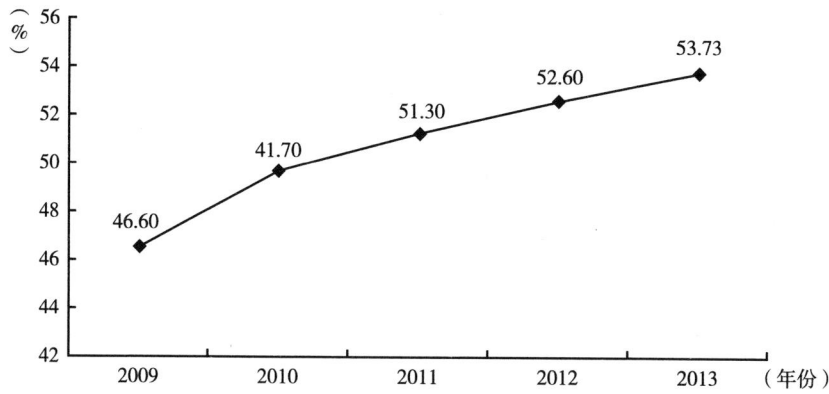

图 1　2009～2013 年中国城镇化率变化情况

表 1　省级行政区城镇化率排名

单位：万人，%

排名	省级行政区	户籍人口	常住人口	城镇人口	城镇化率
1	上　海	1426.93	2415.15	2125.72	88.02
2	北　京	1297.50	2114.80	1825.10	86.30
3	天　津	993.20	1472.21	1152.42	78.28
4	广　东	8635.89	10644.00	7212.37	67.76
5	辽　宁	4374.63	4390.00	2917.20	66.45
6	浙　江	4799.34	5498.00	3461.46	62.96
7	江　苏	7553.48	7939.49	4989.59	62.85
8	福　建	3689.42	3774.00	2293.00	60.76
9	内蒙古	2470.63	2497.61	1466.35	58.71
10	重　庆	3343.44	2970.00	1732.76	58.34
11	黑龙江	3831.22	3834.00	2181.55	56.90
12	湖　北	6165.40	5799.00	3161.03	54.51
13	吉　林	2701.50	2751.28	1491.19	54.20
14	山　西	3571.21	3630.00	1908.00	52.56
15	山　东	9580.00	9733.39	5077.83	52.17
16	宁　夏	630.14	654.19	340.28	52.02
17	陕　西	3926.22	3763.70	1931.15	51.31
18	海　南	901.93	895.28	457.46	51.10
19	江　西	4503.93	4522.20	2210.00	48.87

续表

排名	省级行政区	户籍人口	常住人口	城镇人口	城镇化率
20	青海	565.55	577.79	280.30	48.51
21	湖南	7179.87	6690.60	3280.80	47.96
22	安徽	6902.00	6029.80	2885.90	47.86
23	河北	7185.42	7332.21	3410.55	46.51
24	四川	9097.35	8107.00	3640.00	44.90
25	广西	5240.00	4719.00	2115.00	44.82
26	新疆	2232.78	2264.30	1006.93	44.47
27	河南	10543.00	9413.00	3990.97	42.40
28	甘肃	2712.99	2582.18	1036.23	40.13
29	云南	4596.62	4659.00	1831.45	39.31
30	贵州	4249.48	3502.22	1324.89	37.83
31	西藏	300.21	307.62	69.98	22.75

城镇化的快速发展对以农耕文明为主体的传统村落造成损害，城市文明不可避免与原有传统文化碰撞，城镇化过程也是传统村落快速消失的过程。在推进新型城镇化的今天，迫切需要向传统村落文化寻根。站在新的时代路口，重新审视城镇化，特别是新型城镇化与传统村落的关系必要而紧迫。

（二）研究现状

作为当前中国的重要战略，城镇化及新型城镇化一直是研究的热点，学界大多是从经济、社会、管理、规划等各领域介入。从文化介入城镇化研究，西方有较好的传统，其在城镇化过程中提出很多新的发展理念。比如以文化经济为导向的城市发展理念，以人才作为资本、以文化作为生产力的模式，提出了生态博物馆、艺术园区等概念。刘易斯·芒福德（Lewis Mumford）主张在城市化过程中科技社会同个人发展及地区文化上的企望必须协调一致；爱德华·格莱泽（Edward Glaeser）（2012）认为一味开发建设并不是城市的胜利；露丝·芬彻（2012）认为应当承认城市里的多样性，从重新分配、认同和邂逅等社会逻辑起点规划城市；约翰·伦德·寇耿（2013）提出城市营造观念，主张建立一种人与环境和谐共存的建筑环境。

随着国内城镇化负面效应显现，城镇化中的文化问题也逐渐引起关注。仇保兴（2010）阐述中国的新型城镇化之路时提出要对文化遗产受到破坏引起重视。特别是新型城镇化战略提出后，相继有一些学者从文化角度介入新型城镇化研究。孙凤毅（2014）提出特色文化资源视阈下的新型城镇化发展策略研究；卜希霆、齐骥（2013）分析了新型城镇化的文化路径等；范周（2013）认为文化产业成为开启新型城镇化的动力源。这些研究表明文化发展之于新型城镇化具有重要意义和作用。文化引导城镇化发展无疑是未来的重点，而处于城镇化进程中的传统村落，因其丰富的文化底蕴，契合了新型城镇化的需要，可以给城镇化以新的路径，也为其自身保护带来新的可能。

二 传统村落的困境与机遇

（一）传统村落的困境

城镇化过程也是传统村落快速消失的过程。城镇的快速发展一方面使村落大量拆迁，或整体拆迁或历史景观与乡土建筑被改变，直接导致村落消失。据统计，2000年中国自然村总数为363万个，经过十年的发展，到2010年村落总量锐减为271万个，10年内中国城镇化率由36.2%提高到41.7%，而村落却减少90万个，平均每天消失80至100个，在这些消失的村落中，就有很多是具有文化保护价值的传统村落。如果不采取有效措施，这种消失的趋势还会随着城镇化进程的加快而加快。从国家公布的三批中国传统村落保护名录中可以看出，东、中、西部传统村落数量呈阶梯分布，正好与经济社会发展程度及城镇化率相反。东部省份城镇化率高，传统村落名录一般较少；而处于后发展地区的贵州、云南入选的传统村落超过全国总数的1/3，说明"老少边穷"地区城镇化率比较低，往往是传统村落保护较好的地区。2014年，中国GDP达636463亿元，其中第一产业占9.16%，第二产业占42.64%，第三产业占48.19%；全国总人口为136782万，其中城镇人口 74916 万，增加 1805 万，城市化率为 54.77%，农村人口 61866 万，减少 1095 万。中国正从农业国家向现代化工业国家转变，传统村落更面临着前所未有的挑战。

另一方面同样触目惊心。即使在城镇化、工业化进程中，一些传统村落得以幸存，但城镇吸引大批村民离开村落进城务工，瓦解了村落的生产生活，导致传统村落的空心化。在中国 2012 年 52.60% 的城镇化率中，只实现 35% 的户籍人口城镇化率，这些未取得城镇户籍的就是大量从村落中逃离的村民。更重要的是，城镇化和工业化在对传统村落进行掠夺式开发时，却缺乏对传统村落文化的保护，村民的逃离解构了村落的社会结构和文化根基，而现代市场观念则扭曲与扼杀了村落文化的内涵和价值体系。传统村落有着不同于城市的文明发展史，现代普世价值的事项，需要适合村落的方法和过程；传统村落保留着乡土的古老习俗和生活方式，但这些村落文化的拥有者，在城镇化进程中处于弱势地位。市场经济的进入，消费主义文化的蔓延，导致村落公共道德乏力，集体舆论失语，村落价值失落。虽然近年来开始注重传统村落保护和农村文化建设，但村落保护观念出现了错位，过分注重村落景观建筑等物质层面，忽略了村落非物质文化的精神层面，村落文化的传承也显得越来越功利化，文化开发活动成为单纯追逐物欲的行为，走上了畸形的商业化发展道路，重商趋利式的经济发展形势对村落文化造成再次冲击。

（二）传统村落的机遇

新型城镇化给传统村落保护带来困境的同时，也孕育新的机遇。传统村落成为近年来政治经济文化关注的重点，在政府、文化、学术、建筑等各个领域，对传统村落的关注热情高涨，研究与实践成果也日渐丰富。

早在 2003 年，建设部和国家文物局启动中国历史文化名镇评选时，一并评选中国历史文化名村。将一些"文物丰富、具有重大历史价值或纪念意义的，能较完整地反映一些历史时期传统风貌和地方民族特色的村落"认定为中国历史文化名村。2003 年 10 月公布第一批历史文化名村 12 个；

截至2014年3月，一共评选六批共276个中国历史文化名村。这些历史文化名村都是各地重要的传统村落，但相对于大量散落民间、面临困境的传统村落，中国历史文化名村涵盖范围较少，保护资助力度不大，城镇化进程中大量传统村落亟待纳入保护体系。

  2012年4月，住建部、文化部、国家文物局、财政部联合启动第一次全国范围的传统村落摸底调查，结果表明中国现存的具有传统性质的村落近12000个，为传统村落保护摸清了家底。2012年9月，为了落实温家宝总理做出的关于"古村落的保护就是工业化、城镇化过程中对于物质遗产、非物质遗产以及传统文化的保护"的指示精神，由国内从事传统村落保护和发展的建筑学、民俗学、艺术学、美学、经济学、社会学等相关领域的著名专家组成传统村落保护和发展专家委员会，冯骥才担任主任委员；2012年12月，在调查摸底的基础上，经各地推荐，由专家委员会评审，住建部、文化部、国家文物局、财政部联合公布首批646个中国传统村落名录；2013年8月公布第二批名录，915个传统村落入选；2013年中央城镇化工作会议将"人"而不是"土地"确立为新型城镇化的核心，指出城镇建设要注重保留村庄原始风貌，"让居民望得见山、看得见水、记得住乡愁"，明确提出城镇建设要协调传统村落的保护发展，而不是一拆了之。2014年12月，四部局在其基础上联合国土部、农业部、国家旅游局公布第三批中国传统村落名录，共994个村落入选。截至2014年底，三批合计2555个村落入选中国传统村落名录，占需要保护的传统村落的一半。① 从区域分布来看，东部地区省份较少，一共才607个，只有浙江较多，达176个，这既与浙江人文底蕴深厚有关，也与其在经济发展与城镇化过程中注重传统村落保护密不可分；中部六省共644个，各省分布比较均匀；西部省份1304个，超过总数一半，其中云南、贵州两省就占了全国总数的1/3（见表2）。传统村落名录既是对村落历史文化价值的认定，也是实施村落保护的名单。2014年4月，住建部、文化部、国家文物局和财政部出台《关于切实加强中国传统

---

① 冯骥才认为，中国需要保护的传统村落为5000个左右。

村落保护的指导意见》指出，对进入名录的传统村落，中央财政统筹多项专项资金，用3年时间集中投入超过100亿元，分年度支持这些村落的保护发展。在随后公布的支持名单中，327个村落列入2014年第一批中央财政支持范围，支持经费16.8亿元，每个传统村落保护经费300万元，中央另外投入7亿元用于村落文物文化遗产的保护。

表2　中国传统村落名录分布情况

单位：个

省区市	第一批(2012年12月20日公布)	第二批(2013年8月28日公布)	第三批(2014年12月3日公布)	合计
北京	9	4	3	16
天津	1	0	0	1
河北	32	7	18	57
山西	48	22	59	129
内蒙古	3	5	16	24
辽宁	0	0	8	8
黑龙江	2	1	2	5
吉林	0	2	4	6
上海	5	0	0	5
江苏	3	13	10	26
浙江	43	47	86	176
安徽	25	40	46	111
福建	48	25	52	125
江西	33	56	36	125
山东	10	6	21	37
河南	16	46	37	99
湖北	28	15	46	89
湖南	30	42	19	91
广东	40	51	35	126
广西	39	30	20	89
海南	7	0	12	19
重庆	14	2	47	63
四川	20	42	22	84
贵州	90	202	134	426
云南	62	232	208	502

续表

省区市	第一批(2012年12月20日公布)	第二批(2013年8月28日公布)	第三批(2014年12月3日公布)	合计
西 藏	5	1	5	11
陕 西	5	8	17	30
甘 肃	7	6	2	15
青 海	13	7	21	41
宁 夏	4	0	0	4
新 疆	4	3	8	15
合 计	646	915	994	2555

数据来源：根据历次中国传统村落名录整理。

对于传统村落的开发问题，国家有严格规定，进入名录的传统村落的开发必须经过国家部委级机构的审查，严格控制过度开发，不允许搬迁全部村民而将传统村落建成"博物馆"的开发行为。而保护成效的落实与民众文化自觉的提升是未来村落保护的重点。

三 以文化产业促进互动共赢

新型城镇化与传统村落保护既有矛盾冲突的一面，又有协调解决而互动共赢的可能，文化产业是二者协调冲突的黏合剂。

（一）理论的可能

从法兰克福学派的文化工业批判理论开始，文化产业研究经历了从理论演绎到关注现实的转变。作为社会实践性很强的学科，文化产业由哲学式的思考到更加注重具体问题和现实问题解决。日本学者日下公人的新文化产业理论就指出，开发文化的时代已经到来。对于文化与城镇和区域经济的关系，鲍尔（Power）和斯哥特（Scott）从公共政策和地理学的角度，阐述文化产业和文化产品生产为城市、区域经济和社会发展所做的贡献。当前，国内随着文化产业进入转型提升阶段，文化产业的跨界融合与特色发展是新的研究趋势。一方面，这是由文化产业的学科交叉性而决定，另一方面，作为实践性很强的学科，打破学科的界限，以问题为导向的研究，成为文化产业研究的新范式。作为中国发展的重大现实问题，新型城镇化自然成为文化产业研究关注的对象。花建阐述新型城镇化背景下的文化产业发展战略；薛晓光、高秀春、李忠伟提出新型城镇化要重视文化产业发展；范周认为文化产业成为开启新型城镇化的动力源；段莉较早涉及了城镇化与文化产业互动发展的逻辑与价值；胡惠、单世联（2014）涉及新型城镇化与文化产业转型发展；姜德辉、杨玉娟阐述了新型城镇化与县域文化产业发展的融合现状与可能途径等。

中国文化产业经过近十年的发展特别是"十二五"以来的快速发展后，现已进入转型提升期，文化产业在完成原始积累与取得全社会共识后，在加快经济转型升级和促进新型城镇化建设等方面，可以发挥更大作用。2014年国家出台多个支持文化产业发展的政策文件，其中《关于推进文化创意和设计服务与相关产业融合发展的若干意见》《关于推动特色文化产业发展的指导意见》最为重要，前者着力文化产业的跨界发展，后者突出特色化，这和新型城镇化具有很强关联性，也预示着二者融合发展的机遇和可能。中国传统村落蕴含着丰富的文化信息，新型城镇化中传统村落的保护与发展，文化产业是黏合剂。《关于推动特色文化产业发展的指导意见》特别指出，"在产业发展尤其是特色街区、特色村镇、园区基地建设中，注重保护乡村原始风貌、文化特色和自然生态，突出传统特点，不搞大拆大建，不拆真建假，不毁坏古迹和历史记忆"，明确表明文化产业介入新型城镇化和传统村落保护的原则和路径。

新型城镇化生态、人文的要素需要传统村落的文化资源，而文化产业通过溢出效应，可以守住城镇的根脉与灵魂，提升城镇的内涵与品位。传统村落保护的难度则在于村落文化的坚守与维护，新型城镇化给村落文化保护也给文化产业转型升级带来契机，可以解决传统文化根基断裂、产业结构和发展水平趋同、文化形态雷同等动力不可持续性、扩张发展盲目性和运行机制低效性等问题。融合发展是推动文化产业转型升级的主旋律，新型城镇化可促进文化产业与相关产业的融合发展，新型城镇化通过特色城镇与文化产业融合发展、智慧城市与文化产业融合发展、人文城市与文化产业融合发展等战略，突破建设用地、产业支撑、城市管理创新等瓶颈，也可促进文化产业转型提升。

（二）互动发展策略

以村落资源建设特色城镇。以文化来引导城镇发展，突出城镇特色是新型城镇化的重要目标。要摒弃单纯改变传统村落面貌的做法，在城镇化与村落文化保护之间寻求契合点，将传统村落作为资源优势，根据"传承文化，保留风貌，改善环境"的原则，在保留传统村落景观基础上，将传统村落文化元素和文化符号运用到城镇发展和改造中去，突出"一村、一文化、一特色"。村落历史沿革、名胜古迹、民俗节庆、民俗文物等都是城镇特色形成的宝贵资源，运用现代创意思维建设特色城镇，促进村落资源与城市特色有机融合，建设既接续村落传统文脉、又富有时代风貌的特色城镇，提升城镇文化品位。

以文化产业推进就地城镇化。村落的空心化是传统村落保护的难点，而空心化的原因是村落业态的凋敝。作为生产和生活的基地，传统村落是社会构成的最基层单位，其原真性、完整性、活态性的特点，要求保护必须与发展相结合，脱离发展谈保护没有意义，国家禁止将传统村落建设成博物馆的静止保护的做法。传统村落文化遗产丰富，在城镇化建设中，可充分发挥自身资源的禀赋条件，将村落文化活态化为文化产业项目和行为，发展特色文化产业，推动传统经济向文化经济转型，支撑城镇持续发展。村落特色文化产业既可以维持村落的生态环境和人文传统，又可以避免传统城镇化和工业化带来的资源环境破坏问题。文化产业业态的繁荣还可以实现村民社会地位和职业的转换，实现就地城镇化，从而解决城镇空壳化问题。

以文化自觉推进人的城镇化。传统村落保护的重点与关键是村民自身的文化自觉，作为村落特色文化资源的守护者和传承者，他们应该成为城镇化建设的参与者、受益者。过去城镇化最大的问题是忽略了人的城镇化，村落保护如果没有人，也就失去了意义，传统村落无法传承发展下去。"让村里的人真正认识到，村子里祖辈流传的民间故事与神话，老人们哼唱的小曲、小戏，能工巧匠们制作的木雕、石雕以及灰塑、嵌瓷，是多么宝贵的记忆和技艺。我们在极力寻找、呼唤的，是村民的文化自信，是村民保护故园的自觉。"[1] 以村落居民为主体，以文化自觉凝聚村落共识，以文化自信建构村落生命共同体。传统村落的保护既要提供他们的生活质量，更要关注到他们的精神世界。一方面通过新型城镇化提升他们的生活品质；另一方面，通过村落传统文化的参与方式，重新审视自己的生活环境及文化资产，提升对村落的文化认同。

以整体性保护恢复文化生态。海德格尔说，在乡愁所有的言说中，它始终呵护本真的东西，呵护作为居者的人所熟稔的东西。"文化的真实性是人类文化——特别是那些比现代的西方消费文化更为传统且意味深长的文化——所具有的纯真和本原的品质。"[2] 这种"纯真和本原的品质"是传统村落文化在现代社会产生吸引力的关键。新型城镇化不是单纯盖高楼、修广场，而是要把城镇建设成为文化厚重、特色鲜明的人文魅力空间；传统村落保护很容易重视物质上的传统建筑、村落选址、自然景观的恢复，而忽视非物质的村落文化和精神。以前城镇化过程中虽然建造了大量的文化景观，因为没有文化的真实性而产生不了吸引力，也破坏了村落的原始风貌。"文化保存最重要的在于保持文化遗产的真实性与完整性，这是确保文化遗产具有永久生命力和永续利用的关键……"[3] 传统村落保护的难点是非物质文化遗产的保护与传承，要通过整体、活态、本真的方式，适度进行生产性保护，形成持续发展的良好生态。

2015年2月，中共中央、国务院印发《关于加大改革创新力度加快农业现代化建设的若干意见》，在部署三农问题的同时，对传统村落保护与发

---

[1] 刘未：《抢救民间文化记忆守望活态传统村落》，《中国艺术报》2013年12月20日。
[2] MacCannell, D., *The Tourist: A New Theory of the Leisure Class*, Berkeley: University of California Press, 1999.
[3] 张胜冰：《文化产业与城市发展》，北京大学出版社，2012。

展做出安排:"要完善传统村落名录和开发传统民居的调查,落实传统村落和民居保护规划,鼓励各地从实际出发进行美丽乡村创建示范,有序推进村落整治,切实防止违背农民意愿大规模撤并村庄,大拆大建"。作为中华文化的重要组成部分,传统村落文化在现代社会的魅力会越来越大,在以人为本、文化传承的新型城镇化中会有新的生存发展空间。通过文化产业的黏合,新型城镇化和传统村落保护之间可以协调矛盾,找到平衡点和着力点,以安放乡愁的城镇化,破解城乡二元对立,达到新型城镇化与传统村落文化发展的共赢。

B.19
中国动画电影的发展模式与类型建构

褚亚男*

摘　要：	2014年，国产动画电影总体发展势头强劲，全年动画电影制作完成并进入院线上映共30部影片，增长幅度为15.38%；总票房为12.09亿元，增幅为45.4%。在动画电影产业领域，大型电影企业的业务范围向动画电影拓展，民营动画企业发展势头强劲。在市场需求不断扩大的态势下，动画电影亟待提升文化品格，引导创作多元化发展，打造不同类型、风格的作品，增强中国动画电影在国内外的竞争优势。
关键词：	动画电影　发展模式　产品策略

2014年，国产动画电影总体发展势头强劲，大型电影企业、中小动画企业依托政策扶持与自身区位优势，整合资源，促进全产业链的形成。动画电影产量上升，市场需求进一步扩大，品牌意识增强，观众对国产动画电影的认可度快速提高，以《熊出没之夺宝熊兵》为典型代表的"合家欢"类型受到市场欢迎，将成为动画电影的主导类型。但当前动画电影依然处于整个电影产业的边缘地带，市场占有率以及核心竞争力都亟待提升。动画电影

---

* 褚亚男，浙江大学人文学院博士后，天津师范大学新闻传播学院讲师，主要从事电影历史与理论研究。

的发展必须立足本土，面向全球，加强与互联网的融合，摆脱艺术创作中的"低幼化"和过度模仿的倾向，提升文化创新的自觉意识，加快产业升级，增强整体优势。

一 中国动画电影的发展模式

2014年，国产动画电影总体发展势头强劲，在政策利好的形势下，产量丰富，票房攀升，各大档期均有动画电影上映。数据显示，2014年全年动画电影制作完成并进入院线上映总共30部影片，增长幅度为15.38%；总票房为12.09亿元，增幅为45.4%。

（一）大型电影企业的业务范围向动画电影拓展

2004年以后，中国动画电影产业迈进转型期，实现由加工到原创的转变。在向产业化方向迈进的过程中，动画电影的产业规模逐步开始形成。截止到2014年，我国参与动画电影投资制作及出品发行的企业和机构近百家。从2014年动画电影企业的情况分析，其产业发展的一大亮点是大型电影公司积极地参与到动画电影的生产、发行等产业环节中来。大型电影公司试水动画创作对于动画电影发展来说具有积极的推动作用，它们拥有制片、发行机构和院线，可以打破产业区域的条块分割，利用自身优势精化、细化受众定位，加大营销宣传力度，积极培育市场，进而完善动画产业链条。

具体来说，中影集团参与制作并发行了《神笔马良》《摩登森林之美食动员》《喵星少年漂流记》；光线影业参与了《秦时明月之龙腾万里》《巴啦啦小魔仙之魔法的考验》《铠甲勇士之雅塔莱斯》的制作与发行；华谊兄弟参与制作了《喜羊羊与灰太狼之飞马奇遇记》，并代理相关发行业务；珠江影业参与了《熊出没》的制作、《洛克王国3》的制作与发行、《猪猪侠之勇闯巨人岛》的制作与发行、《麦兜我和我妈妈》的发行、《开心超人2：启源星之战》的制作。

（二）民营动画企业发展势头强劲

一些中小民营企业依托当地产业集群的优势与国家及本地区政策的扶持显示出更加积极的发展态势。其中，上海炫动传播股份有限公司是上海东方传媒集团有限公司（SMG）控股子公司。自成立以来共参与制作动画电影约19部。该公司2013年度内投资出品的动画电影数量最多，累计票房产出也最高。[①] 2014年炫动依然保持了强劲的发展势头，参与制作了约7部动画电影，参与发行了2部动画电影。其中有5部跻身年度国产动画电影票房前十名。

此外，广州原创动力、奥飞动漫和深圳环球数码，北京的其卡通、其欣然，天津的卡通先生，上海的淘米科技和河马动画等民营企业的制片活动较为活跃。它们都拥有自己的动画品牌，基本上能够保证每年一部到两部的产量。广州原创动力和奥飞动漫打造的喜羊羊系列自不必说，环球数码的《潜艇总动员》这一品牌也逐渐获得市场认可；其卡通、其欣然联合打造的《神秘世界》系列，2012年第一部上映仅收获2190万元的票房，而2014年第二部上映票房上升至6215万元；卡通先生参与制作的《熊出没之夺宝熊兵》更是在2014年拔得头筹，另有《辛巴达历险记2》也超过了2000万的票房，虽然在数量上少于2013年参与制作的5部电影，总票房却遥遥领先于2013年；上海淘米旗下的《赛尔号》《摩尔庄园》系列已经逐渐被市场认可，尤其是《赛尔号》系列的票房2013年突破7000万元，2014年虽有回落，但也超过了6000万元；上海河马制作的《81号农场2》票房稍逊，但也接近2000万元。由此可见，在政策的合理引导与支持下，中小型民营动画企业得益于品牌的开发与维护，得到迅速发展，而品牌依赖的则是对于市场的精准把握和具有生命力的创意。

---

① 中国动画电影发展报告编委会：《中国动画电影发展报告（2013）》，中国广播电视出版社，2014，第13页。

二 中国动画电影的产品策略

在良好的产业发展态势下，动画电影在制作、发行和放映等层面有了不同程度的发展，2014年的动画电影产量上升，市场需求进一步扩大，产品品牌意识增强，但是动画电影依然处于整个电影产业的边缘地带，市场占有率以及核心竞争力都亟待提升。

2014年，国产动画电影在内地票房前十位中依然保持4席（参见表1），其中《熊出没之夺宝熊兵》以超过2亿元的高票房位列第五，《喜羊羊与灰太狼之飞马奇遇记》位列第八，《神秘世界历险记2》位列第九，《赛尔号大电影4：圣魔之战》位列第十。① 从2013~2014年度的动画电影票房排名中国产动画电影的位次变化可以看出，跻身前十位的四部国产动画电影有三部是续集电影。值得注意的是，喜羊羊系列首次被超越，《熊出没之夺宝熊兵》位列榜首。以《熊出没之夺宝熊兵》为典型代表的"合家欢"类型对于市场的影响已经显现出来。

表1 2014年中国内地动画电影票房前十位（截至2014年11月）

排名	影片名称	年度总票房(万元)	类型	发行公司	上映日期
1	《驯龙高手》	40335	冒险	中影集团	2014年1月10日
2	《神偷奶爸2》	32334	喜剧	中影集团	2014年8月14日
3	《冰雪奇缘》	29770	爱情	中影集团	2014年2月25日
4	《马达加斯加的企鹅》	25195	喜剧	中影集团	2014年11月14日
5	《熊出没之夺宝熊兵》	24748	喜剧	卡通先生	2014年1月17日
6	《里约大冒险》	24343	喜剧	中影集团	2014年4月11日
7	《天才眼镜狗》	12146	科幻、喜剧	中影集团	2014年3月28日
8	《喜羊羊与灰太狼之飞马奇遇记》	8458	喜剧	华谊兄弟	2014年1月16日
9	《神秘世界历险记2》	6150	冒险	华夏电影	2014年8月8日
10	《赛尔号大电影4：圣魔之战》	6085	冒险	光线传媒（北京）	2014年7月10日

---

① 2011年《赛尔号1》（4410万元）排名第九位，2012年《赛尔号2》（3281万元）排名第九位。

（一）市场需求不断扩大，应增强核心竞争力

在中国动画电影产业发展的过程中，票房3000万元和5000万元似乎都是重要的转折点。① 2009年至今，票房超过5000万元的动画电影约有19部，其中2014年出品的动画电影占据8席，占比42.1%。3000万～5000万元的动画电影13部，2014年出品动画电影占4席，占比30.8%（见表2）。

表2　2014年票房超千万元国产动画电影统计

排名	影片名称	票房（万元）	类型	发行公司	制作公司	上映日期
1	《熊出没之夺宝熊兵》	24748	喜剧	卡通先生 乐视影业 珠江影业 影时尚传媒	深圳华强数字动漫 卡通先生(天津) 乐视影业(北京) 珠江影业 北京卡酷动画 北京航美影视	2014年1月17日
2	《喜羊羊与灰太狼之飞马奇遇记》	8458	喜剧	华谊兄弟	上海炫动 原创动力 华谊兄弟 奥飞动漫	2014年1月16日
3	《神秘世界历险记2》	6150	冒险	华夏电影 北京安石纳 上影发行 大地时代电影	江苏省广播电视总台 江苏优漫卡通卫视 北京其欣然 北京其卡通 北京卡酷动画 土豆动漫 国动动画 领航传媒 其石电影基金 重庆少儿频道 福建少儿频道	2014年8月8日
4	《赛尔号大电影4：圣魔之战》	6085	冒险	光线传媒(北京) 华夏电影	上海淘米 北京卡酷动画 江苏优漫卡通卫视 广东金逸珠江电影院线	2014年7月10日

---

① 盘剑、沈菊：《2013国产动画——转型升级与调整发力》，《文艺报》2014年1月29日。

续表

排名	影片名称	票房(万元)	类型	发行公司	制作公司	上映日期
5	《秦时明月之龙腾万里》	5946	武侠、玄幻	光线影业 上海炫动 华夏电影	上海炫动 杭州玄机 北京光线影业 东方星空创业投资 上海骏梦网络科技 合一网络科技（北京）	2014年8月8日
6	《神笔马良》	5785	神话	中影集团	上海炫动 中影集团 天古数码 舞之数码	2014年7月25日
7	《龙之谷：破晓奇兵》	5749	魔幻、冒险	华夏电影	长影集团 华夏电影 横店影视 金鹰卡通	2014年7月31日
8	《潜艇总动员4：章鱼奇遇记》	5704	喜剧、奇幻冒险	环球数码	环球数码	2014年5月30日
9	《洛克王国3：圣龙的守护》	4716	冒险	珠江影业	金鹰卡通 深圳腾讯 上海炫动 北京卡酷	2014年7月10日
10	《猪猪侠之勇闯巨人岛》	4252	冒险	珠江影业 上海炫动 上影发行	广东咏声 上海炫动 珠江影业	2014年5月31日
11	《麦兜我和我妈妈》	4132	家庭	珠江影业 浙江华策影视	新华展望传媒	2014年10月1日
12	《新大头儿子和小头爸爸之秘密计划》	3923	家庭	中影集团	央视动画	2014年9月26日
13	《开心超人2：启源星之战》	2719	冒险	广东明星创意动画	上海炫动 广东明星创意动画 珠江影业 北京爱奇艺 北京完美影视	2014年7月18日
14	《辛巴达历险记2》	2512	冒险	卡通先生	卡通先生 上海善喜	2014年5月30日
15	《魁拔3：战神崛起》	2363	冒险、动作	万达影视	青青树	2014年10月1日

续表

排名	影片名称	票房（万元）	类型	发行公司	制作公司	上映日期
16	《魔幻仙踪之妈妈去哪儿》	2118	冒险	安石英纳 浙江时代电影 大地时代电影 浙江星光院线	中南卡通 浙江蓝巨星国际传媒	2014年5月30日
17	《81号农场2之疯狂的麦咭》	1817	喜剧	上海影视集团 幻克影业	上海河马动画 湖南金鹰卡通卫视 上海全土豆网络科技	2014年10月1日
18	《白雪公主之矮人力量》	1686	冒险、喜剧	华夏电影	广州金川文化	2014年8月21日
19	《龟兔再跑》	1090	喜剧、家庭	广州金逸影视 五洲电影	珠海天娱影视	2014年9月6日

从2014年国产动画电影票房的统计情况来看，国产动画电影市场需求大致集中于四个档期：春节档、六一档、暑期档、中秋国庆档。其中春节档上映的《熊出没之夺宝熊兵》和《喜羊羊与灰太狼之飞马奇遇记》票房成绩不菲，虽然喜羊羊系列票房成绩下跌，但也超过了5000万元，《熊出没之夺宝熊兵》更是以超过2亿元的成绩拔得头筹；六一档共上映6部影片，其中4部进入千万元票房行列，占比67%，其中《潜艇总动员4》和《猪猪侠之勇闯巨人岛》的票房均已超过4000万元，《辛巴达历险记2》《魔幻仙踪之妈妈去哪儿》稍逊一些，但也收获2000多万元的票房；暑期档共上映8部影片，8部影片票房超过千万元，占比100%，其中5部过5000万元票房并跻身国产动画电影票房年度前十，其余的如《洛克王国3》也拿下超过4000万元的票房，仅有《白雪公主之矮人力量》较差，收获1686万元票房；中秋国庆档共上映7部影片，超过千万元票房的有5部，占比71.4%，不过该档期上映的动画电影票房均未突破5000万元。此外，排片并不是很密集的五一档、端午档期上映的动画电影大部分票房惨淡。

从上面对于2014年产品投放档期的分析可以看出，春节档和暑期档对于国产动画电影的需求量明显大于其他档期,而且这两个档期投放的产品基本上都是一些口碑较好的品牌的续集动画电影。其中暑期档的票房成绩尤为明显,2014年的暑期档一共上映了11部动画电影,其中有8部国产片,暑期档国产动画电影72.7%的占比与2013年的81.8%（共上映11部动画电影,其中9部为国产）相比,动画电影总量及国产动画电影数量皆保持较稳定的高位状态。依据时光网、豆瓣网的评分来看暑期档动画电影,2013年和2014年分别获得4.81分和6.01分的较好成绩;依据较为专业的动画影评俱乐部的打分,2013年和2014年暑期档国产动画的平均分分别为6.33分和6.76分。可以说,2014年暑期档国产动画的整体质量获得了影迷和专业影评人的双重认可。

（二）产品生命周期分析与品牌塑造

动画电影业界在不断扩大的市场需求面前需要强化品牌意识,打造精品才能满足市场的需求,持续获利,进而拉动整个产业链的运作。从对2014年超过千万元票房的动画电影产品的分析中不难看出,动画电影的品牌建设与市场需求紧密相连。目前,中国动画电影已经获得一定市场认可和受众口碑的品牌有喜羊羊、熊出没、猪猪侠、秦时明月、81号农场、潜艇总动员、神秘世界、赛尔号、洛克王国等。

按照品牌开发的路径可以将上述产品分为三大类,一类是由电视动画过渡到动画电影,像《喜羊羊与灰太狼》《熊出没》《猪猪侠》《秦时明月》等,这四部电视动画作品都改编成了动画电影,依托电视动画的巨大影响力以及已有的受众基础,取得了不俗的票房成绩;另一类是从线上游戏到线下动画电影,打造从网络游戏到电影以及衍生品的系列品牌,如《赛尔号》《洛克王国》;还有一类动画电影的品牌开发完全不依托电视动画与网络社区及其游戏,是动画企业制作团队依据团队创意而打造出来的,如《潜艇总动员》《81号农场》《神秘世界》,这种类型的动画品牌没有前期的受众基础和口碑影响,因此投放市场之后需要一定时间让受众熟悉并认可该品牌,同上面两种类型的品牌相比,前期的营销更为重要。

以上三种品牌开发路径生产的产品由于开发的时间、投放市场的规模以及对受众的影响不同，因此它们处于产品生长周期的阶段也不同。一个品牌产品要经历引入期、成长期、成熟期和衰退期等四个生长周期。引入期的产品销售增长非常缓慢，而且由于引入市场的巨额费用，利润几乎不存在，但如果是市场所需的产品，则具有很大的发展空间；成长期的产品被市场迅速接受，利润也会大幅增加，有着极大的创造力；成熟期的产品开始被大多数的潜在顾客所接受，销售潜力发挥到极致，同时，竞争者也已经制造出同质量或更高质量的产品，竞争极为激烈；衰退期的产品经过长期的增长已呈现下滑趋势，利润不断下降，此阶段要么发掘新的市场增长点，实现销售复兴，要么尽早退出市场。

按照产品生长周期来分析的话，上述国产动画电影的现有品牌中，如果将"喜羊羊"动画电影与同品牌的电视动画以及相关衍生品放在一个系统中进行考察，该品牌的动画电影票房逐渐下降已经昭示该产品经历了引入期、成长期和成熟期，即将进入衰退期。2009年至今，"喜羊羊"系列共收获票房达到74985万元。要让此品牌的电影产品继续获利，必须挖掘该品牌的文化潜力与新的创意点，如果不加强创意开发，该续集电影很可能陷入创作的枯竭状态，而且将导致票房的继续下滑。

基于生长周期的动画电影产品分析表明，目前国产动画电影品牌逐渐增多且发展不平衡，片方应该思考如何使成熟品牌优质化、一般品牌精品化。制作方应该不断强化品牌意识，以打造可持续发展的精品品牌为核心，以优质品牌为发展重心，兼顾一般品牌，不断扩大市场份额，提升在整个电影业中的市场占有率，满足受众不断扩大的文化需求，并最终取得市场盈利，促使资金有效回笼，加速整个产业链条的循环与发展。

三 中国动画电影的类型建构

2014年，国产动画电影创作的整体水平有所提升，艺术风格更加明晰，类型定位更加准确，创作者有意识地在动画电影中积极进行本土文化的建构。依据国产电影评分及票房表现，2014年仅有14部电影评分过7分，国产动画电影《麦兜我和我妈妈》《秦时明月之龙腾万里》《龙之谷：破晓奇兵》分别列在第3位、第11位和第14位，但这三部作品无缘国产动画电影票房前十名。可见，一部作品的艺术水准并不是由它的票房来决定的，票房高低与市场需求相联系，并不能完全代表艺术水准的高下。制作方与创作者应该在遵从市场经济规律的前提下，树立动画电影创作的文化意识，注重提升动画电影的艺术水准，有效地植入主流价值观念，塑造正面、积极、健康、活泼的动画形象。

（一）"合家欢"动画电影将成主导类型

2014年从宏观层面来考察动画电影，整体的艺术水平呈上升趋势，但创作水平仍然存在参差不齐的局面，动画电影的低幼化倾向并没有太大好转。不过，值得一提的是，《熊出没之夺宝熊兵》的"合家欢"模式为中国动画电影的低幼化问题带来积极、有效的解决方案。《熊出没之夺宝熊兵》的高票房也预示着"合家欢"电影有成为主流的趋势。

动画电影低幼化问题是一个老生常谈的问题了，这一问题的产生需要追溯到计划经济时代，当时的动画电影旨在面向儿童，寓教于乐。长期以来诸如"动画片的受众就是少年儿童"这样的观念束缚着动画电影的题材选择、人物创作与类型定位。"低幼化"如果作为受众的一部分，并不会成为一个问题，因为动画电影的受众有很大一部分是儿童，但是如果将受众仅仅局限于"低幼"儿童就会成为一个大问题。

基于市场供需分析，以及对国外动画电影的发展模式进行考察，不难发现，动画电影的受众绝不仅仅是儿童。单就儿童层面而论，也可以进行更加细化的分类，不仅仅是"低幼"这一个层面，更何况整个受众群体。不过就目前国产动画电影创作的趋势而言，低幼化的问题是普遍存在的，即使像喜羊羊系列、猪猪侠、赛尔号等取得良好票房成绩的动画电影也存在低幼化的现象。

面向全龄段观众的"合家欢"动画电影是解决动画电影低幼化问题的出路所在。所谓"合家欢"动画电影，是指以包含两代人以上成员的家庭为受众并积极营造家庭观影氛围的，屏蔽色情、暴力、惊悚等限制级内容，适宜全家观看的全年龄段商业动画电影。① 2014 年，《熊出没之夺宝熊兵》取得高票房预示着"合家欢"动画电影将对国产动画电影的发展有着长远而深刻的影响。《熊出没之夺宝熊兵》作为"合家欢"动画电影的成功案例，摆脱了以往的"低幼化"思维，它的剧情紧紧围绕小女孩嘟嘟被拐卖这一事件展开，剧中设置了一系列的悬念和笑料，以亲情、友情的建构为核心展开情节的铺陈与人物的设置，无论是拐卖儿童、大龄剩男、环保问题等当今中国社会的焦点问题，都在一个妙趣横生的故事中被巧妙地串联在了一起，使该片具有了浓厚的中国社会底色。《神秘世界历险记 2》也是一部"合家欢"模式的动画电影。该片聚焦于亲情的展现，影片中反映出的雨果与王大山的父女情以及神秘世界中大熊和啦啦的父子情都十分符合"合家欢"模式，对以家庭为核心的情感进行了细腻的诠释。

《熊出没之夺宝熊兵》《神秘世界历险记 2》等国产动画电影对于"合家欢"模式的进一步探索和尝试，对于该类型电影的发展起到了示范作用，不过目前运作比较成功的"合家欢"动画电影数量较少，并没有形成固定的叙事模式与情节框架，而且在叙事过程中过多集中于亲情和友情，对于爱情的描述几乎没有，成年女性角色也几近缺席。而在国外获得高票房的"合家欢"动画电影如《神偷奶爸 2》中神偷格鲁和特工露西之间曲折婉转的爱情、《冰雪奇缘》中终成眷属的公主与王子，甚至在以动物角色为主角的《马达加斯加的企鹅》和《天才眼镜狗》中也出现了与爱情相关的情节。未来的动画电影创作者应意识到这些差距，不断开拓、完善"合家欢"类型动画电影。

---

① 刘藩、何超：《国产动画电影期待"合家欢"式的新模式》，《文艺报》2013 年 11 月 6 日。

（二）基于国际视野的文化建构

2014年动画电影创作存在低幼化问题的同时，还出现了一些过度模仿国外动画风格的作品，《魁拔》系列即是一例。该系列动画电影由中国老牌民营企业北京青青树动漫科技有限公司制作，2011年《魁拔》系列第一部仅收获317万元票房，2012年第二部虽升至2520万元，但是2014年票房又跌落到2363万元，因此片方发布了暂停制作的消息，将转而制作真人电影。

造成《魁拔》系列动画电影遭遇票房滑铁卢的原因是多方面的，其中影片创作过于模仿日本动画风格、本土元素匮乏是市场失利的一个重要因素。观众期待看到的是灌注本国文化观念又融合普世价值观念的动画电影作品，单纯模仿国外电影风格，或是过于依赖民族表现手法都无法获得观众的认可。

回顾国产动画电影的发展历程，学界在20世纪八九十年代就围绕中国动画民族性与全球性的问题展开过讨论。当时就有学者建议重新定位"中国学派"自身在世界动画电影发展版图中的位置。中国动画片坐井观天式地以自己的过去和民族的文化传统为参照系，仅在民族性问题上做文章是远远不够的，只有以世界动画艺术的近百年历史为背景，把中国动画当作世界动画的一个组成部分来加以观察和探讨，才有可能走出狭小的圈子，使中国的动画艺术来一个大飞跃。[①] 对照今天动画电影发展的现实状况，数年前的讨论在今天看来依然具有理论意义和实践价值：中国动画电影应基于国际视野来建构具有本土特色的动画文本。《魁拔》系列的失败很大程度上是由于影片在形式上高度模仿日式动画，故事和人物完全游离于中国的现实之外，难以获得持久的生命力和本土观众的文化共鸣。相比之下，《秦时明月之龙腾万里》就是一部以中国传统文化为依托的古装动画电影，该片在动漫的元素中融入历史与武侠的元素，情节上仿照好莱坞情节剧，使小人物变成大

---

① 吕律：《对话——中国动画电影的困惑和解脱》，《电影艺术》1989年第1期。

英雄,加之颇具中国地域特色的宏大场景的设置,使影片成为一个极具本土特色的武侠动画范本。

由此可见,今天的业界在全球动画贸易互动频繁的语境中,应尊重并理解中国动画发展的客观规律,重新审视动画发展的传统,面向全球,立足本土,既要学习国外先进动画创作模式,又要适当汲取中国传统文化营养,才能提升动画电影的文化品格,增强在世界上的影响力与认可度。业界应大力引导动画电影创作的多元化发展,打造不同类型、风格的动画电影,增强中国动画电影在国内外的竞争优势。

B.20
新常态下创意产业发展的路径探索

宋西顺*

摘　要：	2014年以来，中国社会、文化、科技、金融、互联网发展动态及国家相关政策导向发生重大变化。纵观新常态下文化创意产业发展趋势，探讨文化创意产业的发展路径，施行消费引领战略、创新驱动战略、产业融合战略、文化金融战略、文化科技战略、国际文化贸易发展战略，借此推动中国文化创意产业发展，有着重要意义。
关键词：	新常态　创意产业　跨界融合

"新常态"下，中国政治生活、社会建设和文化发展进入新阶段。科学认识新常态、积极适应新常态、推动文化创意产业进入新阶段、研究新的发展路径是文化创意产业发展的必然要求。

一　顺应消费时代，确立创意产业新方向

我国已经进入消费社会，主要指标表现在以下几方面。

其一，最终消费对经济增长的贡献超过了投资。经济增长结构逐步转向消费、服务业，第三产业增加值占GDP比重在2013年和2014年分别达

---

* 宋西顺，厦门理工学院文化产业学院副教授，研究方向为文化政策法规、文化创意产业项目策划。

46.1%和48.2%。

其二,居民消费能力极大提高。据国家统计局《2014年国民经济和社会发展统计公报》,城乡居民收入在2014年继续增加,全年全国居民人均可支配收入20167元,比上年增长10.1%;2014年全国居民人均消费支出14491元,比上年增长9.6%,扣除价格因素,实际增长7.5%;2014年全年社会消费品零售总额262394亿元,比上年增长12.0%,扣除价格因素,实际增长10.9%;大陆居民境外购物人数正迅速增长,2014年出境人数超过1亿人次,境外消费超过1万亿元。①

其三,消费模式发生重大变化。随着模仿型排浪式消费阶段基本结束,服务业面临变革,新型消费模式开始深刻地冲击传统的生活方式,个性化、多样化消费渐成主流,消费对经济发展的引擎作用和消费产业发展的引领作用不断加大。电商、旅游等行业正在努力适应个性化、多样化消费环境下的多种分散的、多元的、体验性的需求,以定制化消费有针对性地挖掘消费潜力。根据国家旅游局公布的数据,2014年由旅行社组织的国内出游人数占全年国内出游总人数的3.6%,出境游中65%的客源不是由旅行社提供服务。②

消费正在创造新世界,在经济发展新常态下,文化产业的转型提升必须解决文化产品与消费者的需求不匹配、目标市场定位不清晰、产业选择和产品设计与目标市场不匹配等问题,调整文化创意产业的创业理念,顺应多样化、个性化的消费潮流,注重文化消费环境、文化消费意愿和文化消费水平的提升,关注消费趋势、消费领域、消费体验、消费能力,在创意理念、开发模式、产业选择、形态设计等方面拓展文化消费市场。通过创新供给激活需求是文化创意产业转型的出发点,也是文化创意产业在个性消费时代创业的逻辑起点。

---

① 国家统计局:《2014年国民经济和社会发展统计公报》,中国经济网,http://www.ce.cn。
② 文丽娟:《个性旅游:互联网+旅游 稀缺的就是有价值的》,《中国青年报》2015年3月31日。

二 依托"互联网+",催生创意产业新业态

互联网不但融入生活而且在改变生产和生活,并已演进到重构产业生态及价值创造阶段,互联网已然成为撬动传统产业转型升级的重要力量。

"互联网+"激发着人们对互联网新世界的想象力。"互联网+"加速互联网对传统产业的融合、渗透,以创新驱动、生产流程再造和价值链重组,连接融通第一、二、三产业,重构社会资源关系,给实体经济以创新力,充当经济增长的引擎和社会变革的催化剂。"互联网+"促使传统行业转型升级,促使企业在人才、思想和文化方面的升级。

"互联网+"将从更高的层面上对文化创意产业发展带来巨大变化。"互联网+"突破了产业的界限,"互联网+文化创意"意味着文化和科技的高度融合。在信息化、物联网、智能化的大环境下,"互联网+文化创意"的发展路径能实现科学技术、文化艺术、创意设计等产业的融合发展,以新业态实现文化创意产业的高速发展。

"互联网+"可以实现更高端的文化创意产业投融资方式,引导文化创意产业更贴近市场。互联网的互联互通将激发所有产业行业跨界融合,升级为物质、能量和信息互相交融的物联网,促使传统产业实现在线化和数据化,带来社会生活与生态革命性的变化。移动互联网、云计算、大数据、物联网等将改变文化产业的生态,催生新的业态和形态,文化创意产业必须制定自己"互联网+"行动计划,为产业升级换代提供新的动力和路径。

三 发扬创客精神,打造创意产业新队伍

文化的本质在创新,创客是文创工作者的符号表征,小微文化企业是文化创意产业的绝对主力。据统计,目前中国大陆小微文化企业的数

量占到了文化企业总数的80%，从业人员约占文化产业从业人员总数的77%，实现增加值约占文化创意产业增加值的60%。创客在活跃文化市场、激发产业活力、促进文化创新和增加社会就业等方面发挥了积极的作用。

2014年8月，文化部、工业和信息化部、财政部联合发布《关于大力支持小微文化企业发展的实施意见》，首次从国家部委层面出台支持小微文化企业的政策；《国务院办公厅关于发展众创空间推进大众创新创业的指导意见》倡导大众创业、万众创新，加大对小微文创企业的扶持。

大众创业、万众创新的政策内涵与文化创意产业的发展属性高度契合，将增强文化创意产业发展的活力和创造力。汇聚创客群体，培育创客文化，可以壮大文化创意产业队伍，推动新的创意潮和创业潮，构建低成本、便利化、全要素、开放式的服务模式，优化和完善现有创业服务机构的服务业态和运营机制，形成文化创意产业开放式创业生态系统。

四 依托大数据，提升创意产业新技术

大数据是现代前沿信息技术的根本和核心。大数据与产业融合能够迸发出巨大的价值，如互联网金融就是金融数据跟电商数据碰撞的一个产物。大数据思维改变传统的"设计—生产—销售"的单向模式，为消费者与生产者之间搭建起一条精准的双向模式通道，使定制化消费变为现实。京东推出"JDPhone"计划，通过挖掘京东消费者喜好与偏爱的数据，定制规模化的产品，释放消费者的潜在需求，为厂商创造价值。在大数据时代，数据是政府决策、企业经营的第一要素。

大数据为文化创意产业转型提供了新的手段。大数据既可以为文化创意产业进入路径量化选择和量化分解，避免规划的盲目性，事先做好产业项目、投资核算和工作事项的成本核算，也可以在目标市场或目标人群的消费核算以及产品输出的收益核算目标方面进行量化分解，为企业经济增长提供

数据支撑。BAT（百度和阿里巴巴、腾讯三巨头的简称）为文化创意产业带来了大数据思维的借鉴。百度的搜索、腾讯的QQ、微信以及阿里巴巴旗下庞大的网购买卖群体，都能够使得BAT通过有效的数据搜集、分析，增强用户黏性、挖掘用户价值，实现从用户群向用户价值的转变，开发文化产业的增值服务和衍生产业。

五 文化与金融对接，打造创意产业新产品

文化创意产业"融资难""融资贵"是个老问题。金融改革将改变银行的经营方式和行为方式，有可能化解文化创意产业"融资难""融资贵"问题，也有可能催生文化创意产业和金融业的新业态、新产品，新常态下文化创意产业与金融衔接就是一个双赢策略。自2013年起，文化部、财政部联合实施了中央财政文化创意产业发展专项资金重大项目——"文化金融扶持计划"。2014年3月，文化部、中国人民银行、财政部发布《关于深入推进文化金融合作的意见》，用项目贷款、贸易融资、文化消费贷款等，推动适合文化企业特点的信贷产品和服务方式创新。2015年初财政部下发《关于申报2015年度文化产业发展专项资金的通知》，明确专项资金将重点支持文化金融、实体书店发展、新闻出版业数字化转型升级、传统媒体和新兴媒体融合发展等八大领域。

"文化金融扶持计划"有效发挥财政资金的撬动放大作用，带动了金融资金投入文化创意产业，也带动了社会资本的投资，文化创意产业成为资本市场的新宠。阿里巴巴先后投资了新浪微博、天天动听、虾米音乐、声盟、华数传媒和文化中国；百度先后投资YOKA时尚网、纵横中文网、PPS视频和积木热门视频；腾讯大力涉足游戏产业，其2013年的游戏收益达到319.66亿元，超过腾讯当年总营收604.37亿元的一半，此外，腾讯注资数字音乐和网络文学并在该领域取得领先优势。[1]

---

[1] 《文化产业并购潮：BAT一年投资15家文化企业》，中商情报网，2014年4月4日。

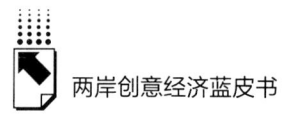

六 促进跨界融合，拓宽创意产业新空间

跨界融合已是文化创意产业创新发展的一个新模式，创新文化与其他产业的跨界融合，将创新意识、文化元素融入产品和品牌中，将"创意"产业化、产品化，有利于将其有效地转化为新型的优势资本，实现文化创意产业与传统产业融合，促进传统产业优化升级，改变传统的生产与消费模式，转变传统的价值增长机制，推动文化创意产业链向附加值高的两端延伸，有利于优化整体的经济结构。

《国务院关于推进文化创意和设计服务与相关产业融合发展的若干意见》必将进一步推动文化创意产业的跨界融合，使"小文化"通过"跨界融合"形成"大文化"，发挥文化创意和设计服务对制造业、建筑业、信息产业、旅游业、农业、体育产业等的领域支持作用，以文化提升相关产业产品和服务的附加值，以融合发展拓展文化创意产业发展空间，实现文化创意产业与相关产业相互促进、共同发展。

"融合"是思维方式，更是产业发展的现实路径。促进文化创意和设计服务与实体经济深度融合是培育国民经济新的增长点、提升国家文化软实力和产业竞争力的重大举措，也是实现文化创意产业发展模式和商业模式的创新，促进文化产品和服务创新，催生新兴业态、带动就业、满足多样化文化消费需求，实现新常态下文化创意产业持续发展的重要途径。

七 紧贴"一带一路"，探索文化外贸新通道

文化在世界各国的综合竞争中的地位和作用日益凸显，文化创意产业和文化贸易在整体经济中的地位迅速提升，国际的文化贸易在国际经济贸易中的比重也愈来愈大，发展国际文化贸易已经上升为国家战略。

2014年3月，国务院发布《关于加快发展对外文化贸易的意见》，要求加快发展传统文化产业和新兴文化创意产业，扩大文化产品和服务出口。进

入 2015 年,"一带一路"成为新常态下的国家战略。3 月 28 日,国家发展改革委、外交部、商务部联合发布《推动共建丝绸之路经济带和 21 世纪海上丝绸之路的愿景与行动》,重点提出加强与沿线各国的文化交流、积极开展文化创意产业合作、塑造和谐友好的文化生态的新要求。

　　文化创意产业要主动配合"一带一路"的顶层文化战略规划,抓住文化创意产业境外拓展的契机,利用"一带一路"这个文化外贸新通道,依托自由贸易园区、港区和海关特殊监管区,挖掘国际国内两种资源,开发针对性创新产品,建设文化产品和服务的出口平台,着力于文化服务出口、境外投资、营销渠道建设、市场开拓和文化贸易人才培训,实现文化产业输出性增长。

B.21 媒介融合对传媒产业的转型与重构

蓝燕玲*

摘　要：	在多媒体智能终端成为大众最重要信息接收渠道的今天，网络化生存成为传媒产业保持持续发展、实现价值增长的必由之路。传统媒体必须谋划创新与转型，在与新媒体的融合中应用互联网思维重新审视媒体消费者，寻求内容生产的变革以及全媒体平台的搭建，建立适应互联网时代的传媒产业价值链。
关键词：	互联网　媒介融合　传媒产业　价值链

在信息科技不断创新的全球背景下，互联网已形成对社会生活的全面渗透，其碎片式泛在化的优势成为最受欢迎的媒介入口。麦肯锡全球研究院预计：2013～2025年，互联网产业在中国GDP总量中将贡献7%到22%，约等于每年4万亿～14万亿元人民币的经济总量。因此，互联网是中国经济未来发展的重要引擎，各行业拥抱互联网是大势所趋；传媒产业也必然融入互联网才能有继续增长的可能性和推动力。

一　互联网引领传媒产业的变化与转型

互联网自由传播、交互传播，海量传输、海量储存，跨地域、多终端的

---

* 蓝燕玲，博士，厦门理工学院数字创意学院副教授，研究方向为媒体与品牌管理。

传播特征，以及移动互联网网随人走、随时可用、无处不在的传播方式带来了传播模式的巨大改变，推动着传媒产业的变化与转型。

（一）互联网引领传媒产业的变化

在新的技术条件和传播模式下，传媒产业发生了包括市场基础、市场秩序、产品构成、媒体形态到盈利模式的系列变化。

1. 市场基础的转变——从受众到用户

相对大众传播时代的"受众"一词，信息时代里用"用户"来描述传媒产品的消费者更加恰当，这本质上代表了传媒市场里的权利转移——主动权从媒介走向用户。

首先，信息技术的发展使媒介资源由稀缺走向富余、信息数量从有限走向过剩，用户拥有了充分的选择权和自由度。传媒市场随着用户需求的分化而被重新划分——媒体不仅要根据用户需要设计内容产品，更要针对用户习惯对渠道终端进行合理规划和组合。

其次，互联网使得传媒业生产去中心化。互联网双向互动的传播方式提高了用户在传播结构中的主动性和能动性——媒体生产模式逐渐由媒体人生产到用户接收的单向线性过程，变化为媒体专业人士和用户不断互动、不断完善的环状过程。[①] 智能终端和新应用使个人传播的渠道更丰富，以微博、微信、论坛为代表的开放平台为全民传播的实现提供了现实条件。自媒体、草根媒体、公民媒体在众多新闻报道中，已逐渐形成巨大的规模与影响力。

2. 市场秩序的变化——从垄断到竞争

传媒领域的行业壁垒主要有三种——政策、资金、规模。大众传播时代，刊号和频道是政府严格管制的媒介资源，资金和人才的投入是媒体运营的基础，受众规模是媒介生存的根本。当下网络空间的相对自由和丰富使用户可以拥有自己的传播平台，数字技术的发展降低了传媒生产的技术门槛和资金门槛。同时，多样化的选择降低了媒介与用户之间的黏度，使传媒市场

[①] 新浪网与清华大学新闻研究中心：《媒体行业发展趋势报告》，2014。

产生了让更多竞争者进入的可能性，降低了传媒产业通过垄断实现超额利润的机会。

3. 产品构成的转变——从信息到服务

海量传输与储存的特征使得互联网媒体成为一个世界范围内的庞大的信息和服务资源，加上多样化的渠道和平台，传媒产品日益丰富。信息时代的传媒产品包括了信息产品和应用服务两大类：信息产品着眼于动态信息的及时传递，是传统媒体产品的延伸和发展；应用服务主要是对庞大信息的整合、加工、检索、存储和传输，是以信息技术为基础的新产品，特别是以大数据、云计算为代表的信息服务。利用大数据和云计算技术不仅可以掌握海量的信息数据资源，还可以将这些资源整合起来建设专业化、规模化、现代化的内容数据库，充分挖掘大数据背后潜藏的价值，提供高质量的信息服务。

4. 媒体形态的裂变——从有限到多样

媒体形态的裂变，造成了信息接收终端的多样化，从传统媒体（报纸、杂志、广播、电视）到电脑、智能手机、手持移动终端，消费者从来没有拥有过如此之多的工具和载体来接收信息。同时，依附于信息终端的信息入口也越来越多样化，手机应用（独立APP），微信公众号，微博，新闻客户端，网站、自媒体，这些新入口具有各自不同的新特征，没有哪种入口能够轻易形成压倒性优势，各入口的竞争也日益激烈。

5. 盈利模式的转变——从免费到增值

互联网媒体不仅是信息聚集、流通的平台，还是一个具有多样化扩展应用功能的巨大平台。首先，互联网作为一个庞大的数据库平台，可以进行高效的信息搜集、处理和传输，深耕信息产品的生产和应用。除信息平台外，互联网还可以是商务平台、营销平台，利用对用户的精准分析所形成的用户数据库、利用分众互动传播所形成的用户社区群，能更有针对性地服务广告主、开展电子商务（购物、支付），并连接阅读、游戏、金融、旅游等服务，在打造多个产业的同时实现共赢的增值空间。

（二）媒介融合是传媒产业的转型之路

随着数字技术和网络传播的成熟和普及，所有媒介都向数字化和网络化这一形式靠拢。传统媒体与新媒体的有机融合成为信息时代背景下媒体发展的理念和趋势。

"媒介融合"是一个动态发展的过程，源起于媒介技术发展引领下媒介功能的相互融合与渗透——报纸、杂志、广播、电视等传统媒体与电脑、智能手机、网络电视等新兴媒体有效结合，建立起资源共享、协同作业的集中处理模式，生产出多样化的信息产品，并通过多元化的渠道与平台广泛传递给受众。随着融合的深入，技术和产品层面的融合促使传媒自身组织结构的优化和发展，引发传媒机构运营方式与管理机制的转型；同时孕育了以电信、网络为代表的其他产业的聚合，共同造就了传媒的新经济时代。

二 我国媒介融合的发展与现状

自2005年起，我国许多传统媒体都开始谋划创新与转型，寻求与新媒体的对接、协作与融合。但经过近十年的探索，我国现有的媒介融合进展程度总体上仍然处于起步阶段。传统媒体与新兴媒体的合作方式主要还是在媒体内部建立网络部或新媒体部，延伸发展传统媒体产品的电子版、移动版模块，或是借助大型互联网平台进行传播推广，远没有与新媒体共同建立资源共享、协同作业模式，组织架构与管理模式更没有进行实质性的变革和重组。我国的媒介融合仍处于"物理融合"阶段，大部分仅是媒体技术与功能上的优势互补。

（一）媒介融合过程中的发展失衡

在传统媒体转型与创新的进程中，不同类型传媒机构的发展很不平衡。大型传媒机构发展较快，运营基础较好的报社、广播电视集团中出现了一系列的多媒体融合机构，以浙报传媒、新华传媒、东方明珠、广电网络为代表的传媒上市公司成为改革的先锋和典范；而小型的传媒机构，如受众面较窄的期刊杂志社、图书出版社等囿于政策与资金所限，改革难度大，媒介融合程度较低、进展缓慢。

从行业层面来说，报刊出版业的媒介融合发展状况相对广播电视业而言出现了大幅度的落后。从20世纪90年代中期起，中央电视台、省级卫视台以及地方电视台陆续加快了自身的网络化进程。从最早的网站或网络电子版的培育，到现有的网络电视操作模式，电视与网络的融合日渐成熟。互联网电视业务（OTT）为广电行业注入互联网元素。数字视频广播与互联网电视业务连接（DVB＋OTT）所形成的智能电视，成为除了移动智能终端外大众最经常使用的智能接收终端。2013年智能电视的市场渗透率为50%，2014年智能电视市场总量达到3128万台，渗透率也提升至69%[①]。相对而言，中国报业的发展形势严峻。2014年出现了一系列的报纸停刊现象：上海报业集团旗下的《新闻晚报》、上海文广集团主管主办的《天天新报》、河北日报报业集团旗下的《杂文报》都正式停刊。报业广告大幅下滑，媒介智讯的报告显示[②]，2014年1~6月，全国报纸广告累计降幅达13.2%，广告资源累计减少7.6%。

（二）推动媒介融合发展上升为国家战略

从媒体发展趋势看，互联网的用户规模和使用率持续高位增长，越来越多的人通过新媒体获取信息，年轻一代更是将互联网作为其信息接收与传播的最重要渠道。传统媒体受众规模不断缩小、市场份额逐渐下降已是必然。寻求与推动网络化生存之道对传统媒体而言，已是大势所趋、刻不容缓。

2014年，被称为"媒介融合元年"，中共中央总书记习近平于2014年8月18日在中央全面深化改革领导小组第四次会议上审议通过了《关于推动传统媒体和新兴媒体融合发展的指导意见》（简称《指导意见》），将媒介融合提

---

① 艾瑞咨询：《智能大屏广告思维，行动在先》，艾瑞网，2014年4月14日。
② 媒介智讯：《中国报纸广告市场分析报告》，2014年6月。

升到了国家战略的新高度。《指导意见》强调：要遵循新闻传播规律和新兴媒体发展规律，强化互联网思维，坚持传统媒体和新兴媒体优势互补、一体发展，坚持先进技术为支撑、内容建设为根本，推动传统媒体和新兴媒体在内容、渠道、平台、经营、管理等方面的深度融合，着力打造一批形态多样、手段先进、具有竞争力的新型主流媒体，建成几家拥有强大实力和传播力、公信力、影响力的新型媒体集团，形成立体多样、融合发展的现代传播体系。

三 传媒产业转型与重构的路径

当下，我国的媒介融合应从媒介技术的融合层面走向重组媒体组织机构、改革管理机制的层面。应用互联网思维、重塑媒体内容定位和生产流程、构建新的传播平台、创新商业模式、重组组织结构和管理机制，成为中国传媒产业的融合重心。从观念到内容、渠道，再到经营管理上的逐步递进是实现媒介真正融合的若干要素。

（一）建立和应用互联网思维

要实现传统媒体与新媒体的融合，最重要的前提是要深入理解互联网的实质，建立契合网络时代的认识与方法，重新审视互联网下的媒体消费者、媒体的内容和服务、媒体的平台与盈利模式，用互联网思维来谋划和推进媒介的融合。

（1）用户思维。在互联网时代，无论是企业还是产品，只有满足了用户的需求，为用户创造了价值，才会被用户所认可。用互联网思维改造传统媒体，必须改变大一统的单向传播思路，适应不同用户的需求，为其定制符合其需要的内容产品。此外，传播的路径也不再是单向的，而要在互动中获得用户对产品的反馈，并及时调整、完善产品。

（2）产品思维。好的产品，不仅有利于留住已有用户，还可以以低成本吸引新用户，因为好的产品在人人都是自媒体的社交时代，是能够自传播的。媒体在转型中，首先要加强对独特信息产品的研发，将所具有的内容优

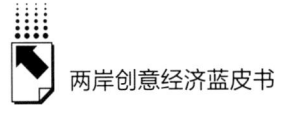

势转化成有商业模式的信息产品。

(3) 平台思维。成功的互联网企业总是善于并着力打造一个链接各方的开放、共享、共赢的平台。互联网平台既是媒体内容的发布场所，也是用户参与内容生产、获取各种服务的场所，更是聚集用户、获取流量的必需载体。传统媒体必须打造属于自己的网上新平台，形成自己的网络入口。

(4) 免费思维。传统媒体原产品的价值被数字技术和网络技术所催生的复制品、替代品、整合品所稀释。成功的互联网企业大都是通过免费的方式提供产品和服务，借此提升用户体验、积聚用户数量、培养和建立用户的媒介依赖，再通过用户依赖展开相应的增值服务。

(二) 改革与创新媒体内容和产品

"内容为王，产品制胜"，对媒体而言，内容产品始终是根基，是媒体发展的源头所在。传媒业的发展，内容与技术缺一不可。在强调技术引领和驱动的同时，内容建设仍然需要放在显要位置。应用数字和网络技术的助力，加强对内容的深度创作、个性化订制、快捷性、互动性成为媒体产品的创新方向。

(1) 专业权威的品质。传统媒体凭借长年在信息采集、分析、解释上的专业化操作，在公信力上具有新媒体无法比拟的优势。强大的采编队伍、权威的信息渠道、规范的报道流程、深入的信息加工、优质权威的信息产品是传统媒体应始终保持的不可替代的核心竞争力，并应通过与新媒体的融合，最大限度地把这个优势延伸和拓展到新媒体。

(2) 多媒体的呈现。在媒体渠道多元化的环境下，内容产品生产必须采取多样化的表现方式，综合运用文字、图表、影像、动漫等多种形式，实现内容从可读到可视、从静态到动态、从一维到多维的多元展示，满足多平台传播和多种体验的需要。

(3) 分众化的服务。信息的海量化与传播的便利性造成一般化信息不再是稀缺资源，受众细分的发展趋势要求内容产品的生产必须在专业化、特色化、个性化上下功夫。既要提供共性信息资讯，更要研究用户的差异化需求，加强"个性化订制"。

深耕行业化信息、聚焦订制服务、接入电商业务的重度垂直化媒体产品成为2014年传统媒体最适宜运行的互联网产品模式。科技、财经、汽车、时尚、房产等内容业已成为这类的主流，通过提供专业、特色细分的独特内容，并打通传播渠道，满足用户多元化、个性化的内容需求。一方面，这类产品更容易满足人们对于某一方面信息和服务的深度需求，有利于增强用户黏性；另一方面，重度垂直化产品的目标用户清晰，有利于开展线上线下的服务活动，吸纳与产品属同一领域的广告投入，兑现产品的商业模式。

（三）构建全媒体平台，实现渠道与平台的多样化

没有自己的平台，媒体就无法建立影响力，无法聚集用户和流量，当然就更谈不上将用户和流量变现。在移动互联网时代，新的平台最好是基于移动互联网的，为适应这一变化趋势，传统媒体纷纷把有限的资金和资源投入到建立移动互联平台之上。2014年，客户端已成为媒体在移动互联网上的主要入口，也是比较成熟的技术应用。除此之外，手机网站、手机报也是媒体进入移动互联网传播的重要渠道。对于没有足够的技术和资金力量开发新平台的媒体，利用微博、微信等公共技术平台，或者利用公共平台开放的接口进行再开发，也是一个常用的策略选择。

（四）创新和重塑市场经营方式

媒体在研发产品之初，就要对其商业模式有清晰的设计，收费信息、广告、线下活动、O2O（线上线下的物品和服务销售）都是可以考虑的商业模式。深耕信息产品的生产和应用，通过信息的个性化定制、互动化传播、专业化深度增加信息产品价值、形成稳定而富有黏性的用户群成为媒体盈利模式的起点。利用对用户的精准分析所形成的用户数据库服务、利用分众互动传播所形成的用户社区群，更有针对性地服务广告主、创造高效的广告收入。另外，除了搭建信息平台外，媒体还可以连接更多的平台接口，开展电子商务（购物、支付），并连接阅读、游戏、金融、旅游等服务，成为多种媒介、多个产业同时实现共赢的增值空间。

用户群已成为新媒体的经营模式的起点：用内容作为建立用户群的入口，通过社群去运营用户，再用服务变现流量价值，关键在于抓住用户需求，提供内容和服务（见图1）。在互联网时代，拥有用户群，掌握用户资源，才能拥有主导核心产业的能力。

图1　新媒体的商业逻辑：从广告售卖到用户运营

（五）改革媒体管理机制

互联网媒体的发展方向是以用户为核心，实现多样化的内容服务产品向多元媒体终端分发。因此，媒体组织结构再造的核心，首先是要打破按照部门划分生产的格局。传统媒体的新闻生产往往是按照地域和专业来架构的。这样的设置不符合新媒体环境喜爱生产重度垂直化细分产品的需要。

新媒体的运营要求媒体内部各个层次、各个部门之间的权力关系不复存在，取而代之的是一个能够实现资源共享，确保多平台、多渠道协同工作的"超级中枢"。在新框架的推动下，采编、技术、运营（数据分析）人员将组成若干个小型项目小组，形成以产品和项目为导向的更加灵活的组织形式（见图2）。改革的核心就是组织的扁平化，围绕产品构建各个作业单元，推行产品经理主导制。

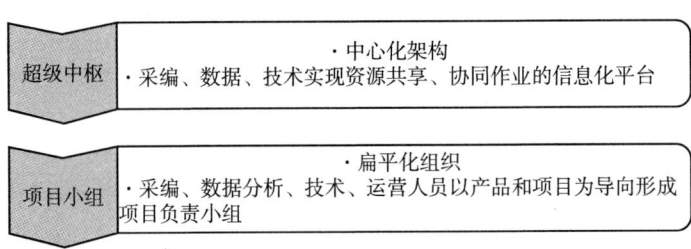

图2　新媒体组织管理架构

（六）构建互联网时代传媒产业价值链

互联网企业的成功经验告诉我们，传媒产业的发展趋势是以用户为核心的传媒产业价值链的重构和聚合。

根据美国学者迈克尔·波特的"价值链"概念，传媒业的价值链可以分为信息收集、信息生产、信息传输、信息接收和信息服务五个部分。明确媒体的目标用户，在信息收集与生产环节，以动态、专业、分众的内容结合文字、图片、视频等多形态的形式生产优质的内容服务产品竞争用户入口；在信息传输和接收环节，推动优质产品向移动端、网络版、数字化媒体连接，通过微信、微博、APP、网站等全媒体渠道扩大用户规模；在信息服务与增值环节，通过多样应用功能平台的集成以信息收费、广告、电子商务为入口实现用户价值。建立与用户的持续连接，提高每个环节的价值创造能力，追求整体价值链的有序循环是互联网时代媒体产业走向聚合的方向和趋势（见图3）。

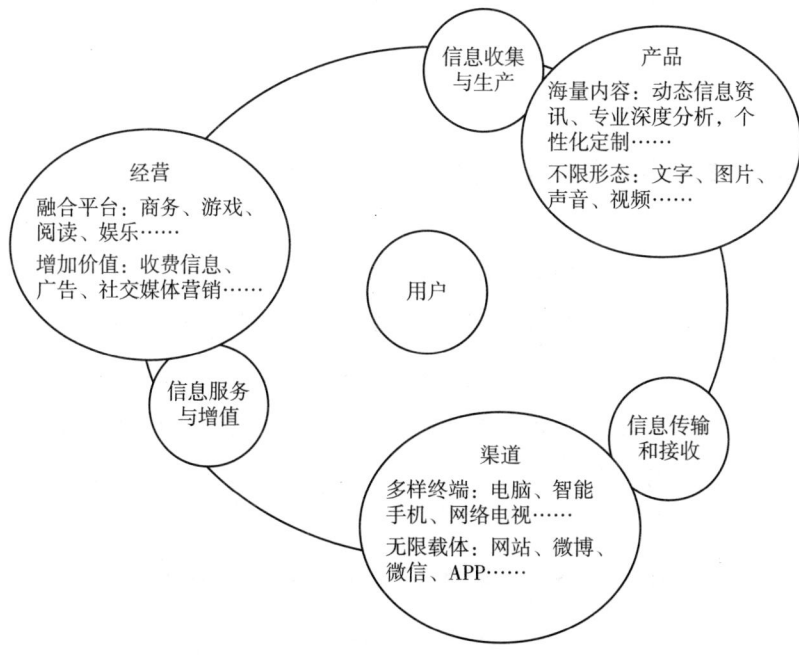

图3　互联网时代的传媒产业价值链

案 例 篇

Reports of Case Studies

B.22
北京市级文创集聚区服务水平指标体系构建

余 博 何圣捷*

摘 要：	文化创意产业集聚区服务水平是一个复杂的系统，北京市级30个文化创意产业集聚区因功能定位、服务对象、受众需求等方面的差异，其服务水平也各不相同。为了更全面客观地对北京市级30个文化创意产业集聚区的服务质量进行评估，就必须结合集聚区的发展实际，从多角度、多侧面、深层次进行具有代表性的评价，建立一套全面、完整、科学的指标体系。
关键词：	文化创意产业 集聚区 服务水平 指标体系

---

* 余博，中国传媒大学博士生，北京印刷学院教师，研究方向为文化创意产业；何圣捷，博士，厦门理工学院文化产业学院教师，研究方向为文化经济。

实践证明，在文化创意产业集聚区运营过程中，除了进行主导产业的发展建设之外，还应对入驻企业和公众提供相应的服务。文化创意产业集聚区提供的服务是否匹配企业需求，是否能满足服务对象的使用，是否能最大化利用现有资源，是衡量集聚区服务质量的重要标准。文化创意产业集聚区指标体系的建立必须能够综合客观地反映文化创意产业集聚区多主体、多目标系统的整体服务水平，从多角度实现全面综合评价，为集聚区实现差异化、特色化发展提供参照方向和标准。北京在发展文化创意产业的历程中，突出成绩之一就是大力创建、认定各类文化创意产业集聚区，以产业集聚的方式形成文化创意产业集群，发挥辐射和带动作用。在此过程中，北京尤其重视文化创意产业集聚区服务水平指标体系的建构，为探索文化创意产业集聚区改善和提升服务水平，提供了参照方向和标准。

一 北京市级文创集聚区服务水平指标体系评估依据

文化创意产业集聚区作为文化产业资源集聚的主要路径和载体，对城市和区域经济的发展创造了一定的经济效益和社会效益。从某种程度上来讲，集聚区功能发挥的有效程度，是检验集聚区服务水平的重要标准；集聚区服务水平的提升也对功能效能的提升、形成品牌效应和国际影响力具有重要意义。

文化创意产业集聚区作为文化产业和服务的研、产、销、传播与消费场所，其服务的根本任务是不断提高企业的创新、创意能力，解放和发展文化产品的生产力与创造力。技术的研发与创新，可以有效降低市场主体之间的交流与交易成本；创意能力的提升，可以促进创意升级，形成新的利益集聚点。创新能力，特别是知识产权的转化能力，也会带来潜在的知识效益。当前知识产权保护在法律法规、价值评估、中介服务等方面的缺陷性，局限了企业知识产权保护工作的主动性和系统性，打击了工作人员创新的积极性。知识产权管理与保护已日益成为集聚区占据服务制高点的内容之一。

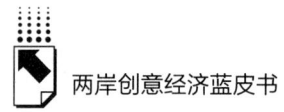

文化创意产业集聚区作为多产业融合发展的展示交流服务平台，促进了交易创汇和对外合作交流。文化创意产业与会展业、资讯业等新兴产业的协同发展，拉动了现代服务业的整体增长，通过整合产品和服务消费、强化文化参与与体验，将商业活动、休闲娱乐、居住生活加以融合，扩大了文化消费市场，提升了集聚区发展活力，对区域经济的发展具有巨大推动作用。

文化创意产业集聚区作为产业孵化器，依托特定载体对新创企业提供管理支持和资源网络服务，帮扶文化企业成长。集聚区对初创企业的孵化扶持，主要包括硬件支持和软性服务，其中硬件支持指提供免费或较低租金的办公场地、停车场、导航标牌、超市、餐厅等公共基础配套设施服务；软性服务可包括物业服务等基础性的商务服务和投融资、教育培训、信息服务等全方位、多层次的增值服务，其中增值服务是文化创意产业集聚区转型升级、提高服务水平的关键。

文化创意产业集聚区在生产、展示、交易文化创意产品，扶持、鼓励、支持文化企业的同时，其自身也是一个重要的文化创意符号，其个性化的服务内容也是提升城市形象的重要代表。如中国（怀柔）影视基地、北京798艺术区、中国动漫游戏城等北京市级文化创意产业集聚区。在集聚区的创新网络体系中，如何在资源保护、开发、利用等方面，打造专业化的服务内容、特色化的服务定位，已成为北京传承城市文化传统，提升文化影响力的重要发展目标。

二　北京市级文创集聚区服务水平指标体系结构及内容

基于2006年北京市发改委对北京文化创意产业集聚区的定义，基础设施保障、公共服务区域、创意研发能力、专门服务机构、公共服务平台构成了文化创意产业集聚区发展的核心要素。较之文化创意产业集聚区的基础服务而言，公共服务平台的搭建更多是为集聚区内外部企业和公众提供增值服务。为了突出服务平台的增值服务特性，本研究将指标体系中公共服务平台定义为"增值服务平台"。北京市文化创意产业功能区的规划发展，又将集聚区的差异化、特色化发展作为缓解集聚区瓶颈问题、实现可持续发展的新目标，有利于文化创意产业的集群发展，促进资源共享和区域经济发展。

（一）指标体系基本结构

本文以文化创意产业集聚区的概念界定以及功能区的发展趋势为基础，汲取北京30个市级文化创意产业集聚区的发展经验，从服务对象的需求出发，依据评价指标选取原则，选取尽可能少且容易收集的指标，对服务特性进行了层级划分，反映主要且全面的信息，对文化创意产业集聚区服务功能进行评价分析。根据以上构建依据和相关影响因素，本文将建立一个由7个一级指标、28个二级指标组成的服务水平综合评估指标体系，对北京市级文化创意产业集聚区的服务水平进行评价和衡量，以期具有普适性原则。结合北京市级文化创意产业集聚区的发展实际，具体指标体系结构如图1所示。

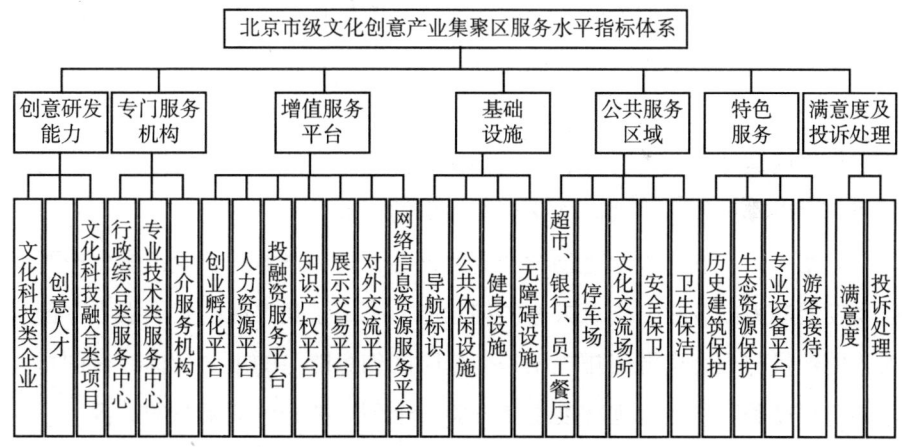

图1　北京市级文化创意产业集聚区服务水平指标体系

（二）指标体系关键内容

本研究设定的一级指标包括创意研发能力、专门服务机构、增值服务平台、基础设施、公共服务区域、特色服务、满意度及投诉处理，除基础设施作为各类集聚区具备的基础服务项目之外，创意研发能力和增值服务平台成为文化创意产业集聚区区别于其他集聚区的关键要素。二级指标是在一级指标体系框架下的细化指标，三级指标是在二级指标之下的具体考察项，可通过一定量的测度变量得出相应的二级指标评价得分，最终形成对集聚区服务水平的综合评价。具体内容如下。

1. 创意研发能力

创意研发能力是文化创意产业集聚区与其他集聚区相区别的主要标志，集中体现文化创意产业集聚区以文化创意为核心内容的突出特点。创意研发能力的高低直接决定着整个文化创意产业集聚区创新、创造的水平，创新能力的提高能进一步指导和带动集聚区企业创新活力，推动创意产品的研发、生产、消费，促进成果转化，提升服务水平。体现创新研发能力的核心要素包括：文化科技类企业、创意人才、文化科技融合类项目等。

文化科技类企业：文化科技类企业以其轻资产、高发展、重创意的特性区别于其他企业，其业务核心一般涉及创意的科技化呈现、技术手段的创新与文化的结合、知识产权价值确定、权利归属、处置流通、软件信息、科技产业链条等内容，其比重在文化创意产业集聚区中占比较大。文化科技类企业占集聚区全部企业的比值、文化科技类企业年产值占集聚区全部产值的比例等都可以作为衡量集聚区文化创意水平的标准。

创意人才：创意人才是创意产业的核心，是为产业与企业提供生产要素以及发展动力的源泉，创意人才的创意能力决定了集聚区的发展潜力，创意人才的数量与人力资源安排规划是衡量园区创意能力的重要指标；对创意人才的重视度和利用的合理程度也是考验一个创意类企业或组织的关键。

文化科技融合类项目：文化科技融合类项目指借助科技手段或以科技为载体，传播及呈现文化内容的项目，它是跨专业跨领域的体现，又能以跨界推动共生共赢，因而文化产业集聚区可以通过文化科技融合类项目体现其本真价值，也以此获得生命与动力。文化科技融合类项目在集聚区全部项目中的占比、文化科技类融合资金在文化产业类基金中的占比等都可以作为衡量文化科技融合水平的标准，体现集聚区的创意研发能力。

2. 增值服务平台

公共服务平台是根据集聚区发展需要，提供的超出常规服务的一体化平台服务，是集聚区服务水平的集中体现。2008年北京科学技术委员会项目《文化创意产业公共服务平台研究》将文化创意产业公共服务平台定义为"以资源共享和产业服务为核心，集聚和整合政府、企业、科研院所和高校的文化创意条件资源，运用信息、网络等现代科技形成的物质与信息服务平台，通过建立共享机制和运营管理组织，为文化创意产业发展提供公共便利、创造公共条件的开放、共享的服务网络、体系或设施。"[1] 从本质上看，集聚区公共服务平台实质上是一定区域内的一组制度性安排，具有共享性；从服务对象来看，集聚区公共服务平台主要服务于各类文化创意企业，特别是处于创业初期的中小文化企业以及部分消费型文化大众；从服务内容来看，集聚区公共服务平台主要提供资金、技术、人才、信息、交易等文化资源和产业化条件，强化共享与合作，推进文化创意成果转化；从服务主体来看，集聚区的公共服务平台涉及政府、集聚区管理机构、科研院所、高等院校、中介机构、协会社团以及相关企业的协作交流；从平台构成来看，集聚区公共服务平台是由各类公共机构、私有机构、非营利性组织所组成的网络系统，可包括有形的实体平台和无形的虚拟平台。本文指标体系研究的公共服务平台下的增值服务平台具体包括创业孵化平台、人力资源平台、投融资服务平台、知识产权平台、展示交易平台、对外交流平台、网络信息资源服务平台。

创业孵化平台：创业孵化平台是集聚区为初创企业提供共享服务空间、公共经营场所、项目资金申请、成果技术鉴定、文化产业类政策指导、咨询策划、项目顾问、人才培训、信用评估、经营管理指导等专业性、综合性多类创业服务。创业孵化平台服务职能的发挥，能有效降低初创企业的创业风险和创业成本，提高企业的成活率和成长性，带动文化创意产业集聚区乃至

---

[1] 赵继新、楚江江：《北京文化创意产业公共服务平台构建研究》，《北方工业大学学报》2011年第3期。

文化创意产业发展活力。其中创业孵化企业数量、成活率,孵化人才数量、孵化项目数量、项目资金申请额度等都可以作为衡量创业孵化服务平台服务水平的测评标准。

人力资源平台:"人力资源"是指"能够推动整个经济和社会发展的劳动者的能力,即处在劳动年龄的已直接投入建设和尚未投入建设的人口的能力。"① 文化产业集聚区人力资源服务平台为入驻企业提供的专业化人力资源服务大致包括:人才招聘、人才培训、人才测评、人才和劳务派遣、薪酬管理、绩效管理等,为入驻企业大大降低了人力资源管理成本,有助于企业系统化、可持续化发展。其中是否制定人力资源工作规划、人力资源经费投入情况、企业员工录用率、人力资源内外协调度、培训费用与业绩水平变化情况、人岗匹配度、绩效和薪酬管理制度的成熟度等都可以作为人力资源服务平台服务水平的测评标准。

投融资服务平台:投融资服务平台是文化创意产业集聚区增值服务的重要组成部分,主要包括融资媒介服务、风险投资服务、天使投资服务、基金管理服务。融资媒介服务是孵化器发挥自身媒介平台作用,为初创文化企业提供多种融资服务,主要包括基金申请服务、资金担保服务、融资中介服务等;风险投资服务是孵化器选择具有较大市场盈利潜力和高成长性的在孵企业,通过独资、合资等渠道建立孵化基金体系直接进行风险投资,为缺乏资金、处于种子期的在孵企业提供必要的资金支持,并灵活选取企业上市、兼并收购、企业股权回购等方式退出风险投资;"天使投资是自由投资者或部分投资机构对原创项目构思或小型初创企业进行的一次性的前期投资";② 基金管理服务是为风险投资机构的基金投资进行投资项目开发、评估、建议、决策、管理、收益分配的管理服务,其中融资担保次数、担保资金总额,提供中介洽谈服务的执行情况(包括成功次数、成功率等),天使投资的金额、次数、二期投资成功率,融资信息的推广宣传情况(包括推送渠

---

① 张德:《人力资源开发与管理》,清华大学出版社,2001,第56~57页。
② 郑孝国:《孵化器投融资模式探讨》,《福建论坛》(人文社会科学版)2006年第6期。

道、推送时间、信息量等）都可以作为衡量投融资服务平台服务水平的测评标准。

知识产权平台：知识产权服务是以知识产权制度为基础，以龙头企业级特色产业为着力点，通过知识产权创新、保护、运用来健全知识产权服务体系，有计划地组织、协调、管理与服务活动，实现集聚区产业链群的升级。知识产权服务平台是园区管理者"以园区产业为服务对象，为园区提供的政府直接参与的公共服务体系以及政府间接参与的社会服务体系的总和"，[①]其中大致包括产业预警、宣传培训等，社会服务体系主要包括知识产权代理、转让、评估、诉讼、许可等。其中知识产权评议、预警机制的建立和运用、知识产权维权援助、专利技术实施和转化、知识产权代理、资产评估和机制分析、知识产权宣传推广活动（包括新闻媒体、论坛、现场展板）的次数、受益人数等都可以作为衡量知识产权服务平台服务水平的测评标准。

展示交易平台：在文化创意产业集聚区企业中，产品可分为两种，一是实体产品，如设计品牌；一是电子及虚拟产品，如广告公司提供的创意服务，两类文化创意产品由于其文化附加值较大，因而需要对其文化意义进行深化宣传和再开发，因此集聚区可根据需要向企业提供必要的展示交易服务。展示交易平台具体可以包括前期资源配备、展会营销、布展、策划、审批报备、交易后期推广宣传等服务内容，可以有效地促进集聚区内外企业的商务贸易往来，促进多产业融合，活跃文化经济。其中展示的场次、营销的手段、交易的次数和数额等都可以作为展示交易服务平台衡量服务水平的测评标准。

对外交流平台：文化创意产业集聚区作为文化创意产业发展的重要空间载体，集聚区内企业之间，企业与政府、高校、科研院所、金融机构、中介组织、媒体之间以及各集聚区之间的交流是推动北京社会经济和文化多元发

---

① 杨晨、代杰：《基于产业集群的园区知识产权管理与服务绩效指标体系构建》，《情报杂志》2012年第2期。

展的重要助力，有助于合作交流各方取长补短，优势互补，在交流中共谋发展。集聚区对外交流服务水平的高低是衡量文化创意产业发展活力、多产业融合发展水平的重要标准之一。其中与政府、企业、高校、媒体等相关部门、组织联合举办活动的次数、方式、质量、频率、效果以及合作项目的成功率，国际、国内两个市场产品的进出口情况等都可以作为衡量对外交流服务平台服务水平的测评标准。

网络信息资源服务平台：网络信息资源服务平台是指为企业、客户、公众、游客（特别是散客）提供诸如信息查询、专业咨询、数据库等相应服务功能的一体化网络服务系统。作为虚拟的线上网络化平台，网络信息资源服务平台对人力资源管理、知识产权、展示交易、对外交流、投融资等线下实体平台的相关内容都有涉及，具体可承担文化创意产业类行业信息、政策条文、市场舆情、周边环境等公共信息资源的编制、发布；法律、工商、税务、市场、企业运营等专业信息的咨询与指导；用户基本信息、专利信息、人才招聘信息、投融资等信息资源的收集、管理、宣传、推广，极大地便利了集聚区企业的运营与管理，客户的商务交流，市民和游客的观光游览，有助于提升集聚区的整体服务形象。信息获取的方式、咨询反馈的时间、信息的权威性、信息隐私保护力度等都可以作为衡量网络信息资源服务平台服务水平的测评指标。

三 北京市级文创集聚区服务水平评价指标体系的权重与分值确定

通常有采用两种方法确定指标体系的权重，其一是主观赋权法，其二是客观赋权法。由于本文研究有许多定性的指标，无法完全按照成分和客观数据进行分类，而且在很多专业性的服务评定上需要向相关专家咨询，因此本文选择专家打分法，设计专家咨询问卷进行评估打分，最终总和专家结果。

针对专家对一级、二级指标打分赋权问卷的调查结果显示，其中基础设施项占比最重,为20%;创意研发能力、增值服务平台占比次重,均为16%;公共服务区域、专门服务机构占比较轻,均为14%;特色服务、满意度及投诉处理两项占比最轻,均为10%。基础设施是园区建设的刚性需求,是各类园区提供产业集聚效应的物质保障。作为北京市级文化创意产业园区,为适应首都创意人才的工作生活发展需要,应从创意环境与创意生态圈层面进行规划提升,为创意的生产提供良好的氛围与平台;增值服务平台与创意研发能力是主要区别园区创意核心竞争力优劣的重要指标,由于基础设施属于基本保障,对园区在创意能力方面的考虑能力较弱,因此增值服务平台与创意研发能力在文化创意产业园区服务发展中的作用不容小觑;公共服务区域与专门服务机构的服务对象大多数为企业类园区,并不适用于所有以公众、观光客为对象的园区,其考核能力较为次要,因而在二级指标权重内处于占比较轻的地位;特色服务与满意度及投诉处理在30个集聚区中所具备的能独立衡量服务优劣的能力最弱,其在指标中起到了加分项目的作用,并不是刚性需求,因此所占权重最轻。

设本研究指标问卷满分分值为200分,因此每项具体分值运算方法为:

$$Y_n = 200 X_{1i} X_{2in}$$

其中 Y 为三级指标每项满分,X_1 为针对二级指标赋权值,X_2 为针对三级指标赋权值。

根据专家打分表结果,逐项进行运算,最终分值见表1。

表1 北京市级文化创意产业集聚区服务水平指标赋值

基础设施		停车场	5.32
无障碍设施	8.4	超市、银行、员工餐厅	3.36
健身设施	9.6	增值服务平台	
公共休息设施	14	网络信息资源服务平台	3.2
导航标识	8	对外交流平台	4.8
公共服务区域		展示交易平台	4.8
卫生保洁	5.04	知识产权平台	4.16
安全保卫	5.88	投融资服务平台	5.12
文化交流场所	8.4	人力资源平台	5.12

续表

创业孵化平台	4.8	特色服务	
专门服务机构		游客接待	6
中介服务机构	10.36	专业设备平台	4.4
专业技术类服务中心	10.36	生态资源保护	4.6
行政综合类服务中心	7.28	历史建筑保护	5
创意研发能力		满意度及投诉处理	
文化科技融合类项目	9.6	投诉处理	9.8
创意人才	10.88	满意度	10.2
文化科技类企业	11.52		

根据以上指标体系评分表，结合对30家北京市级文化创意产业集聚区的全面分析，本研究组成员在几位打分专家的指导下，对研究对象进行初步打分，满分200分，其中总分在180分以上的园区有3家，总分为160～179分的园区有8家，130～159分的园区有19家。基于对此结果的分析，本研究认为可以按照这三个分值段进行等级划分，其中超过180分的园区称为A级园区，A级园区的服务建设反映了北京市园区的最高服务级别，具有行业标杆的作用，引领了首都区域经济的发展，加速了北京文化创意产业的进步；160～179分的园区称为B级园区，B级园区略高于当前文化创意产业园区发展的平均水平，反映了目前文化创意产业的发展现状；130～159分的园区称为C级园区，符合文化创意产业园区的准入标准，仍需要在各方面进行改进与提高。

B.23
无锡和昆明广告园区的产业集聚与辐射

金星 王静*

摘　要： 广告产业园区是随着我国广告产业发展而出现的产业集聚现象。广告产业园区对于广告集群的形成、广告产业市场竞争力的增强、带动特定区域内有关产业的发展和优化有重要意义。本文以昆明、无锡两个国家试点广告产业园区为研究对象，用产业集聚理论从两个园区在产业的集聚和辐射功能上着重考查园区在促进当地地方经济发展、服务地方产业以及园区自身的建设发展等方面取得的成效和推广的价值。

关键词： 广告产业园　产业聚集　产业辐射

伴随着我国广告事业的蓬勃发展，广告产业园区作为具有一定政府导向力和专项资金扶持性质的新型产业园区，逐渐形成了突出的产业集聚现象。广告产业园区是国家重点扶持现代服务业、全力推进创意经济发展的有效举措。截至2014年2月，国家工商行政管理总局在全国总共认定了31个广告产业试点园区。坐落于我国东部地区的无锡广告产业园区和西部地区的昆明广告产业园区，在全国广告产业试点园区中具有样本标志性。

---

* 金星，博士，云南民族大学文学与传媒学院教授，中国广告协会学术委员会委员，主要从事广告史、广告文化研究；王静，博士，苏州大学凤凰传媒学院副教授，主要从事广告产业、营销传播研究。

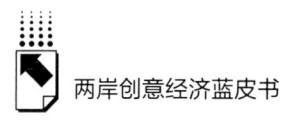

以产业集聚相关理论分析两个园区的产业集聚能力与辐射功能，具有重要的范式意义。

一 无锡、昆明国家广告产业试点园区概况

无锡广告产业园于2012年8月由无锡市政府批准设立，是无锡及新区推进经济社会转型升级的最前沿阵地。园区聚集各类创新企业500余家、创意人才3万人，综合排名持续位居无锡"Park"首位。该园区先后获得了国家动漫游戏产业振兴基地、国家动画产业基地、国家数字出版基地、国家文化产业示范基地及江苏省首批文化科技产业园等荣誉称号，同时产业园内iPark被江苏省工商局认定为著名商标。

昆明广告产业园于2013年1月经昆明市政府批准设立，昆明广告产业园目前聚集了广告和广告相关企业约200户，创意人才1万余人。2013年园区广告经营额约8亿元，2014年被国家认定为国家广告（试点）园区。园区根据"政府主导、市场运作"的投入机制，由五华区科技产业园管委会负责主管工作，云南成名广告文化产业园经营开发有限公司负责投资运营工作。

（一）无锡、昆明广告园区区位优势及发展环境

无锡市拥有便利的交通区位条件。一为长三角城市群交通枢纽，也是长三角地区1小时经济圈节点；二是紧邻上海，高速公路、高铁、机场四通八达，尽享现代区域交通便捷优势。

园区占地1.1平方公里，规划建筑面积165万平方米，已建成一、二、三、四期共计85万平方米，其中70%为科研、办公区域，30%为生活、商务等配套设施。其中一期15万平方米为核心产业区，二期、三期、四期为产业化区。

昆明作为云南省省会，是我国连接南亚和东南亚的国际大通道的结合部位。成昆、贵昆、南昆三条铁路主干线以及正在兴建的沪昆、云桂高铁项目

将昆明与长三角、珠三角地区的陆路交通纳入8小时经济圈范围。昆明长水国际机场位居国内机场第七位，航线除了辐射国内各大中城市以外，国际（地区）航线覆盖了南亚和东南亚的主要城市。昆明广告产业园区位于昆明市五华区金鼎山，距离即将开通使用的昆明高铁站（昆明南站）和昆明长水国际机场车程都在一个小时以内。园区周边高校集中，云南大学、云南民族大学、昆明理工大学、云南艺术学院、云南师范大学和云南财经大学等国家级、省级重点大学都集中在周边，人才智力集中效应明显。

先导核心区、拓展区和富民广告创意制作园组成了云南昆明广告产业园区，园区内总规划建设面积达113万平方米。广告文化创意制作园位于昆明市富民县境内，拟建设规模达35万平方米。

（二）无锡、昆明广告产业园区的发展目标及定位

无锡以打造"中国最具影响力的互联网广告产业基地"为目标，初步形成了"一核四园"的空间布局，其中核心区15万平方米，产业化区70万平方米，2015年累计达百万平方米规模。

在对产业园区的自身定位上，无锡结合自身技术与产业优势，依托蓬勃兴起的软件信息服务、新媒体、电子商务和移动互联网等产业基础，园区的广告产业在互联网广告领域形成特色和优势发展，集聚广告企业230多家。

为了充分利用毗邻南亚、东南亚的地理区位优势，昆明广告产业园面向国内与南亚、东南亚两个市场，非常重视"走出去"与"引进来"相结合，发挥桥梁与通道功能，打造南亚创意潮流集聚地。多年来，昆明广告产业园致力于建设成为民族文化创意孵化基地、云南旅游文化传播窗口、南亚创意潮流聚集地及云南微小品牌孵化推广平台。把成为国家级代表性、特色性产业园设为目标，通过培育一批有突出竞争力的传媒与广告创意企业，以吸引大批优秀创意人才进驻广告园区，不断强化广告与创意、广告与旅游结合的重要意义，带动产业转型的升级发展，最终推动云南民族创意品牌走向世界。

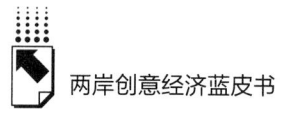

二 基于产业集聚视角的无锡、昆明广告园区解读

（一）"Park"模式是广告产业发展的最新支点

Park 经济模式，实质上是一种经济发展的新模式，指特定区域内合理规划、优惠政策和配套服务，形成适宜企业孵化成长的载体，并通过对载体内主要企业的扶持和培养，实现项目、资金、人才、技术等要素的聚集。例如：工业园区、技术开发区、概念创意区、新技术产业区等。

通过对广告产业链相关机构空间聚集的促进，发挥聚合竞争的优势作用，是广告产业园区的核心功能。当产业成熟度达到一定程度，政府以园区建设为手段，推动某一产业发展的案例屡见不鲜。规模超过 5000 亿元的中国广告业，需要从产业聚集效应中创造新的产业支点，也需要探索符合产业特征的园区建设思路。

而无锡广告产业园区所在的 iPark 正是"Park"模式的典型代表，无锡国家广告产业试点园区位于 iPark 内。现阶段，无锡市内已有超过九成的新兴广告产业集聚在无锡国家广告产业园内。其所在的新区互联网广告产业链已经初具规模，吸收容纳了网络游戏、数字广告制作、新媒体资源、电子商务广告及影视动漫等多个领域的产业。同时园区格外重视对于互联网广告人才的培养，建成了 2 万平方米的广告产业园培训基地，汇聚著名培训机构，每年培训的互联网广告人才可达 3 万余人。

无独有偶，昆明广告产业园区虽没有像无锡广告产业园区那样形成一个 iPark 的品牌，但是园区利用中央财政和地方财政以及地方政府的大力支持，从一开始，昆明广告园区就以建设公共服务平台为重要抓手，把一站式服务、新媒体演示中心、广告要素交易中心、云智慧服务平台、广告研发制作平台、专业培训和人才培养服务平台、园区企业市场推广平台和金融服务平台的建设作为产业聚集的重要基础平台。通过这些平台的建设，2014 年，园区先导核心区入驻的业内知名广告企业已达50家,整合片区入驻企业120余家,企业专业技术人员约400人,园区专家顾问40余人。其中有国际知名上市公司如微软、新浪、互动通;国内知名企业如北京五洲佳和、唐玛风驰;省内龙头企业如鹏云地铁传媒、昆明科莱斯文化传播有限公司、灵熙广告、乐在生活电子商务、昆明盛策同辉数字科技有限责任公司等,形成了产业特色凸显、商业模式共赢的广告关联互动体系。由此来看,"Park"模式在昆明广告产业园区已经初具雏形。

(二)政府规划引导是广告产业进步的聚合根本

国家《"十二五"规划纲要》对广告产业园概念的提出,体现了上述产业政策的持续拉动效应。"十二五"期间,国家安排30亿元财政资金,大力支持广告产业发展基础较为完善的区域建成30个左右国家广告产业试点园区。国家工商总局和各地政府对广告产业园的建设高度重视,给予政策优惠和财政扶持,共同推动了广告产业园区建设的实质性开展。

无锡广告产业园于2013年9月入围试点园区,在国家、省市区工商系统和各级党政部门的支持下,大力推进试点园区建设运营工作,瞄准"中国最具影响力互联网广告产业基地"目标,加快推进互联网广告产业招商和产业生态服务体系建设。继2013年引进艾德思奇、恩普勒斯等行业骨干企业后,2014年一季度,持续推进多盟、珍岛、风铃等企业的落户和发展,目前累计入驻广告企业达到235家,其中互联网广告相关企业159家,一季度广告收入达到18亿元,广告从业人员近万人,形成了良好的特色产业集聚,对地方产业转型发展起到了重要的推动作用。

昆明广告产业园区在政府规划和引导上处于全国广告产业园区前列,根据国家工商行政管理总局的评估报告和园区中央财政和地方财政投入力度和完成情况,无锡进入第一梯队,昆明进入第二梯队,而在园区对地方经济建设的服务能力上,昆明和无锡都稳居前列。地方政府的政策支持集中体现在资金、土地、建筑物使用、财税、金融、人才方面对园区给予全力支持,并出台了一系列的支持政策。在这样的规划和政策引导下,2014

年在云南全省广告经营额普遍下滑的情况下，园区异军突起，实现广告经营额 10 亿元，较去年同期增长了 25 个百分点，占全省广告经营额的 27.19%，占昆明市广告经营额的 32.48%，已经成为云南省广告业发展新的增长点。

（三）科学技术是广告产业更新的整合环节

无锡广告产业园区结合自身强劲的技术与产业优势，依托新区全国领先的软件信息服务和物联网、云计算产业的坚实基础，致力于大有可为的互联网广告产业。产业园内软件及服务外包、电子商务、互联网广告及文创品牌等新兴主导产业纷纷在这里"生根发芽"。此外园内云集了 2 万多名专业技术人才，隶属于微软、索尼、联想、文思海辉等在内的 445 家创新企业。在大数据时代，以最高标准建设的中国电信无锡国际数据中心、中国移动 IDC 主体建设封顶和由"曙光"投资 3 亿元的无锡城市云计算中心已经投入运行，向大数据进发。以公共技术、投资融资、教育培训、人力资源、综合服务等公共平台为支撑，无锡广告园区着力构建 360 度企业全生命周期的服务体系。

昆明广告产业园瞄准新媒体、影视网络广告制作等领域，引入包括盛策同辉、韩国 SDL、搜狐焦点网等一批创新能力强、市场影响力大的企业，推动云南省广告专业技术创新突破。园区搭建广告研发设计制作平台，与惠普等国际知名公司和国内广告技术创新机构合作，建设 3D 打印中心、大型数码广告印刷中心、数字合成技术中心，应用推广数字化音频、视频、动漫和网络等领域先进技术手段与表现形式，满足广告企业在技术研发、创意策划、产品制作等方面的业务需求，提高园区广告制作及发布传播水平。园区引入微软（云南）创新中心，借助微软公司在开发平台方面的优势，结合云南省政府正在实施的小语种发展战略，通过对小语种产业的研究与分析，对小语种产业要素进行整合，同时对产业环境进行优化架构，为广告企业和市场提供小语种产业服务，实现广告传播技术创新，推动云南乃至中国企业向南亚、东南亚市场扩张发展。

三 产业辐射视域下的无锡、昆明广告产业园区发展

广告产业园内的产业布局、连接和集聚效应带动着广告产业自身的发展，也提升了区域辐射能力。无锡、昆明国家广告产业试点园区在发挥各自组合优势，构建区域广告产业核心区的同时，十分注重区域性产业基础设施建设，不断完善辐射载体。

（一）广告园区发展下的"物联网"升级

无锡国家广告产业试点园是无锡广告产业第一园，同时也是"感知中国"中心的发源地。"感知中国"中心，也叫中国的传感信息中心，即普遍意义上的"物联网"。"物联网"是为了将所有物品与网络联系起来，利用各种信息传感设备形成巨大网络的高科技系统。其中传感设备包括：全球定位系统、红外感应器、激光扫描器和射频识别（RFID）装置等，这样万物联系的目的就是为了便于识别和管理。

（二）广告园区对于相关行业的促进作用

随着中国经济的国际化，中国广告迫切需要从"抱团取暖"升级为"造船出海"。无锡国家广告产业试点园对于区域内相关行业的发展也起到了促进作用，新的广告营销方式创造出了新的市场价值，龙头企业激活了整个产业链发展，并带动了新业态企业、电子商务企业等在园区规模化发展。广告产业及其相关辅助产业通过规划形成广告产业园，但这样的规划势必要以产业发展规律为先导。产业的规模化发展一方面会降低企业外部交易成本，提高产业发展运行效率，有助于企业做大做强，同时也有助于发挥大企业的示范带动效应。中小企业可以借鉴其先进的管理方法和专业的经营水平，促进中小企业的健康发展。

无锡国家广告产业试点园对于区域内相关行业的发展也起到了促进作

用。广告产业园建设将吸引国内外具有较高知名度和专业化水平的大型广告企业入驻，带动园内小型广告企业发展，有利于广大广告企业专业化发展。同时，广告人才大量涌入为广告产业专业化发展提供了智力支持，也便于集中管理、降低管理成本、提高管理效率、增强管理的效果，有利于促进广告产业实现规范化发展。园区内一批人才公寓、国际品牌连锁超市、餐饮、健身、医疗等配套设施相继完成。

昆明广告产业园区则在园区经营方式上不断创新，以促进对相关行业和区域的辐射带动作用，首先是重视园区品牌塑造，力争将"金鼎"品牌打造成为云南乃至全国广告创意界的新名片，建立广告界的云南印象。第二是促进产业融合，通过广告业跨越发展助推云南优势产业发展，例如园区多家广告企业与重点旅游景区合作，共同做大旅游景点、旅游线路、运输工具、移动媒体的广告空间。第三是重视中国与南亚、东南亚的广告创意企业交流平台的搭建，2014年6月，园区与印度泰戈尔大学、印度驻广州领事馆、印度电子集团等机构代表就"中国—印度创意广告产业园构想"分别进行了会谈，为下一步园区与印方的文化交流合作奠定了基础。

（三）广告园区对人才的吸引与培养

无锡广告产业园区在积极吸纳人才方面也采取了很多的措施，使得大量的高精尖人才会聚到产业园区。530计划、7+1政产学研联盟、iPark教育培训平台三管齐下，已经吸引了"530"领军型人才50余人。累计培育留学企业230家，获各级各类科技拨款经费近2亿元；签约"7+1"产学研项目51个，平均每个项目为基地带来5名以上"双高"人才；建有8000余平方米、设施齐全的培训空间，NIIT、IBM、汇众益智、环球数码等知名培训机构云集，实现了企业与人力资源机构、培训机构的信息全面对接，优化了IT人才教育培训体系，平均每年培训能力突破6000人次规模。

而昆明广告产业园区则因地制宜，高度重视产学研结合及理论创新，园区通过与高校科研院所共同建设东南亚广告培训交流中心，实现产学研结合及理论创新。目前，昆明广告产业园已经与4家省属高校签署合作协议，共建东南亚广告培训交流中心，并取得了云南省工商行政管理局的正式授牌。在交流中心建设过程中，园区与高校坚持优势互补、资源共享、互利共赢的原则，在专业设置、教学改革、实训实习、创新创业、产学研合作等方面形成合力，促进教学、科研、实践、就业一体化进程，走出一条具有云南特色的"产学研用"结合的发展路子。目前，昆明广告产业园共接收来自云南民族大学、昆明理工大学实习生30余人，并根据入园企业需求进行岗位输送及培养。同时，园区作为联系广告业界和高校广告教育的重要桥梁，通过"大广节学院奖""大广赛""虎啸奖"等全国性的活动，把业界专家引入校园，让学生能够不出学校就领略到广告业界发展前沿的基本概况。以云南民族大学为例，2014年由昆明广告产业园区组织的昆明相关高校参与中国大学生广告艺术节学院奖活动，通过校园巡讲和组织参赛吸引了100多名同学参赛，获得入围奖和优秀奖的作品达20多件。

B.24 电子商务的阿里巴巴范式

陈秋英*

> **摘　要：** 阿里巴巴一系列的投资完善了电子商务生态链。阿里云+端战略，将实现人、信息和物的无缝连接；阿里投资互联网医疗，为健康注入智慧；阿里汽车事业部的成立，整合资源为用户提供全链路汽车电商O2O一站式服务。阿里巴巴的一系列投资，引流"互联网+"时代新潮流。
>
> **关键词：** 阿里巴巴　投资路径　电子商务

2014年9月19日，美国纽约当地时间上午11：50，阿里巴巴（简称阿里）正式登陆纽交所，开盘报92.7美元，较发行价68美元上涨36.3%，成为美国历史上融资额最大规模的IPO，挂牌当天市值2285亿美元，成为仅次于谷歌的全球第二大互联网公司。2014年12月31日，阿里巴巴的市值已经超过2600亿美元，超过纳斯达克交易所中概股市值总和，再次彰显其资本热捧的程度。

一　阿里巴巴上市前后营业业绩

阿里巴巴的财务报表显示，阿里巴巴在2015年（截至3月31日）营业收入达762.04亿元，净利润为243.20亿元。图1为阿里巴巴近六年营收情况，图2为阿里巴巴近三年各季度营收情况。

---

* 陈秋英，博士，厦门理工学院文化产业学院副教授，研究方向为战略管理、文化产业管理。

电子商务的阿里巴巴范式

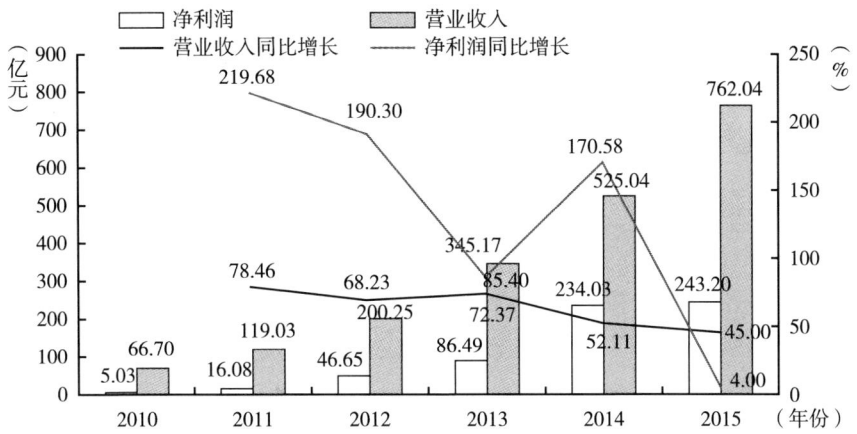

图 1　阿里巴巴年度营业收入及利润情况

注：2015 年数据截至 3 月 31 日。
资料来源：阿里巴巴财务报表。

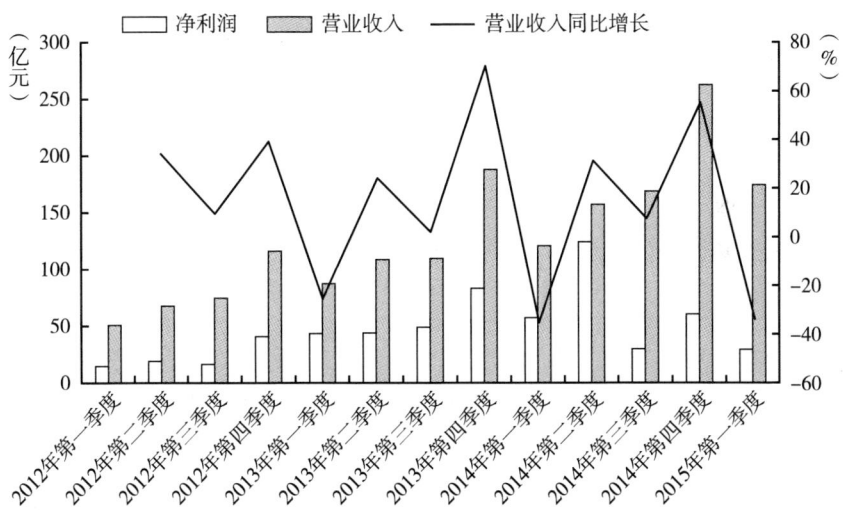

图 2　阿里巴巴季度营业收入及利润情况

资料来源：阿里巴巴财务报表。

从图 1 可见，近五年来，阿里巴巴年营业收入逐年增长，其中 2011 年和 2013 年增长幅度较大，2014 年后增长速度有所放缓。而近五年来，阿里

303

巴巴的年度净利润增长幅度巨大，除了2013年和2015年外，其余几个年度的净利润增幅均超过170%。2013年净利润增幅较小，是由于阿里巴巴在2012年3月支付给了雅虎5.5亿美元的一次性技术使用费，拉低了全年的净利润水平。而2015年由于增加了基于股份的补偿费用，使得原本可达45%的利润增加水平仅余4%。

由图2阿里巴巴季度营业收入及利润可见，阿里巴巴每年第四季度的营业收入均高于前面三个季度，这可能与阿里巴巴创立的电商消费节"双十一"有关。

二 阿里巴巴的投资路径分析

随着移动互联网的到来，控制了中国电子商务市场80%份额的阿里巴巴，已不满足于自己原先的势力范围，大举收购以发展移动互联网业务。作为中国互联网三巨头（百度、阿里巴巴、腾讯简称为"BAT"）之一的阿里巴巴，与占搜索引擎主导地位的百度、游戏和社交媒体巨擘腾讯，在所有能想象得到的市场上展开角逐。BAT三巨头希望变得无处不在，在日常生活中所有能搬到网上、兜售给公众的领域占据垄断地位。

在赴美上市前后两年时间内，阿里巴巴经历了非常繁忙的两年时间。在上市前的一年零九个月时间的"单身派对"期间，阿里巴巴花了很多钱，或是投资，或是收购了很多公司。其中有中国本土公司，也有海外公司。而上市之后，阿里巴巴投资或收购的热潮却并未冷却，继续大手笔进行投资（见表1、表2、表3）。

表1 2013年马云及阿里巴巴投资/并购一览

时间	投资对象	领域	投资金额(含共同投资)
1月	虾米网	音乐	未对外披露(全部股权)
	天弘基金	金融	11.8亿元人民币
	360Shop 淘店通	电子商务	数千万元人民币
	墨迹天气	移动互联网	数千万元人民币

续表

时间	投资对象	领域	投资金额(含共同投资)
2月	众安在线保险	金融	未对外披露
	声盟	音频广告联盟	未对外披露
3月	UC优视	移动互联网	31.3亿元人民币
4月	快的打车	打车应用	0.4亿美元
	Peel(美国)	智能电视摇控	0.05亿美元
	在路上	旅游	数百万美元
	新浪微博	社交SNS	5.8亿美元
	友盟	移动互联网	0.8亿美元
5月	高德地图	地图	2.94亿美元
6月	Fanaties(美国)	电子商务	1.7亿美元
7月	穷游网	旅游	数千万美元
8月	ShopRunner(美国)	物流服务商	0.75亿美元
	UC优视	移动互联网	11亿元人民币
9月	酷盘Kanbox	云计算	未对外披露
10月	Quixey(美国)	移动互联网	0.5亿美元
11月	拍拍贷	金融	0.35亿美元
12月	LBE安全大师	移动互联网	千万美元
	海尔集团(日日顺物流)	物流	22.13亿元人民币

资料来源：本文作者根据网上公开信息整理。

表2　2014年马云及阿里巴巴投资/并购一览

时间	投资对象	领域	投资金额(含共同投资)
1月	FirstDibs	室内设计、装潢及时尚领域	1500万美元
2月	TutorGroup	在线学习	1亿美元
	茵曼	线上服装零售商	未对外披露
3月	文化中国传播集团(ChinaVision)	传媒公司	8.04亿美元
	佰程旅行网(ByeCity)	在线旅游	2000万美元
	Tango	即时通信	2.8亿美元
	银泰商业	实体零售公司	6.9亿美元

续表

时间	投资对象	领域	投资金额(含共同投资)
4月	Lyft	打车应用	2.5亿美元
	华数媒体	传媒公司	10.5亿美元
	优酷	视频网站	12.2亿美元
	快的打车	打车应用	多轮投资
	Vmovier	视频网站	A轮融资
	恒生电子	金融软件	32.99亿美元
	新浪微博	社交SNS	5.86亿美元
	UC优视	移动互联网	收购剩余约34%股权
5月	酷飞在线	在线旅游	未对外披露
	中国智能物流骨干网(菜鸟网络)	物流	2.69亿美元
	新加坡邮政	物流	2.5亿美元
	美团网	团购网站	3亿美元
	恒大足球队	体育娱乐	1.52亿美元
	卡行天下	物流	未对外披露
6月	优视科技(UCWeb)	应用软件	未对外披露
	中信21世纪	信息服务提供商	1.71亿美元
	虎嗅	媒体	7位数人民币
	超级课程表	应用软件	6位数美元
	Peel(美国)	智能电视遥控	0.5亿美元
7月	高德导航	地图及导航服务	10.45亿美元
	Kabam(美国)	游戏开发	1.2亿美元
	摩漫相机	应用软件	未对外披露
8月	芭乐网	原创影视网站	0.16亿美元
	树熊网络(WiTown)	WiFi营销系统	A轮投资,8位数人民币
10月	遛遛	应用软件(移动宠物服务与宠物社交)	6位数美元
	华谊兄弟	影视公司	5.81亿美元
11月	陌陌	社交软件	2.16亿美元
	V-Key(新加坡)	安全软件	0.12亿美元
	KTPlay	移动游戏平台	未对外披露
12月	逗比	手机应用软件	未对外披露
	美团网	团购网站	7亿美元

资料来源：本文作者根据网上公开信息整理。

表3 2015年马云及阿里巴巴投资/并购一览

时间	投资对象	领域	投资金额(含共同投资)
1月	快的打车	打车应用	6亿美元
	美团网	团购网站	7亿美元
2月	One97(印度)	手机网上购物	5.75亿美元
	Lending Club Corp.(美国)	点对点在线贷款	未对外披露
	魅族	智能手机	5.9亿美元
	德邦基金	金融	30%股权
3月	上海汽车集团	汽车	共同出资10亿元人民币
4月	Jet.com(美)	电子商务	金额不详
	粤科软件	票务系统供应商	8亿元人民币

资料来源：本文作者根据网上公开信息整理。

三 阿里巴巴的电子商务范式

纵观阿里巴巴2013年、2014年及2015年的投资，尽管有为提高IPO估值而提前布局的因素存在，但其投资也并非盲目，抑或杂乱无章，而是在完善阿里电子商务的生态系统。

（一）移动业务布局，实现入口引流

如前文所述，手机和移动设备已经成为互联网的第一入口。在PC时代，阿里巴巴在电子商务领域的优势明显，其自然不甘在移动互联网时代落后。2014年，从淘宝网和天猫对商品的定价可以看出，阿里巴巴非常重视将顾客引向移动设备访问，如果用手机登录淘宝网，就会看到每件商品标价处均显示"手机专享"字样；若用PC访问淘宝网，顾客也会看到"手机下单更优惠"等字样。阿里巴巴这样的举动无疑是为了引导客户从PC转向移动设备访问其网站。

2013年和2014年的投资，反映了阿里巴巴对移动入口引流的重视。尤其是2013年腾讯的微信在国内受到大量用户欢迎之后，阿里巴巴自身研发的来往、旺旺等迟迟未能达到预期用户量，阿里巴巴在社交应用方面将希望寄托在"外援"身上。新浪微博上市时，阿里巴巴增持其所持有的微博股份至32%；以号称超过19亿美元代价将UC收入囊中，抢占引流重要渠道的手机浏览器市场，弥补移动入口缺乏杀手级应用的缺口，为阿里系电商引流。此外，阿里巴巴入股社交软件陌陌，投资快的打车，与支付宝配合，培养淘宝用户向移动端转移。阿里巴巴收购O2O相关的高德地图，投资美国移动应用搜索Quixery，投资国内小型移动应用软件，如墨迹天气、友盟等，进一步抢占移动入口客户。阿里巴巴还通过入股优酷土豆抢占视频领域流量入口。其向美国聊天软件Tango投资2亿美元，布局海外聊天市场。到了2015年，阿里巴巴并没有停止对移动互联网的投资，在增加对美团网投资的同时，投入5.75亿美元入股印度的移动购物网站One97。2015年2月，阿里巴巴以5.9亿美元的金额入股魅族，双方未来将在软硬件领域深度展开合作，而阿里巴巴的战略入股用意在于抢占硬件端口。2015年4月29日GMIC 2015（全球移动互联网大会）大会上，阿里巴巴移动事业群总裁俞永福宣布新战略，公布阿里文学的相关信息，抢占文学领域的移动入口动作明显。

而阿里巴巴这一系列对移动入口的投资已显出成效。阿里巴巴2014年第四季度财报显示，移动GMV占比达到42%，移动月活跃用户为2.65亿，在移动电商拥有无可撼动的86%的市场份额。事实上，从2014年下半年开始，阿里巴巴的无线战略已经从力推移动电商APP向更深层次的"无线开放生态"转型。

2015年4月，阿里巴巴移动事业群在京召开战略发布会，宣布阿里巴巴集团顺利整合UC（优视科技）浏览器和高德地图。同时，移动阅读平台阿里阅读也首次亮相。包括UC浏览器、高德地图、神马搜索、久游和阿里阅读等在内的六大移动业务矩阵的形成，意味着阿里巴巴集团初步完成了移动业务布局。

（二）打造电子商务生态链

电子商务生态链是阿里巴巴的核心业务，目前相对比较成熟，不是短时间内可以撼动的。阿里巴巴在这个领域的投资或收购走向了更为基础的领域，首当其冲的就是物流：除了 2013 年提出构建菜鸟网络外，阿里巴巴将 22 亿元战略投资海尔电器集团，新设立的日日顺物流合资公司，建立端到端大件物流服务标准，并共同开发、提供创新的供应链管理解决方案及产品；阿里巴巴还向国外电商物流解决方案服务商 ShopRunner 投资 7500 万美元等。2014 年，阿里巴巴投资 2.49 亿美元于新加坡邮政，占股 10.35%，以核减国际电商化物流平台；阿里巴巴和中国邮政达成战略合作，中国邮政将对菜鸟网络开放其超过 10 万家遍布全国的服务网点。

此外，阿里巴巴 2013 年投资了网店 SAAS 服务提供商"360Shop 淘店通"、美国体育用品电商 Fanatics。2014 年阿里巴巴投资线下商城银泰集团，以打通线下会员和支付体系，实现商品对接；并继续投资美团网，深耕电商市场。这些投资的实质也是进行 O2O 布局。

（三）O2O 布局

除了打造电子商务生态圈而投资银泰集团、美团网等 O2O 布局举动外，阿里注意到地图已成 O2O 的重要入口和载体。2013 年阿里收购高德导航 28% 股权，2014 年 7 月再次将高德导航另外 82% 股权收入囊中。高德导航总股权价值约为 15 亿美元，高德控股停止上市公司身份，并成为阿里巴巴投资有限公司（母公司）的全资子公司。阿里巴巴集团收购高德后，可为阿里巴巴的 O2O 加码。

2014 年阿里第一家投资的公司 FirstDibs 是一家来自纽约的美国零售商，其获得了阿里巴巴 1500 万美元的 C 轮融资，他们的业务主要包括室内设计、装潢，以及时尚领域，是一家 O2O 企业。而阿里 2 月投资的 TutorGroup 也是一家 O2O 企业。

阿里连续三年进行投资的快的打车，更是一家典型的 O2O 企业。从打车软件诞生两年以来，先是遇到监管部门的叫停，在监管部门认可之后，打车软件之间又打得不可开交。多个打车软件经历了烧钱和洗牌，最后形成了滴滴和快的的双寡头格局。在种种不可思议之中，2015年2月14日，快的打车与滴滴打车联合发布声明，宣布两家实现战略合并。

2014年6月，阿里巴巴推出"码上淘"平台，是实体门店的空间与虚拟实际无线延展的结合，可陈列更多的商品数，将会成为大型实体商店购物中心的"标准配置"，也可以奠定阿里O2O业务的基础。可以看到，阿里想要通过扫码等方式让传统行业拥抱互联网，自己则要做这个商业转型的一个规则设计者与底层资源供应商。

（四）互联网金融

阿里巴巴目前看是互联网金融的暂时领先者，不过后来随着微信支付的发展，还有京东、苏宁、百度等各类公司纷纷进军互联网金融，阿里巴巴也在这个领域继续布局和拓展业务。最重要的当属阿里斥资11.8亿元人民币收购天弘基金51%的股份，将余额宝抓在自己手里。此外阿里巴巴还和平安、腾讯合作布局在线保险；阿里巴巴投资P2P贷款服务拍拍贷等。

通过受让恒生集团100%股份，阿里巴巴斥资32.99亿美元投资号称金融技术的"全把式"的恒生电子，间接成为恒生电子的控股股东，以掌握金融大数据。将来阿里网络银行一旦筹备就绪、监管部门审批挂牌开业，阿里巴巴就需要整合现有的支付宝等网络第三方支付、余额宝理财以及阿里小贷公司等一系列看似"紊乱"的金融格局。此时最需要的就是金融技术力量的支撑，而恒生电子可以给未来阿里大金融布局奠定强大的技术力量。

高盛（Goldman Sachs）数据显示，2012~2014年，P2P（个人对个人）贷款从60亿元人民币增加到了830亿元人民币。预计2015年P2P贷款将增长180%。阿里巴巴在P2P贷款领域的布局也在如火如荼地进行着。2015年，阿里巴巴与全球最大P2P贷款平台美国Lending Club Corp.合作，对寻求向阿里巴巴位于中国的供应商购买存货的美国小企业提供融资，抢占在线P2P贷款市场。这一被阿里巴巴命名为"e-credit"的融资工具，不但将提供高达 30 万美元的贷款（贷款申请流程还不到 5 分钟），更是为用户提供了低至 0.5% 的贷款利率，而具有相同服务的中资银行提供的贷款利率为 1%。

（五）延伸业务：旅游、文化传媒

在 BAT 三巨头中，百度已牵手去哪儿网，腾讯也已向同程和艺龙注资。然而，阿里巴巴在在线旅游行业中的脚步并不迟缓，其旅游生意从 2010 年就已经开始铺展。首先是在 2010 年 5 月推出淘宝旅行平台。2013 年 1 月，阿里巴巴集团成立了航旅事业部；同年 5 月，宣布战略投资旅行记录及分享应用"在路上"；7 月，一淘网进军旅游垂直搜索领域；同月，阿里巴巴集团战略投资旅游资讯和在线增值服务提供商穷游网；2014 年 3 月，阿里注资佰程。而在这一系列布局当中，淘宝旅行承担营销平台的角色，"在路上"提供旅行社交服务，"一淘网"提供搜索服务，"穷游网"提供点评和攻略服务，佰程则让阿里巴巴进一步向上游产品供应商、渠道资源渗透。可以看出，阿里巴巴已经完成了在线旅行产业链上游产品供应商、渠道商、媒介和营销平台的布局，再通过阿里 PC 端和移动端丰富的客户资源入口，阿里已然建立了旅游产品供应商与用户之间的桥梁。

2014 年 3 月，阿里巴巴以 62.44 亿港元的战略投资获得在香港上市公司文化中国传播集团（简称"文化中国"）60% 的股份。文化中国涉足影视剧制作、游戏开发、报纸杂志等多项业务。4 月，阿里巴巴和华数传媒达成战略合作，双方将共同参与原创内容、视频通信、游戏、音乐、教育、云计算、大数据等领域的布局和并购中，共同拓展文化传媒产业链上下游。6 月 12 日，有多家媒体报道，阿里巴巴联手中国建材等三家企业组成的财团，以 5 亿元人民币投资国内财经媒体二十一世纪传媒。二十一世纪传媒旗下拥有《21 世纪经济报道》《环球企业家》《福布斯（中文版）》《21 世纪商业评论》等诸多子品牌。10 月，民营影视娱乐公司华谊兄弟修订定向增发方案，增发完成后，阿里巴巴的创始人马云及阿里创投的持股比例均为 8.08%，与腾讯计算机并列为第二大股东，华谊兄弟与阿里巴巴及腾讯战略合作发展包括电影及游戏等方面业务。业界认为，未来几年，平台商向上游领域发展将是必然趋势，而增长速度和潜力备受关注的文化内容将是他们的首选加码对象。此后，阿里把影视业务进行整合，形成阿里巴巴影业集团。到 2015 年 4 月，阿里影业市值已达 687 亿元人民币，相比之下，国内龙头电影公司华谊兄弟市值 440 亿元人民币，光线传媒为 378 亿元人民币，博纳影业在美股市场市值只有 6.4 亿美元。不到一年时间，阿里影业已远远超过三大电影公司市值。

（六）"踢"足球下的海外野心

相比国内其他电商网站仍苦争国内份额，阿里的电商生态圈则大有往海外延伸的势头。纵观阿里的国际化布局，1999 年成立的第一家公司就是定位于国际批发市场的阿里国际平台。根据招股书显示，阿里国际销售额在 2013 年最后 9 个月为 5.72 亿美元，大约是总收入的 10%。此后又陆续孕育出国际零售出口平台速卖通、海外淘宝以及定位于海外直供进口的天猫国际等。2014 年 6 月，阿里在美电商平台 11 Main 正式上线，其还投资约 2.94 亿美元收购新加坡邮政 10.35% 的股份，以便共同发展国际电商物流平台。

阿里国际化布局中，值得一提的是其 2010 年收购一达通。收购一达通后，阿里获得沉淀外贸交易数据，从而形成一个外贸 B2B 的信用体系，而一达通和银行合作授信的模式在 B2B 平台上将变为阿里本身的一个信用保障。

更引人注意的是，2014 年 5 月，阿里花费 12 亿元人民币入股恒大足球，被大多数人解读为其在文化体育领域的渗透，但也有分析认为，实际上阿里试图借助恒大足球为其国际业务做宣传。

（七）大数据伸向云端

阿里巴巴在 2014 年年初提出的"云 + 端"战略，在完成多个落地项目布局的同时，阿里也将投资触角伸向"云"一端的布局。而 2014 年 6 月推出的"码上淘"成为阿里集团"云 + 端"战略重要一环。"码"从此不再只有单一名片的功能，还将连接更多的内容和服务，最终实现人和人、人和信息、人和物的无缝连接。而阿里对高德、安全服务方面的 LBE 安全大师、数据统计服务的友盟、语音广告联盟的声盟等的投资也可为其获取大数据提供可靠来源。

2015 年 4 月，阿里巴巴集团旗下阿里云公司和全球著名的调研公司尼尔森合作，推出一项全新的咨询服务——"赚金石"。这项服务将阿里巴巴的电商平台大数据和尼尔森的数据分析能力相结合，旨在为客户制胜线上市场提供全套的解决方案。同一个月，阿里巴巴在硅谷启动了其云计算中心，这是中国电子商务巨头首次在国外建设数据中心。阿里巴巴旗下的阿里云的云事业部门打算让新的数据中心初步满足中国企业在美国的业务，包括零售、互联网，以及游戏公司。并会在将来针对在两国之间寻求存在的美国企业提供服务。

尽管阿里云目前只占阿里巴巴收入的 1%，但云计算和基础设施服务在 2014 年第四季度是整个公司增长最快的业务领域，销售额增长达 85%。

（八）发力互联网医疗，为健康注入智慧

阿里巴巴从 2011 年开始布局医药产业。然而，2014 年 10 月，阿里巴巴和云锋基金入主中信 21CN，正式更名为阿里健康，使得阿里巴巴在这一领域的发展有了重大突破。2015 年 4 月，阿里宣布整合天猫在线医药业务并入阿里健康，对旗下医疗业务进行整合，希望通过网上医药平台解决中国看病难和药价贵的问题。天猫医药馆合并之后，阿里健康可以通过网络卖药。到目前为止，在天猫医药馆展示的连锁药房达到 186 家，占全部执证药房的 7 成。从 2014 年 3 月到 2015 年 3 月，天猫的在线医药业务交易额达到近 50 亿元人民币。目前阿里健康的市值规模也达到了 1077 亿港元的规模。

（九）布局"造车"

汽车与互联网正迈向深度融合，因而，汽车领域成了最近阿里巴巴集团持续发力的新领域。2015 年 3 月 12 日，阿里巴巴与上海汽车集团宣布共同出资 10 亿元人民币设立"互联网汽车基金"，并组建合资公司，首款互联

网汽车产品有望于2016年上市。4月8日,阿里巴巴集团宣布成立阿里汽车事业部,整合资源向车主提供"看、选、买、用、卖"的全链路汽车电商O2O一站式服务。4月17日,上海通用汽车和阿里汽车事业部宣布将在汽车大数据营销、汽车金融、原厂售后O2O业务和二手车置换等四大领域展开全方位创新合作。目前,包括宝马、捷豹路虎、凯迪拉克、大众、别克、雪弗兰、丰田、本田、日产、现代、福特、奇瑞、吉利等近50家主流车企已与阿里汽车合作。

B.25
小米模式的"后思考"

黄玉妹*

摘　要： 小米模式的"铁人三项"促进小米手机销量突飞猛进。不过小米模式只是中国制造能力变迁的一个缩影，它的神话在营销红利消退后必然要回归平静。小米模式在经营中出现若干问题，如小米饥饿营销中存在的供应链问题、在线直销手机售后服务的缺位、互联网营销的负作用、小米公司的架构不利于形成专业品牌的产业链等。由于手机生产成本提高，手机竞争环境日趋激烈，小米应建立以小米公司为纽带的新型移动互联网生态圈，采取积极的转型战略。

关键词： 小米模式　饥饿营销　后思考

小米自上市以来一直上演着前无古人的神话般的销售业绩，这种销售成绩绝对可圈可点。2014年，小米再次提交了一份完美的成绩单。小米手机2014年售出6112万台，同比增长227%；含税收入743亿元，同比增长135%。小米市场占有率也在稳步上升，2012年初市场份额占据了中国智能机市场4%，到2014年第一季度，小米在中国智能机市场上的份额已突破10%[①]。2014年的中国智能机市场，六大品牌市场份额比重不分伯仲：联想（12%）、三星（11%）、小米（10%），而紧紧尾随其后的是苹果（9%），

---

* 黄玉妹，经济学博士，厦门理工学院文化产业学院副教授，研究方向为会展经济。
① 来自小米科技公司年度报告。

华为和酷派（均占8%），小米虽然名列第三，但并不具有压倒性优势①。此前小米刚刚完成了11亿美元的融资，估值达450亿美元。小米后市如何？留给市场许多悬念。

一 小米互联网思维的营销之路

一直以来，小米的自我定位是互联网企业。硬件方面，它比不过苹果，比不过三星，甚至比不过华为。在创业初期，因为小米的某些"复制"苹果的行为，雷军被业界戏称为"雷布斯"，以向乔布斯致敬。小米要存活和发展下去，必须独辟蹊径。因此，小米基于互联网思维独创出一条营销之路。

互联网思维内涵具备几大核心要素——"专注、极致、口碑、快"，拓展开来有"标签思维、简约思维、NO.1思维、产品思维、痛点思维、尖叫点思维、屌丝思维、粉丝思维、爆点思维、迭代思维、流量思维、整合思维"，资深互联网人士陈光锋在新书《互联网思维：商业颠覆与重构》中作了高度概括。也有人指出"互联网思维，就是在互联网、大数据、云计算等科技不断发展的背景下，对市场、对用户、对产品、对企业价值链乃至对整个商业生态进行重新审视的思考方式"②"它是随着互联网行业的发展和实践总结出来的方法论，主要是指互联网企业在运营管理过程中的战略思路、竞争策略以及营销理念的运用"③。对于传统的行业来说，其核心的用户标签思维、数据思维、整合思维与粉丝思维成为品牌传播策略中的有益借鉴。

小米成功的秘诀，就是让业内外人士津津乐道的"铁人三项"：硬件+软件+互联网服务。小米打造的是"硬件+软件+互联网服务"的"铁人三项"型公司。小米在手机的单个领域无法领先，那它就创造在综合领域

---

① http://tech.ifeng.com/a/20150218/40986117_0.shtml.
② 黄合水：《品牌学概论》，高等教育出版社，2009，第57~59页。
③ 王晶：《小米手机：互联网思维下的"空手道"》，《中国商人》2014年第Z1期。

的总得分的领先。在硬件和软件领域，小米引入互联网思维，并由此衍生出硬件高配低价、软件快速迭代等的经营策略，这些都是传统的硬件、软件企业之前没有尝试过的。

二 小米"铁人三项"的功效

小米"铁人三项"已经产生了互补效应。小米的"铁人三项"中，最强项的是MIUI系统软件，该应用层操作系统在目前国内业界中口碑最好；硬件是重要的得分项，高配低价的战略为小米笼络了大量"米粉"；小米的短板是互联网服务，目前为止其所做的尝试都还未取得突破。得益于"铁人三项"模式的互补效应，虽然小米互联网服务差强人意，"米粉"并未因此放弃小米。其中的重要缘由是用户被小米的软件和硬件所吸引，顺理成章地包容了小米在互联网服务的中等表现。

细分起来，小米的"铁人三项"有几个要点值得业界学习。

一是用户深度参与。小米手机运用互联网思维的特点，以用户为中心，运用海量用户信息的数据进行分析决策，激发用户创造。小米产品像游戏一样推出公测版，雷军经常在微博上征集网友意见，小米论坛上用户的帖子会得到快速回复。互联网消除了信息的不对称性，市场由厂商主导转变为由消费者主导，小米用产品思维替代了作品思维。尊重用户意见的小米积极改进产品，增强了竞争力。国内很多公司都强调希望用户参与，但在与用户互动方面，小米做得最好最用心。小米团队非常重视"米粉"在论坛上发表的意见、建议和反馈，小米每周五会根据"米粉"的心声相应地更新手机操作系统，"米粉"有很强的荣誉感和主人翁的责任心。MIUI为粉丝群体创造了参与系统改进的平台与机会，全面收集用户的体验反映。

二是互联网营销。小米只走线上渠道和运营商渠道，放弃传统的3C卖场、专卖店渠道，运营成本低。当然，这一切建立在小米成熟的互联网营销手法上。不在传统媒体上投放广告而采用社会化媒体营销，减少了中间环节和费用，以最低的价格回馈消费者。而且，在线直销的方式迎合了当前互联网用户们流行的网购潮流，销售范围也拓展到三、四、五线城市。

三是少就是多。小米的产品型号很少，与传统的硬件公司相比，小米能够集中力量开发和完善单品。更多与用户心意相投的功能和更低的价格，使得"米粉"们忠诚度很高。事实上，小米手机的走红与粉丝文化分不开，是当代大众文化发展下粉丝经济逐渐成熟的代表之作。此外，小米还在品牌中注入草根基因，演绎一种屌丝文化，并使之成为一种流行元素。在发布前一年，小米手机就因免费而方便的MIUI得到大量草根粉丝的追捧。

四是广交朋友。小米很重视与下游供应链企业如原材料供应商、代工商、配件生产商等加强合作，还对一些产业链相关企业进行投资。

不过，陶醉和沉浸在这种模式带来的快速成功又是极为危险的。放眼全国，雷军引以为豪的以互联网思维发家的小米模式正在泛滥。从手机到智能硬件、从小家电到玩具、从服装到家具、从水果到海鲜，借助互联网的平台，一波又一波的公司开始行动了。他们用各种有情怀的故事来诠释冲击力的数字，用各种专业对比来提升产品的内涵，并且越来越关注用户的链接。这些新兴的后起之秀，正借助着中国优秀的制造能力，辅以微创新，努力而执着地从会造产品向会卖产品的路上迈进。

另外，小米互联网思路的模式在推进小米手机销量一路高歌猛进的同时也爆出了种种问题。互联网思路易于复制，这一幕，在国内智能手机市场上已然出现。它在某种程度上像一颗化腐朽为神奇的灵丹妙药，越来越多的公司希望依赖这样的捷径一夜爆红。有噱头的微创新+低价，这就是苹果总设计师Jony Ive曾炮轰小米所说的"剽窃和懒惰"。此类捷径会逆向激励产品创新，那些需要大投入的苦活没人愿意介入了；而且，互联网营销那种"打鸡血式"的产品宣传的频率和热度，也在透支消费者的关注力和信任感：每个产品看上去都好得无法再好了，价格实在得不能再实在了。一波比一波强的高大上发布会加互联网营销，它的边际效用正在递减。

小米以品牌作为支撑的饥饿营销运作，如果运用过度，消费者就会因购买不到小米手机而失去兴趣。因为小米手机并非独一无二且无法替代的。饥饿营销会让用户产生高度的期待心和期望值，如果到手的机子质量不尽如人意且相关服务无法到位，经常处于失望状态的用户最终将弃小米而去。因此，小米应转换思路，用新产品和超值服务来替代饥饿营销，以抵御衰退期到来所造成的风险。另外，小米有个令人津津乐道的做法是让用户参与手机的整改和完善，这确实能推进小米与用户的零距离。但是，小米的反应能力并非能始终如一地迅捷，对于"米粉"在论坛上列出的众多整改意见，小米并非能条条都落实到位，久而久之会让顾客和小米之间形成隔阂。虎嗅在《小米手机的沦陷与自救》一文之中提到，"小米传播依靠强大口碑效应，即小米手机的第一批使用者，'米粉'常会强烈推荐家人和朋友，使之成为第二批使用者"。所以，如果微博营销在调动最狂热的第一批使用者时失败，则后续的消费者的后续热情就难以为继。

三　小米发展过程中的软肋

小米在运用互联网思维快速发展的同时，也出现了软肋，如"饥饿营销"引发供应链条的把控能力差，缺乏专业的品牌部门，发货速度缓慢，手机质量与售后服务存在不足等问题。

第一，小米饥饿营销中存在供应链问题。小米手机硬件供货商共有30多家公司，包括华达、富士康、夏普、SONY、LG、PHILIPS、三星等。其中高通、英伟达提供CPU，夏普和LG提供显示屏，三星和索尼提供电池电芯，富士康出模具、英华达代工。小米不是硬件厂商，初涉手机行业，自主产权低，在原材料市场上缺少话语权，不能稳定手机硬件的产能，也无法保证市场供需平衡。而且，饥饿营销更使用户对小米手机质量的容忍度降低。在经过较长时间的等待和期待后拿到手机，如果发现手机出现故障，那对手机品牌的失望度会更高。雷军曾公开表示小米实行饥饿营销有着很多客观的因素，实质是小米的供不应求，这从某种程度上也暴露出小米在手机供应链上的把控能力不强。

根据著名营销专家刘杰克老师《营销三维论》中的"创新节奏论"课程所述，一味地高挂消费者的胃口，会消耗一些人的耐性，一旦超过其心理底线，猎物将会落入竞争对手的口中。饥饿营销在产品销售初期很有成效，但要适度，否则会适得其反。小米在遵循适度饥饿营销原则时，还应优化和完善产品供应链，与硬件生产厂商加强沟通交流，联合技术创新，形成合作共赢的稳定关系。

第二，在线直销模式中手机售后服务缺位。小米手机的在线直销，去除渠道建设等中间环节，可以实现较低价格销售。但事物都有正反面，消费者在购买时看不到实物，容易对产品产生过高期望。这几年，扩张太快的小米出现重销售、轻售后的行为。"米粉"们反映小米手机有着重启、死机、发热、屏幕易碎等一系列质量问题。此外，"小米之家"维修点"服务态度差，拖延退换时间，维修价格昂贵"等现象的出现，与小米销售之初的宣传大相径庭。如果产品的质量和服务达不到预期的效果，狂热执着的"米粉"也会华丽转身变成"米黑"。小米应该增加"小米之家"线下的维修点，迅速对"米粉"反映的问题进行反馈，提升手机维修质量和速度。

第三，互联网营销的负作用。互联网、社会化媒体营销的好处是消息传播快，可促进产品销售和品牌推广，这既是长处也是短处。一旦小米手机存在某些质量问题，它会被立即放大，引起更大范围的聚焦。如造成品牌信誉缺失、失去用户的信任，形成连锁反应，从而导致一系列的问题。小米手机的使用者多为互联网用户，他们频繁刷微博、通过论坛等发布消息，不管是正面还是负面的消息都将得到几何级的速度传播。如小米手机自身和售后服务存在缺陷的问题，就反复出现在社交媒体的论坛上，这对小米品牌的经营和推广带来很大的负作用。

第四，小米公司的架构不利于形成专业品牌的产业链。只有创始人、部门经理和员工的小米公司，它的内部架构非常简单。若有新任务，这个架构再拆分出新的小团队，很多事情都要取决于创始人的决策。小米公司品牌意识淡薄，内部没有专业的品牌部门，没有专门从事品牌推广和广告公关的人员。电商事业部负责市场推广和公关服务，主要职责包括产品销售、市场推广、客户服务以及产品互动。快速发展的小米没有时间停下来好好沉淀与思考，未充分重视品牌文化的建设对企业发展的作用，没有品牌推广的整体规划，没有多渠道的品牌传播，难以形成专业品牌产业链与独特的品牌文化。

无论传统企业还是互联网企业，彼此之间的竞争都是品牌的较量。随着研发投入增加与技术创新不断进步，制造业想在竞争中保持长时间的技术领先优势已相当困难。实际上，企业要在市场竞争中长时间地独占鳌头或拥有一席之地，培养自己的著名品牌是唯一的选择。[①] 小米手机在营销过程中没有形成独特的品牌文化，仅仅依靠高配置与低价格让利消费者，却出现一系列的质量和售后问题，在出现自燃、抄袭、"换芯门"等负面新闻时，没有专门的品牌部门及时迅速妥善地处理品牌危机。

因此，小米手机成功背后的问题也不容小觑。在竞争日益激烈的手机市场，小米未来的品牌传播应该在互联网思维的指导下，适度饥饿营销、避免过度期待；结合传统媒体、提升品质和服务；重视品牌文化建设，设立品牌推广部门；整合跨界思维、打造延伸产品，以期获得更好的品牌传播效果。同时，小米手机由于缺乏对品牌资产的研究和管理，也会影响到产品的销售和品牌延伸。

事实上，小米模式只是中国制造能力变迁的一个缩影，它的神话在营销红利消退后必然要回归平静。经过这一轮互联网思维狂飙下已经积累了庞大原始财富的小米们，是时候该"慢"一些，保持一颗对"创新"的真正敬畏之心。当其在手机领域紧随对手到了一定高度的时候，就要加大投入进行基础创新了。小米目前正在加大对产业链的投资，这种生态布局，正是对创新的窘境和对捷径依赖的"出手"，小米是时候去啃真正高科技的硬骨头了。在小米手机之后，小米公司进行跨界运营——小米路由器、小米电视、小米盒子、小米文化衫等产品陆续问世，同时凭借自身优势，小米还发展关联公司、推出延伸产品，如与金山软件、优视科技、多玩、凡客诚品、乐淘等关联公司进行合作和服务对接，该合作方式成本低、效率高、整合速度快。小米公司形成以小米为纽带的新型移动互联网生态

[①] 张淑一：《小米存在的问题及对策建议》，《现代营销》（学苑版）2012年第7期。

圈，与关联公司互惠互利。

由于手机制造进入门槛低，手机行业的竞争日趋激烈，手机的生产成本因人工成本的提高而提升，小米手机也要与时俱进、转变思路、积极转型。自主创新能力是手机的内核和生命力，小米在互联网销售中获取了第一桶金，今后应强化核心竞争力。小米未来的任务是不断提升手机性能，完善产品供应链，并勇于开拓国际市场，稳步经营，逐渐建立品牌信誉度和消费者认知度，为打败国际知名智能手机品牌，并在国际智能手机市场竞争中取得较大份额打下坚实的基础。

B.26
《小时代》：大数据运用的极致

颜莉冰[*]

摘　要：	大数据运用渗透到了全球的各个生产、生活领域，给人们的生活、产业的发展带来了深远的影响。影视产业对数据的运用也由"事后推导"转变为"事前预测"。大数据分析主导了影片的营销策略，甚至是依据数据定制影片，电影《小时代》正是其中的典范。作为工具，大数据是一把双刃剑，我们可以运用它促进电影市场的繁荣，但也得警惕过度依赖数据带来的对电影艺术性、思想性的侵蚀。
关键词：	《小时代》　大数据　影视产业

大数据运用是当下最热门的议题之一。智能设备的普及、信息技术的发展、电子计算机的升级使海量数据的采集与分析成为可能。大数据浪潮席卷全球各个生产、生活领域，深刻影响着人们的思维方式及产业的运作模式，影视产业也不例外。大数据对影视产业的渗透，使数据分析在产业链中发挥着日益重要的作用，影响着影视作品的生产与营销，催生了与之相适应的影视行业大数据思维。2013年，《小时代1》在争议中取得了令人瞩目的票房成绩，它的成功是大数据运用的典范，展现出了大数据分析在影视生产与营销中的强大助推力。影视业的游戏规则在互联网大数据带来的传播革命中悄然改变。

---

[*] 颜莉冰，厦门理工学院文化产业学院助理研究员，主要从事创意经济研究。

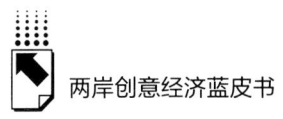

一 《小时代》的大数据运用分析

电影《小时代》改编自郭敬明的同名长篇小说《小时代》,并由郭敬明本人亲自担任编剧及导演。影片分为四部,分别为《小时代1(折纸时代)》(2013)、《小时代2(青木时代)》(2013)、《小时代3(刺金时代)》(2014)、《小时代4(灵魂尽头)》(2015)。《小时代》系列每次上映在网络上都产生了大量的话题,引起人们的广泛关注。上映期间,《小时代》对同档期的其他影片表现出了极强的票房竞争力,已经上映的三部影片,共取得了13亿元的票房成绩。[①] 究其缘由,大数据运用正是这一票房奇迹强大的幕后推手。《小时代》的票房成绩体现了大数据巨大的商业价值,凸显了大数据运用在推动影视产业盈利上不同凡响的作用。在《小时代》案例中,大数据的运用将以往影视业对数据的"事后推导"转变为"事前预测",主要体现在两个方面的运用:一是指导电影的营销策略;二是定制影片内容。

(一)多途径获取海量数据

《小时代》的数据来源主要是依靠互联网的资源。《小时代》运营团队通过自平台、开放平台抓取获得大量的相关数据,尤其看重微博渠道获取的数据,并通过视频网站抓取数据补充,此外,还向专业的数据公司购买了部分数据。然后,影片团队运用大数据框架对这些数据进行分析,进行各种预测和推动。在互联网,用户的资料、信息会带有一定的掩饰性,而用户的行为、习惯相对于用户资料而言,更具真实的参考价值。发微博话题、搜索关键字、购买原著这些都是非常具有说服力的用户行为数据。

《小时代》运营团队前期收集到的数据显示,"小时代"已成为新浪娱乐、新浪微博影视排行榜的第一热词,在电影排行榜搜索指数排在第8位;电影预告片短时间内在新浪、腾讯微博被转发超25万次,点击量过500万

---

① 根据电影票房数据库数据统计,http://58921.com/。

次；官方举办 PS《小时代》海报微活动，统计到了超过 140 多万条的相关微博话题；图书商城中同龄青春畅销书销量对比：《暮光之城》四册图书销量约 1000 万册，《饥饿游戏》销量约为 500 万册，而《小时代》销量超过 2443 万册。① 这些数据显示，《小时代》这部影片已经广受关注，这也是乐视影业选择介入这个项目，成为影片发行方的主要动力。

（二）大数据运用：让数据告诉你，谁将为你的电影买单

电影营销中，最重要的一个步骤是对观众的分析，定位影片的目标受众、细分市场，确定营销广告投放策略，这些目标的实现都需要大量的数据作为基础。大数据分析可以为电影营销提供核心的技术支撑，在电影营销领域有着广阔的空间可以大展拳脚。

《小时代》发行方乐视影业正是依靠大数据分析，采取积极有效的营销策略促成了《小时代》的票房神话。《小时代》是中国实至名归的第一个线上粉丝电影。《小时代》小说的读者大概是 2400 万人，有大量的读者粉丝，电影预告片在网上投放时，点击量大概有 4500 万次。主创杨幂、郭敬明等当红明星、作家的粉丝超过 1 亿人。这些数据表明了这部影片的粉丝量巨大。乐视影业通过数据分析，预测《小时代》在受众中的超高人气，吸引投资方出资；在与院线谈排片时，完全用数据展示，而没有提及电影内容本身，成功说服院线提高排片率，最终获得上映首周 40% 场次的理想结果，为后面的高票房奠定了基础。② 数量巨大的粉丝是影片潜在的观众，把粉丝和读者向电影观众转化是乐视影业接下来的一个重要营销策略。

数据分析显示，《小时代》40% 的观众将是高中生，他们是郭敬明、杨幂等影片主创的忠实粉丝，是《小时代》的最冲动型消费者；30% 的观众将是年轻白领，他们同样生活在这个"玻璃缸"时代，对《小时代》感

---

① 《从〈小时代〉浅析"大数据"的样貌》，http://www.thebigdata.cn/YingYongAnLi/11261.html。
② 《从〈小时代〉浅析"大数据"的样貌》，http://www.thebigdata.cn/YingYongAnLi/11261.html。

同身受，是营销的重点；20%的观众将是大学生，他们是非核心消费者，但却是极具传播影响力的受众；另外10%的观众将是年龄在26～35岁之间，目前到影院购票观影的观众主体中，他们是存在观影顾虑、可争取的群体。[1] 乐视影业根据收集到的数据，掌握了《小时代》的受众特征，尤其是粉丝群体的特征，紧接着迎合受众的兴趣与需求开展了一系列的影片推广活动。

乐视影业对影片的推广力度更倾向于二、三线城市。从收集到的数据来看，积极参与《小时代》话题的传播甚至争论的区域集中在湖北、四川、浙江、江苏、江西等地区，而北京、上海、广东等地热度不高。除了一般院线大电影必须要做的营销推广，如广告宣传、发布会、主流媒体公关以及物料、海报、预告片之外，乐视影业还创新了一些营销环节。例如，利用自己的预售平台，在全国地网覆盖的大概100个城市，让粉丝们进行投票或购票。然后根据投票数或购票数的高低选出12个票仓城市，一改以往影片明星集中见面会的形式，把12名演员分别安排到全国12个票仓城市开展宣传活动，并在这12个城市的影院进行提前观影活动。同时，乐视影业成立了1000人的实习生系统，进入电影院提供电影交流服务。他们穿上《小时代》里的服装，Cosplay《小时代》里的人物，他们现场同唱电影的主题曲《时间煮雨》和《我好想你》。乐视影业统一包装了《小时代》嘉年华。观众穿什么样的衣服进到电影院、进去之后拿到什么样的奖品、回到家怎么发微博、怎么告诉朋友等，有一套完整的设计，乐视影业将之定义为《小时代》嘉年华。90后们来到电影院不仅是观看电影，更像是参加一场Party，他们跟小伙伴们一起完成了一场青春的狂欢。《小时代》上映档期在6月份，针对毕业季的氛围，乐视影业提出了"青春不散场"，拉动学生群体以班级为单位集体观影。[2] 各种具体的影片营销策略，精准地响应了年轻粉丝群体的

---

[1] 杨晓音：《当电影遭遇"大数据"》，http://finance.ifeng.com/a/20130525/8073647_0.shtml。

[2] 《从〈小时代〉的粉丝营销看乐视影业的营销方法论》，http://www.huxiu.com/article/31034/1.html。

喜好，赢得大批粉丝抢着进入影院观影，为电影买单。大数据分析为《小时代》精准入微的营销推广做出了突出贡献。

（三）大数据运用：投其所好，定制影片内容

《小时代》是由四部影片构成的系列电影，在系列影片的拍摄过程中，通常可根据受众的喜好，调整影片的内容。《小时代》采用了新媒体大数据分析，了解并体会受众的心理，对受众群准确定位，调整影片内容，在电影中建立满足他们需求的东西。

通过对微博数据分析，《小时代》的受众构成有以下特征：从年龄构成看，平均年龄20.3岁的年轻人是受众的主力军；从性别构成看，80%以上是女性受众，其中50%是微博达人（活跃群体）；受众群体喜欢用iPhone发微博；对影视娱乐明星的关注比例高达80%，其中郭敬明、柯震东、杨幂这几位主创在共同关注量的前十以内；受众关注的企业品牌中不乏各大奢侈品。① 数据反映了受众的心理趋向，可从中了解他们对情节、演员的评价，从而在后续的影片拍摄中对场景、角色戏份相应增减。例如：了解到受众热衷讨论名牌服装，因而在《小时代3》中不惜花大成本用上了7000多套名牌服饰；了解到《小时代1》天台上喝醉酒桥段受欢迎，因而在续集中把类似场景尽量保留并加以强化；为迎合大多数女性受众，影片大量启用帅气美男，充满遐想梦幻的场景由男性角色引出，真情实感的体验则交给女性角色承接。执导层面也以此为立足点，大量使用背景音乐衬托梦幻场景，频繁使用大特写彰显明星的华丽气度。虽然公众对电影评价褒贬争论激烈，但它确实打开了一直被压抑的青少年女性市场，票房也跟着大涨。

《小时代》的导演郭敬明高度评价了大数据运用在其电影创作中的作用。他提到，自己会定期整理粉丝数据，也很关注电影的百度指数、话题讨论和点击排行。"数据大到一定数量，你就能看出大家喜欢什么，不喜欢什

---

① 《大数据告诉我们：〈小时代〉是属于谁的小时代？》，http://www.huxiu.com/article/18172/1.html。

么。"《小时代》的主体观众，正是一群20岁上下，爱看《快乐大本营》和《非诚勿扰》，喜欢读郭敬明的书，喜欢看杨幂演的影视剧，喜欢用 iPhone 手机发微博爱表达的女孩子们。[①] 这部电影，抓住并表达了这一代年轻观众的共同感受，自然能受到这一群体的欢迎。

乐视影业 CEO 张昭先生认为，系列片电影在互联网电影产业时代它就是 IP。IP 的关键是用户运营，拥有大量用户的 IP 才是有价值的。《小时代》第三集的票房能够超过第一集，很重要的一个原因是因为从第一集开始，每一集都在做用户。每一集《小时代》都更加"小时代"，对原来的用户进行更深度的运营，让 IP 的用户属性变得更加强烈，黏性更强。中国有几亿 15~25 岁年龄层的人。《小时代》系列精准地服务这个年龄层的观众。系列片本身追求的是长期的利益与 IP 的长期价值，因此精准人群特别重要。[②] 大数据分析为精准服务用户奠定了基础，为影片迎合用户需求起到了导航的作用。

二 从《小时代》看大数据对电影产业的影响

2013 年是大数据元年，这一年备受争议的《小时代1》创造了票房神话，并将大数据在电影产业中的运用带入了国人的视野。作为工具，大数据分析具有双刃剑的特性，未来电影产业的得与失或许都与之有密切的联系。

（一）用好工具，促进电影市场的大繁荣

一部电影可以达到什么样的票房成绩，前期需要进行多方预测，包括观众的喜好、什么样的故事成功概率更高、卖点大？什么时间点排片、采用何种方式上映？这些都需要依靠互联网来收集更多的数据进行分析。一部电影

---

① 《郭敬明：关注百度指数　大数据指导〈小时代〉》，http：//www.china.com.cn/news/tech/2014-07/23/content_33036789.htm。
② 《乐视 CEO 张昭：重塑中国电影商业模式》，http：//www.xzhichang.com/Leader/Article_106439.html。

是好还是坏,与观众的层次及欣赏角度有关,如果投资方、制作方的注意力仅局限于电影作品本身,风险将非常大。大数据分析告诉我们:首先,"口水"才是硬道理。票房与影片的口碑并没有必然的联系,能引起大众关注、引发口水大战的烂片比安安静静的好片更容易取得高票房。三部《小时代》在口水战中轻松捞金 13 亿元,足以证明"口水"的威力。其次,得社交平台者得票房。QQ 空间拿出数据证明了社交平台的巨大魔力。在 QQ 空间,大到一篇观后感,小到一条说说,都将影响 98 个好友。从而形成细胞分裂般的传播速度和规模,影响成千上万人。一部电影在 QQ 空间的讨论次数越多,其票房也就越高。[1] 微博、微信等社交平台也具有同样神奇的功效。电影市场的大繁荣需要吸引更多的人进入影院,大数据分析提供的信息将能告诉我们什么样的电影更受欢迎,什么样的营销方式更有效。

(二)警惕大数据分析带来的负面影响

对于当前逐步进入工业化的电影产业来说,数据化思维是抵达标准化生产的重要路径之一。借助大数据分析可以达到精准化的分众与定制效果,但也可能会因过度迎合受众从而影响了电影的艺术性。大数据分析对于实现电影的商业价值确有帮助,但也可能造成因为过度的商业化侵蚀了电影的思想性。《小时代》被诟病的根本原因也在于此。影视业的大数据运用中,如何趋利避害仍是需要深入探索的问题。

---

[1] 宋昱:《再谈电影大数据:〈小时代〉如何在"口水"中火起来》,http://www.huxiu.com/article/21952/1.html。

B.27
《罗辑思维》的商业模式与想象空间

杨晓华*

摘　要：	自媒体的发展壮大离不开粉丝的支持及粉丝经济的发展，但《罗辑思维》已突破了人们对自媒体的想象。自媒体有两个典型特征，一是个人化的行为，区别于组织化媒体，二是基于数字化传播渠道。《罗辑思维》既有自媒体的基因，但同时又表现出组织化分工协作，其产品的制作包装、内容生产、会员招募和微商的运营等都必须依靠团队完成，依靠组织进行运作。《罗辑思维》不是单纯的自媒体，也不是简单的粉丝经济，是跟很多商业都会发生关联的社群。
关键词：	自媒体　社群经济　粉丝经济

　　《罗辑思维》是大陆地区目前影响力最大的互联网知识社群。包括微信公众订阅号、知识类脱口秀视频及音频、会员体系、微商城、百度贴吧、微信群等具体互动形式，主要服务于"80后""90后"有"爱智求真"强烈需求的群体。① 作为《罗辑思维》的创始人，也是《罗辑思维》魅力人格体代表的罗振宇觉得，无法说清楚《罗辑思维》到底是什么，既不是公

---

* 杨晓华，厦门理工学院文化产业学院教师，主要研究方向为市场营销和消费者行为。
① 《罗辑思维》，http://baike.baidu.com/link?url=Y6cnvEdSG5w7AC73QFw4VGdPPAd8ToW0d-W3i7Y2Fpg_sljTSvLSSp1u1b4KKxfRAunq3cS-m3W2uS2xU_LzaYWgIxuVaSFDhEJE6DYkeBO。

认的纯粹的自媒体，也不是单纯的网络脱口秀，用罗振宇的话来说，《罗辑思维》想要打造的是一个有灵魂的知识社群，建立一群"自由人的自由联合"。

一 关于《罗辑思维》

2012年12月21日，《罗辑思维》第一期节目"末日启示向死而生"上传到优酷上，最后在优酷的播放量达到162万次，评论近1500条，虽不及平均每期播放量超过400万次的《晓说》，但其表现已经远远超出了优酷上大多数同类节目，《罗辑思维》一炮而红，此后每周更新一期。

作为《罗辑思维》主讲人的罗振宇是媒体人出身，昵称罗胖，曾担任过CCTV2《对话》栏目的制片人，从央视辞职后担任过《中国经营者》等节目的主持人，也曾出任第一财经频道的总策划。2012年底，罗振宇与独立新媒创始人申音联手打造知识型视频脱口秀《罗辑思维》，凭借罗振宇强大的知识储备和独特的语言表达风格，仅仅半年，《罗辑思维》就由一款互联网自媒体视频产品，逐渐成长为最炙手可热的互联网社群品牌。

2014年5月，由于对《罗辑思维》未来发展方向出现分歧，罗振宇希望做大社群平台，进行更多的商业化尝试，带着《罗辑思维》品牌和大部分员工出走。之后，罗振宇找到了两位新的合伙人，分别是软实力研究中心创始合伙人、董事长李天田和凡客前任副总裁吴声。李天田曾担任过多家大中型企业软实力建设项目负责人，精力充沛，熟悉80后和90后，拥有极强的活动能力。而吴声是电子商务和互联网研究专家，商务部国家电子商务咨询委员会委员，担任商务部中国电子商务委员会执行秘书长，与凡客、顺丰、乐蜂网等公司关系密切。这三个人被称为《罗辑思维》的三剑客，共同致力于将《罗辑思维》打造成互联网的实验场，进行各种商业化尝试。

二 《罗辑思维》的商业模式

《罗辑思维》目前拥有6万名付费会员，300多万名微信关注用户（粉丝），其最初的商业模式也是围绕粉丝进行的。2013年8月9日，罗振宇向粉丝发布招募会员的公告，公告中写道："爱，就供养，不爱，就观望。"被称为史上最无理的会员招募，不承诺任何会员服务。但这次尝试却得到了粉丝们的大力追捧，5000个普通会员和500个铁杆会员名额在短短6小时内被抢购一空，进账160万元。2013年底，《罗辑思维》招募第二批会员，顺利找到2万名愿意供养的会员，进账800万元。2014年12月21日，《罗辑思维》第三次招募会员，条件更为苛刻，新会员必须要有老会员的引荐，招募6万人，进账上千万元。①

《罗辑思维》的这一做法开了互联网玩法的先河，为什么有那么多的人愿意花钱供养，成为会员呢？《罗辑思维》的会员数只有六万人，成为会员自然就相当于在一个拥有六万人的社群里获得了认同感；铁杆会员每个月会免费获得《罗辑思维》赠送的一本图书，普通会员可以参加抢"罗利"活动，对于线下活动也有优先参加权；可以在"会来事"里和其他会员进行互动、寻求帮助等。以下是《罗辑思维》围绕社群开展的一系列商业化试验。

一是全国巡讲。2014年7月，《罗辑思维》团队接受了益策（中国）学习管理机构的建议，举行了全国巡讲。每一站巡讲主要由一天的公开课和一天的实验坊组成，公开课规模大约200人，人均收费约4000元，实验坊规模约30人，人均收费约一万元。各站巡讲门票一开始销售，几乎以秒杀的速度被抢购一空。尽管罗振宇博览群书，有着极强的语言表达能力和现场操控能力，第一次全国巡讲也取得了巨大的成功，但这应该不会成为《罗辑思维》的固定业务，小范围的实验坊也许还会保留，但定会精心策划。

① 《罗辑思维被供养和〈新闻晚报〉的关门》，腾讯网，2013年12月29日。

二是"罗利"。"罗利"是指《罗辑思维》会员获得的福利。《罗辑思维》主要由每周一期的视频脱口秀和每天60秒微信语音加美文推荐组成,脱口秀的内容主要是历史和经济题材,这决定了《罗辑思维》受众通常有着较好的教育背景和一定的经济支付能力。《罗辑思维》目前拥有6万名多付费会员和300多万名微信关注用户,这些会员和用户是企业梦寐以求的优质客户,所以很多企业愿意与《罗辑思维》进行合作,为罗粉发放福利,乐视是第一个寻求合作的大品牌。"罗利"发放活动规则简单易懂,就是会员在活动当天通过微信后台抢先提交会员信息,先到先得。第一次发放"罗利"时,会员并不知道福利是什么。当获奖名单和奖品公布时,对于获奖的会员来说,无疑和中奖一样,200元的会员费获得了6999元的乐视超级电视,这进一步增强了《罗辑思维》会员的黏性,也体现了互联网娱乐精神,乐视也借此向优质的潜在客户宣传了品牌并传递了自身的互联网属性,可谓皆大欢喜。

三是印刷出版。罗振宇一直以书童自居,替大家读书,再把精华拿出来与大家分享,所以《罗辑思维》是典型的知识型社群组织,其会员和粉丝拥有良好的阅读习惯和求知欲望,罗振宇推荐的书通常会卖断货从而造成一书难求。《罗辑思维》自己出书,也收购他人版权,尤其是让断版书籍重新复出市场。2013年10月《罗辑思维》同名书籍出版,2014年4月,《罗辑思维Ⅱ》出版,两本书不但面向会员和粉丝进行销售,也通过各大书商渠道进行销售,取得了很好的销售业绩。2014年6月17日,被称为《罗辑思维》的图书包开始在其微店上线销售,图书包里有什么事先没有告知,只知道每套售价499元,购买者基于对罗振宇和《罗辑思维》的信任,仅用90分钟,8000个图书包便被抢购一空,五个小时内全部付款完毕。书包里有6本书,分别是《神似祖先》《黑客与画家》《心外传奇》《中国国民性演变历程》《趣味生活简史》和《精子战争》,另外还有一本纸质笔记本、一盒乡土相亲茶叶和一块印有罗胖头像的阿芙精油减肥皂。[①] 抢购到的人尽

---

① 《90分钟、8000箱,罗辑思维图书包的前情后事》,天下网商,http://i.wshang.com/Post/Default/Index/pid/35242.html。

情地发帖炫耀，而没有抢购到的人则热切地盼望下次图书包的上线，没有人在乎图书包的实际成本几何。这是一个让传统出版业难以置信的实验，《罗辑思维》对社群经济的深刻理解与把握，罗胖丰富的阅读量及独到的选书水准，让一切近乎完美。有了这次成功的实验，《罗辑思维》显然想在印刷出版方面走得更远，他们把目光投向已经断版的"好书"，通过购买书籍版权让这些"好书"重出江湖，对于读者来说，这是天大的好事，对于《罗辑思维》来说，是符合其特质的营利之道。

四是微信店铺。2014年7月19日，《罗辑思维》开始在其微信平台售卖月饼，开始了在微商领域的实验，本次实验，《罗辑思维》选择与微信店铺的开发服务商口袋通创始人白鸦进行合作。之所以选择月饼，是因为月饼本身具有社交属性，用来测试社交关系转化销售流量的极限边界再合适不过，同时这次活动也能为《罗辑思维》微信商城开放给《罗辑思维》会员免费使用做前期测试与探路。由于是实验，互动、游戏及能否在微信上"玩"起来成为《罗辑思维》评价活动成功与否的重要标准。为此，在实际销售过程中，《罗辑思维》与合作方口袋通着重设计了强化"分享"的环节，比如在付款设计上突出社交功能，可以单人代付、多人代付，也可以采用送礼模式。"单人代付"是指用户下单但不付款，通过微信转发给朋友，由他人代为付款；"多人代付"同样是用户下单但不付款，通过把订单分享到微信之后由多位朋友共同为其付款，相当于一次迷你众筹；"送礼模式"是用户下单后完成支付，分享到微信后他人可以输入收货地址领取月饼。《罗辑思维》月饼上线13天，共销售4万盒，虽然相比200万人的参与不是什么了不起的数字，但从前期100多天的准备到实际销售，《罗辑思维》团队了解了微商的作业流程，也开始坦然接受一切不确定性，为接下来微信店铺的顺利运营打下良好的基础。①

---

① 《复盘罗辑思维卖月饼：微信电商的五大G点》，虎嗅网，http://www.huxiu.com/article/42858/1.html？odby=toauthor。

目前《罗辑思维》微信店铺销售的商品主要有四类，分别是精神食粮、逼格工场、第六区和美得冒泡。店铺的商品种类和数量并不多，但个个都符合《罗辑思维》"有种、有趣、有料"的定位，产品虽然小众，但方案精美逼格直接阐释了产品为何小众，加上包装独特好玩，充分体现了《罗辑思维》微商平台是集有匠心的手艺人之大成。这里上架的每一款产品都是《罗辑思维》团队精心挑选的，同时罗胖也会在节目中进行针对性地推荐。

除了上述商业模式，《罗辑思维》为了增加会员黏性，尤其是实现打造"自由人的自由联合"的目标，还陆续推出"罗丝福""会来事"等针对粉丝的福利。"罗丝福"顾名思义是指面向粉丝的福利，影响力比较大的一个是"雕爷的学徒"，另一个是"罗胖送你去南极"。雕爷是坊间对"雕爷牛腩"创始人的尊称，也是阿芙精油、薛蟠烤串和河狸家的创始人，被认为是运用互联网思维经营企业和品牌的行家。"雕爷的学徒"活动参加规则第一条就是必须是《罗辑思维》社群上爱智求真的小伙伴，小伙伴们将挑战各种任务，最后雕爷会选出一位胜出者，担任雕爷旗下产业的首席体验官，在未来12个月内跟着雕爷近身学艺，雕爷会将这些年练就的"武功"倾囊相传，最后还将领取30万元任务奖金。"罗胖送你去南极"是《罗辑思维》为征集2015年视频节目第三季第一集选题而策划的活动，也是面向《罗辑思维》社群组织的粉丝，最后胜出的策划方案的作者将获得为期18天的免费南极之旅。这些活动极大调动了粉丝参与的热情，《罗辑思维》也从提交的策划方案中有了更多选题的参考。

"会来事"是指《罗辑思维》会员来信有事的简称，会员可以在社群平台上向其他小伙伴求助，也可以和大家分享所得，但前提条件是你必须要是会员。通常一个小伙伴提出问题，马上就会收到很多意见和建议。《罗辑思维》的会员多是追求上进、渴求知识和有独立思考能力的一群人，会员之间的交流和沟通不但增加了社群活跃度，也促进了罗胖建立"基于社群的信任商业"目标的实现。

三 《罗辑思维》的想象空间

社群经济是近来被广泛谈起的一个话题，被认为是未来企业组织架构的一部分。在社交媒体时代，简单地说，社群就是由共同的兴趣和爱好而组织起来的一群人。社群具有三大特点：情感连接、利益联结和范围经济。因为同一个社群通常是由爱好兴趣价值观相同的人构成的，在情感上更易产生共鸣；而要维持一个社群的健康有序发展，供养和相互扶持是必须的；因为是由价值观相似的人组成的社群，不同社群间必然有所不同，社群平台上开展的商业活动通常基于本平台，是典型的范围经济。尽管对社群经济如何发展甚至该不该发展都有很大的争议，但《罗辑思维》通过自身的商业实践和反复实验不断刷新我们对社群经济的认识，也为社群经济的未来发展打开了巨大的想象空间。

第一，《罗辑思维》靠"死磕"精神建立起来的品牌忠诚度。眼下的社群经济还有着粉丝经济的天然特征，但这种单方向消耗社群内部资源、赚粉丝钱财的道路难以持续。《罗辑思维》致力于打造"自由人的自由联合"，不但罗胖及背后的团队经常和粉丝互动，为会员和粉丝发放福利，粉丝之间也有很多交流沟通的渠道，除了前文提到的"会来事"，《罗辑思维》会员线下相亲活动、吃霸王餐等活动也在持续进行之中。罗胖的人格魅力加上优质的粉丝，吸引许多企业排队申请通过《罗辑思维》向其会员和粉丝发放福利，如黄太吉免费赠送的两万份煎饼等。随着活动内容越来越多，会员的体验和感受会越来越好，忠诚度自然越来越高。忠诚度即意味着信任，当信任关系建立起来的时候，《罗辑思维》的商业化空间自然就打开了。

第二，以信任为基础的微商平台的发展。经过两年多的努力，罗胖和会员及粉丝间已建立起信任关系，从不承诺会员服务的会员名额销售和不告知图书包内容的图书销售均被秒杀可以看出，只要是罗胖提供的东西大家就会欣然接受，说明大家相信《罗辑思维》、相信罗胖的眼光，这种信任一旦建立起来将会释放巨大的能量，不但会对罗胖一呼百应，对罗胖推荐的产品深信不疑，罗粉之间也会惺惺相惜，比如会员相亲活动和全国各地《罗辑思维》粉丝自发组织的读书会等，会员尤其是铁杆会员发起的活动通常也会得到大家的热情支持。目前，《罗辑思维》微商采用垂直模式，就是由罗胖及其团队精心挑选产品放在上面进行销售，当未来条件成熟，是不是有可能转为平台模式，《罗辑思维》的会员甚至粉丝也可以上去卖产品我们不得而知。当然，在一个社群当中大家强调的还是认同感，这个时候卖什么已经没那么重要，关键是谁在卖、卖给谁的问题。

B.28
两岸儿童绘本出版业观察

邢峥*

摘　要： 绘本，是近十来年间逐渐为大陆民众知晓和熟悉的舶来词汇，它是以图为核心元素，配合特定文字甚至没有文字的一种图书，儿童绘本则是以儿童为读者、专门为儿童创作的图画书。受本土儿童图书市场发展的推动和日本绘本文化的影响，台湾在20世纪中期开始了儿童绘本出版方面的探索，而中国大陆地区绘本的发展则刚刚开始，在社会环境和市场需求的驱动下，当前大陆绘本文化领域发展势头迅猛。目前两岸绘本出版都存在引进作品多、原创作品少的问题，两岸都需要面对儿童绘本领域原创力不足的问题。

关键词： 绘本　出版　原创力

绘本，是近十年间逐渐为大陆民众知晓和熟悉的舶来词汇，英文为"picture book"。直译为图画书，从字面上便可看出图画在书中的位置。绘本是以图为核心元素，配合特定文字甚至没有文字的一种图书。儿童绘本则是以儿童为读者、专门为儿童创作产生的图画书。真正现代意义上的儿童绘本概念在20世纪五六十年代于欧洲兴起，而后在日本发展成熟，后传入台湾并开始影响中国内地的儿童阅读领域和出版领域。

从内涵上深究，绘本和一般意义上有图画的书，如连环画、漫画书和带

---

* 邢峥，厦门理工学院文化产业学院讲师，主要从事媒体传播研究。

插图的故事书有着极大的区别。英国人 Hepler 和 Hickman 曾在著作中提到绘本是一种独特的类别，大多通过文字和插图的结合来完成对整个故事的讲述。西方比较文学著作《图画书如何起作用》（How Picture Books Work）中则认为绘本是依靠语言文字和视觉图片的相互关系来共同起到对故事情节的叙述作用的图书类型，绘本中的图片作为书的内容在每一页中都出现，并对故事叙述的完整性起到不可或缺的作用。从众多世界各国学者、理论研究者和创作者对绘本的相关叙述中可见，绘本，强调的是图画和图文的关系，日本绘本之父松居直的算式表述方法则更为容易理解，松居直认为绘本不仅仅是"文+图"，而是"文×图"，也就是国内绘本大家彭懿所说的"图文的合奏"。

一 两岸儿童绘本发展脉络梳理

世界各国各地绘本发展情况不同，发展时间越长的地方，市场就越成熟。

（一）台湾儿童绘本发展历程

台湾的绘本发展起步较中国大陆早。受本土儿童图书市场发展的推动和日本绘本文化的影响，台湾在20世纪中期就开始了儿童出版方面的探索。

洪文琼在《台湾图画书发展史》中把台湾绘本的发展划分成了三个阶段：第一阶段从1945年到20世纪70年代。台湾东方出版社、国语世界、儿童书局、世界书局纷纷加入儿童文学作品出版行列，引进大陆和西方儿童文学作品。第二阶段从20世纪70年代初到80年代末，为蓬勃的市场发展期。1976年资深儿童美育专家郑明进首次在台湾报章媒体中使用"绘本"一词。从此"绘本"一词在台湾逐渐取代"图画书"。1978年，信谊基金会为了关怀幼儿教育，成立了台湾第一家专为幼儿出版图画书的出版社，在大量快速引进了国外绘本、投入大量资源学习外国儿童出版经验的同时，也在艰难中探索培养了一批本土绘本创作者，使台湾图画书的创作出版走上了新路，在一段时间的积累后，1987年第一届信谊幼儿文学奖开始为本土原创作品颁奖。第三阶段为20世纪90年代至今。1993年，台湾出版人首度参加波隆那国际儿童书插画展,打开了台湾与世界图画书交流的大门,"格林文化""信谊基金会"等积极与海外图画书界接轨。进入21世纪后,台湾绘本逐渐进入平稳的发展状态。近十年台湾儿童出版社组织形态呈现多样性。专业儿童绘本出版社、基金会出版社、政府机构、各出版集团下的儿童绘本部门等都在从事儿童绘本出版工作,仅在2005年,就有了七十家以上的儿童绘本出版机构。

(二)中国大陆儿童绘本发展历程

十几年间中国大陆绘本概念从无到有,在社会环境和市场需求的驱动下,绘本文化领域正处于蓬勃期,发展势头迅猛。在中国大陆,虽然图文并茂的儿童图画书的出现由来已久,但是如果按照作品中图文关系方面"图文合奏"(彭懿)、"文×图"(松居直)的标准来界定的话,现代意义上的绘本在中国大陆的发展时间非常短。

10年前中国图书市场里,儿童读物中"绘本"这种产品形态很匮乏,世界上绝大多数优秀绘本基本都没有引进出版。这个阶段绘本的推广和销售都很艰难,只有为数不多的几家出版机构愿意投入绘本的引进出版工作,相应的市场观念普及度很低,当时家长、幼儿园教师都还不愿接受"绘本"这种类型的产品,认为这类书文字很少,价格昂贵。

成立于2002年的民营图书策划发行机构新经典文化有限公司,于2003年8月率先在中国大规模引进出版精装绘本,并在中国掀起绘本出版热潮。2005年,日本蒲蒲兰文化发展有限公司在中国大陆创办了第一家以儿童为主体服务人群、以亲子共读阅读空间为功能的儿童绘本主题书店,同时开展绘本版权引进和绘本阅读推广工作。

2009~2011年是中国大陆绘本产品爆炸式发展的三年,出版机构迅速地将欧美、日韩优秀绘本引进出版。每年绘本新品种突破2000种,销售规模也随之加速发展。与此同时,在市场方面,北上广等中国大陆一线城市父母的儿童教育观念有了很大转变,孩子和家长快乐地享受绘本阅读,绘本也逐渐成为城市父母首选的早期教育产品。

2011年以后,电子商务迅猛发展,中国大陆绘本市场的变化也很明显,绘本市场渠道发生变革。2014年，电子商务网站当当网童书频道销量超过1亿册，码额达24亿元，其中中国少年儿童新闻出版总社、接力出版社、海豚传媒、蒲公英童书馆、步印童书馆5家出版社在当当网的童书销售码额过亿。除了以当当网为代表的电商之外，各地幼儿园、图书馆和小型绘本馆等更丰富多样的流通渠道发展迅速，绘本市场繁荣之下竞争日趋激烈，品牌效应显现。

（三）两岸和国际重要绘本大奖比较

世界知名绘本大奖评选活动很多都始于20世纪中期，从大奖的设立时间上也足以看出国外很早就开始重视儿童绘本的发展，台湾绘本行业发展落后了几十年，而中国大陆地区绘本的发展则刚刚开始。

表1　两岸和国际重要绘本大奖一览

	奖项名称	创设年份	主办单位	简介
中国大陆	丰子恺儿童图画书奖	2009年	陈一心家族基金会	海峡两岸及香港共同举办，是首个国际级的华文儿童图画书奖，参选作品必须为华文原创，不限国籍，目的是鼓励更多优秀人才投入创作、出版优质华文原创儿童图画书，增进大众对华文儿童图画书的重视与了解
	信谊图画书奖	2010年	南京信谊儿童文化发展有限公司	南京信谊儿童文化发展有限公司依托于台湾信谊基金会而设立，力求把台湾信谊基金会的儿童阅读理念与成熟经验带入中国本土，鼓励创作人才投入绘本事业，创作具备中国人文气息的优秀作品
台湾地区	信谊幼儿文学奖	1987年	信谊基金会	台湾第一个以幼儿为对象的文学奖，创设以来除1998年外每年举办一次，累计已举办18届评奖，以为幼儿创作好书、鼓励和培养本土创作者为目标，对台湾绘本创作的发展起到了极大贡献
	国语日报牧笛奖	1995年	国语日报	至2014年已举办13届，"图画故事组"参赛作者既可自写自画也可图文分开两人合作，鼓励图文作者保持儿童创作的兴趣
	金鼎奖	1976年	台湾文化部（前台湾新闻局）	设有最佳儿童及少年图书奖，奖励在出版领域有卓越表现的单位和个人，2013年为鼓励图书出版幕后推手，推出"最佳图书主编奖"
	丰子恺儿童图画书奖	2009年	陈一心家族基金会	（同前文，略）

续表

	奖项名称	创设年份	主办单位	简 介
日本	日本绘本奖	1995年	日本全国学校图书馆协会与每日新闻社	日本的全国性大奖,旨在普及绘本艺术、振兴绘本阅读,发展绘本出版
欧美各国权威大奖	美国凯迪克奖	1938年	美国图书馆学会	美国最具权威性的绘本奖,美国最高荣誉的绘本奖
	英国凯特格林威奖	1955年	英国图书馆协会	英国儿童绘本的最高荣誉,鼓励英国本土绘本创作同时兼顾国际性,遴选标准严苛,得奖作品水平高,是全球绘本领域公认的大奖
	国际安徒生大奖	1956年	联合国教科文组织IBBY	全球儿童文学界的最高荣耀,素有"小诺贝尔奖"之称
	意大利波隆那国际儿童书展	1976年	博洛尼亚展会集团	全球儿童出版界最受瞩目的奖项,隆那书展在展期间同时举办插画展览,评选出该年最优秀的插画家,入选的作品会在全球各国巡回展出,成为国际出版社的参考指标
	德国绘本大奖	1956年	德国青少年文学协会	在欧洲相当重要且具有权威性的绘本大奖

资料来源:本研究整理。

二 两岸儿童绘本出版原创力分析

从儿童绘本原创力上来看,两岸都存在引进作品多、原创作品少的问题。两岸绘本虽然都得到长足发展,但无论是风格、制作的形式,还是多样性上都和国外绘本发展先进的国家有差距,真正优秀的本土原创绘本还不够多,能让全世界认同的中国绘本还很少。

但相比中国大陆,台湾的绘本原创程度更高。经历了早年的大规模引进和几十年的发展,台湾儿童绘本在平稳发展期中逐步积累了大量儿童绘本的阅读人口和绘本创作者,一批兼具文字与故事创作能力的台湾绘本创作者,包括郑明进、曹俊彦、吕游铭、刘伯乐、徐素霞、邱承宗、黄郁钦、陶乐蒂、李如青、孙心瑜、刘旭恭等，为近些年台湾绘本原创程度的提高做出了显著贡献。但随着电子出版和网络阅读的盛行，一般杂志、书籍迅速没落，出版社集中往童书范畴迁徙，而台湾市场规模又极为有限，因此即便儿童绘本市场的总量大了，但竞争者众多，给台湾原创绘本的持续发展带来不小的挑战。

中国大陆方面，儿童绘本领域繁荣发展的背后，是原创环境的艰难和原创作品的严重不足。同时，现有原创绘本想象力缺失，精品内容，尤其是绘画精品少。

三 儿童绘本出版业发展亟待突破瓶颈

当下我国儿童绘本出版业，在宏观环境上存在出版体制和商业模式上的限制，同时，地域保护现象使得行业不能完全按照市场规则运行，渠道的多元化、产业生态的多样性有待改善。目前儿童绘本出版业的主要发行渠道是以当当网为代表的电商，传统书店对绘本的市场贡献率较小。网络销售渠道独大，倒逼出版社折扣销售，使得出版利润空间受到明显挤压。

儿童绘本出版业市场成熟度不高、消费者观念落后，也严重影响了产业发展。出版社方面乐于引进版权，对原创儿童绘本兴趣不大。引进国外获奖书、畅销书这类已有发行经验和销售数字做参考的书比自己去组织一个选题风险小、取得收益快，这使得出版社更乐于去国外引进版权。

当然，编辑和原创人才缺乏、绘本原创者得不到应有的待遇和回报、原创绘本推广运作手段不成熟、机构出版的持续性不够等问题，都会影响儿童绘本出版业的进步。

因此，总体来看，我国儿童绘本出版业原创力严重不足，行业在表象繁荣背后问题重重，原创内容辟疆拓土的困难不小，以下是一些发展思路方面的建议。

（一）转化思路，从儿童角度出发做绘本

绘本创作背后蕴含的是对儿童教育观的差异。国外优秀绘本背后其实是

对儿童的充分认知，也就是从儿童看待世界的方式出发来进行创作，同时让叙述的内容，被合理地表现出来、被孩子理解。希望中国原创的儿童绘本也能从成人视角转化到孩子的视角，"蹲下来给孩子写故事"，才能做出更多深入孩子心灵深处的作品。

（二）把传统民间故事绘本化

社会快速发展中，人们有对中国传统文化的接近需求。因此，中国本土的故事绘本有很大的发展空间。绘本故事中大到地理地形、建筑风格，小到人物服饰、饮食文化、生活细节等都应该在对风土、民俗进行严谨的考察的基础上得到合理的呈现，图画场景和内容应该能符合历史和实际情况，在这个基础上产生的有真实感的绘本，才是能够传达中国文化的佳作，在传承的基础上用创意摸索改编方法和文体，加以合理的视觉化表现是原创绘本可走道路之一。

（三）引入互联网的思路进行市场运作推广

如今各行各业都在互联网，尤其是移动互联网的发展中面临思路和方式的转变，儿童绘本出版行业亦如此。应该说，真正优秀的绘本在互联网时代借由有强大号召力的绘本阅读意见领袖、网络口碑传播和线上线下相关活动的举办，传播效率更高，传播效果更为直接。儿童绘本出版机构和个人有天然的"生产内容"的能力和优势，凭借在自身优势领域的深耕，绘本创作主题更容易得到自己的忠实粉丝群体，产生黏性从而引发多元化的价值。借鉴互联网思维中社区粉丝与口碑经营、跨界与创新操作，绘本出版行业还有很多待探索的可能性。

如今，两岸幼儿父母、老师、教育单位和整个社会对幼儿早期阅读的重视度在不断提高，在出版人、推广人和各种机构的努力下，绘本的种子，已经扎根萌芽，蓬勃生长，绘本文化正在普及，越来越多的孩子和家长开始快乐地享受绘本，中国的绘本时代已经来临，绘本的土地会更加有养分、更加肥沃。

B.29 厦门华亿传媒的全媒体融合发展之路

邱一峰 傅诗*

摘 要： 厦门华亿传媒集团是一家根植新旧媒体融合发展的新型文化创意产业市场化股份制试点企业。多年来，以"海峡两岸最具影响力的内容产品供应商"为战略目标，有效实施以内容为核心、以用户为导向的发展策略，形成了内容产品供应、媒介平台运营、展览节庆服务及创意产业投资的"3＋X"产业发展格局，逐步打造成一家全媒体、全产业链、全天候服务的现代文化传媒集团。

关键词： 华亿传媒 全媒体 商业模式 融合发展

厦门华亿传媒有限公司成立于2005年3月。根植新旧媒体融合发展的传媒基因，赶潮文化创意产业大繁荣的历史性机遇，华亿传媒坚定打造"海峡两岸最具影响力的内容产品供应商"的战略目标，有效实施了以内容为核心，以用户为导向的全媒体、全产业链、全天候服务的发展策略，成功策划运营了上海世博会厦门馆、厦门经济特区建设30周年成就展、全球国际花园城市大赛总决赛（厦门）等大型项目，形成了内容产品供应、媒介平台运营、展览展庆服务及文创产业投资的"3＋X"产业发展格局。

---

* 邱一峰，厦门华亿传媒集团副总经理；傅诗，厦门华亿传媒集团职员。

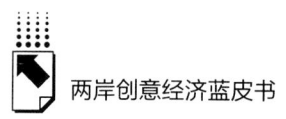

一 内容为王,链式发展

内容为王,产品制胜。华亿传媒在内容产品核心产业链条上进行核心产品、形式产品、延伸产品的一站式经营,拓展内容产业价值,提升传媒效用。内容产品的多介质供应,不断衍生增值产品,从文、图、视频各方面提供新的核心价值和增值空间。

华亿传媒提出"精致、深入、时事、生活"的办刊理念运营《台海》杂志,从时空经纬挖掘视角、品位知性,以满足两岸政商决策精英的深度阅读需求。2014年荣获省首届期刊优秀封面评选金奖、年度侨刊乡讯好版面一等奖,杂志特别策划频频获得省出版物监测与研究中心点赞。面向新媒体时代,建立自身杂志、微信、网络三位一体的复合产品形态,将华亿传媒打造成集资源整合、资讯专供、投资融智、品牌传播、产品行销于一体的全媒体平台。为此,华亿传媒特别打造了海峡两岸第一个定位"台海"地域的新闻摄影专业赛事——台海新闻摄影大赛(以下简称"台赛"),从不同角度形象生动反映两岸的和平发展和共同繁荣,更为媒体运营构筑了一个延展性和议题性都足够强的内容平台。台赛的举办得到了包括马英九、连战、吴伯雄等多位台湾政要的支持鼓励。2014年5月前三届台赛作品在台北市的华山1914文创园登场,吴伯雄更是以亲临现场的行动来表达对赛事的鼓励和支持,同年8月,第四届台赛启动,特设"两岸海洋新闻奖",两岸30位摄影师兵分五路,百小时拍摄福建十大美丽海岛,将台赛推向新高度,第四届参赛作品数量创历届新高,达13632幅,比第三届增长70%。

"让内容追着用户跑"是华亿传媒倡导的思维,利用多年积累文图数据库满足客户定制化的需求。根据内容产品的服务属性,在大数据、云媒体、智能硬件等技术的支持下,对用户需求偏好和其所处空间场景进行精准适配,把浮现在客户脑海中的模糊想法、愿望挖掘出来,并"定制"成满足他们需求的内容产品。再依托厦门日报社新闻资源,通过专业内容编辑人员的整合加工,将单纯的纸面新闻报道立体化,将专题新闻报道集结成册,并进行

"微博""微信"等"微媒介"的重新编辑设计，进一步延伸信息的传播功能，提供满足客户需求的个性化、定制化、多介质、全要素的复合形态产品。华亿传媒紧紧把握企业需求，深挖企业内在愿望，为企业量身打造定制读本的同时，更着眼于内容的优质整合，使得企业内刊成为企业员工和相关利益团体的心灵读本，也成为企业形象营销的通道。2014年，《禹洲》获评中国房地产企业最佳企业文化表现内刊，《联发之窗》获评全国"好杂志"一等奖，《联客会》《业翔民安》《集美风》等定制杂志也获得读者好评。

内容题材的挖掘与"包装"是媒体运营重要的手段，更是媒体社会价值和责任的集中体现。近年来，"美丽厦门共同缔造"是一个内外兼修的城市发展战略意图，是实现"百姓富，生态美"的必然选择，是实现中国梦的生动篇章。继2013年《美丽厦门战略规划手册》成功付梓之后，湖里区、海沧区、翔安区、同安区等与华亿内产合作，推出《业翔民安——美丽行动特刊》《美丽厦门　共同缔造——厦门市海沧区社会治理创新实践》《厦门规划局：美丽厦门在行动》等系列读本，为"美丽厦门　共同缔造"做出华亿的文字品牌。

微电影逐渐成为人们娱乐生活、信息分享的新宠，它让影视艺术具有互动性、体验性和广谱性。华亿传媒通过声像更加立体地展示了"美丽厦门"的形象。华亿传媒与中共集美区委宣传部联合摄制的微电影——《这就是集美》，是厦门乃至福建省首部以展示城市形象为题材的微电影。它在优酷、土豆等国内各大视频网站正式上线，视频点击量超过50万次。首届厦门国际青年微电影节献礼片暨五缘湾主题微电影《缘舞曲》，被网友们誉为最美五缘湾形象宣传片。全片以舞蹈为插曲，全方位、多角度地将五缘湾的景观和人文融入其中，从侧面传达出了五缘湾的诗情画意，以及五缘湾温馨而富有品质的生活情味。

二　立体运营，全媒体开发

华亿传媒致力于拓展媒介平台，积极推进新媒体的开发，提升平面媒体、广电媒体、户外框架媒体、新媒体等全媒体开发、运营、策划、推广、整合的行销能力。2010年华亿传媒创新传播形式开创天桥LED户外媒体，致力于打造厦门最大的户外LED框架媒体运营商。该形式取代随意悬挂户外横条、红布条等广告宣传标语，进一步提升市容品位，展现出厦门文明城市的良好形象。受众记忆空间的有限性和信息传播的无限性，使注意力逐渐成为一种稀缺资源。运营上，华亿传媒利用"堵点经济"，针对有车一族的高端客户进行精准投放，带动了厦门天桥户外广告媒体形式形态上的整体创新，更是受到了市场的响应。营运至今，很多客户多次续签，或多年签订年度合作协议，以点带面，华亿传媒更从中深入策划品牌活动，已然将广告服务商转变成战略合作伙伴。与此同时，华亿天桥LED屏幕发挥了重要的公益宣传阵地作用，及时配合全市重大活动、重大节日发布宣传信息。在九八投洽会、特区建设三十周年、海峡两岸文博会、海峡论坛、国际动漫节、国庆节、文明城市、征兵等全市重要事件期间，全市重要交通路段七座天桥LED同时频繁播放，有力营造良好的社会舆论氛围，成为厦门城市之眼。

"互联网+"思维的本质不是"网"，而是"人"。华亿人以此为基点布局移动互联网，搭建"来去厦门"WiFi资讯服务平台，与服务生活结合、黏附"来去厦门"慢生活的粉丝，探索形成O2O场景式的平台。该项目除了为厦门市民及来厦游客提供免费网络使用，吸引用户关注外，还推出专属APP客户端、微博、微信，为市民的购物、美食、休闲娱乐等消费行为提供线上线下服务，并为用户提供可分享、可链接、可评论平台。目前"来去厦门"服务热点已覆盖项目公交车、旅游观光巴士、厦门中山医院心脏中心、岛内外各长途汽车客运站等多个公共区域，成为市民、游客乐活、乐行、乐居、乐享的伴侣。"来去厦门"是一个形式新颖、内容丰富、便民利民的本土化新媒体公共服务平台，也蕴含极大的商机和广阔的市场前景。华亿传媒还创新求变，以代理和租赁的方式引进优质媒体资源扩展产品线。如与南铁文广合作代理厦门北站实体展位，吸引了房产、汽车类客户入驻展示，便于商家以最直观的形式将产品呈现给消费群体。

自身的媒体资源和品牌活动是华亿公关策划的左右手,更是华亿特色。利用股东单位及自身媒体资源,华亿传媒可以整合境内外近百家媒体资源,涵盖平面、电视、广播、网络、户外、短信、微信等不同媒体形态,对策划执行的活动进行全方位、立体式地实时报道。2014年第三届厦门国际武术大赛,自接手承办赛事以来,华亿建立了大赛官方网站、官方微信公众平台、腾讯微博、新浪微博等自媒体,实时更新赛事的相关进展情况。同时,结合福建省社体中心的媒体宣传资源,发动海沧区自身的媒体宣传平台。从6月开始,分别在人民网、新华网、腾讯大闽网及《厦门日报》、《厦门晚报》、《海西晨报》、厦门网、《海沧消息报》等媒体进行大篇幅深入报道,同时在市政府第一屏、岛内天桥LED和海沧西引桥LED以及覆盖厦漳泉的楼宇视频灏景视梯进行长时段、高密度的宣传,还首次在海沧大桥LED屏滚动刊播赛事广告,宣传密度与广度是历届赛事以来最大的一届。正因为赛事的成功举办,2015年该比赛将升格为国家级。

三 展览节庆,F4方程式操作

华亿传媒的展览节庆团队具有丰富的文创产业策展、传播及衍生产品开发的经验,形成了文创产业运营模式(Focused - 卖点聚焦、Fashionable - 新派潮现、Flexible - 柔性传播、Functional - 复合效应),完善了从内容策划、内容生产、内容放送到内容行销的全产业链服务体系,实现一对多的作业模式,树立自办展品牌,将公司的展览节庆服务打造成专业化、规模化、高水平的代表。

国际花园城市也是世界城市建设与社区管理领域的最高荣誉之一。全球国际花园城市大赛总决赛(以下简称"国花")是国际公认的"绿色奥斯卡"大赛。该赛事对厦门的城市建设和发展具有里程碑意义。2002年,厦门通过参赛走向国际(2002年厦门获得国际花园城市最高级别E类第一名);2013年,大赛总决赛在厦成功举行,见证厦门迈入了"美丽中国"城市的建设元年。华亿传媒作为国花项目的唯一策划执行机构,从承接任务起便组成项目小组进行全方位推进，力求提升、突破。对于2013年总决赛，华亿以厦门市花——三角梅为创意灵感，设计了视觉主设计元素，并延伸设计制作了封套、信封、便笺、手提袋、胸章等系列用品，永久纪念物上将刻上各代表团对厦门的祝福，提升了本届总决赛的品位。同时以主设计元素为基础，设计制作了活动背景板、刀旗、看板、展架，烘托了总决赛的氛围，规范了宣传格调，并设计完成了厦门城市展区，向海内外宾客展示厦门的美丽风景和美丽厦门的战略规划。宣传方面，还设计制作了赛事指南手册、厦门旅游推广折页、美丽厦门等系列书刊，现场派发，供市民取阅。比赛期间，每天安排5个决赛陈述室进行比赛，吸引了3000多人次观赛，让更多市民对美丽厦门的规划有了更专业和更全面的认识，并激发他们以更大的热情参与到"美丽厦门共同缔造"的活动中。总决赛提供的摄制和网络设备，突破了国花一直以来无法完美解决的网络直播的技术瓶颈，确保了赛事网络直播的顺利进行。组委会首席执行官阿兰·史密斯先生对本届赛事予以极高的评价，称本届赛事是国际花园城市大赛举办以来最成功的一届，既是目前第一次成功实现全球网络直播的大赛，也是筹备时间最短、效果最佳、观摩人数最多的一届大赛。为纪念这一盛事、响应"美丽厦门"战略规划，在环岛路上留下永久雕塑作为纪念，花瓣组合成向上伸展的三角梅造型，象征着旺盛的生命力及建设"美丽厦门"的蓬勃精神。

100年前，爱国华侨陈嘉庚先生回到故乡集美捐资助学，人们把这些学校统称为"集美学校"，集美学村也由此诞生。百年来，集美学校秉持"诚毅"精神，为国家培养了大批有用之才。为了纪念集美学校创办100周年，进一步弘扬陈嘉庚爱国爱乡、倾资办学的精神，华亿传媒配合活动筹委会举办一系列相关纪念活动。项目组进驻陈嘉庚纪念馆并联合开展各项工作，从逾万张照片中精挑细选，收集100多种各类书籍、教具、教学成果，收集、拍摄、剪辑近10类视频资料，每一块展板和展厅主题的颜色搭配，每一块展板的形状、大小和颜色都精心挑选，力争通过图文声像细节生动还原集美百年校史。一尊感动无数人的"陈维风回校任教"雕塑，耗尽了工作人员心血，为还原当时的场景、人物的衣着与神情，策划师与工艺师细致了解了当年的人物与故事,并在创作过程中注入情感、雕刻精准。97岁的陈嘉庚之子陈元济老人的目光慢慢划过"集美学村时间墙"的每一张图片,老人似乎从中看到了父亲的身影。这面"时间墙"也吸引了很多参观者驻足留影。一名男子挑着扁担匆匆赶路,一头挑着行李箱,一头挑着个箩筐,筐里坐着一位小女童——这件雕塑引来一名银发女士久久驻足,她叫陈方玲,是陈维风之女,她就是雕塑中女幼童的"原型",当年只有6岁,让今年已经79岁的陈方玲回忆起1940年的那几天。

B.30
台湾文创的"OTOP"经验

刘枭*

摘　要： 本文以台湾"OTOP"计划与 OTOP 设计大赏为立足点，以 2010 年 OTOP 设计大赏获奖作品为典型案例，通过 OTOP 设计大赏将竹子这一天然材料应用于家居生活产品的设计中的具体分析，还原 OTOP 设计大赏将文化、创意与生活美学有机融合、浑然天成的创意，总结台湾文化创意产业发展的优势及经验。

关键词： OTOP　文化创意　生活

一　台湾"OTOP"计划与 OTOP 设计大赏

1989 年，台湾"经济部中小企业处"推出了"OTOP"计划，"OTOP"，意指 One Town One Product（一乡镇一特产，即一乡一品）。"OTOP"计划源自于日本"一村一品"（OVOP, One Village One Product）运动，此概念是 1979 年由日本大分县前知事平松守彦博士首先提出的。台湾"OTOP"计划通过扶植地方特色产业，遴选出具备国际市场发展潜力的公司和产品，使台湾各地特色产品真正走向国际，以实现带动地方发展、促进地方就业、拉动消费、乐活台湾等目标。地方特色产业中的"地方"是以乡、镇、市为主，所

---

* 刘枭，博士，厦门理工学院文化产业学院教师，研究方向为文化创意产业及会展产业区域规划。

开发出的特色产品需具备历史性、文化性、独特性、唯一性等特质，所涉及的产品范围广泛，涵盖工艺品、食品和景点等。因台湾糕饼和竹工艺的文化独特性以及在国际市场的巨大发展潜力，"OTOP"计划以上述两个产业作为主导产业，继而扩展到其他具有地方特色的产业中。该计划自推行以来，取得了良好的效果，现已打造出莺歌陶瓷、新竹玻璃、大溪豆干、日月潭红茶等特色产业，为地方建设和经济发展注入了新的活力。

"OTOP"计划的主要内容如下：①以台湾 OTOP 共同标示形象带动地方特色产业和旅游消费市场发展；②从价值链角度提高特色产业附加值，塑造地方特色产业亮点；③发展和传承特色产业以推动知识和经验分享；④建立资源整合平台以发挥整体综合效益；⑤引入国际视野以刺激特色产业创新。具体分为四个层次，最低层次是由专家学者把脉诊断的潜在型特色产业；第二层是区域型特色产业与主题型产业；第三层是特色旅游路线与特色产品；最高层次则是将地方产业定位于商品、旅游路线、形象的结构之上，由地方产业特色来带动地方经济繁荣。①

自 2007 年以来，台湾"经济部中小企业处"每年举办一届"OTOP 设计大赏"，以鼓励地方特色产品创新及特色产业发展，历年主题如表 1 所示。这项赛事吸引和发掘了各地设计精英，他们通过巧妙构思和创意，将地方特色融入产品设计中，使传统产品焕发出新的生命力。OTOP 大赏既为设计师的个人发展铺平道路，带来新的机遇，也为合作厂商增加了经济效益和品牌知名度。以往获奖作品包括：为泉利米香设计的"粒粒皆感动"、为新竹横山地区农会设计的"客乡橘品"客家手作香皂、为宏基蜜蜂生态农场设计的醉春蜂——蜂蜜酒等，这些作品体现地方特色、贴近大众需要、传递生活文化，不断向台湾民众传递着庶民时尚、平价奢华、自然乐活等生活理念。②

---

① 《"一乡一品"台湾旅游商品 OTOP 模式全解析》，http://www.dodao.cn/news/301.html，2014 年 7 月 6 日。
② 《OTOP 大赏助推台湾本土设计创新》，http://www.dodao.cn/news/304.html，2014 年 7 月 6 日。

表1 历年OTOP设计大赏主题

年份	关键词	主题
2007	幽默生活	以能传达台湾地方特色的设计元素(材质、技术或意象),设计能具体展现"幽默生活",并符合市场需求(个人送礼或企业采购)的产品及包装,旨在开启地方特色产业与设计产业人才发挥与交流的渠道,赋予台湾地方特色产品创新价值,从设计思维诠释台湾地方特色,从地方角度感受生活意涵,带动台湾地方特色产品消费新纪元
2008	中秋好礼	以创意传达台湾特色的设计元素(材质、技术或意象),设计能尽情展现"中秋好礼"意象,并符合市场需求(个人送礼或企业采购)的商品,以提升创新台湾原创特色产品的设计感,从地方特色及生活体验两个视野赋予产品新的价值
2009	自然乐活	运用台湾地方特色产品之整合设计,传达"在地特色、绿色设计、生活运用"特质之创意新颖的地方特色产品,为地方特色产品注入新的生命力,重新诠释台湾地方特色与生活意涵
2010	台湾新印象	运用地方特色结合创意巧思,运用多样化资源,着重以国外游客角度构思代表台湾形象的产品设计,通过优质设计加之地方特色产品,聚焦在台湾带给国际友人的三大印象:宝岛美丽风光、地方特色文化及热情友善的生活形态
2011	庶民时尚·平价奢华	由设计重新思考价值与价格之间的平衡点,并援引台湾百年所涵养之丰富庶民文化及地方特色,由日常生活之中发想平价优质的产品设计,奠基百年台湾的庶民时尚风格
2012	玩,缤纷	随着缤纷的文化创意与设计,共同舞动于地方特色产业之中,期望在生活中能再多一些新鲜、趣味及欢乐,如同阳光乍现般温暖人心。设计题材着重于"缤纷耀眼的感官飨宴、新奇有趣的在地感动",期待将台湾在地特色文化转化成为增添生活乐趣之好礼
2013	原真风尚	设计着重于"发掘台湾在地特色、创新再造经典",以台湾原真感动及在地特色,融合时尚设计,使地方特色产品展现新意,再造台湾经典风尚好礼
2014	原真时光	以特色产品与地方故事的坚持感动为核心,借由创意设计之加值,将每一刻的原真时光转换为设计产品,使其精神与产品功能相互结合,传达并深植到每一位消费者心中

资料来源:笔者根据相关资料整理而得。

二　OTOP 设计大赏经典竹系列作品赏析

竹子，又名竹，是多年生禾本科竹亚科植物，分布在热带、亚热带地区，种类繁多，生长迅速，可开花结籽繁衍，也可食用；也是一种环保、可再生的设计材料，作为时尚耐用的家具用品被广泛使用。

来自台湾的 Tek-sià 设计工作室以竹作为基础材料，设计出曲竹灯（见图 1）、弓形衣架（见图 2）、足孔（见图 3）、转管桌灯（见图 4）、"包罗"公文包（见图 5）等。曲竹灯将金属和竹片设计成相同的曲线，将发光二极管置入竹片中，可通过滑动竹片来改变灯的角度，可满足用户阅读或者纯粹装饰的不同需要；弓形衣架充分发挥竹子的张力使之适应任何大小、任何类型的衣服，整个结构仅由不同长度的两片竹子构成，简洁美观；足孔利用竹子中空的自然状态制成拖鞋，竹子中空既起到按摩足底的作用，又增加了拖鞋的时尚美感；转管桌灯突破台灯包管的技术方法，将竹管连续转折并一体制作，纤细的竹管与金属零件结合形成鲜明对比；"包罗"公文包将凸显正式身份的皮革材质与休闲的竹编搭配在一起，利用竹子柔软而坚韧的特性来提升产品的使用性能。上述作

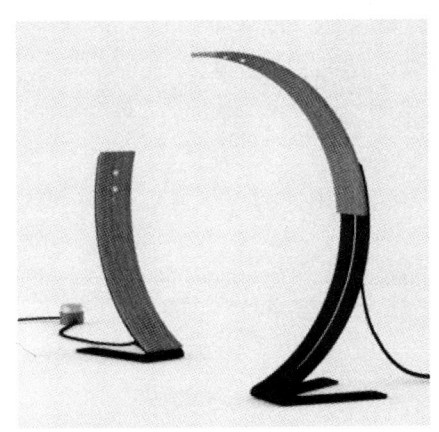
图 1　曲竹灯（材质：竹、铁）

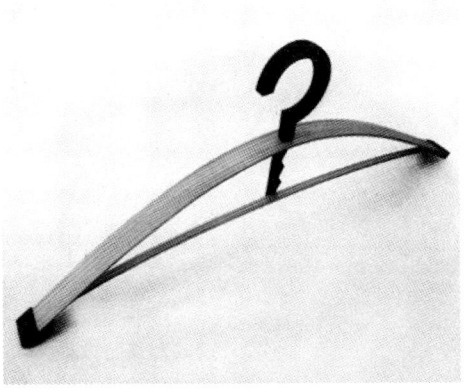
图 2　弓形衣架（材质：竹、橡胶）

品将竹设计发挥到极致，作品曲竹灯还荣获了2010年台湾OTOP设计大赏奖（金奖）。①

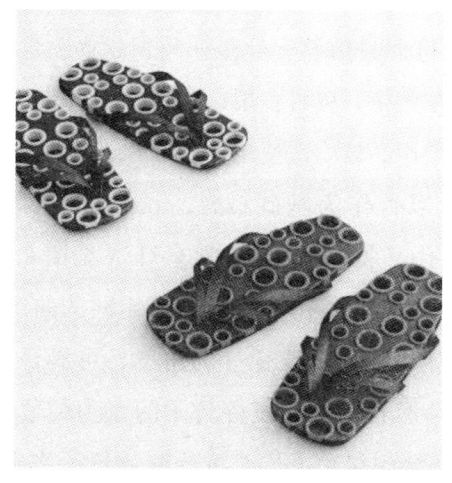

图3 足孔（材质：竹）

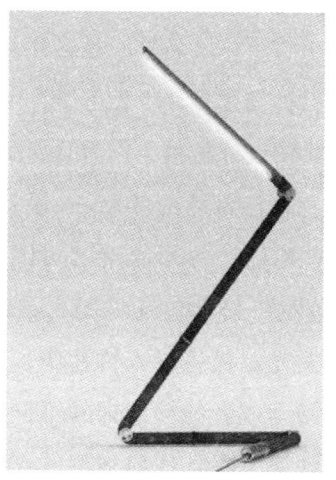

图4 转管桌灯
（材质：竹、加热电子部件）

图5 "包罗"公文包（材质：竹、皮革）

---

① 《竹外创意——首届北京国际设计三年展的竹设计》，新浪网，2011年9月7日。

三 台湾文创"OTOP"的经验启示

台湾文化创意产业的发展建立在产业自身与生活环境依存联动的关系基础之上，强调将传统文化的传承和保护以及地方特色的挖掘和凸显，鼓励本土设计师运用手工和地方文化元素进行产品设计和创新，将传统、创意、个性和生活进行生态性整合，营造出绵厚优雅的文化艺术氛围，实现商业经营运作与文化创意产业的联动发展，构建文化创意产业永续经营发展模式。

（一）文化生意化 VS 生意文化化

"把文化做成生意"是台湾文化创意产业发展的亮点之一。台北故宫博物院礼品店里有一款热销商品便是文化创意小成本大收益的最好实例：将沉浸了一个多世纪的清朝奏折"朕知道了"这四个字印在胶带纸上，一上市便成为年轻游客的"新宠"。"把生意做得有文化"则是台湾文化创意产业的显著特征之一：在实体书店逐渐走向低迷的今天，台湾诚品书店制造出独特的经营模式，走出了一条不同寻常的发展道路。诚品书店始终坚持"人文、艺术、创意、生活"的核心价值观，植根于推广阅读、激发创意、深耕文化、提升心灵的理念，除了提供精致优雅的阅读空间、精心陈列的阅读资源外，还提供各类延伸阅读活动（如演讲、表演、展览等），创造出既具本地特色、又具国际视野的文化景观，现已成为华人市场上最具影响力的文创品牌。[①]

（二）传统文化与时尚元素结合重放光芒

台湾文化创意产业坚持文化传承与艺术创新并行，将中国文化与西方时尚元素相结合，对传统文化进行现代化的改造和革新，如台湾的现代舞蹈表演团体"云门舞集"将西方现代舞与东方文化融合，融入书法、写意等形

---

① 《诚品书店》，http://baike.baidu.com/view/347148.htm。

式，探索出具有东方意蕴的现代舞剧而享誉世界。每一部作品都充满了文化的张力以及感动人心的力量，① 在舞台上传达一种东方的精神：包容、内省、冥想、自然、回到生命的初始，其作品包括：薪传、九歌、家族合唱、流浪者之歌、水月、竹梦、行草等。"云门舞集"被英国伦敦《泰晤士报》评为"亚洲第一当代舞团"。此外，工艺类的法蓝瓷、琉璃工坊、琉园也是传统文化与现代艺术结合的典范。

（三）贴近生活为文创产业注入生机活力

文化是一个特定群体、民族世代传承下来的生活方式的总和。贴近生活则是台湾文化创意产业永续发展的动力源泉。文化的生命力在于创造，文化发展的根本途径在于创新。台湾是一座坚守历史文脉、尊重多元文化、鼓励创新创意、兼顾市场活力和人文素养的城市，在发展文化创意产业的过程中始终奉行"生活美学"的理念，融合传统涵养和现代创新，强调对生活的体验，注重对"人心"的关注与反思，以"贴近大众需要、传递生活文化"为基本诉求，使得台湾文化创意产业在创造经济收益的同时，蕴含着更多的人文精神。

（四）本土全球化推动地方特色产业转型升级

地方特色产业是以地方社区为核心，以本土智慧、知识与文化为基础，创造新的就业机会，以应对全球化的冲击。台湾文创产业采用"本土全球化"由内而外的发展策略，掌握自身独特定位，以本地社区为驱动主体，将本土资源、生活文化与创意产业相融合，汲取其中的差异化元素，强调地方自主学习与本土优势的内化，兼具多元化与多样性，进而发展出自我风格的本土全球化特色。与全球化的大型企业相比，极具地方特色的企业大部分为中小企业，具有更多弹性和灵活性，能够根据市场需求做出快速反应和调

---

① 肖怀德：《从"多元文化"到"创意台湾"——台湾文化创意产业考察透视与案例研究》，《现代传播》2012 年第 4 期。

整,其产品突出地方特色,在与外来同质化商品竞争中能够脱颖而出,在增加地方经济收益的同时也传承和弘扬了地方文化与工艺传统。①

(五)多重运作机制为OTOP发展保驾护航

台湾文创产业通过整体营销、渠道推广、网站建设及专案融资等多重运作机制推动OTOP地方特色产业的发展。在整体营销方面,2006～2007年,台湾举办了包含25县市的系列巡回说明会,推广地方特色产业的理念,推动网络票选活动;举办OTOP设计大赏以及APEC地方特色产业网络博览会及电子商务训练营,提升地方产业设计与创新能力,吸引各国专家的重视和兴趣;组团日本与马来西亚OVOP高峰,与业界人士交流互动。在渠道推广方面,台湾在"台北国际礼品秋礼展"和"台北国际旅游展"上专设"台湾OTOP地方特色产品"专区,在统一梦时代购物中心设置台湾OTOP馆,以进一步开拓国际市场。在网站建设方面,台湾现已建成OTOP网站,经营博客,介绍地方特色产业发展、地方经典、特色企业与名店产品。此外,台湾还为全台地方特色产业中小企业提供"发展地方特色产业专案"优惠便捷的融资贷款,以解决中小企业筹资融资问题。②

---

① 赖杉桂:《在地全球化——地方特色产业发展》,《研考双月刊》2007年第31卷第5期。
② 赖杉桂:《在地全球化——地方特色产业发展》,《研考双月刊》2007年第31卷第5期。

法律声明

"皮书系列"(含蓝皮书、绿皮书、黄皮书)之品牌由社会科学文献出版社最早使用并持续至今,现已被中国图书市场所熟知。"皮书系列"的LOGO( )与"经济蓝皮书""社会蓝皮书"均已在中华人民共和国国家工商行政管理总局商标局登记注册。"皮书系列"图书的注册商标专用权及封面设计、版式设计的著作权均为社会科学文献出版社所有。未经社会科学文献出版社书面授权许可,任何使用与"皮书系列"图书注册商标、封面设计、版式设计相同或者近似的文字、图形或其组合的行为均系侵权行为。

经作者授权,本书的专有出版权及信息网络传播权为社会科学文献出版社享有。未经社会科学文献出版社书面授权许可,任何就本书内容的复制、发行或以数字形式进行网络传播的行为均系侵权行为。

社会科学文献出版社将通过法律途径追究上述侵权行为的法律责任,维护自身合法权益。

欢迎社会各界人士对侵犯社会科学文献出版社上述权利的侵权行为进行举报。电话:010-59367121,电子邮箱:fawubu@ssap.cn。

社会科学文献出版社

权威报告·热点资讯·特色资源

皮书数据库
ANNUAL REPORT(YEARBOOK) DATABASE

当代中国与世界发展高端智库平台

www.pishu.com.cn

皮书俱乐部会员服务指南

1. 谁能成为皮书俱乐部成员？
- 皮书作者自动成为俱乐部会员
- 购买了皮书产品（纸质书/电子书）的个人用户

2. 会员可以享受的增值服务
- 免费获赠皮书数据库100元充值卡
- 加入皮书俱乐部，免费获赠该纸质图书的电子书
- 免费定期获赠皮书电子期刊
- 优先参与各类皮书学术活动
- 优先享受皮书产品的最新优惠

3. 如何享受增值服务？

（1）免费获赠100元皮书数据库体验卡

第1步 刮开附赠充值的涂层（右下）；
第2步 登录皮书数据库网站（www.pishu.com.cn），注册账号；
第3步 登录并进入"会员中心"—"在线充值"—"充值卡充值"，充值成功后即可使用。

（2）加入皮书俱乐部，凭数据库体验卡获赠该书的电子书

第1步 登录社会科学文献出版社官网（www.ssap.com.cn），注册账号；
第2步 登录并进入"会员中心"—"皮书俱乐部"，提交加入皮书俱乐部申请；
第3步 审核通过后，再次进入皮书俱乐部，填写页面所需图书、体验卡信息即可自动兑换相应电子书。

4. 声明

解释权归社会科学文献出版社所有

皮书俱乐部会员可享受社会科学文献出版社其他相关免费增值服务，有任何疑问，均可与我们联系。

图书销售热线：010-59367070/7028
图书服务QQ：800045692
图书服务邮箱：duzhe@ssap.cn

数据库服务热线：400-008-6695
数据库服务QQ：2475522410
数据库服务邮箱：database@ssap.cn

欢迎登录社会科学文献出版社官网
（www.ssap.com.cn）
和中国皮书网（www.pishu.cn）
了解更多信息

社会科学文献出版社 皮书系列
SOCIAL SCIENCES ACADEMIC PRESS (CHINA)

卡号：253318360155
密码：

S 子库介绍
ub-Database Introduction

中国经济发展数据库

涵盖宏观经济、农业经济、工业经济、产业经济、财政金融、交通旅游、商业贸易、劳动经济、企业经济、房地产经济、城市经济、区域经济等领域，为用户实时了解经济运行态势、把握经济发展规律、洞察经济形势、做出经济决策提供参考和依据。

中国社会发展数据库

全面整合国内外有关中国社会发展的统计数据、深度分析报告、专家解读和热点资讯构建而成的专业学术数据库。涉及宗教、社会、人口、政治、外交、法律、文化、教育、体育、文学艺术、医药卫生、资源环境等多个领域。

中国行业发展数据库

以中国国民经济行业分类为依据，跟踪分析国民经济各行业市场运行状况和政策导向，提供行业发展最前沿的资讯，为用户投资、从业及各种经济决策提供理论基础和实践指导。内容涵盖农业，能源与矿产业，交通运输业，制造业，金融业，房地产业，租赁和商务服务业，科学研究，环境和公共设施管理，居民服务业，教育，卫生和社会保障，文化、体育和娱乐业等100余个行业。

中国区域发展数据库

以特定区域内的经济、社会、文化、法治、资源环境等领域的现状与发展情况进行分析和预测。涵盖中部、西部、东北、西北等地区，长三角、珠三角、黄三角、京津冀、环渤海、合肥经济圈、长株潭城市群、关中—天水经济区、海峡经济区等区域经济体和城市圈，北京、上海、浙江、河南、陕西等34个省份及中国台湾地区。

中国文化传媒数据库

包括文化事业、文化产业、宗教、群众文化、图书馆事业、博物馆事业、档案事业、语言文字、文学、历史地理、新闻传播、广播电视、出版事业、艺术、电影、娱乐等多个子库。

世界经济与国际政治数据库

以皮书系列中涉及世界经济与国际政治的研究成果为基础，全面整合国内外有关世界经济与国际政治的统计数据、深度分析报告、专家解读和热点资讯构建而成的专业学术数据库。包括世界经济、世界政治、世界文化、国际社会、国际关系、国际组织、区域发展、国别发展等多个子库。

权威·前沿·原创

社会科学文献出版社

皮书系列

2015年

盘点年度资讯　预测时代前程

社会科学文献出版社 学术传播中心 编制

社会科学文献出版社
SOCIAL SCIENCES ACADEMIC PRESS (CHINA)

社会科学文献出版社成立于1985年,是直属于中国社会科学院的人文社会科学专业学术出版机构。

成立以来,特别是1998年实施第二次创业以来,依托于中国社会科学院丰厚的学术出版和专家学者两大资源,坚持"创社科经典,出传世文献"的出版理念和"权威、前沿、原创"的产品定位,社科文献立足内涵式发展道路,从战略层面推动学术出版五大能力建设,逐步走上了智库产品与专业学术成果系列化、规模化、数字化、国际化、市场化发展的经营道路。

先后策划出版了著名的图书品牌和学术品牌"皮书"系列、"列国志"、"社科文献精品译库"、"全球化译丛"、"全面深化改革研究书系"、"近世中国"、"甲骨文"、"中国史话"等一大批既有学术影响又有市场价值的系列图书,形成了较强的学术出版能力和资源整合能力。2014年社科文献出版社发稿5.5亿字,出版图书1500余种,承印发行中国社科院院属期刊71种,在多项指标上都实现了较大幅度的增长。

凭借着雄厚的出版资源整合能力,社科文献出版社长期以来一直致力于从内容资源和数字平台两个方面实现传统出版的再造,并先后推出了皮书数据库、列国志数据库、中国田野调查数据库等一系列数字产品。数字出版已经初步形成了产品设计、内容开发、编辑标引、产品运营、技术支持、营销推广等全流程体系。

在国内原创著作、国外名家经典著作大量出版,数字出版突飞猛进的同时,社科文献出版社从构建国际话语体系的角度推动学术出版国际化。先后与斯普林格、荷兰博睿、牛津、剑桥等十余家国际出版机构合作面向海外推出了"皮书系列""改革开放30年研究书系""中国梦与中国发展道路研究丛书""全面深化改革研究书系"等一系列在世界范围内引起强烈反响的作品,并持续致力于中国学术出版走出去,组织学者和编辑参加国际书展,筹办国际性学术研讨会,向世界展示中国学者的学术水平和研究成果。

此外,社科文献出版社充分利用网络媒体平台,积极与中央和地方各类媒体合作,并联合大型书店、学术书店、机场书店、网络书店、图书馆,逐步构建起了强大的学术图书内容传播平台。学术图书的媒体曝光率居全国之首,图书馆藏率居于全国出版机构前十位。

上述诸多成绩的取得,有赖于一支以年轻的博士、硕士为主体,一批从中国社科院刚退出科研一线的各学科专家为支撑的300多位高素质的编辑、出版和营销队伍,为我们实现学术立社,以学术品位、学术价值来实现经济效益和社会效益这样一个目标的共同努力。

作为已经开启第三次创业梦想的人文社会科学学术出版机构,2015年的社会科学文献出版社将迎来她30周岁的生日,"三十而立"再出发,我们将以改革发展为动力,以学术资源建设为中心,以构建智慧型出版社为主线,以社庆三十周年系列活动为重要载体,以"整合、专业、分类、协同、持续"为各项工作指导原则,全力推进出版社数字化转型,坚定不移地走专业化、数字化、国际化发展道路,全面提升出版社核心竞争力,为实现"社科文献梦"奠定坚实基础。

社长致辞

我们是图书出版者,更是人文社会科学内容资源供应商;

我们背靠中国社会科学院,面向中国与世界人文社会科学界,坚持为人文社会科学的繁荣与发展服务;

我们精心打造权威信息资源整合平台,坚持为中国经济与社会的繁荣与发展提供决策咨询服务;

我们以读者定位自身,立志让爱书人读到好书,让求知者获得知识;

我们精心编辑、设计每一本好书以形成品牌张力,以优秀的品牌形象服务读者,开拓市场;

我们始终坚持"创社科经典,出传世文献"的经营理念,坚持"权威、前沿、原创"的产品特色;

我们"以人为本",提倡阳光下创业,员工与企业共享发展之成果;

我们立足于现实,认真对待我们的优势、劣势,我们更着眼于未来,以不断的学习与创新适应不断变化的世界,以不断的努力提升自己的实力;

我们愿与社会各界友好合作,共享人文社会科学发展之成果,共同推动中国学术出版乃至内容产业的繁荣与发展。

社会科学文献出版社社长
中国社会学会秘书长

2015 年 1 月

社会科学文献出版社 **皮书系列**

❖ 皮书起源 ❖

"皮书"起源于十七、十八世纪的英国,主要指官方或社会组织正式发表的重要文件或报告,多以"白皮书"命名。在中国,"皮书"这一概念被社会广泛接受,并被成功运作、发展成为一种全新的出版形态,则源于中国社会科学院社会科学文献出版社。

❖ 皮书定义 ❖

皮书是对中国与世界发展状况和热点问题进行年度监测,以专业的角度、专家的视野和实证研究方法,针对某一领域或区域现状与发展态势展开分析和预测,具备权威性、前沿性、原创性、实证性、时效性等特点的连续性公开出版物,由一系列权威研究报告组成。皮书系列是社会科学文献出版社编辑出版的蓝皮书、绿皮书、黄皮书等的统称。

❖ 皮书作者 ❖

皮书系列的作者以中国社会科学院、著名高校、地方社会科学院的研究人员为主,多为国内一流研究机构的权威专家学者,他们的看法和观点代表了学界对中国与世界的现实和未来最高水平的解读与分析。

❖ 皮书荣誉 ❖

皮书系列已成为社会科学文献出版社的著名图书品牌和中国社会科学院的知名学术品牌。2011年,皮书系列正式列入"十二五"国家重点出版规划项目;2012~2014年,重点皮书列入中国社会科学院承担的国家哲学社会科学创新工程项目;2015年,41种院外皮书使用"中国社会科学院创新工程学术出版项目"标识。

经济类 皮书系列
重点推荐

经 济 类

经济类皮书涵盖宏观经济、城市经济、大区域经济，提供权威、前沿的分析与预测

经济蓝皮书
2015年中国经济形势分析与预测

李 扬 / 主编　　2014年12月出版　　定价:69.00元

◆ 本书为总理基金项目，由著名经济学家李扬领衔，联合中国社会科学院、国务院发展中心等数十家科研机构、国家部委和高等院校的专家共同撰写，系统分析了2014年的中国经济形势并预测2015年我国经济运行情况，2015年中国经济仍将保持平稳较快增长，预计增速7%左右。

城市竞争力蓝皮书
中国城市竞争力报告No.13

倪鹏飞 / 主编　　2015年5月出版　　定价:89.00元

◆ 本书由中国社会科学院城市与竞争力研究中心主任倪鹏飞主持编写，以"巨手：托起城市中国新版图"为主题，分别从市场、产业、要素、交通一体化角度论证了东中一体化程度不断加深。建议：中国经济分区应该由四分区调整为二分区；按照"一团五线"的发展格局对中国的城市体系做出重大调整。

西部蓝皮书
中国西部发展报告（2015）

姚慧琴　徐璋勇 / 主编　　2015年7月出版　　估价:89.00元

◆ 本书由西北大学中国西部经济发展研究中心主编，汇集了源自西部本土以及国内研究西部问题的权威专家的第一手资料，对国家实施西部大开发战略进行年度动态跟踪，并对2015年西部经济、社会发展态势进行预测和展望。

皮书系列 重点推荐

经济类

中部蓝皮书
中国中部地区发展报告（2015）

喻新安 / 主编　　2015 年 7 月出版　　估价 :69.00 元

◆ 本书敏锐地抓住当前中部地区经济发展中的热点、难点问题，紧密地结合国家和中部经济社会发展的重大战略转变，对中部地区经济发展的各个领域进行了深入、全面的分析研究，并提出了具有理论研究价值和可操作性强的政策建议。

世界经济黄皮书
2015 年世界经济形势分析与预测

王洛林　张宇燕 / 主编　　2015 年 1 月出版　　定价 :69.00 元

◆ 本书为中国社会科学院创新工程学术出版资助项目，由中国社会科学院世界经济与政治研究所的研创团队撰写。该书认为，2014 年，世界经济维持了上年度的缓慢复苏，同时经济增长格局分化显著。预计 2015 年全球经济增速按购买力平价计算的增长率为 3.3%，按市场汇率计算的增长率为 2.8%。

中国省域竞争力蓝皮书
中国省域经济综合竞争力发展报告（2013~2014）

李建平　李闽榕　高燕京 / 主编　　2015 年 2 月出版　　定价 :198.00 元

◆ 本书充分运用数理分析、空间分析、规范分析与实证分析相结合、定性分析与定量分析相结合的方法，建立起比较科学完善、符合中国国情的省域经济综合竞争力指标评价体系及数学模型，对 2012~2013 年中国内地 31 个省、市、区的经济综合竞争力进行全面、深入、科学的总体评价与比较分析。

城市蓝皮书
中国城市发展报告 No.8

潘家华　魏后凯 / 主编　　2015 年 9 月出版　　估价 :69.00 元

◆ 本书由中国社会科学院城市发展与环境研究中心编著，从中国城市的科学发展、城市环境可持续发展、城市经济集约发展、城市社会协调发展、城市基础设施与用地管理、城市管理体制改革以及中国城市科学发展实践等多角度、全方位地立体展示了中国城市的发展状况，并对中国城市的未来发展提出了建议。

经济类　皮书系列 重点推荐

金融蓝皮书

中国金融发展报告（2015）

李扬　王国刚/主编　2014年12月出版　定价：75.00元

◆　由中国社会科学院金融研究所组织编写的《中国金融发展报告（2015）》，概括和分析了2014年中国金融发展和运行中的各方面情况，研讨和评论了2014年发生的主要金融事件。本书由业内专家和青年精英联合著，有利于读者了解掌握2014年中国的金融状况，把握2015年中国金融的走势。

低碳发展蓝皮书

中国低碳发展报告（2015）

齐晔/主编　2015年7月出版　估价：89.00元

◆　本书对中国低碳发展的政策、行动和绩效进行科学、系统、全面的分析。重点是通过归纳中国低碳发展的绩效，评估与低碳发展相关的政策和措施，分析政策效应的制度背景和作用机制，为进一步的政策制定、优化和实施提供支持。

经济信息绿皮书

中国与世界经济发展报告（2015）

杜平/主编　2014年12月出版　定价：79.00元

◆　本书是由国家信息中心组织专家队伍精心研究编撰的年度经济分析预测报告，书中指出，2014年，我国经济增速有所放慢，但仍处于合理运行区间。主要新兴国家经济总体仍显疲软。2015年应防止经济下行和财政金融风险相互强化，促进经济向新常态平稳过渡。

低碳经济蓝皮书

中国低碳经济发展报告（2015）

薛进军　赵忠秀/主编　2015年6月出版　定价：85.00元

◆　本书汇集来自世界各国的专家学者、政府官员，探讨世界金融危机后国际经济的现状，提出"绿色化"为经济转型期国家的可持续发展提供了重要范本，并将成为解决气候系统保护与经济发展矛盾的重要突破口，也将是中国引领"一带一路"沿线国家实现绿色发展的重要抓手。

社会政法类

社会政法类

社会政法类皮书聚焦社会发展领域的热点、难点问题，提供权威、原创的资讯与视点

社会蓝皮书

2015年中国社会形势分析与预测

李培林　陈光金　张　翼/主编　2014年12月出版　定价:69.00元

◆ 本书由中国社会科学院社会学研究所组织研究机构专家、高校学者和政府研究人员撰写，聚焦当下社会热点，指出2014年我国社会存在城乡居民人均收入增速放缓、大学生毕业就业压力加大、社会老龄化加速、住房价格继续飙升、环境群体性事件多发等问题。

法治蓝皮书

中国法治发展报告 No.13（2015）

李　林　田　禾/主编　2015年3月出版　定价:105.00元

◆ 本年度法治蓝皮书回顾总结了2014年度中国法治取得的成效及存在的问题，并对2015年中国法治发展形势进行预测、展望，还从立法、人权保障、行政审批制度改革、反价格垄断执法、教育法治、政府信息公开等方面研讨了中国法治发展的相关问题。

环境绿皮书

中国环境发展报告（2015）

刘鉴强/主编　2015年7月出版　估价:79.00元

◆ 本书由民间环保组织"自然之友"组织编写，由特别关注、生态保护、宜居城市、可持续消费以及政策与治理等版块构成，以公共利益的视角记录、审视和思考中国环境状况，呈现2014年中国环境与可持续发展领域的全局态势，用深刻的思考、科学的数据分析2014年的环境热点事件。

社会政法类　皮书系列 重点推荐

反腐倡廉蓝皮书
中国反腐倡廉建设报告 No.4
李秋芳　张英伟 / 主编　2014年12月出版　定价：79.00元

◆ 本书继续坚持"建设"主题，既描摹出反腐败斗争的感性特点，又揭示出反腐政治格局深刻变化的根本动因。指出当前症结在于权力与资本"隐蔽勾连"、"官场积弊"消解"吏治改革"效力、部分公职人员基本价值观迷乱、封建主义与资本主义思想依然影响深重。提出应以科学思维把握反腐治标与治本问题，建构"不需腐"的合理合法薪酬保障机制。

女性生活蓝皮书
中国女性生活状况报告 No.9（2015）
韩湘景 / 主编　2015年4月出版　定价：79.00元

◆ 本书由中国妇女杂志社、华坤女性生活调查中心和华坤女性消费指导中心组织编写，通过调查获得的大量调查数据，真实展现当年中国城市女性的生活状况、消费状况及对今后的预期。

华侨华人蓝皮书
华侨华人研究报告 (2015)
贾益民 / 主编　2015年12月出版　估价：118.00元

◆ 本书为中国社会科学院创新工程学术出版资助项目，是华侨大学向世界提供最新涉侨动态、理论研究和政策建议的平台。主要介绍了相关国家华侨华人的规模、分布、结构、发展趋势，以及全球涉侨生存安全环境和华文教育情况等。

政治参与蓝皮书
中国政治参与报告（2015）
房　宁 / 主编　2015年7月出版　估价：105.00元

◆ 本书作者均来自中国社会科学院政治学研究所，聚焦中国基层群众自治的参与情况介绍了城镇居民的社区建设与居民自治参与和农村居民的村民自治与农村社区建设参与情况。其优势是其指标评估体系的建构和问卷调查的设计专业，数据量丰富，统计结论科学严谨。

皮书系列 重点推荐　行业报告类

行业报告类

行业报告类皮书立足重点行业、新兴行业领域，
提供及时、前瞻的数据与信息

房地产蓝皮书
中国房地产发展报告 No.12（2015）

魏后凯　李景国/主编　2015年5月出版　定价:79.00元

◆ 本年度房地产蓝皮书指出，2014年中国房地产市场出现了较大幅度的回调，商品房销售明显遇冷，库存居高不下。展望2015年，房价保持低速增长的可能性较大，但区域分化将十分明显，人口聚集能力强的一线城市和部分热点二线城市房价有回暖、房价上涨趋势，而人口聚集能力差、库存大的部分二线城市或三四线城市房价会延续下跌（回调）态势。

保险蓝皮书
中国保险业竞争力报告（2015）

姚庆海　王力/主编　2015年12出版　估价:98.00元

◆ 本皮书主要为监管机构、保险行业和保险学界提供保险市场一年来发展的总体评价，外在因素对保险业竞争力发展的影响研究；国家监管政策、市场主体经营创新及职能发挥、理论界最新研究成果等综述和评论。

企业社会责任蓝皮书
中国企业社会责任研究报告（2015）

黄群慧　彭华岗　钟宏武　张蒽/编著
2015年11月出版　估价:69.00元

◆ 本书系中国社会科学院经济学部企业社会责任研究中心组织编写的《企业社会责任蓝皮书》2015年分册。该书在对企业社会责任进行宏观总体研究的基础上，根据2014年企业社会责任及相关背景进行了创新研究，在全国企业中观层面对企业健全社会责任管理体系提供了弥足珍贵的丰富信息。

皮书系列 重点推荐

行业报告类

投资蓝皮书

中国投资发展报告（2015）

谢　平 / 主编　　2015 年 4 月出版　　定价：128.00 元

◆ 2014 年，适应新常态发展的宏观经济政策逐步成型和出台，成为保持经济平稳增长、促进经济活力增强、结构不断优化升级的有力保障。2015 年，应重点关注先进制造业、TMT 产业、大健康产业、大文化产业及非金融全新产业的投资机会，适应新常态下的产业发展变化，在投资布局中争取主动。

住房绿皮书

中国住房发展报告（2014~2015）

倪鹏飞 / 主编　　2014 年 12 月出版　　定价：79.00 元

◆ 本年度住房绿皮书指出，中国住房市场从 2014 年第一季度开始进入调整状态，2014 年第三季度进入全面调整期。2015 年的住房市场走势：整体延续衰退，一、二线城市 2015 年下半年、三四线城市 2016 年下半年复苏。

人力资源蓝皮书

中国人力资源发展报告（2015）

余兴安 / 主编　　2015 年 9 月出版　　估价：79.00 元

◆ 本书是在人力资源和社会保障部部领导的支持下，由中国人事科学研究院汇集我国人力资源开发权威研究机构的诸多专家学者的研究成果编写而成。作为关于人力资源的蓝皮书，本书通过充分利用有关研究成果，更广泛、更深入地展示近年来我国人力资源开发重点领域的研究成果。

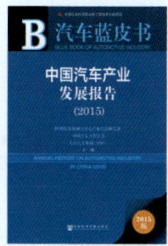

汽车蓝皮书

中国汽车产业发展报告（2015）

国务院发展研究中心产业经济研究部　中国汽车工程学会
大众汽车集团（中国）/ 主编　　2015 年 8 月出版　　估价：128.00 元

◆ 本书由国务院发展研究中心产业经济研究部、中国汽车工程学会、大众汽车集团（中国）联合主编，是关于中国汽车产业发展的研究性年度报告，介绍并分析了本年度中国汽车产业发展的形势。

国别与地区类

国别与地区类皮书关注全球重点国家与地区，提供全面、独特的解读与研究

亚太蓝皮书

亚太地区发展报告（2015）

李向阳 / 主编　　2015年1月出版　　定价：59.00元

◆ 本年度的专题是"一带一路"，书中对"一带一路"战略的经济基础、"一带一路"与区域合作等进行了阐述。除对亚太地区2014年的整体变动情况进行深入分析外，还在此基础上提出了对于2015年亚太地区各个方面发展情况的预测。

日本蓝皮书

日本研究报告（2015）

李薇 / 主编　　2015年4月出版　　定价：69.00元

◆ 本书由中华日本学会、中国社会科学院日本研究所合作推出，是以中国社会科学院日本研究所的研究人员为主完成的研究成果。对2014年日本的政治、外交、经济、社会文化作了回顾、分析，并对2015年形势进行展望。

德国蓝皮书

德国发展报告（2015）

郑春荣　伍慧萍 / 主编　　2015年5月出版　　定价：69.00元

◆ 本报告由同济大学德国研究所组织编撰，由该领域的专家学者对德国的政治、经济、社会文化、外交等方面的形势发展情况，进行全面的阐述与分析。德国作为欧洲大陆第一强国，与中国各方面日渐紧密的合作关系，值得国内各界深切关注。

国别与地区类

国际形势黄皮书
全球政治与安全报告（2015）
李慎明　张宇燕 / 主编　2015年1月出版　定价：69.00元

◆ 本书对中、俄、美三国之间的合作与冲突进行了深度分析，揭示了影响中美、俄美及中俄关系的主要因素及变化趋势。重点关注了乌克兰危机、克里米亚问题、苏格兰公投、西非埃博拉疫情以及西亚北非局势等国际焦点问题。

拉美黄皮书
拉丁美洲和加勒比发展报告（2014~2015）
吴白乙 / 主编　2015年5月出版　定价：89.00元

◆ 本书是中国社会科学院拉丁美洲研究所的第14份关于拉丁美洲和加勒比地区发展形势状况的年度报告。本书对2014年拉丁美洲和加勒比地区诸国的政治、经济、社会、外交等方面的发展情况做了系统介绍，对该地区相关国家的热点及焦点问题进行了总结和分析，并在此基础上对该地区各国2015年的发展前景做出预测。

美国蓝皮书
美国研究报告（2015）
郑秉文　黄平 / 主编　2015年6月出版　定价：89.00元

◆ 本书是由中国社会科学院美国所主持完成的研究成果，重点讲述了美国的"再平衡"战略，另外回顾了美国2014年的经济、政治形势与外交战略，对2014年以来美国内政外交发生的重大事件以及重要政策进行了较为全面的回顾和梳理。

大湄公河次区域蓝皮书
大湄公河次区域合作发展报告（2015）
刘稚 / 主编　2015年9月出版　估价：79.00元

◆ 云南大学大湄公河次区域研究中心深入追踪分析该区域发展动向，以把握全面，突出重点为宗旨，系统介绍和研究大湄公河次区域合作的年度热点和重点问题，展望次区域合作的发展趋势，并对新形势下我国推进次区域合作深入发展提出相关对策建议。

皮书系列重点推荐　地方发展类

地方发展类

 地方发展类皮书关注大陆各省份、经济区域，提供科学、多元的预判与咨政信息

北京蓝皮书
北京公共服务发展报告（2014~2015）

施昌奎/主编　2015年1月出版　定价：69.00元

◆ 本书是由北京市政府职能部门的领导、首都著名高校的教授、知名研究机构的专家共同完成的关于北京市公共服务发展与创新的研究成果。本年度主题为"北京公共服务均衡化发展和市场化改革"，内容涉及了北京市公共服务发展的方方面面，既有对北京各个城区的综合性描述，也有对局部、细部、具体问题的分析。

上海蓝皮书
上海经济发展报告（2015）

沈开艳/主编　2015年1月出版　定价:69.00元

◆ 本书系上海社会科学院系列之一，本年度将"建设具有全球影响力的科技创新中心"作为主题，对2015年上海经济增长与发展趋势的进行了预测，把握了上海经济发展的脉搏和学术研究的前沿。

广州蓝皮书
广州经济发展报告（2015）

李江涛　朱名宏/主编　2015年7月出版　估价:69.00元

◆ 本书是由广州市社会科学院主持编写的"广州蓝皮书"系列之一，本报告对广州2014年宏观经济运行情况作了深入分析，对2015年宏观经济走势进行了合理预测，并在此基础上提出了相应的政策建议。

 文化传媒类

皮书系列
重点推荐

文化传媒类

文化传媒类皮书透视文化领域、文化产业，探索文化大繁荣、大发展的路径

新媒体蓝皮书
中国新媒体发展报告 No.6（2015）

唐绪军 / 主编　　2015 年 7 月出版　　定价：79.00 元

◆ 本书深入探讨了中国网络信息安全、媒体融合状况、微信谣言问题、微博发展态势、互联网金融、移动舆论场舆情、传统媒体转型、新媒体产业发展、网络助政、网络舆论监督、大数据、数据新闻、数字版权等热门问题，展望了中国新媒体的未来发展趋势。

舆情蓝皮书
中国社会舆情与危机管理报告（2015）

谢耘耕 / 主编　　2015 年 8 月出版　　估价：98.00 元

◆ 本书由上海交通大学舆情研究实验室和危机管理研究中心主编，已被列入教育部人文社会科学研究报告培育项目。本书以新媒体环境下的中国社会为立足点，对 2014 年中国社会舆情、分类舆情等进行了深入系统的研究，并预测了 2015 年社会舆情走势。

文化蓝皮书
中国文化产业发展报告（2015）

张晓明　王家新　章建刚 / 主编　　2015 年 7 月出版　　估价：79.00 元

◆ 本书由中国社会科学院文化研究中心编写。从 2012 年开始，中国社会科学院文化研究中心设立了国内首个文化产业的研究类专项资金——"文化产业重大课题研究计划"，开始在全国范围内组织多学科专家学者对我国文化产业发展重大战略问题进行联合攻关研究。本书集中反映了该计划的研究成果。

经济类

G20国家创新竞争力黄皮书
二十国集团（G20）国家创新竞争力发展报告（2015）
著(编)者：黄茂兴 李闽榕 李建平 赵新力
2015年9月出版 / 估价:128.00元

产业蓝皮书
中国产业竞争力报告（2015）
著(编)者：张其仔 2015年7月出版 / 估价:79.00元

长三角蓝皮书
2015年全面深化改革中的长三角
著(编)者：张伟斌 2015年10月出版 / 估价:69.00元

城乡一体化蓝皮书
中国城乡一体化发展报告（2015）
著(编)者：付崇兰 汝信 2015年12月出版 / 估价:79.00元

城市创新蓝皮书
中国城市创新报告（2015）
著(编)者：周天勇 旷建伟 2015年8月出版 / 估价:69.00元

城市竞争力蓝皮书
中国城市竞争力报告（2015）
著(编)者：倪鹏飞 2015年5月出版 / 定价:89.00元

城市蓝皮书
中国城市发展报告NO.8
著(编)者：潘家华 魏后凯 2015年9月出版 / 估价:69.00元

城市群蓝皮书
中国城市群发展指数报告（2015）
著(编)者：刘新静 刘士林 2015年10月出版 / 估价:59.00元

城乡统筹蓝皮书
中国城乡统筹发展报告（2015）
著(编)者：潘晨光 程志强 2015年7月出版 / 估价:59.00元

城镇化蓝皮书
中国新型城镇化健康发展报告（2015）
著(编)者：张占斌 2015年7月出版 / 估价:79.00元

低碳发展蓝皮书
中国低碳发展报告（2015）
著(编)者：齐晔 2015年7月出版 / 估价:89.00元

低碳经济蓝皮书
中国低碳经济发展报告（2015）
著(编)者：薛进军 赵忠秀 2015年6月出版 / 定价:85.00元

东北蓝皮书
中国东北地区发展报告（2015）
著(编)者：马克 黄文艺 2015年8月出版 / 估价:79.00元

发展和改革蓝皮书
中国经济发展和体制改革报告（2015）
著(编)者：邹东涛 2015年11月出版 / 估价:98.00元

工业化蓝皮书
中国工业化进程报告（2015）
著(编)者：黄群慧 吕铁 李晓华 2015年11月出版 / 估价:89.00元

国际城市蓝皮书
国际城市发展报告（2015）
著(编)者：屠启宇 2015年1月出版 / 估价:79.00元

国家创新蓝皮书
中国创新发展报告（2015）
著(编)者：陈劲 2015年7月出版 / 估价:59.00元

环境竞争力绿皮书
中国省域环境竞争力发展报告（2015）
著(编)者：李建平 李闽榕 王金南
2015年12月出版 / 估价:198.00元

金融蓝皮书
中国金融发展报告（2015）
著(编)者：李扬 王国刚 2014年12月出版 / 定价:75.00元

金融信息服务蓝皮书
金融信息服务发展报告（2015）
著(编)者：鲁广锦 殷剑峰 林义相
2015年7月出版 / 估价:89.00元

经济蓝皮书
2015年中国经济形势分析与预测
著(编)者：李扬 2014年12月出版 / 定价:69.00元

经济蓝皮书·春季号
2015年中国经济前景分析
著(编)者：李扬 2015年5月出版 / 定价:79.00元

经济蓝皮书·夏季号
中国经济增长报告（2015）
著(编)者：李扬 2015年7月出版 / 估价:69.00元

经济信息绿皮书
中国与世界经济发展报告（2015）
著(编)者：杜平 2014年12月出版 / 定价:79.00元

就业蓝皮书
2015年中国大学生就业报告
著(编)者：麦可思研究院 2015年7月出版 / 估价:98.00元

就业蓝皮书
2015年中国高职高专生就业报告
著(编)者：麦可思研究院 2015年6月出版 / 估价:98.00元

就业蓝皮书
2015年中国本科生就业报告
著(编)者：麦可思研究院 2015年6月出版 / 估价:98.00元

临空经济蓝皮书
中国临空经济发展报告（2015）
著(编)者：连玉明 2015年9月出版 / 估价:79.00元

民营经济蓝皮书
中国民营经济发展报告（2015）
著(编)者：王钦敏 2015年12月出版 / 估价:79.00元

农村绿皮书
中国农村经济形势分析与预测（2014~2015）
著(编)者：中国社会科学院农村发展研究所
　　　　　国家统计局农村社会经济调查司
2015年4月出版 / 定价:69.00元

经济类·社会政法类

皮书系列 2015全品种

农业应对气候变化蓝皮书
气候变化对中国农业影响评估报告（2015）
著(编)者：矫梅燕　2015年8月出版／估价：98.00元

企业公民蓝皮书
中国企业公民报告（2015）
著(编)者：邹东涛　2015年12月出版／估价：79.00元

气候变化绿皮书
应对气候变化报告（2015）
著(编)者：王伟光　郑国光　2015年10月出版／估价：79.00元

区域蓝皮书
中国区域经济发展报告（2014~2015）
著(编)者：梁昊光　2015年5月出版／定价：79.00元

全球环境竞争力绿皮书
全球环境竞争力报告（2015）
著(编)者：李建建　李闽榕　李建平　王金南
2015年12月出版／估价：198.00元

人口与劳动绿皮书
中国人口与劳动问题报告No.15
著(编)者：蔡昉　2015年1月出版／定价：59.00元

商务中心区蓝皮书
中国商务中心区发展报告（2015）
著(编)者：中国商务区联盟
　　　　　中国社会科学院城市发展与环境研究所
2015年10月出版／估价：69.00元

商务中心区蓝皮书
中国商务中心区发展报告No.1（2014）
著(编)者：魏后凯　李国红　2015年1月出版／定价：89.00元

世界经济黄皮书
2015年世界经济形势分析与预测
著(编)者：王洛林　张宇燕　2015年1月出版／定价：69.00元

世界旅游城市绿皮书
世界旅游城市发展报告（2015）
著(编)者：鲁勇　周正宇　宋宇　2015年7月出版／估价：88.00元

西北蓝皮书
中国西北发展报告（2015）
著(编)者：赵宗福　孙发平　苏海红　鲁顺元　段庆林
2014年12月出版／定价：79.00元

西部蓝皮书
中国西部发展报告（2015）
著(编)者：姚慧琴　徐璋勇　2015年7月出版／估价：89.00元

新型城镇化蓝皮书
新型城镇化发展报告（2015）
著(编)者：李伟　2015年10月出版／估价：89.00元

新兴经济体蓝皮书
金砖国家发展报告（2015）
著(编)者：林跃勤　周文　2015年7月出版／估价：79.00元

中部竞争力蓝皮书
中国中部经济社会竞争力报告（2015）
著(编)者：教育部人文社会科学重点研究基地
　　　　　南昌大学中国中部经济社会发展研究中心
2015年9月出版／估价：79.00元

中部蓝皮书
中国中部地区发展报告（2015）
著(编)者：喻新安　2015年7月出版／估价：69.00元

中国省域竞争力蓝皮书
中国省域经济综合竞争力发展报告（2013~2014）
著(编)者：李建平　李闽榕　高燕京
2015年2月出版／定价：198.00元

中三角蓝皮书
长江中游城市群发展报告（2015）
著(编)者：秦尊文　2015年10月出版／估价：69.00元

中小城市绿皮书
中国中小城市发展报告（2015）
著(编)者：中国城市经济学会中小城市经济发展委员会
　　　　《中国中小城市发展报告》编纂委员会
　　　　　中小城市发展战略研究院
2015年10月出版／估价：98.00元

中原蓝皮书
中原经济区发展报告（2015）
著(编)者：李英杰　2015年7月出版／估价：88.00元

社会政法类

北京蓝皮书
中国社区发展报告（2015）
著(编)者：于燕燕　2015年7月出版／估价：69.00元

殡葬绿皮书
中国殡葬事业发展报告（2014~2015）
著(编)者：李伯森　2015年4月出版／定价：158.00元

城市管理蓝皮书
中国城市管理报告（2015）
著(编)者：谭维克　刘林　2015年12月出版／估价：158.00元

城市生活质量蓝皮书
中国城市生活质量报告（2015）
著(编)者：中国经济实验研究院　2015年7月出版／估价：59.00元

城市政府能力蓝皮书
中国城市政府公共服务能力评估报告（2015）
著(编)者：何艳玲　2015年7月出版／估价：59.00元

创新蓝皮书
创新型国家建设报告（2015）
著(编)者：詹正茂　2015年7月出版／估价：69.00元

皮书系列 2015全品种

社会政法类

慈善蓝皮书
中国慈善发展报告（2015）
著(编)者：杨团　2015年6月出版 / 定价：79.00元

地方法治蓝皮书
中国地方法治发展报告No.1（2014）
著(编)者：李林　田禾　2015年1月出版 / 定价：98.00元

法治蓝皮书
中国法治发展报告No.13（2015）
著(编)者：李林　田禾　2015年3月出版 / 定价：105.00元

反腐倡廉蓝皮书
中国反腐倡廉建设报告No.4
著(编)者：李秋芳　张英伟　2014年12月出版 / 定价：79.00元

非传统安全蓝皮书
中国非传统安全研究报告（2014~2015）
著(编)者：余潇枫　魏志江　2015年5月出版 / 定价：79.00元

妇女发展蓝皮书
中国妇女发展报告（2015）
著(编)者：王金玲　2015年9月出版 / 估价：148.00元

妇女教育蓝皮书
中国妇女教育发展报告（2015）
著(编)者：张李玺　2015年7月出版 / 估价：78.00元

妇女绿皮书
中国性别平等与妇女发展报告（2015）
著(编)者：谭琳　2015年12月出版 / 估价：99.00元

公共服务蓝皮书
中国城市基本公共服务力评价（2015）
著(编)者：钟君　吴正杲　2015年12月出版 / 估价：79.00元

公共服务满意度蓝皮书
中国城市公共服务评价报告（2015）
著(编)者：胡伟　2015年12月出版 / 估价：69.00元

公共外交蓝皮书
中国公共外交发展报告（2015）
著(编)者：赵启正　雷蔚真　2015年4月出版 / 定价：89.00元

公民科学素质蓝皮书
中国公民科学素质报告（2015）
著(编)者：李群　许佳军　2015年7月出版 / 估价：79.00元

公益蓝皮书
中国公益发展报告（2015）
著(编)者：朱健刚　2015年7月出版 / 估价：78.00元

管理蓝皮书
中国管理发展报告（2015）
著(编)者：张晓东　2015年9月出版 / 估价：98.00元

国际人才蓝皮书
中国国际移民报告（2015）
著(编)者：王辉耀　2015年2月出版 / 定价：79.00元

国际人才蓝皮书
中国海归发展报告（2015）
著(编)者：王辉耀　苗绿　2015年7月出版 / 估价：69.00元

国际人才蓝皮书
中国留学发展报告（2015）
著(编)者：王辉耀　苗绿　2015年9月出版 / 估价：69.00元

国家安全蓝皮书
中国国家安全研究报告（2015）
著(编)者：刘慧　2015年7月出版 / 估价：98.00元

行政改革蓝皮书
中国行政体制改革报告（2014~2015）
著(编)者：魏礼群　2015年4月出版 / 估价：98.00元

华侨华人蓝皮书
华侨华人研究报告（2015）
著(编)者：贾益民　2015年12月出版 / 估价：118.00元

环境绿皮书
中国环境发展报告（2015）
著(编)者：刘鉴强　2015年7月出版 / 估价：79.00元

基金会蓝皮书
中国基金会发展报告（2015）
著(编)者：刘忠祥　2016年6月出版 / 估价：69.00元

基金会绿皮书
中国基金会发展独立研究报告（2015）
著(编)者：基金会中心网　2015年8月出版 / 估价：88.00元

基金会透明度蓝皮书
中国基金会透明度发展研究报告（2015）
著(编)者：基金会中心网　清华大学廉政与治理研究中心　2015年9月出版 / 估价：78.00元

教师蓝皮书
中国中小学教师发展报告（2014）
著(编)者：曾晓东　鱼霞　2015年6月出版 / 定价：69.00元

教育蓝皮书
中国教育发展报告（2015）
著(编)者：杨东平　2015年5月出版 / 定价：79.00元

科普蓝皮书
中国科普基础设施发展报告（2015）
著(编)者：任福君　2015年7月出版 / 估价：59.00元

劳动保障蓝皮书
中国劳动保障发展报告（2015）
著(编)者：刘燕斌　2015年7月出版 / 估价：89.00元

老龄蓝皮书
中国老年宜居环境发展报告(2015)
著(编)者：吴玉韶　2015年9月出版 / 估价：79.00元

连片特困区蓝皮书
中国连片特困区发展报告（2014~2015）
著(编)者：游俊　冷志明　丁建军　2015年3月出版 / 定价：98.00元

民间组织蓝皮书
中国民间组织报告(2015)
著(编)者：潘晨光　黄晓勇　2015年8月出版 / 估价：69.00元

民调蓝皮书
中国民生调查报告（2015）
著(编)者：谢耘耕　2015年7月出版 / 估价：128.00元

社会政法类 — 皮书系列 2015全品种

民族发展蓝皮书
中国民族发展报告（2015）
著(编)者：郝时远 王延中 王希恩
2015年4月出版 / 定价:98.00元

女性生活蓝皮书
中国女性生活状况报告No.9（2015）
著(编)者：韩湘景 2015年4月出版 / 定价:79.00元

企业公众透明度蓝皮书
中国企业公众透明度报告(2014~2015)No.1
著(编)者：黄速建 王晓光 肖红军
2015年1月出版 / 定价:98.00元

企业国际化蓝皮书
中国企业国际化报告(2015)
著(编)者：王辉耀 2015年10月出版 / 估价:79.00元

汽车社会蓝皮书
中国汽车社会发展报告（2015）
著(编)者：王俊秀 2015年7月出版 / 估价:59.00元

青年蓝皮书
中国青年发展报告No.3
著(编)者：廉思 2015年7月出版 / 估价:59.00元

区域人才蓝皮书
中国区域人才竞争力报告（2015）
著(编)者：桂昭明 王辉耀 2015年7月出版 / 估价:69.00元

群众体育蓝皮书
中国群众体育发展报告（2015）
著(编)者：刘国永 杨桦 2015年8月出版 / 估价:69.00元

人才蓝皮书
中国人才发展报告（2015）
著(编)者：潘晨光 2015年8月出版 / 估价:85.00元

人权蓝皮书
中国人权事业发展报告（2015）
著(编)者：中国人权研究会 2015年8月出版 / 估价:99.00元

森林碳汇绿皮书
中国森林碳汇评估发展报告（2015）
著(编)者：闫文德 胡文臻 2015年9月出版 / 估价:79.00元

社会保障绿皮书
中国社会保障发展报告（2015）No.7
著(编)者：王延中 2015年4月出版 / 定价:89.00元

社会工作蓝皮书
中国社会工作发展报告（2015）
著(编)者：民政部社会工作研究中心
2015年8月出版 / 估价:79.00元

社会管理蓝皮书
中国社会管理创新报告（2015）
著(编)者：连玉明 2015年9月出版 / 估价:89.00元

社会蓝皮书
2015年中国社会形势分析与预测
著(编)者：李培林 陈光金 张翼
2014年12月出版 / 定价:69.00元

社会体制蓝皮书
中国社会体制改革报告No.3（2015）
著(编)者：龚维斌 2015年4月出版 / 定价:79.00元

社会心态蓝皮书
中国社会心态研究报告（2015）
著(编)者：王俊秀 杨宜音 2015年10月出版 / 估价:69.00元

社会组织蓝皮书
中国社会组织评估发展报告（2015）
著(编)者：徐家良 廖鸿 2015年12月出版 / 估价:69.00元

生态城市绿皮书
中国生态城市建设发展报告（2015）
著(编)者：刘举科 孙伟平 胡文臻 2015年7月出版 / 估价:98.00元

生态文明绿皮书
中国省域生态文明建设评价报告（ECI 2015）
著(编)者：严耕 2015年9月出版 / 估价:85.00元

世界社会主义黄皮书
世界社会主义跟踪研究报告（2014~2015）
著(编)者：李慎明 2015年4月出版 / 定价:258.00元

水与发展蓝皮书
中国水风险评估报告（2015）
著(编)者：王浩 2015年9月出版 / 估价:69.00元

土地整治蓝皮书
中国土地整治发展研究报告No.2
著(编)者：国土资源部土地整治中心 2015年5月出版 / 定价:89.00元

网络空间安全蓝皮书
中国网络空间安全发展报告（2015）
著(编)者：惠志斌 唐涛 2015年4月出版 / 定价:79.00元

危机管理蓝皮书
中国危机管理报告（2015）
著(编)者：文学国 2015年8月出版 / 估价:89.00元

协会商会蓝皮书
中国行业协会商会发展报告（2014）
著(编)者：景朝阳 李勇 2015年4月出版 / 定价:99.00元

形象危机应对蓝皮书
形象危机应对研究报告（2015）
著(编)者：唐钧 2015年7月出版 / 估价:149.00元

医改蓝皮书
中国医药卫生体制改革报告（2015~2016）
著(编)者：文学国 房志武 2015年12月出版 / 估价:79.00元

医疗卫生绿皮书
中国医疗卫生发展报告（2015）
著(编)者：申宝忠 韩玉珍 2015年7月出版 / 估价:75.00元

应急管理蓝皮书
中国应急管理报告（2015）
著(编)者：宋英华 2015年10月出版 / 估价:69.00元

政治参与蓝皮书
中国政治参与报告（2015）
著(编)者：房宁 2015年7月出版 / 估价:105.00元

皮书系列 2015全品种 / 行业报告类

政治发展蓝皮书
中国政治发展报告（2015）
著(编)者：房宁 杨海蛟　2015年7月出版 / 估价：88.00元

中国农村妇女发展蓝皮书
流动女性城市融入发展报告（2015）
著(编)者：谢丽华　2015年11月出版 / 估价：69.00元

宗教蓝皮书
中国宗教报告（2015）
著(编)者：金泽 邱永辉　2016年5月出版 / 估价：59.00元

行业报告类

保险蓝皮书
中国保险业竞争力报告（2015）
著(编)者：项俊波　2015年12月出版 / 估价：98.00元

彩票蓝皮书
中国彩票发展报告（2015）
著(编)者：益彩基金　2015年4月出版 / 定价：98.00元

餐饮产业蓝皮书
中国餐饮产业发展报告（2015）
著(编)者：邢颖　2015年4月出版 / 定价：69.00元

测绘地理信息蓝皮书
智慧中国地理空间智能体系研究报告（2015）
著(编)者：库热西·买合苏提　2015年12月出版 / 估价：98.00元

茶业蓝皮书
中国茶产业发展报告（2015）
著(编)者：杨江帆 李闽榕　2015年10月出版 / 估价：78.00元

产权市场蓝皮书
中国产权市场发展报告（2015）
著(编)者：曹和平　2015年12月出版 / 估价：79.00元

电子政务蓝皮书
中国电子政务发展报告（2015）
著(编)者：洪毅 杜平　2015年11月出版 / 估价：79.00元

杜仲产业绿皮书
中国杜仲橡胶资源与产业发展报告（2014~2015）
著(编)者：杜红岩 胡文臻 俞锐
2015年1月出版 / 定价：85.00元

房地产蓝皮书
中国房地产发展报告No.12（2015）
著(编)者：魏后凯 李景国　2015年5月出版 / 定价：79.00元

服务外包蓝皮书
中国服务外包产业发展报告（2015）
著(编)者：王晓红 刘德军　2015年7月出版 / 估价：89.00元

工业和信息化蓝皮书
移动互联网产业发展报告（2014~2015）
著(编)者：洪京一　2015年4月出版 / 定价：79.00元

工业和信息化蓝皮书
世界网络安全发展报告（2014~2015）
著(编)者：洪京一　2015年4月出版 / 定价：69.00元

工业和信息化蓝皮书
世界制造业发展报告（2014~2015）
著(编)者：洪京一　2015年4月出版 / 定价：69.00元

工业和信息化蓝皮书
世界信息化发展报告（2014~2015）
著(编)者：洪京一　2015年4月出版 / 定价：69.00元

工业和信息化蓝皮书
世界信息技术产业发展报告（2014~2015）
著(编)者：洪京一　2015年4月出版 / 定价：79.00元

工业设计蓝皮书
中国工业设计发展报告（2015）
著(编)者：王晓红 于炜 张立群　2015年9月出版 / 估价：138.00元

互联网金融蓝皮书
中国互联网金融发展报告（2015）
著(编)者：芮晓武 刘烈宏　2015年8月出版 / 估价：79.00元

会展蓝皮书
中外会展业动态评估年度报告（2015）
著(编)者：张敏　2015年1月出版 / 估价：78.00元

金融监管蓝皮书
中国金融监管报告（2015）
著(编)者：胡滨　2015年4月出版 / 估价：89.00元

金融蓝皮书
中国商业银行竞争力报告（2015）
著(编)者：王松奇　2015年12月出版 / 估价：69.00元

客车蓝皮书
中国客车产业发展报告（2014~2015）
著(编)者：姚蔚　2015年2月出版 / 估价：85.00元

老龄蓝皮书
中国老龄产业发展报告（2015）
著(编)者：吴玉韶 党俊武　2015年9月出版 / 估价：79.00元

流通蓝皮书
中国商业发展报告（2015）
著(编)者：荆林波　2015年7月出版 / 估价：89.00元

旅游安全蓝皮书
中国旅游安全报告（2015）
著(编)者：郑向敏 谢朝武　2015年5月出版 / 定价：128.00元

皮书系列 2015全品种 — 行业报告类

旅游景区蓝皮书
中国旅游景区发展报告（2015）
著(编)者：黄安民　2015年7月出版 / 估价：79.00元

旅游绿皮书
2014~2015年中国旅游发展分析与预测
著(编)者：宋瑞　2015年1月出版 / 定价：98.00元

煤炭蓝皮书
中国煤炭工业发展报告（2015）
著(编)者：岳福斌　2015年12月出版 / 估价：79.00元

民营医院蓝皮书
中国民营医院发展报告（2015）
著(编)者：庄一强　2015年10月出版 / 估价：75.00元

闽商蓝皮书
闽商发展报告（2015）
著(编)者：王日根 李闽榕　2015年12月出版 / 估价：69.00元

能源蓝皮书
中国能源发展报告（2015）
著(编)者：崔民选 王军生　2015年8月出版 / 估价：79.00元

农产品流通蓝皮书
中国农产品流通产业发展报告（2015）
著(编)者：贾敬敦 张东科 张玉玺 孔令羽 张鹏毅
2015年9月出版 / 估价：89.00元

企业蓝皮书
中国企业竞争力报告（2015）
著(编)者：金碚　2015年11月出版 / 估价：89.00元

企业社会责任蓝皮书
中国企业社会责任研究报告（2015）
著(编)者：黄群慧 彭华岗 钟宏武 张蒽
2015年9月出版 / 估价：69.00元

汽车安全蓝皮书
中国汽车安全发展报告（2015）
著(编)者：中国汽车技术研究中心
2015年7月出版 / 估价：79.00元

汽车工业蓝皮书
中国汽车工业发展年度报告（2015）
著(编)者：中国汽车工业协会 中国汽车技术研究中心
丰田汽车（中国）投资有限公司
2015年4月出版 / 估价：128.00元

汽车蓝皮书
中国汽车产业发展报告（2015）
著(编)者：国务院发展研究中心产业经济研究部
中国汽车工程学会 大众汽车集团（中国）
2015年7月出版 / 估价：128.00元

清洁能源蓝皮书
国际清洁能源发展报告（2015）
著(编)者：国际清洁能源论坛（澳门）
2015年9月出版 / 估价：89.00元

人力资源蓝皮书
中国人力资源发展报告（2015）
著(编)者：余兴安　2015年9月出版 / 估价：79.00元

融资租赁蓝皮书
中国融资租赁业发展报告（2014~2015）
著(编)者：李光荣 王力　2015年1月出版 / 定价：89.00元

软件和信息服务业蓝皮书
中国软件和信息服务业发展报告（2015）
著(编)者：陈新河 洪京一　2015年12月出版 / 估价：198.00元

上市公司蓝皮书
上市公司质量评价报告（2015）
著(编)者：张跃文 王力　2015年10月出版 / 估价：118.00元

设计产业蓝皮书
中国设计产业发展报告（2014~2015）
著(编)者：陈冬亮 梁昊光　2015年3月出版 / 估价：89.00元

食品药品蓝皮书
食品药品安全与监管政策研究报告（2015）
著(编)者：唐民皓　2015年7月出版 / 估价：69.00元

世界能源蓝皮书
世界能源发展报告（2015）
著(编)者：黄晓勇　2015年6月出版 / 定价：99.00元

碳市场蓝皮书
中国碳市场报告（2015）
著(编)者：低碳发展国际合作联盟
2015年11月出版 / 估价：69.00元

体育蓝皮书
中国体育产业发展报告（2015）
著(编)者：阮伟 钟秉枢　2015年7月出版 / 估价：69.00元

体育蓝皮书
长三角地区体育产业发展报告（2014~2015）
著(编)者：张林　2015年4月出版 / 定价：79.00元

投资蓝皮书
中国投资发展报告（2015）
著(编)者：谢平　2015年4月出版 / 定价：128.00元

物联网蓝皮书
中国物联网发展报告（2015）
著(编)者：黄桂田　2015年7月出版 / 估价：59.00元

西部工业蓝皮书
中国西部工业发展报告（2015）
著(编)者：方行明 甘犁 刘方健 姜凌 等
2015年9月出版 / 估价：79.元

西部金融蓝皮书
中国西部金融发展报告（2015）
著(编)者：李忠民　2015年8月出版 / 估价：75.00元

新能源汽车蓝皮书
中国新能源汽车产业发展报告（2015）
著(编)者：中国汽车技术研究中心
日产（中国）投资有限公司 东风汽车有限公司
2015年8月出版 / 估价：69.00元

信托市场蓝皮书
中国信托业市场报告（2014~2015）
著(编)者：用益信托工作室　2015年2月出版 / 定价：198.00元

皮书系列 2015全品种 文化传媒类

信息产业蓝皮书
世界软件和信息技术产业发展报告（2015）
著(编)者：洪京一　2015年8月出版／估价：79.00元

信息化蓝皮书
中国信息化形势分析与预测（2015）
著(编)者：周宏仁　2015年8月出版／估价：98.00元

信用蓝皮书
中国信用发展报告（2014~2015）
著(编)者：章政　田侃　2015年4月出版／定价：99.00元

休闲绿皮书
2015年中国休闲发展报告
著(编)者：刘德谦　2015年7月出版／估价：59.00元

医药蓝皮书
中国中医药产业园战略发展报告（2015）
著(编)者：裴长洪　房书亭　吴潇心　2015年7月出版／估价：89.00元

邮轮绿皮书
中国邮轮产业发展报告（2015）
著(编)者：汪泓　2015年9月出版／估价：79.00元

中国上市公司蓝皮书
中国上市公司发展报告（2015）
著(编)者：许雄斌　张平　2015年9月出版／估价：98.00元

中国总部经济蓝皮书
中国总部经济发展报告（2015）
著(编)者：赵弘　2015年7月出版／估价：79.00元

住房绿皮书
中国住房发展报告（2014~2015）
著(编)者：倪鹏飞　2014年12月出版／定价：79.00元

资本市场蓝皮书
中国场外交易市场发展报告（2015）
著(编)者：高峦　2015年8月出版／估价：79.00元

资产管理蓝皮书
中国资产管理行业发展报告（2015）
著(编)者：智信资产管理研究院　2015年6月出版／定价：89.00元

文化传媒类

传媒竞争力蓝皮书
中国传媒国际竞争力研究报告（2015）
著(编)者：李本乾　2015年9月出版／估价：88.00元

传媒蓝皮书
中国传媒产业发展报告（2015）
著(编)者：崔保国　2015年5月出版／定价：98.00元

传媒投资蓝皮书
中国传媒投资发展报告（2015）
著(编)者：张向东　2015年7月出版／估价：89.00元

动漫蓝皮书
中国动漫产业发展报告（2015）
著(编)者：卢斌　郑玉明　牛兴侦　2015年7月出版／估价：79.00元

非物质文化遗产蓝皮书
中国非物质文化遗产发展报告（2015）
著(编)者：陈平　2015年5月出版／定价：98.00元

广电蓝皮书
中国广播电影电视发展报告（2015）
著(编)者：杨明品　2015年7月出版／估价：98.00元

广告主蓝皮书
中国广告主营销传播趋势报告（2015）
著(编)者：黄升民　2015年7月出版／估价：148.00元

国际传播蓝皮书
中国国际传播发展报告（2015）
著(编)者：胡正荣　李继东　姬德强　2015年7月出版／估价：89.00元

国家形象蓝皮书
2015年国家形象研究报告
著(编)者：张昆　2015年7月出版／估价：79.00元

纪录片蓝皮书
中国纪录片发展报告（2015）
著(编)者：何苏六　2015年9月出版／估价：79.00元

科学传播蓝皮书
中国科学传播报告（2015）
著(编)者：詹正茂　2015年7月出版／估价：69.00元

两岸文化蓝皮书
两岸文化产业合作发展报告（2015）
著(编)者：胡惠林　李保宗　2015年7月出版／估价：79.00元

媒介与女性蓝皮书
中国媒介与女性发展报告（2015）
著(编)者：刘利群　2015年8月出版／估价：09.00元

全球传媒蓝皮书
全球传媒发展报告（2015）
著(编)者：胡正荣　2015年12月出版／估价：79.00元

少数民族非遗蓝皮书
中国少数民族非物质文化遗产发展报告（2015）
著(编)者：肖远平　柴立　2015年6月出版／定价：128.00元

世界文化发展蓝皮书
世界文化发展报告（2015）
著(编)者：张庆宗　高乐田　郭熙煌　2015年7月出版／估价：89.00元

文化传媒类·地方发展类

皮书系列 2015全品种

视听新媒体蓝皮书
中国视听新媒体发展报告（2015）
著(编)者：袁同楠　　2015年7月出版　　定价:98.00元

文化创新蓝皮书
中国文化创新报告（2015）
著(编)者：于平　傅才武　　2015年7月出版　　估价:79.00元

文化建设蓝皮书
中国文化发展报告（2015）
著(编)者：江畅　孙伟平　戴茂堂
2016年4月出版　　估价:138.00元

文化科技蓝皮书
文化科技创新发展报告（2015）
著(编)者：于平　李凤亮　　2015年10月出版　　估价:89.00元

文化蓝皮书
中国文化产业供需协调检测报告（2015）
著(编)者：王亚南　2015年2月出版　　定价:79.00元

文化蓝皮书
中国文化消费需求景气评价报告（2015）
著(编)者：王亚南　2015年2月出版　　定价:79.00元

文化蓝皮书
中国文化产业发展报告（2015）
著(编)者：张晓明　王家新　章建刚
2015年7月出版　　估价:79.00元

文化蓝皮书
中国公共文化投入增长测评报告(2015)
著(编)者：王亚南　　2014年12月出版　　定价:79.00元

文化蓝皮书
中国文化政策发展报告（2015）
著(编)者：傅才武　宋文玉　燕东升
2015年9月出版　　估价:98.00元

文化品牌蓝皮书
中国文化品牌发展报告（2015）
著(编)者：欧阳友权　　2015年4月出版　　定价:89.00元

文化遗产蓝皮书
中国文化遗产事业发展报告（2015）
著(编)者：刘世锦　　2015年12月出版　　估价:89.00元

文学蓝皮书
中国文情报告（2014~2015）
著(编)者：白烨　　2015年5月出版　　定价:49.00元

新媒体蓝皮书
中国新媒体发展报告No.6（2015）
著(编)者：唐绪军　　2015年7月出版　　定价:79.00元

新媒体社会责任蓝皮书
中国新媒体社会责任研究报告（2015）
著(编)者：钟瑛　　2015年10月出版　　估价:79.00元

移动互联网蓝皮书
中国移动互联网发展报告（2015）
著(编)者：官建文　　2015年6月出版　　定价:79.00元

舆情蓝皮书
中国社会舆情与危机管理报告（2015）
著(编)者：谢耘耕　　2015年8月出版　　估价:98.00元

地方发展类

安徽经济蓝皮书
芜湖创新型城市发展报告（2015）
著(编)者：杨少华　王开玉　　2015年7月出版　　估价:69.00元

安徽蓝皮书
安徽社会发展报告（2015）
著(编)者：程桦　　2015年4月出版　　定价:89.00元

安徽社会建设蓝皮书
安徽社会建设分析报告（2015）
著(编)者：黄家海　王开玉　蔡宪　　2015年7月出版　　估价:69.00元

澳门蓝皮书
澳门经济社会发展报告（2014~2015）
著(编)者：吴志良　郝雨凡　　2015年5月出版　　定价:79.00元

北京蓝皮书
北京公共服务发展报告（2014~2015）
著(编)者：施昌奎　　2015年1月出版　　定价:69.00元

北京蓝皮书
北京经济发展报告（2014~2015）
著(编)者：杨松　　2015年6月出版　　定价:79.00元

北京蓝皮书
北京社会治理发展报告（2014~2015）
著(编)者：殷星辰　　2015年6月出版　　定价:79.00元

北京蓝皮书
北京文化发展报告（2014~2015）
著(编)者：李建盛　　2015年5月出版　　定价:79.00元

北京蓝皮书
北京社会发展报告（2015）
著(编)者：缪青　　2015年7月出版　　定价:79.00元

北京蓝皮书
北京社区发展报告（2015）
著(编)者：于燕燕　　2015年1月出版　　定价:79.00元

北京旅游绿皮书
北京旅游发展报告（2015）
著(编)者：北京旅游学会　　2015年7月出版　　估价:88.00元

北京律师蓝皮书
北京律师发展报告（2015）
著(编)者：王隽　　2015年12月出版　　估价:75.00元

皮书系列 2015全品种 — 地方发展类

北京人才蓝皮书
北京人才发展报告（2015）
著（编）者：于淼　2015年7月出版 / 估价：89.00元

北京社会心态蓝皮书
北京社会心态分析报告（2015）
著（编）者：北京社会心理研究所　2015年7月出版 / 估价：69.00元

北京社会组织管理蓝皮书
北京社会组织发展与管理（2015）
著（编）者：黄江松　2015年4月出版 / 定价：78.00元

北京养老产业蓝皮书
北京养老产业发展报告（2015）
著（编）者：周明明　冯喜良　2015年4月出版 / 定价：69.00元

滨海金融蓝皮书
滨海新区金融发展报告（2015）
著（编）者：王爱俭　张锐钢　2015年9月出版 / 估价：79.00元

城乡一体化蓝皮书
中国城乡一体化发展报告（北京卷）（2014~2015）
著（编）者：张宝秀　黄序　2015年5月出版 / 估价：79.00元

创意城市蓝皮书
北京文化创意产业发展报告（2015）
著（编）者：张京成　2015年11月出版 / 估价：65.00元

创意城市蓝皮书
无锡文化创意产业发展报告（2015）
著（编）者：谭军　张鸣年　2015年10月出版 / 估价：75.00元

创意城市蓝皮书
武汉市文化创意产业发展报告（2015）
著（编）者：袁堃　黄永林　2015年11月出版 / 估价：85.00元

创意城市蓝皮书
重庆创意产业发展报告（2015）
著（编）者：程宇宁　2015年7月出版 / 估价：89.00元

创意城市蓝皮书
青岛文化创意产业发展报告（2015）
著（编）者：马达　张丹妮　2015年7月出版 / 估价：79.00元

福建妇女发展蓝皮书
福建省妇女发展报告（2015）
著（编）者：刘群英　2015年10月出版 / 估价：58.00元

甘肃蓝皮书
甘肃舆情分析与预测（2015）
著（编）者：陈双梅　郝树声　2015年1月出版 / 估价：79.00元

甘肃蓝皮书
甘肃文化发展分析与预测（2015）
著（编）者：安文华　周小华　2015年1月出版 / 估价：79.00元

甘肃蓝皮书
甘肃社会发展分析与预测（2015）
著（编）者：安文华　包晓霞　2015年1月出版 / 估价：79.00元

甘肃蓝皮书
甘肃经济发展分析与预测（2015）
著（编）者：朱智文　罗哲　2015年1月出版 / 定价：79.00元

甘肃蓝皮书
甘肃县域经济综合竞争力评价（2015）
著（编）者：刘进军　2015年7月出版 / 估价：69.00元

甘肃蓝皮书
甘肃县域社会发展评价报告（2015）
著（编）者：刘进军　柳民　王建兵　2015年1月出版 / 定价：79.00元

广东蓝皮书
广东省电子商务发展报告（2015）
著（编）者：程晓　2015年12月出版 / 估价：69.00元

广东蓝皮书
广东社会工作发展报告（2015）
著（编）者：罗观翠　2015年7月出版 / 估价：89.00元

广东社会建设蓝皮书
广东省社会建设发展报告（2015）
著（编）者：广东省社会工作委员会　2015年10月出版 / 估价：89.00元

广东外经贸蓝皮书
广东对外经济贸易发展研究报告（2014~2015）
著（编）者：陈万灵　2015年5月出版 / 定价：89.00元

广西北部湾经济区蓝皮书
广西北部湾经济区开放开发报告（2015）
著（编）者：广西北部湾经济区规划建设管理委员会办公室　广西社会科学院广西北部湾发展研究院
2015年8月出版 / 估价：79.00元

广州蓝皮书
广州社会保障发展报告（2015）
著（编）者：蔡国萱　2015年7月出版 / 估价：65.00元

广州蓝皮书
2015年中国广州社会形势分析与预测
著（编）者：张强　陈怡霓　杨秦　2015年6月出版 / 定价：79.00元

广州蓝皮书
广州经济发展报告（2015）
著（编）者：李江涛　朱名宏　2015年7月出版 / 估价：69.00元

广州蓝皮书
广州商贸业发展报告（2015）
著（编）者：李江涛　王旭东　荀振英　2015年7月出版 / 估价：69.00元

广州蓝皮书
2015年中国广州经济形势分析与预测
著（编）者：庾建设　沈奎　谢博能
2015年6月出版 / 定价：79.00元

广州蓝皮书
中国广州文化发展报告（2015）
著（编）者：徐俊忠　陆志强　顾涧清
2015年7月出版 / 估价：69.00元

广州蓝皮书
广州农村发展报告（2015）
著（编）者：李江涛　汤锦华　2015年8月出版 / 估价：69.00元

广州蓝皮书
中国广州城市建设与管理发展报告（2015）
著（编）者：董皞　冼伟雄　2015年7月出版 / 估价：69.00元

皮书系列 2015全品种

地方发展类

广州蓝皮书
中国广州科技和信息化发展报告（2015）
著(编)者：邹采荣 马正勇 冯元 2015年7月出版 / 估价：79.00元

广州蓝皮书
广州创新型城市发展报告（2015）
著(编)者：李江涛 2015年7月出版 / 估价：69.00元

广州蓝皮书
广州文化创意产业发展报告（2015）
著(编)者：甘新 2015年8月出版 / 估价：79.00元

广州蓝皮书
广州志愿服务发展报告（2015）
著(编)者：魏国华 张强 2015年9月出版 / 估价：69.00元

广州蓝皮书
广州城市国际化发展报告（2015）
著(编)者：朱名宏 2015年9月出版 / 估价：59.00元

广州蓝皮书
广州汽车产业发展报告（2015）
著(编)者：李江涛 杨再高 2015年9月出版 / 估价：69.00元

贵州房地产蓝皮书
贵州房地产发展报告（2015）
著(编)者：武廷方 2015年6月出版 / 定价：89.00元

贵州蓝皮书
贵州人才发展报告（2015）
著(编)者：于杰 吴大华 2015年7月出版 / 估价：69.00元

贵州蓝皮书
贵安新区发展报告（2014）
著(编)者：马长青 吴大华 2015年4月出版 / 估价：69.00元

贵州蓝皮书
贵州社会发展报告（2015）
著(编)者：王兴骥 2015年5月出版 / 定价：79.00元

贵州蓝皮书
贵州法治发展报告（2015）
著(编)者：吴大华 2015年5月出版 / 定价：79.00元

贵州蓝皮书
贵州国有企业社会责任发展报告（2015）
著(编)者：郭丽 2015年10月出版 / 估价：79.00元

海淀蓝皮书
海淀区文化和科技融合发展报告（2015）
著(编)者：孟景伟 陈名杰 2015年7月出版 / 估价：75.00元

海峡西岸蓝皮书
海峡西岸经济区发展报告（2015）
著(编)者：黄端 2015年9月出版 / 估价：65.00元

杭州都市圈蓝皮书
杭州都市圈发展报告（2015）
著(编)者：董祖德 沈翔 2015年7月出版 / 估价：89.00元

杭州蓝皮书
杭州妇女发展报告（2015）
著(编)者：魏颖 2015年4月出版 / 定价：79.00元

河北经济蓝皮书
河北省经济发展报告（2015）
著(编)者：马树强 金浩 刘兵 张贵 2015年3月出版 / 定价：89.00元

河北蓝皮书
河北经济社会发展报告（2015）
著(编)者：周文夫 2015年1月出版 / 定价：79.00元

河北食品药品安全蓝皮书
河北食品药品安全研究报告（2015）
著(编)者：丁锦霞 2015年6月出版 / 定价：79.00元

河南经济蓝皮书
2015年河南经济形势分析与预测
著(编)者：胡五岳 2015年2月出版 / 定价：69.00元

河南蓝皮书
河南城市发展报告（2015）
著(编)者：谷建全 王建国 2015年3月出版 / 定价：79.00元

河南蓝皮书
2015年河南社会形势分析与预测
著(编)者：刘道兴 牛苏林 2015年4月出版 / 定价：69.00元

河南蓝皮书
河南工业发展报告（2015）
著(编)者：龚绍东 赵西三 2015年1月出版 / 定价：79.00元

河南蓝皮书
河南文化发展报告（2015）
著(编)者：卫绍生 2015年3月出版 / 定价：79.00元

河南蓝皮书
河南经济发展报告（2015）
著(编)者：喻新安 2014年12月出版 / 定价：79.00元

河南蓝皮书
河南法治发展报告（2015）
著(编)者：丁同民 闫德民 2015年7月出版 / 估价：69.00元

河南蓝皮书
河南金融发展报告（2015）
著(编)者：喻新安 谷建全 2015年6月出版 / 估价：69.00元

河南蓝皮书
河南农业农村发展报告（2015）
著(编)者：吴海峰 2015年4月出版 / 定价：69.00元

河南商务蓝皮书
河南商务发展报告（2015）
著(编)者：焦锦淼 穆荣国 2015年4月出版 / 定价：88.00元

黑龙江产业蓝皮书
黑龙江产业发展报告（2015）
著(编)者：于渤 2015年9月出版 / 估价：79.00元

黑龙江蓝皮书
黑龙江经济发展报告（2015）
著(编)者：曲伟 2015年1月出版 / 定价：79.00元

黑龙江蓝皮书
黑龙江社会发展报告（2015）
著(编)者：张新颖 2015年1月出版 / 定价：79.00元

皮书系列 2015全品种

地方发展类

湖北文化蓝皮书
湖北文化发展报告（2015）
著(编)者：江畅 吴成国　2015年7月出版 / 估价：89.00元

湖南城市蓝皮书
区域城市群整合
著(编)者：童中贤 韩未名　2015年12月出版 / 估价：79.00元

湖南蓝皮书
2015年湖南电子政务发展报告
著(编)者：梁志峰　2015年5月出版 / 定价：98.00元

湖南蓝皮书
2015年湖南社会发展报告
著(编)者：梁志峰　2015年5月出版 / 定价：98.00元

湖南蓝皮书
2015年湖南产业发展报告
著(编)者：梁志峰　2015年5月出版 / 定价：98.00元

湖南蓝皮书
2015年湖南经济展望
著(编)者：梁志峰　2015年5月出版 / 定价：128.00元

湖南蓝皮书
2015年湖南县域经济社会发展报告
著(编)者：梁志峰　2015年5月出版 / 定价：98.00元

湖南蓝皮书
2015年湖南两型社会与生态文明发展报告
著(编)者：梁志峰　2015年5月出版 / 定价：98.00元

湖南县域绿皮书
湖南县域发展报告No.2
著(编)者：朱有志　2015年7月出版 / 估价：69.00元

沪港蓝皮书
沪港发展报告（2014~2015）
著(编)者：尤安山　2015年4月出版 / 定价：89.00元

吉林蓝皮书
2015年吉林经济社会形势分析与预测
著(编)者：马克　2015年2月出版 / 定价：89.00元

济源蓝皮书
济源经济社会发展报告（2015）
著(编)者：喻新安　2015年4月出版 / 定价：69.00元

健康城市蓝皮书
北京健康城市建设研究报告（2015）
著(编)者：王鸿春　2015年4月出版 / 定价：79.00元

江苏法治蓝皮书
江苏法治发展报告（2015）
著(编)者：李力 龚廷泰　2015年9月出版 / 估价：98.00元

京津冀蓝皮书
京津冀发展报告（2015）
著(编)者：文魁 祝尔娟　2015年4月出版 / 定价：89.00元

经济特区蓝皮书
中国经济特区发展报告（2015）
著(编)者：陶一桃　2015年7月出版 / 定价：89.00元

辽宁蓝皮书
2015年辽宁经济社会形势分析与预测
著(编)者：曹晓峰 张晶 梁启东　2014年12月出版 / 定价：79.00元

南京蓝皮书
南京文化发展报告（2015）
著(编)者：南京文化产业研究中心　2015年12月出版 / 定价：79.00元

内蒙古蓝皮书
内蒙古反腐倡廉建设报告（2015）
著(编)者：张志华 无极　2015年12月出版 / 估价：69.00元

浦东新区蓝皮书
上海浦东经济发展报告（2015）
著(编)者：沈开艳 陆沪根　2015年1月出版 / 定价：69.00元

青海蓝皮书
2015年青海经济社会形势分析与预测
著(编)者：赵宗福　2014年12月出版 / 定价：69.00元

人口与健康蓝皮书
深圳人口与健康发展报告（2015）
著(编)者：曾序春　2015年12月出版 / 估价：89.00元

山东蓝皮书
山东社会形势分析与预测（2015）
著(编)者：张华 唐洲雁　2015年7月出版 / 估价：89.00元

山东蓝皮书
山东经济形势分析与预测（2015）
著(编)者：张华 唐洲雁　2015年7月出版 / 估价：89.00元

山东蓝皮书
山东文化发展报告（2015）
著(编)者：张华 唐洲雁　2015年7月出版 / 估价：98.00元

山西蓝皮书
山西资源型经济转型发展报告（2015）
著(编)者：李志强　2015年5月出版 / 估价：89.00元

陕西蓝皮书
陕西经济发展报告（2015）
著(编)者：任宗哲 白宽犁 裴成荣　2015年1月出版 / 定价：69.00元

陕西蓝皮书
陕西社会发展报告（2015）
著(编)者：任宗哲 白宽犁 牛昉　2015年1月出版 / 定价：69.00元

陕西蓝皮书
陕西文化发展报告（2015）
著(编)者：任宗哲 白宽犁 王长寿　2015年1月出版 / 定价：65.00元

陕西蓝皮书
丝绸之路经济带发展报告（2015）
著(编)者：任宗哲 石英 白宽犁
2015年8月出版 / 估价：79.00元

上海蓝皮书
上海文学发展报告（2015）
著(编)者：陈圣来　2015年1月出版 / 定价：69.00元

上海蓝皮书
上海文化发展报告（2015）
著(编)者：荣跃明　2015年1月出版 / 定价：74.00元

地方发展类·国别与地区类

上海蓝皮书
上海资源环境发展报告（2015）
著(编)者：周冯琦 汤庆合 任文伟
2015年1月出版 / 定价：69.00元

上海蓝皮书
上海社会发展报告（2015）
著(编)者：杨雄 周海旺 2015年1月出版 / 定价：69.00元

上海蓝皮书
上海经济发展报告（2015）
著(编)者：沈开艳 2015年1月出版 / 定价：69.00元

上海蓝皮书
上海传媒发展报告（2015）
著(编)者：强荧 焦雨虹 2015年1月出版 / 定价：69.00元

上海蓝皮书
上海法治发展报告（2015）
著(编)者：叶青 2015年5月出版 / 定价：69.00元

上饶蓝皮书
上饶发展报告（2015）
著(编)者：朱寅健 2015年7月出版 / 估价：128.00元

社会建设蓝皮书
2015年北京社会建设分析报告
著(编)者：宋贵伦 冯虹 2015年7月出版 / 估价：79.00元

深圳蓝皮书
深圳劳动关系发展报告（2015）
著(编)者：汤庭芬 2015年7月出版 / 估价：75.00元

深圳蓝皮书
深圳经济发展报告（2015）
著(编)者：张骁儒 2015年7月出版 / 估价：79.00元

深圳蓝皮书
深圳社会发展报告（2015）
著(编)者：叶民辉 张骁儒 2015年7月出版 / 估价：89.00元

深圳蓝皮书
深圳法治发展报告（2015）
著(编)者：张骁儒 2015年5月出版 / 定价：69.00元

四川蓝皮书
四川文化产业发展报告（2015）
著(编)者：侯水平 2015年4月出版 / 定价：79.00元

四川蓝皮书
四川企业社会责任研究报告（2014~2015）
著(编)者：侯水平 盛毅 2015年4月出版 / 定价：79.00元

四川蓝皮书
四川法治发展报告（2015）
著(编)者：郑泰安 2015年1月出版 / 定价：69.00元

四川蓝皮书
四川生态建设报告（2015）
著(编)者：李晟之 2015年4月出版 / 定价：79.00元

四川蓝皮书
四川城镇化发展报告（2015）
著(编)者：侯水平 范秋美 2015年4月出版 / 定价：79.00元

四川蓝皮书
四川社会发展报告（2015）
著(编)者：郭晓鸣 2015年4月出版 / 定价：79.00元

四川蓝皮书
2015年四川经济发展形势分析与预测
著(编)者：杨钢 2015年1月出版 / 定价：89.00元

四川法治蓝皮书
四川依法治省年度报告No.1（2015）
著(编)者：李林 杨天宗 田禾 2015年3月出版 / 定价：108.00元

天津金融蓝皮书
天津金融发展报告（2015）
著(编)者：王爱俭 杜强 2015年9月出版 / 估价：89.00元

温州蓝皮书
2015年温州经济社会形势分析与预测
著(编)者：潘忠强 王春光 金浩 2015年4月出版 / 定价：69.00元

扬州蓝皮书
扬州经济社会发展报告（2015）
著(编)者：丁纯 2015年12月出版 / 估价：89.00元

长株潭城市群蓝皮书
长株潭城市群发展报告（2015）
著(编)者：张萍 2015年7月出版 / 定价：69.00元

郑州蓝皮书
2015年郑州文化发展报告
著(编)者：王哲 2015年9月出版 / 估价：65.00元

中医文化蓝皮书
北京中医药文化传播发展报告（2015）
著(编)者：毛嘉陵 2015年5月出版 / 定价：79.00元

珠三角流通蓝皮书
珠三角商圈发展研究报告（2015）
著(编)者：林至颖 王先庆 2015年7月出版 / 估价：98.00元

国别与地区类

阿拉伯黄皮书
阿拉伯发展报告（2015）
著(编)者：马晓霖 2015年7月出版 / 估价：79.00元

北部湾蓝皮书
泛北部湾合作发展报告（2015）
著(编)者：吕余生 2015年8月出版 / 估价：69.00元

皮书系列 2015全品种 — 国别与地区类

大湄公河次区域蓝皮书
大湄公河次区域合作发展报告（2015）
著(编)者:刘稚　2015年9月出版／估价:79.00元

大洋洲蓝皮书
大洋洲发展报告（2015）
著(编)者:喻常森　2015年8月出版／定价:89.00元

德国蓝皮书
德国发展报告（2015）
著(编)者:郑春荣　伍慧萍　2015年5月出版／定价:69.00元

东北亚黄皮书
东北亚地区政治与安全（2015）
著(编)者:黄凤志　刘清才　张慧智
2015年7月出版／定价:69.00元

东盟黄皮书
东盟发展报告（2015）
著(编)者:崔晓麟　2015年7月出版／估价:75.00元

东南亚蓝皮书
东南亚地区发展报告（2015）
著(编)者:王勤　2015年7月出版／定价:79.00元

俄罗斯黄皮书
俄罗斯发展报告（2015）
著(编)者:李永全　2015年7月出版／定价:79.00元

非洲黄皮书
非洲发展报告（2015）
著(编)者:张宏明　2015年7月出版／定价:79.00元

国际形势黄皮书
全球政治与安全报告（2015）
著(编)者:李慎明　张宇燕　2015年1月出版／定价:69.00元

韩国蓝皮书
韩国发展报告（2015）
著(编)者:刘宝全　牛林杰　2015年8月出版／估价:79.00元

加拿大蓝皮书
加拿大发展报告（2015）
著(编)者:仲伟合　2015年4月出版／定价:89.00元

拉美皮书
拉丁美洲和加勒比发展报告（2014~2015）
著(编)者:吴白乙　2015年5月出版／定价:89.00元

美国蓝皮书
美国研究报告（2015）
著(编)者:郑秉文　黄平　2015年6月出版／定价:89.00元

缅甸蓝皮书
缅甸国情报告（2015）
著(编)者:李晨阳　2015年8月出版／估价:79.00元

欧洲蓝皮书
欧洲发展报告（2015）
著(编)者:周弘　2015年7月出版／定价:89.00元

葡语国家蓝皮书
葡语国家发展报告（2015）
著(编)者:对外经济贸易大学区域国别研究所　葡语国家研究中心
2015年7月出版／定价:89.00元

葡语国家蓝皮书
中国与葡语国家关系发展报告·巴西（2014）
著(编)者:澳门科技大学　2015年7月出版／定价:89.00元

日本经济蓝皮书
日本经济与中日经贸关系研究报告（2015）
著(编)者:王洛林　张季风　2015年5月出版／定价:79.00元

日本蓝皮书
日本研究报告（2015）
著(编)者:李薇　2015年4月出版／定价:69.00元

上海合作组织黄皮书
上海合作组织发展报告（2015）
著(编)者:李进峰　吴宏伟　李伟
2015年9月出版／估价:89.00元

世界创新竞争力黄皮书
世界创新竞争力发展报告（2015）
著(编)者:李闽榕　李建平　赵新力
2015年12月出版／估价:148.00元

土耳其蓝皮书
土耳其发展报告（2015）
著(编)者:郭长刚　刘义　2015年7月出版／估价:89.00元

图们江区域合作蓝皮书
图们江区域合作发展报告（2015）
著(编)者:李铁　2015年4月出版／定价:98.00元

亚太蓝皮书
亚太地区发展报告（2015）
著(编)者:李向阳　2015年1月出版／定价:59.00元

印度蓝皮书
印度国情报告（2015）
著(编)者:吕昭义　2015年7月出版／估价:89.00元

印度洋地区蓝皮书
印度洋地区发展报告（2015）
著(编)者:汪戎　2015年5月出版／定价:89.00元

中东黄皮书
中东发展报告（2015）
著(编)者:杨光　2015年11月出版／估价:89.00元

中欧关系蓝皮书
中欧关系研究报告（2015）
著(编)者:周弘　2015年12月出版／估价:98.00元

中亚黄皮书
中亚国家发展报告（2015）
著(编)者:孙力　吴宏伟　2015年9月出版／估价:89.00元

中国皮书网
www.pishu.cn

发布皮书研创资讯，传播皮书精彩内容
引领皮书出版潮流，打造皮书服务平台

栏目设置：

- □ 资讯：皮书动态、皮书观点、皮书数据、皮书报道、皮书发布、电子期刊
- □ 标准：皮书评价、皮书研究、皮书规范
- □ 服务：最新皮书、皮书书目、重点推荐、在线购书
- □ 链接：皮书数据库、皮书博客、皮书微博、在线书城
- □ 搜索：资讯、图书、研究动态、皮书专家、研创团队

中国皮书网依托皮书系列"权威、前沿、原创"的优质内容资源，通过文字、图片、音频、视频等多种元素，在皮书研创者、使用者之间搭建了一个成果展示、资源共享的互动平台。

自 2005 年 12 月正式上线以来，中国皮书网的 IP 访问量、PV 浏览量与日俱增，受到海内外研究者、公务人员、商务人士以及专业读者的广泛关注。

2008 年、2011 年，中国皮书网均在全国新闻出版业网站荣誉评选中获得"最具商业价值网站"称号；2012 年，获得"出版业网站百强"称号。

2014 年，中国皮书网与皮书数据库实现资源共享，端口合一，将提供更丰富的内容，更全面的服务。

权威报告　热点资讯　海量资源
当代中国与世界发展的高端智库平台
皮书数据库 www.pishu.com.cn

　　皮书数据库是专业的人文社会科学综合学术资源总库,以大型连续性图书——皮书系列为基础,整合国内外相关资讯构建而成。包含七大子库,涵盖两百多个主题,囊括了近十几年间中国与世界经济社会发展报告,覆盖经济、社会、政治、文化、教育、国际问题等多个领域。

　　皮书数据库以篇章为基本单位,方便用户对皮书内容的阅读需求。用户可进行全文检索,也可对文献题目、内容提要、作者名称、作者单位、关键字等基本信息进行检索,还可对检索到的篇章再做二次筛选,进行在线阅读或下载阅读。智能多维度导航,可使用户根据自己熟知的分类标准进行分类导航筛选,使查找和检索更高效、便捷。

　　权威的研究报告,独特的调研数据,前沿的热点资讯,皮书数据库已发展成为国内最具影响力的关于中国与世界现实问题研究的成果库和资讯库。

皮书俱乐部会员服务指南

1. 谁能成为皮书俱乐部成员?
● 皮书作者自动成为俱乐部会员
● 购买了皮书产品（纸质书/电子书）的个人用户

2. 会员可以享受的增值服务
● 免费获赠皮书数据库100元充值卡
● 加入皮书俱乐部,免费获赠该纸质图书的电子书
● 免费定期获赠皮书电子期刊
● 优先参与各类皮书学术活动
● 优先享受皮书产品的最新优惠

3. 如何享受增值服务?
（1）免费获赠100元皮书数据库体验卡
第1步 刮开皮书附赠充值的涂层（右下）;
第2步 登录皮书数据库网站（www.pishu.com.cn）,注册账号;
第3步 登录并进入"会员中心"—"在线充值"—"充值卡充值",充值成功后即可使用。

（2）加入皮书俱乐部,凭数据库体验卡获赠该书的电子书
第1步 登录社会科学文献出版社官网（www.ssap.com.cn）,注册账号;
第2步 登录并进入"会员中心"—"皮书俱乐部",提交加入皮书俱乐部申请;
第3步 审核通过后,再次进入皮书俱乐部,填写页面所需图书、体验卡信息即可自动兑换相应电子书。

4. 声明
解释权归社会科学文献出版社所有

　　皮书俱乐部会员可享受社会科学文献出版社其他相关免费增值服务,有任何疑问,均可与我们联系。
图书销售热线：010-59367070/7028　图书服务QQ：800045692　图书服务邮箱：duzhe@ssap.cn
数据库服务热线：400-008-6695　数据库服务QQ：2475522410　数据库服务邮箱：database@ssap.cn
欢迎登录社会科学文献出版社官网（www.ssap.com.cn）和中国皮书网（www.pishu.cn）了解更多信息

皮书大事记
（2014）

☆ 2014年10月，中国社会科学院2014年度皮书纳入创新工程学术出版资助名单正式公布，相关资助措施进一步落实。

☆ 2014年8月，由中国社会科学院主办，贵州省社会科学院、社会科学文献出版社承办的"第十五次全国皮书年会（2014）"在贵州贵阳隆重召开。

☆ 2014年8月，第二批淘汰的27种皮书名单公布。

☆ 2014年7月，第五届优秀皮书奖评审会在京召开。本届优秀皮书奖首次同时评选优秀皮书和优秀皮书报告。

☆ 2014年7月，第三届皮书学术评审委员会于北京成立。

☆ 2014年6月，社会科学文献出版社与北京报刊发行局签订合同，将部分重点皮书纳入邮政发行系统。

☆ 2014年6月，《中国社会科学院皮书管理办法》正式颁布实施。

☆ 2014年4月，出台《社会科学文献出版社关于加强皮书编审工作的有关规定》《社会科学文献出版社皮书责任编辑管理规定》《社会科学文献出版社关于皮书准入与退出的若干规定》。

☆ 2014年1月，首批淘汰的44种皮书名单公布。

☆ 2014年1月，"2013(第七届)全国新闻出版业网站年会"在北京举办，中国皮书网被评为"最具商业价值网站"。

☆ 2014年1月，社会科学文献出版社在原皮书评价研究中心的基础上成立了皮书研究院。

皮书数据库
www.pishu.com.cn

皮书数据库三期

- 皮书数据库（SSDB）是社会科学文献出版社整合现有皮书资源开发的在线数字产品，全面收录"皮书系列"的内容资源，并以此为基础整合大量相关资讯构建而成。

- 皮书数据库现有中国经济发展数据库、中国社会发展数据库、世界经济与国际政治数据库等子库，覆盖经济、社会、文化等多个行业、领域，现有报告30000多篇，总字数超过5亿字，并以每年4000多篇的速度不断更新累积。

- 新版皮书数据库主要围绕存量+增量资源整合、资源编辑标引体系建设、产品架构设置优化、技术平台功能研发等方面开展工作，并将中国皮书网与皮书数据库合二为一联体建设，旨在以"皮书研创出版、信息发布与知识服务平台"为基本功能定位，打造一个全新的皮书品牌综合门户平台，为您提供更优质更到位的服务。

更多信息请登录

中国皮书网
http://www.pishu.cn

皮书微博
http://www.weibo.com/pishu

中国皮书网的BLOG [编辑]
http://blog.sina.com.cn/pishu
皮书博客
http://blog.sina.com.cn/pishu

皮书微信
皮书说

请到各地书店皮书专架/专柜购买，也可办理邮购

咨询/邮购电话：010-59367028　59367070	邮　　箱：duzhe@ssap.cn

邮购地址：北京市西城区北三环中路甲29号院3号楼华龙大厦13层读者服务中心
邮　　编：100029
银行户名：社会科学文献出版社
开户银行：中国工商银行北京北太平庄支行
账　　号：0200010019200365434
网上书店：010-59367070　　qq：1265056568
网　　址：www.ssap.com.cn　　www.pishu.cn